10000+ DAILY USE ENGLISH SENTENCES

ZERO LEVEL TO HERO LEVEL

AUTHOR

SATENDER SINGH

Published By

Invincible Publication Pvt. Ltd.

INVINCIBLE
Publication Private Limited

Published by
Invincible Publication Pvt. Ltd.
201A, SAS Tower, Sector 38, Gurugram – 122003 www.invinciblepublishers.com

10000+ Daily Use English Sentences By Satender Singh

First Edition 2024
This edition can be exported from India only by Invincible Publication.

ISBN : 978-9358867541

Invincible Publication Pvt. Ltd.

Sales Office : 4760-61/23, Basement, Pratap Street, Ansari Road,
Daryaganj, New Delhi - 110002
Email: invinciblepublishers@gmail.com

1	सीखना शुरू करो।	Start learning.
2	बस थोड़ा सा।	Just a bit.
3	बहुत ज़्यादा।	A lot.
4	कभी नहीं।	Never.
5	इसे करें।	Do it.
6	अंदर जाओ।	Go in.
7	अंदर आओ।	Come/Get in.
8	ऊपर जाओ।	Go up.
9	इसे खाओ।	Eat it.
10	इसे ठीक करो	Fix it.
11	इसे खत्म करो।	Finish it.
12	उठ जाओ।	Get up.
13	उठ/जाग जाओ।	Wake up.
14	समझ गया।	Got it.
15	मुझे मारें।	Hit me.
16	मुझे गले लगाओ।	Hug me.
17	मुझे पता है।	I know.
18	सच में?	Really?
19	मुझे भी।	Me too.
20	इसे धो दो।	Wash it.
21	मेरी गलती है।	My bad.
22	कोई भी नहीं।	No one.
23	बिल्कुल नहीं।	No way.
24	घुसा दो।	Pop it.
25	इसे रखें।	Put it.
26	और कौन?	Who else?
27	और क्या?	What else?

28	अब क्या?	What now?
29	नहीं बोलो।	Say no.
30	उठ कर बैठो।	Sit up.
31	इसे अजमाएं।	Try it.
32	मैं क्यों?	Why me?
33	ऐसा क्यों?	Why so?
34	हम जीत गए।	We won.
35	तुम जाओ।	You go.
36	और आप?	And you?
37	उससे पूछो।	Ask him.
38	शांत रहो।	Be calm.
39	कोई शक नहीं।	No doubt.
40	लेकिन क्यों?	But why?
41	मुझे फ़ोन करो।	Call me.
42	अंदर आओ	Come in.
43	इसे पकाएं।	Cook it.
44	आराम करो।	Take rest.
45	पहले ये करो।	Do it first.
46	गिरा दो इसे।	Drop it.
47	इसे झाड़ो।	Dust it.
48	पक्का/निश्चित प से	For sure.
49	आपके लिए।	For you.
50	हमेशा के लिए।	Forever.
51	उतर जाओ।	Get off/down.
52	निकल जाओ।	Get out.
53	ये मुझे दो।	Give it to me.
54	वापस जाओ।	Go back.

55	उसने झूठ बोला।	He lied.
56	मेरी मदद करो।	Help me.
57	इसे पकड़ो।	Hold it.
58	ज़रा रुको।	Hold on.
59	कितना बड़ा है!	How big is it!
60	कितने दुःख की बात है!	How sad!
61	मैं सहमत हूँ।	I agree.
62	मैं थोड़ा और सोना चाहती हूँ।	I want to sleep a little more.
63	मैं कसम खाता हूँ।	I swear.
64	मुझे लगता है।	I think.
65	मुझसे वादा करो।	Promise me.
66	ठीक है।	It's ok.
67	मुझसे जुड़ें।	Join me.
68	केवल मैं।	Just me.
69	ऊपर देखो।	Look up.
70	मेरी बारी।	My turn.
71	मेरी मर्ज़ी।	My wish.
72	तुम्हारी मर्ज़ी।	Your wish.
73	और नहीं।	No more.
74	इतना खराब भी नहीं।	Not too bad.
75	अभी नहीं।	Not now.
76	अब तक नहीं।	Not yet.
77	इसे खोलो।	Open it.
78	इसे उठाओ।	Pick it up.
79	इसे खीचो।	Pull it.
80	इसे धकेलो।	Push it.
81	बटन दबाओ।	Press the button.

82	मुझे कोशिश करने दो।	Let me try.
83	भाग जाओ।	Run away
84	मुझे बचाओ।	Save me.
85	हाँ बोलो।	Say yes.
86	उसे अंदर भेजें।	Send him in.
87	मुझे दिखाओ।	Show me.
88	बहुत बढ़िया।	So nice.
89	फिर क्या हुआ?	What happened then?
90	इसे फिराओ।	Stir it.
91	इसे रोको।	Stop it.
92	फाड़ दो।	Tear up.
93	इसे आज़माओ।	Test it.
94	मुझे मैसेज कर दो।	Text me.
95	बहुत बुरा।	Too bad.
96	बहुत बड़ा।	Too big.
97	बहुत दूर।	Too far.
98	हम दोनों।	Both of us.
99	हम हार गए।	We lost.
100	कोई भी।	Whoever.
101	क्यों नहीं?	Why not?
102	इसे लपेटो।	Wrap it.
103	तुम कर सकते हो।	You can.
104	थोड़ा बहुत।	A little.
105	लक्ष्य ऊँचा रखो।	Aim high.
106	मुझे अनुमति दो।	Allow me.
107	जहाँ जाओ छा जाओ।	Impress wherever you go.
108	कम से कम।	At least.

109	सतर्क रहो!	Be alert/beware!
110	खुश रहो।	Be happy.
111	जल्दी करो।	Be quick.
112	शांत रहिये।	Be quiet.
113	तैयार रहो।	Be ready.
114	मुझे पीटो।	Beat me .
115	इसे तोड़ो।	Break it.
116	उसे फ़ोन करो।	Call him/her.
117	लगे रहो।	Carry on.
118	इसे पकड़ लो।	Catch it.
119	खुश हो जाओ।	Cheer up.
120	इसे साफ करो	Clean It.
121	जागरुक रहो।	Be attentive.
122	बाहर आओ।	Come out.
123	मत जाओ।	Don't go.
124	कपड़े पहनो।	Dress up.
125	इसे पीगो।	Drink it.
126	कहीं और।	Somewhere else.
127	इसे मिटाओ।	Erase it.
128	मुझे खिलाओ।	Feed me.
129	अगला कौन है?	Who's next?
130	वास्तव में।	In fact.
131	किस लिए?	For what?
132	किसके लिए?	For whom?
133	अच्छा काम किया।	Good job.
134	दूर हो जाओ।	Get away.
135	दफ़ा हो जाओ।	Get lost.

136	आगे जाओ।	Go ahead.
137	वहाँ जाएँ।	Go there.
138	हाथ ऊपर।	Hands up.
139	वह जानती है।	She knows.
140	कितना बढ़िया!	How cool!
141	कितने?	How many?
142	कितना घटिया।	How mean!
143	कितनी जल्दी?	How soon?
144	वो कैसे?	But how?
145	जल्दी करो।	Hurry up.
146	मैं दुःखी हूँ।	I am sad.
147	मैं ये कर सकता हूँ।	I can do it.
148	मैं नहीं कर सकता।	I can't.
149	तुम भी।	You too.
150	मैं भूल गया।	I forgot.
151	मैं ये समझ गया।	I got it.
152	मैं भुगतान कंगा।	I'll pay.
153	यह काम करता है।	It works.
154	यह मज़ेदार है।	It's fun.
155	यह उसकी है।	It's his/hers.
156	हमारे साथ चलो।	Join us .
157	बस अभी।	Just now.
158	रहने दो।	Leave it.
159	मुझे छोड़ दो।	Leave me.
160	चलो चलें।	Let's go.
161	लेट जाओ।	Lie down.
162	रास्ता बनाओ।	Make way.

163	मुझसे शादी करलो।	Marry me.
164	आपकी याद आ रही है।	Missing you.
165	कोई जानकारी नहीं।	No idea.
166	यहाँ नहीं।	Not here.
167	ज्यादा नहीं।	Not many.
168	ये मेरा नहीं है।	It's not mine.
169	तुम नहीं।	Not you.
170	हम में से एक।	One of us
171	इसे नीचे रखो।	Put it down.
172	बोल कर पढ़ो।	Read out.
173	तेज़ दोड़ो।	Run fast.
174	इसे अभी बांटो।	Share it now.
175	बैठ जाओ।	Sit down.
176	यहाँ बैठ जाओ।	Sit here.
177	इसे सूंघो।	Sniff it.
178	ठीक ठाक।	So and So.
179	इतना जल्दी।	So early.
180	कितना मज़ाकिया है।	So funny.
181	तो क्या हो गया?	So what?
182	स्पीड/गति बढ़ाओ।	Speed up.
183	खड़े हो जाओ।	Stand up.
184	उसे रोको।	Stop him.
185	इसे साफ़ करो।	Clean it up.
186	यहाँ झाड़ू मारो।	Sweep here.
187	ये लो।	Take it.
188	एक लो।	Take one.
189	इसे चखो।	Taste it.

190	मुझे बताओ।	Tell me.
191	उसे मैसेज कर दो।	Text him.
192	वो वाला।	That one.
193	ये वाला।	This one.
194	फेंक दो।	Throw it.
195	इसे ऊपर फेंको।	Throw it up.
196	अभी तक।	Till now.
197	बहुत अच्छा।	Very good.
198	बहुत देर हो गई।	Too late.
199	मुझ पर भरोसा करो।	Trust me.
200	टीवी चालू है।	TV is on.
201	बहुत बुरा।	Very bad.
202	अब तुरंत उठ जाओ।	Now get up immediately.
203	मुझे देखो।	Watch me.
204	किस लिए?	What for?
205	जो भी है।	Whatever!
206	जब भी।	Whenever.
207	जहां भी।	Wherever.
208	मैं कौन हूँ?	Who am I?
209	कौन आया था?	Who came?
210	कौन गया?	Who went?
211	वह कौन है?	Who's he?
212	आप जीत गए।	You won.
213	तुम्हारे बाद।	After you.
214	रातभर।	All night.
215	हम सभी।	All of us.
216	क्या मैं देरी से हूँ?	Am I late?

217	मुझे जवाब दो।	Answer me.
218	फिलहाल।	As of now.
219	हमेशा की तरह।	As usual.
220	विनम्र बनो।	Be polite.
221	बैठे रहिये।	Be seated.
222	इसके खत्म होने से पहले।	Before it ends.
223	शांत हो जाओ।	Calm down.
224	कह नहीं सकते।	Can't say.
225	यकीनन।	Certainly.
226	अच्छे से चबाओ।	Chew well.
227	एक चुनो।	Choose one.
228	वापस आओ।	Come back.
229	जल्दी आओ।	Come fast.
230	पास आओ।	Come near.
231	जल्दी आओ।	Come soon.
232	इसे सही से झाड़ो।	Dust it properly.
233	इसे अभी करो।	Do it now.
234	मत पूछो।	Don’t ask.
235	रो मत।	Don’t cry.
236	बैठो मत।	Don’t sit.
237	बड़ा सोचो।	Dream big.
238	इसे छोड़ो।	Drop this.
239	माफ करना।	Excuse me.
240	इसे महसूस करो।	Feel this.
241	मेरे पीछे आओ।	Follow me.
242	भूल जाओ।	Forget it.
243	मुझे भूल जाओ।	Forget me.

244	तैयार हो जाओ।	Get ready.
245	तेज़ चलो।	Walk fast.
246	सो जाओ।	Go to bed.
247	भगवान जाने।	God knows.
248	अच्छा विचार है।	Good idea.
249	आपको कामयाबी मिले।	Good luck to you.
250	उसे नमस्कार करें।	Greet him.
251	थोड़ा खाना खा लो।	Have some food.
252	उम्मींद रखो।	Have hope.
253	उनकी मदद करो।	Help them.
254	यह कैसा है?	How is it?
255	कितना?	How much?
256	कितना प्यारा मौसम है!	What a lovely weather!
257	खाना कैसा था?	How was the food?
258	मैं व्यस्त हूँ।	I am busy.
259	मेरा काम हो गया है।	I am done.
260	मुझे कुछ भी चलेगा।	Everything works for me.
261	मैं ठीक हूँ।	I am fine.
262	मेरा पेट भरा है।	I am full.
263	मुझे खुशी हुई।	I am glad.
264	मैं यहां हूँ।	I am here.
265	मुझे चोट लगी है।	I am hurt.
266	मैं अमीर हूँ।	I am rich.
267	मैं बीमार हूँ।	I am sick.
268	मैं दौड़ सकता हूँ।	I can run.
269	मैं हार मानता हूँ।	I give up.
270	मैं यही उम्मीद करता हूँ।	I hope so.

271	मैं जानता था।	I knew it.
272	मुझे यह पसंद है।	I like it.
273	मैंने इसे खो दिया।	I lost it.
274	मुझे इससे प्यार है।	I love it.
275	मैं यही मानता हूँ।	I mean it.
276	मैं उससे मिल चुका हूँ।	I have met her.
277	मुझे अब निकलना ही चाहिए।	I must leave now.
278	मैं बैठा था।	I was seated.
279	मेरे ख्याल से ।	In my opinion.
280	मुझे बता देना।	Inform me.
281	क्या बाहर गर्मी है?	Is it hot outside?
282	ठीक है।	Alright.
283	यह आसान है।	It's easy.
284	यह अच्छा है।	It's good.
285	यह खत्म हो गया।	It's over.
286	यह ठंडा है।	It's cold.
287	यह हो चुका है।	It's done.
288	यह आसान है।	It's easy.
289	यह पूरा भरा है।	It's full.
290	यह यहाँ है।	It's here.
291	भविष्य में।	In future.
292	यह मेरा है।	It's mine.
293	यह सच है।	It's true.
294	यह गर्म है।	It's warm.
295	सिर्फ एक बार।	Just once.
296	उसे दौड़ने दो।	Let him run.
297	मुझे नाचने दो।	Let me dance.

298	मुझे जाने मत दो।	Don't let me go.
299	वह मुझे खेलने नहीं देता।	He doesn't let me play.
300	रहने दो।	Let it be.
301	जाने दो।	Let it go.
302	मुझे जाने दो।	Let me go.
303	चलो देखते हैं।	Let's see.
304	चलो कोशिश करते हैं।	Let's try.
305	कान खोलकर सुनो।	Listen up.
306	मैं ध्यान से सुन रहा हूँ।	I am all ears.
307	नीचे देखो।	Look down.
308	यहाँ देखो।	Look here.
309	इसे ढीला करो।	Loosen it.
310	सुनिश्चित करें।	Make sure.
311	कई बार।	Many times.
312	पीछे हटो।	Move back.
313	उसे भी देर हो रही है।	He is also getting late.
314	अगली बार।	Next time.
315	कोई पहुँच नहीं है।	No access.
316	इसमें कोई आश्चर्य की बात नहीं है।	No wonder.
317	फिर से नहीं।	Not again.
318	बिल्कुल।	Of course.
319	कभी कभार।	On and Off.
320	एक बार और।	Once more.
321	यहाँ पर।	Over here.
322	इसे पढ़ें।	Read this.
323	याद करने की कोशिश करो।	Try to remember.
324	इसे हटा दो।	Remove it.

325	इसे वापस करो।	Return it.
326	अभी तुरंत।	Right now.
327	हैलो कहें।	Say hello.
328	वापस भेजे।	Send back.
329	सहायता भेजें।	Send help.
330	गर्म–गर्म परोसें।	Serve hot.
331	यहाँ हस्ताक्षर कीजिए।	Sign here.
332	मेरे पास बैठो।	Sit by me.
333	सीधे बैठो।	Sit still.
334	वहाँ बैठो।	Sit there.
335	कभी–कभी।	Sometimes.
336	अब बोलो।	Speak now.
337	दूर रहो।	Stay away.
338	कृपया रुक जाओ।	Please, Stay back.
339	तुम इतना जल्दी उठ गए।	You're up so early.
340	नहा लो।	Take a bath.
341	ध्यान रखना।	Take care.
342	क्या तुमने कुछ खाया था?	Did you have something?
343	भगवान का शुक्र है।	Thank God.
344	ठीक है।	All right.
345	तो क्या?	Then what?
346	फिर कब?	Then when?
347	दुबारा प्रयास करें।	Try again.
348	बांए मुड़िए।	Turn left.
349	दाएँ मुड़िए।	Turn right.
350	पलट दो।	Turn it over.
351	इसे खोलो।	Unpack it.

352	अपने भाई को भी जगा दो।	Wake up your brother as well.
353	रहने दो।	Leave it.
354	यहाँ इंतजार करो।	Wait here.
355	देख के/संभल के।	Watch out.
356	इसे पहन लो।	Wear this.
357	शाबाश।	Well done.
358	आगे क्या?	What next?
359	कौन सा साइज़?	What size?
360	यहाँ आओ।	Come here.
361	कौन सा?	Which one?
362	तुम जा क्यों रही हो?	Why are you leaving?
363	वह कौन है?	Who is he?
364	कौन जाने?	Who knows?
365	किसने कहा?	Who said it?
366	साइकिल से।	By bicycle.
367	हां या ना ?	Yes or no?
368	हाँ जर।	Yes, sure.
369	तुम नहीं कर सकते।	You can't.
370	पहले आप।	After you.
371	किसके बारे में?	About whom?
372	आप सभी।	All of you.
373	क्या मैं गलत हूँ?	Am I wrong?
374	कोई और रास्ता है?	Any other way out.
375	किसी से भी पूछ लो।	Ask anyone.
376	आसपास पूछो।	Ask around.
377	घर पर रहो।	Stay at home.
378	ध्यान से।	Be careful.

379	गंभीर बनो।	Be serious.
380	तुम्हारे पीछे।	Behind you.
381	इसे ले जाओ।	Carry this.
382	ठंडा पानी पीयो।	Drink cold water.
383	साथ आओ।	Come along.
384	धीरे–धीरे खाओ।	Eat slowly.
385	हर हफ्ते।	Every week.
386	इसे समझाओ।	Explain it/explain to him.
387	क्या मैं खेल सकता हूँ?	Can I play?
388	मेरे साथ रहो।	Be with me.
389	यह आश्चर्यजनक है।	It's surprising.
390	इसे अपने पास रखो।	Keep it to yourself.
391	मेरे लिए एक खरीदो।	Buy me one.
392	छत पर एक चिड़िया ने घोंसला बना लिया है।	A bird has built a nest on the roof.
393	वे बहुत देर से कोशिश कर रहे हैं।	They have been trying for too long.
394	मैंने ताजमहल नहीं देखा है।	I have not seen the Taj Mahal.
395	मुझे ठंड लग रही है।	I am feeling cold.
396	मुझे गर्मी लग रही है।	I am feeling hot.
397	मुझे लू लग गयी है।	I am suffering from heatstroke.
398	सूप का एक कटोरा पर्याप्त होगा।	A bowl of soup will be sufficient.
399	ठंडी हवा चल रही है।	A cool wind is blowing.
400	एक कठिनाई खड़ी हो गई है।	A difficulty has arisen.
401	एक मक्खी मुझे परेशान कर रही है।	A fly is bothering me.
402	दोस्त वही है जो समय पर क़ाम आए।	A friend in need is a friend indeed.
403	अब तुम्हें जाना चाहिए।	You should leave now.

404	हल्की बारिश शु हो गई।	It has started drizzling.
405	कम ज्ञान खतरनाक होता है।	A little knowledge is dangerous.
406	मैं नाराज़ नहीं हूँ।	I am not angry.
407	मुझे घूरना बंद करो।	Stop staring at me.
408	तुम जा सकते हो।	You can go.
409	थोड़ा जोर से।	A little louder.
410	काफी समय पहले।	A long time ago.
411	बगल में एक नया परिवार रहने आया है।	A new family has shifted next door.
412	समझदार के लिए इशारा काफी है।	A nod is enough to the wise.
413	तुम जैसा आदमी कभी नहीं सुधर सकता।	A person like you can never change.
414	कल यहां एक जहाज डूब गया था।	A ship sank here yesterday.
415	कृपया चार लोगों के लिए एक टेबल।	A table for four, please.
416	हज़ारों शुभकामनाएँ।	A thousand greetings.
417	आकाश की सैलरी नहीं बढ़ी थी।	Aakash did not get a salary hike.
418	नियमों का पालन करो।	Abide by the rules.
419	करीब–करीब एक महीना।	About a month.
420	वह मेरा बचपन का दोस्त है।	He is my childhood friend.
421	बहुत साल पहले।	Many years ago.
422	तुमने अच्छा काम किया।	You did a good job.
423	किस बारे में?	About what?
424	बिल्कुल नहीं।	Absolutely not.
425	अपने आप को स्वीकार करें।	Accept yourself.
426	एक दुसरे पर इल्जाम लगाने से कुछ नहीं होगा।	Accusing each other won't help.
427	कार्रवाई होगी।	Actions will be taken.

428	असल में उसे कुछ नहीं पता।	Actually, he doesn't know anything.
429	असल में वो बहुत अच्छा इंसान है।	Actually, he is a good person.
430	उसे सब पता था।	He knew everything.
431	वो कोई और नहीं बल्कि तुम्हारा भाई था।	He was none other than your brother.
432	असल में वो कोई और था।	Actually, he was someone else.
433	असल में मेरा मूड नहीं है।	Actually, I am in no mood.
434	असल में मैं कुछ और चाहता था।	Actually, I wanted something else.
435	असल में गलती तुम्हारी है।	Actually, it's your mistake.
436	असल में वो किसी और से प्यार करती है।	Actually, she loves someone else.
437	असल में वो झूठ बोल रही थी।	Actually, she was telling a lie.
438	मैं किसी और को फोन कर रहा था।	I was calling up someone else.
439	4 को 10 में जोड़ें।	Add 4 to 10.
440	इसमें थोड़ा और नमक डालें।	Add a little more salt.
441	सभी संख्याओं को एक साथ जोड़ें।	Add all the numbers together.
442	दूध फट गया है।	The milk has curdled.
443	अपनी गलती मान लो।	Admit your mistake/fault.
444	खूब रोने के बाद, मैं बहुत बेहतर महसूस करता हूँ।	After a good cry, I feel much better.
445	थोड़ी देर बाद।	After a while.
446	आखिर तुम कहना क्या चाहते हो?	What do you want to say after all?
447	आखिर तुम गए कहाँ थे?	Where did you go after all?
448	आख़रि मैं हूँ ही कौन तुम्हारी?	Who am I to you after all?
449	आखिर तुमने मुझे बताया क्यों नहीं?	After all, why didn't you tell me?

450	आख़रिकार तुमने मेरा दिल जीत लिया।	You have won my heart, after all.
451	मुझे घर बुलाने के बाद, तुम गायब हो गए।	After calling me home, you've vanished.
452	बहुत सोंचने के बाद मैंने यह फैसला किया है।	After much thought, I have decided this.
453	उसके बाद, मैं तुम्हारी खबर लूंगा।	After that, I'll take you to task.
454	मैं आज फिर देर से ऑफिस पहुँचूँगा।	Once again I'll reach the office late today.
455	उम्र से कोई फर्क नहीं पड़ता।	Age doesn't matter.
456	सब खोखली धमकियां हैं।	All are mere threats.
457	सभी आपके जैसे नहीं हैं।	All are not like you.
458	मुझे केवल अपने पैसे से मतलब है।	All I care about is my money.
459	ये मैं हूँ।	It's me.
460	अंत भला तो सब भला।	All is well that's ends well.
461	सब बढियां है।	All is well.
462	मेरे सभी मित्र सहमत हैं।	All my friends agree.
463	उन सभी को।	All of them.
464	हमारी सारी मेहनत पर पानी फिर गया।	All our efforts went into vain.
465	आपकी जितनी तारीफ की जाये कम है।	All praise would fall short of you.
466	ठीक है! अपने दांतों को तेजी से ब्रश करें।	Alright! Brush your teeth fast.
467	ठीक है, लेकिन उसके बाद कोई बहाना नहीं।	Alright, but no excuse after that.
468	मुझे देर हो रही है।	I'm getting late.
469	जब तुम ऑफिस से निकलो तो मुझे फोन कर देना।	Give me a call when you leave the office.
470	सभी साँप फुंकार भरते हैं।	All snakes hiss.

471	सभी चमकने वाली चीजें सोना नहीं होती।	All that glitters is not gold.
472	शुभकामनाएं।	All the best.
473	सारे मेहमान चले गये।	All the guests have left.
474	हमें जाने दो	Let us go.
475	सब तरह से।	By all means.
476	ये सब आपके लिए आया है।	All this has come for you.
477	सभी डूब गए।	All were drowned.
478	यह मुझे करने दो।	Allow me to do it.
479	मुझे एक दिन की छुट्टी लेने की अनुमति दें।	Allow me to take one day leave.
480	बस हो ही गया।	Almost done.
481	अच्छा तो फिर हम चलते हैं।	Alright! It's time for us to go.
482	हमेशा खुश रहो।	Always be happy.
483	हमेशा ईमानदार रहो।	Always be honest.
484	क्या मैं इसे सही ढंग से कर रहा हूँ?	Am I doing it correctly?
485	क्या मैं किसी काम का नहीं हूँ?	Am I good-for-nothing?
486	क्या मैं शामिल हूँ?	Am I included?
487	क्या मुझे बुलाया गया है?	Am I invited?
488	मैं इसे सही ढंग से उच्चारण कर रहा हूँ?	Am I pronouncing it correctly?
489	क्या मैं आपके लिए जिम्मेदार हूँ?	Am I responsible for you?
490	क्या मैं इसे सही ढंग से लिख रहा हूँ?	Am I writing it correctly?
491	क्या मैं तेरे बाप का नौकर हूँ?	Am I your dad's servant?
492	अमन ने अपनी उंगली काट ली।	Aman has cut his finger.
493	अमित शर्मा जी की लड़की के साथ भाग गया।	Amit eloped with Sharmaji's daughter.

494	अमित ने अपनी पूरी सैलरी दान कर दी है।	Amit has donated his full salary.
495	अमित एक पढ़ा लिखा लड़का है।	Amit is an educated boy.
496	अमित एक आशावादी इंसान है।	Amit is an optimistic person.
497	अमित मेरा पड़ोसी है।	Amit is my neighbour.
498	अमित बहुत बातूनी है।	Amit is very talkative.
499	अमित देर रात तक काम करता है।	Amit works late till midnight.
500	अनु ने समय रहते काम खत्म कर लिया।	Anu completed her work in time.
501	पेंसिल को अपने मुँह में मत डालो।	Don't put the pencil in your mouth.
502	आपका दिन कैसा था?	How was your day?
503	याद रखें।	Remember.
504	और तुमने यहाँ क्या किया?	And what did you do here?
505	और यह सब तुम हमें अब बता रहे हो।	And you are telling us all this now.
506	और आपने मुझ पर शक किया।	And you doubted me.
507	मुझसे नाराज हो?	Are you angry with me?
508	सोच समझ कर जवाब दो मुझे।	Answer me thoughtfully.
509	फ़ोन उठाओ।	Answer the phone.
510	कोई समस्या?	Any problem?
511	कोई सवाल?	Any question?
512	मेरे लिए कोई सेवा?	Any service for me?
513	कोई भी वहां नहीं जा रहा है।	No one is going there.
514	कुछ भी हो सकता है।	Anything can happen.
515	किसी भी क्षण कुछ भी हो सकता है!	Anything can happen any moment!
516	कुछ भी हो सकता था।	Anything could happen.
517	मुझे बुखार है।	I am down with fever.

518	कुछ और?	Anything else.
519	आप के लिए कुछ भी।	Anything for you.
520	कुछ चाहिए?	Anything required?
521	कोई खास बात?	Anything special?
522	कुछ भी जो आपको अच्छा लगे।	Anything that you feel like.
523	वैसे भी मै नहीं जा रहा।	Anyway, I am not going.
524	सबकुछ सही सलामत है।	Everything is safe and sound.
525	इसके अलावा।	Apart from this.
526	उससे माफी मांगो।	Apologize to him.
527	हम तुम्हारी हड्डियाँ तोड़ देंगे।	We will break your bones.
528	मुझे ऐसा नहीं लगता।	I don't think so.
529	अपनी शर्ट के बटन लगाओ।	Button your shirt.
530	बालों में तेल लगाया करो।	Apply oil to your hair.
531	अपना दिमाग लगाओ।	Apply your mind.
532	अप्रैल मई से पहले आता है।	April comes before May.
533	क्या आप दोनो कल नैनीताल जा रहे हो?	Are you both going to Nainital tomorrow?
534	क्या कोई प्रोग्राम है?	Is there any program?
535	क्या ये केले पके हुए हैं?	Are these bananas ripe?
536	क्या वे आज शाम को आ रहे हैं?	Are they coming this evening?
537	क्या वे जुड़वाँ बच्चे एक जैसे हैं?	Are they identical twins?
538	क्या वे आपके मित्र हैं?	Are they your friends?
539	क्या वे आपके सगा भाई हैं?	Are they your full brothers?
540	क्या हम पार्टी में जा रहे हैं?	Are we going to the party?
541	क्या आप अच्छे लड़के हो?	Are you a good boy?
542	क्या आप अच्छी लड़की हो?	Are you a good girl?
543	क्या तुम ठीक हो?	Are you alright?

544	कोई मसला?	Any problem?
545	क्या आपको धूल से एलर्जी है?	Are you allergic to dust?
546	क्या तुम अकेले हो?	Are you alone?
547	क्या तुम मुझसे नाराज़ हो?	Are you angry with me?
548	क्या आप किसी बात पर नाराज़ हैं?	Are you angry at something?
549	मैं इस पर सहमत हूँ।	I agree on this.
550	क्या तुम अंधे हो?	Are you blind?
551	क्या तुम व्यस्त हो?	Are you busy?
552	क्या तुम साथ आओगे ?	Are you coming along?
553	क्या आप आराम कर रहे है?	Are you relaxing?
554	क्या आप इस सप्ताह आ रहे हैं?	Are you coming this week?
555	क्या तुम मेरे साथ आ रहे हो?	Are you coming with me?
556	मैं एक साधारण पृष्ठभूमि से हूँ।	I belong to a humble background.
557	दिन मे सपने देख रहे हो क्या?	Are you daydreaming?
558	क्या तुम बहरे हो?	Are you deaf?
559	क्या आपने कपड़े धोने का काम पूरा कर लिया है?	Have you done the laundry?
560	क्या आपकी खरीदारी पूरी हो गई?	Are you done with your shopping?
561	क्या आपका हो गया?	Are you done?
562	क्या आपके कान छिदे हुए हैं?	Are your ears pierced?
563	क्या अब आप बेहतर महसूस कर रहे हैं	Are you feeling better now?
564	क्या आपको भूख लग रही है?	Are you feeling hungry?
565	क्या आपको नींद आ रही है?	Are you feeling sleepy?
566	क्या तुम्हारी तबियत ठीक है?	Are you feeling well?
567	क्या आपको शादी के लिए मजबूर किया गया है?	Are you forced into marriage?

568	क्या आप कुछ भूल रहे हैं?	Are you forgetting something?
569	क्या आप दोपहर के भोजन के समय खाली हैं?	Are you free at lunchtime?
570	क्या तुम आज़ाद हो?	Are you independent?
571	क्या तुम्हारा पेट भर गया?	Are you full?
572	क्या आपको गुस्सा आ रहा है?	Are you getting angry?
573	तुम्हें मिर्ची लग रही है क्या?	Are you getting jealous?
574	तुम जा रहे हो या नहीं?	Are you going or not?
575	क्या तुम सोने जा रहे हो?	Are you going to bed?
576	क्या तुम लोगों का काम पूरा हो गया?	Are you guys done?
577	क्या तुम्हें कम सुनाई देता है?	Are you hard of hearing?
578	क्या तुम यहाँ अकेले हो?	Are you here alone?
579	क्या आपको भूख लगी है?	Are you hungry?
580	क्या तुम्हे चोट लगी?	Were you hurt?
581	क्या तुम मेरी नकल कर रहे हो?	Are you imitating me?
582	तुम्हारा मूड ख़राब है?	Are you in a bad mood?
583	क्या तुम जल्दी मे हो?	Are you in a hurry?
584	मुझसे बात करो।	Talk to me.
585	क्या तुम कोई बिज़नेस करते हो?	Do you do any business?
586	तुम होश में तो हो?	Are you in your senses?
587	कुछ तो गड़बड़ है।	It's fishy.
588	आप भारतीय हैं?	Are you an Indian?
589	मेरी कार लेलो।	Take my car.
590	क्या तुम मजाक कर रहे हो?	Are you kidding?
591	क्या तुम जा रहे हो?	Are you leaving?
592	क्या तुम सुन रहे हो?	Are you listening?
593	क्या आप बच्चों की देखभाल कर रहे हैं?	Are you looking after the kids?

594	क्या आप उसे ढूंढ रहे हैं?	Are you looking for her?
595	क्या तुम पागल हो?	Have you lost your mind?
596	क्या तुम पागल हो?	Are you mad?
597	क्या तुम मेरा मजाक उड़ा रहे हो?	Are you making fun of me?
598	क्या तुम शादीशुदा हो?	Are you married?
599	क्या तुम घबरा रहे हो?	Are you nervous?
600	तुम्हें शर्म नहीं आती ये काम करते हुए?	Are you not ashamed of doing these things?
601	क्या तुम ठीक हो?	Are you okay?
602	क्या तुम्हारा दिमाग खराब हो गया है?	Are you out of your mind?
603	क्या तुम मुझ पर उंगली उठा रहे हो?	Are you pointing finger at me?
604	क्या आप अब घर पहुँच रहे हैं?	Are you reaching home now?
605	क्या आप तैयार हैं?	Are you ready?
606	पड़ गई तुम्हारे कलेजे मे ठंडक?	Are you satisfied now?
607	ये आप कह रहे हैं?	Are you saying this?
608	डरे हुए हो क्या?	Are you scared?
609	क्या तुम बीमार हो?	Are you sick?
610	क्या आप अविवाहित हैं?	Are you single?
611	क्या तुम अभी भी मुझसे गुस्सा हो?	Are you still angry with me?
612	क्या तुम अभी भी सोए हुए हो?	Are you still asleep?
613	क्या तुम अभी तक जगे हुए हो?	Are you still awake?
614	क्या तुम अभी भी इस गलतफहमी में जी रहे हो?	Are you still living in this misunderstanding?
615	क्या आपका मूड हमेशा खराब रहता है?	Are you always in a bad mood?
616	क्या तुम्हें अब भी मुझ पर शक है?	Are you still suspicious of me?
617	क्या तुम अभी भी वहां काम कर रहे हो?	Are you still working there?

618	क्या तुम्हें यकीन है वो यहाँ रहता है?	Are you sure he lives here?
619	क्या तुम्हें यकीन है कि वो फिर से आयेगा?	Are you sure that he will come again?
620	क्या तुम्हें यकीन है कि ये वो ही है?	Are you sure that it is the same?
621	क्या आप मुझ पर यकीन करते हैं?	Do you believe me?
622	क्या आप वहां है?	Are you there?
623	क्या आपको प्यास लगी है?	Are you thirsty?
624	क्या तुम थके हुए हो?	Are you tired?
625	क्या तुम किसी बात से नाखुश हो?	Are you unhappy about something?
626	क्या आप शाकाहारी हैं?	Are you vegetarian?
627	क्या तुम मुझसे बहुत नाराज़ हो?	Are you very angry with me?
628	क्या तुम किसी का इंतज़ार कर रहे हो?	Are you waiting for someone?
629	दिखाई नहीं देता क्या?	Are you weak at sight?
630	क्या आप अंग्रेजी में कमजोर हैं?	Are you weak in English?
631	क्या आप यह जोखिम उठाने को तैयार हैं?	Are you willing to take this risk?
632	क्या आप सोच रहे हैं कि क्या बनाया जाए?	Are you wondering what to make?
633	क्या आप आज काम कर रहे हैं?	Are you working today?
634	क्या आपके बच्चे आपके साथ हैं?	Are your children with you?
635	क्या तुम आज ऑफिस नहीं जा रहे हो?	Are you not going to office today?
636	तुम अभी तक तैयार नहीं हुए?	Are you not ready yet?
637	तुम्हारे 5 मिनट नहीं हुए अभी तक?	Are your five minutes not up yet?
638	अरिजीत ने मुझसे पचास रुपये लिए थे।	Arijit took fifty rupees from me.
639	क्या हो रहा है?	What's happening?

640	कोई नयी ताज़ा?	Anything new?
641	जहां तक मुझे पता है	As far as I know.
642	जैसे मुझे बड़ी परवाह है।	As if I care.
643	जैसे की तुम मेरी माँ हो।	As if you were my mom.
644	आज के बाद से ऐसा नहीं होगा।	Now onwards, it will not happen.
645	जितना जल्दी हो सके।	As soon as possible.
646	जैसा आपको पसंद।	As you like.
647	कुछ तो गड़बड़ है।	Something is fishy.
648	जैसी करनी वैसी भरनी।	As you sow so shall you reap.
649	जैसी आपकी इच्छा।	As you wish.
650	अगली बार ज़र आएं।	Do visit next time.
651	उससे ऐसा न करने के लिए कहें।	Ask her not to do like this.
652	उससे पूछें कि इसकी जरूरत है या नहीं?	Ask her whether it is needed or not?
653	उससे पैसे के बारे में पूछो।	Ask him about money.
654	उसे अपने पास आने के लिए कहें।	Ask him to come with you.
655	उससे पूछें कि वह क्या चाहता है।	Ask him what he wants.
656	उससे पूछो वह कब उठता है।	Ask him when he gets up.
657	क्या तुम्हे कुछ चाहिए?	Do you need something?
658	पहले मुझसे पूछो।	Ask me first.
659	मुझसे प्रश्न पूछो।	Ask me questions.
660	राम से कहो कि वह चिल्लाये नहीं।	Ask Ram not to shout.
661	किसी और से पूछें।	Ask someone else.
662	पूछो जो पूछना है।	Ask what you want to.
663	अपने पापा से पूछो।	Ask your papa.
664	दहेज़ माँगना एक समाजिक कुप्रथा है।	Asking for dowry is a social evil.

665	दोपहर दो बजे।	At 2 o'clock in the afternoon.
666	रात के आठ बजे।	At 8 o'clock in the night.
667	किसी भी कीमत पर।	At any cost.
668	पहली नज़र में।	At first sight.
669	आखिर में दिखा दी ना अपनी औकात!	At last you have shown your worth!
670	कम से कम झूठ मत बोलो।	At least don't lie.
671	कम से कम फ़ोन तो उठा लो।	At least pick up the phone.
672	कम से कम वह मुझे कॉल तो कर सकती थी।	At least she could call me.
673	कम से कम पानी तो ले लो।	At least take water.
674	कम से कम हम कोशिश तो कर सकते थे।	At least we could try.
675	कम से कम तुम मुझे बता तो सकते थे।	At least you could tell me.
676	कम से कम, मेरी बात तो सुनो।	At least, hear me out.
677	नल बंद कर दो।	Turn off the tap.
678	नल चल रहा है।	The tap is running.
679	कुछ लोग बहुत कम काम करते हैं।	Some people do very little work.
680	हमारे यहां सुबह 7 बजे पानी की सप्लाई शु हो जाती है।	At our place, water supply starts at 7 a.m.
681	कल पौने सात बजे मिलते हैं।	See you tomorrow at quarter to seven.
682	उस समय।	That time.
683	फिलहाल मैं जा रहा हूँ।	At the moment I am going.
684	फिलहाल मुझे भूख नहीं है।	At the moment I am not feeling hungry.
685	फिलहाल मुझे अकेला छोड़ दो।	At the moment leave me alone.
686	फिलहाल तुम यहाँ से जाओ।	At the moment you go from here.

687	फिलहाल तुम इसे यहाँ से ले जाओ।	At the moment you take it from here.
688	ज्यादा से ज्यादा इसमें सिर्फ 2 मिनट लगेंगे।	At most it will take only 2 minutes.
689	तुम कितने बजे उठते हो?	At what time do you get up?
690	तुम कितने बजे सोते हो?	At what time do you go to bed?
691	किस समय?	At what time?
692	चाची बीमार हैं।	Aunty is sick.
693	जो लोग बीमार हैं उनके निकट संपर्क से बचें।	Avoid close contact with people who are sick.
694	अपनी आंखों, नाक और मुंह को छूने से बचें।	Avoid touching your eyes, nose, and mouth.
695	मुझे सुबह 4:00 बजे जगा देना।	Awake me at 400 AM.
696	मेरा साथ दो।	Support me.
697	बुरी खबरें जल्दी फैलती हैं।	Bad news travel fast
698	मसला क्या है?	What's the matter?
699	रोटी सेंक दो।	Bake the chapatti.
700	वह धुप सेंक रहा है।	He is basking in the sun.
701	अच्छा लड़का बनो।	Become a good boy.
702	भविष्य में सावधान रहें।	Be careful in the future.
703	ध्यान से! बोतल लबालब भरी हुई है।	Be careful! The bottle is full to the brim.
704	सुबह 8 बजे मिलते हैं।	Let's meet at 8 a.m.
705	8 मार्च को मिलते हैं।	Let's meet on 8th March.
706	दिमाग शांत रखो।	Cool down.
707	मुश्किल समय का सामना करने के लिए बहादुर बनो।	Be courageous to face the hard time.
708	निडर रहो।	Be fearless.
709	फिर से दोस्त बनो।	Become friends again.

710	उदार बने।	Be generous.
711	आपके पास जो है उसके साथ खुश रहें।	Be happy with what you have.
712	सात बजे तक यहां आ जाना।	Be here by 7.
713	आठ बजे तक घर आ जाना।	Be home by 8.
714	अपनी हद में रहो।	Be in your limits.
715	शुरुआत में।	In the beginning.
716	मैं उससे रोज मिलता था।	I used to meet her every day.
717	अब से अधिक सावधान रहें।	Be more careful from now on.
718	अपनी माँ से ठीक से बात करो।	Be nice to your mother.
719	चुप रहो, मैं काम कर रहा हूँ।	Be quiet, I'm working.
720	अगली चुनौती के लिए तैयार रहो।	Be ready for your next challenge.
721	समझदार बनो।	Be sensible.
722	जैसे हो वैसे ही बनो।	Be yourself.
723	ध्यान में रखो।	Bear in mind.
724	ये बात अपने दिमाग में डाल लो।	Bear this in your mind.
725	सुंदरता हृदय और विवेक में होनी चाहिए।	Beauty should lie in the heart and conscience.
726	क्योंकि, बैठने की कोई जगह नहीं है।	Because there is no place to sit at.
727	यह कोई बच्चों का खेल नहीं है।	It's not a child's play.
728	ढंग से पेश आओ।	Behave properly.
729	तमीज से पेश आओ।	Behave yourself.
730	बैंक के पीछे।	Behind the bank.
731	मेज के नीचे।	Under the table.
732	एक दोस्त होने के नाते मैं ये तुमसे बोल रहा हूँ।	As a friend I am telling you this.

733	एक अध्यापक होने के नाते, यह मेरा फ़र्ज़ है।	Being a teacher, it is my duty.
734	गुस्सा करने से कुछ नहीं होता।	Being angry doesn't help anything.
735	इंसान होने के नाते ये हमारा फर्ज है।	Being a human, this is our duty.
736	खुद पर विश्वास करो।	Believe in yourself.
737	यकीन मानो या ना मानो।	Believe it or not.
738	मुझ पर विश्वास करो।	Trust me.
739	अपने घुटने मोड़ें।	Bend your knees.
740	पहले से अच्छा।	Better than before.
741	कुत्तों से बचो।	Beware of dogs.
742	जेब कतरों से बचो।	Beware of pick-pockets.
743	बड़े लोग बड़ी बातें।	Big toys big boys.
744	काला रंग भी आप पर अच्छा लगता है।	Black colour also looks good on you.
745	काला रंग मुझ पर सूट नहीं करता।	Black colour doesn't suit me.
746	अपनी आँखें झपकाओ।	Blink your eyes.
747	अपनी आँखें मत मसलो।	Don't rub your eyes.
748	माचिस जलाओ।	Burn the matchstick.
749	मुझे परेशान मत करो।	Don't annoy me.
750	अपनी नाक साफ़ करो।	Blow your nose.
751	अंडे उबाल दो।	Boil the eggs.
752	दूध उबाल दोस.	Boil the milk.
753	ऊँगली चटकाने से हड्डियां कमजोर होती हैं।	Bones are weakened by crackling.
754	उधारकर्ताओं ने अभी तक भुगतान नहीं करा है।	Borrowers have not repaid yet.
755	मेरे माता–पिता दोनों शिक्षक हैं।	Both my parents are teachers.
756	तुम दोनों।	Both of you.

757	और यह आ गया।	There he comes.
758	यह गलत बात है।	It's not fair.
759	वह बहुत भाव खाता है।	He is pricey.
760	कृपया बैठिए।	Have a seat.
761	एक कुर्सी लाओ।	Bring a chair.
762	मेरे लिए एक ग्लास पानी लाओ।	Bring a glass of water for me.
763	कल लोहार से एक हथोड़ा ले आना।	Bring a hammer from the ironsmith.
764	उसे अंदर लाओ।	Bring him in.
765	उसे मेरे पास लाओ।	Bring him to me.
766	इसे कल वापस ले आओ।	Bring it back tomorrow.
767	थोड़ा–थोड़ा करके लाना।	Bring little by little.
768	कृपया डिनर परोंसे।	Serve dinner, please.
769	कृपया मेरा फोन चार्जिंग पर लगा दो।	Please put my phone on charge.
770	मेरे लिए मेरा ग्रे स्वेटर लाओ।	Bring me my grey sweater.
771	कृपया मेरे लिए चाय लाओ।	Bring me my tea, please.
772	मेरा बैग लाओ।	Bring my bag.
773	कृपया कुछ कॉफ़ी लाएँ।	Bring some coffee, please.
774	उसे घर ले आओ।	Bring him home.
775	कमरे से बोतल ले आओ।	Bring the bottle from the room.
776	बच्चों को स्कूल से ले आना।	Bring the children from the school.
777	अपनी डायरी लेकर आओ।	Bring your diary.
778	भाई संत से कम नहीं है।	Brother is no less than a saint.
779	कपड़ों को ब्रश से साफ़ कर दो।	Brush the clothes.
780	पहले अपने हाथ धो।	Wash your hands first.
781	तुम मुझसे बच नहीं सकते।	You can't escape from me.
782	अपने दांत अच्छे से साफ करो।	Brush your teeth properly.

783	बाहर जाने से पहले अपने आप को तैयार कर लें।	Primp yourself before going out.
784	कारोबार फलफूल रहा है।	Business is booming/flourishing.
785	कारोबार अच्छा है।	Business is good.
786	लेकिन यह मत सोचो कि तुम आज़ाद हो।	But don't think you are free.
787	लेकिन वह अभी तक नहीं आये।	But he hasn't come yet.
788	लेकिन मैं किसी तरह वहां से भाग गयी।	But I somehow ran away from there.
789	लेकिन मुझे थोड़ा सोचना पड़ेगा।	But I will have to think a bit.
790	लेकिन बारिश हो रही है।	But it's raining.
791	लेकिन सुनो, यह बात हम दोनों के बीच में रहनी चाहिए।	But listen, this should be between you and me.
792	लेकिन ये आपका काम है।	But this is your job.
793	लेकिन उससे क्या दिक्कत हो सकती है?	But what issue could be there with him?
794	आप कहाँ रह रहे हो?	Where are you putting up?
795	उन्हें कौन समझाएगा?	Who will make them understand?
796	तू उसे यहाँ क्यों लाया?	But why did you bring her here?
797	लेकिन आप परेशानी क्यों उठाएंगे?	But why would you take the trouble?
798	पर तुमने जवाब ही नहीं दिया।	But you didn't answer/reply.
799	आपको सोने से पहले अपना मेकअप हटा देना चाहिए।	You should remove your makeup before going to bed.
800	तितलियाँ फूलों पर मंडराती हैं।	Butterflies hover over flowers.
801	इन कपड़ो को तह लगाओ।	Fold these clothes.
802	लाल लिपस्टिक लगाओ।	Wear red lipstick.
803	खरीद लो क्या खरीदना है।	Buy what you want to.

804	धीरे धीरे आप अपनी कमियाँ ठीक कर लेंगे।	Soon you will make up the shortcomings.
805	भगवान की कृपा से मैं सुरक्षित हूँ।	By god's grace, I am safe.
806	ईश्वर की कृपा से सब ठीक हैं।	By God's grace, everything is fine.
807	आपके पीछे दिवार है।	There is a wall behind you.
808	मेरी अपनी पसंद से।	By my own choice.
809	वैसे उसने कुछ नहीं कहा।	By the way, he didn't say anything.
810	वैसे भी वो झूठ बोल रहा था।	By the way, he was telling a lie.
811	वैसे भी मेरा मन नहीं था इसे खरीदने का।	Anyway, I was in no mood to buy this.
812	वैसे भी मैं आने की सोच रहा था।	By the way I was also thinking to come.
813	वैसे भी मुझे आना पड़ेगा।	By the way also I will also have to come.
814	इसकी कोई जरूरत नहीं है।	It's not required.
815	तुम बहुत बोलते हो।	You speak a lot.
816	वैसे अभी आप क्या कर रहे हैं?	By the way, what are doing right now?
817	वैसे, आप क्या करते हैं?	By the way, what do you do?
818	नाश्ते में क्या है?	What is there in the breakfast?
819	वैसे ये आइडिया किसका था?	By the way, whose idea was it?
820	कब तक लौटा दोगे?	By what time will you return it?
821	आप वहां कितने बजे तक पहुंचेंगे?	By what time will you reach there?
822	ये काम कब तक पूरा करवा दोगे?	By when will you get this work finished?
823	आपकी कृपा से।	By your grace.
824	अभी के लिए अलविदा।	Bye for now.
825	मैं काम के लिए जा रहा हूँ।	I'm off to work.

826	शाम को मिलते हैं।	I'll see you in the evening.
827	कुछ देर में मुझे कॉल करो।	Call me in some time.
828	मुझे वापस कॉल करो।	Call me back.
829	जरूरत पड़े तो मुझे बुला लेना।	Call me if needed.
830	किसी चीज की जरुरत हो तो मुझे कॉल करना।	Call me if you need anything.
831	मैं घर पर रहूँगा।	I'll be at home.
832	पास आओ।	Come near me.
833	मुझे कल फोन करना।	Call me tomorrow.
834	अगर आप फ्री हैं तो मुझे कॉल करें।	Call me up if you are free.
835	डॉक्टर को बुलाएं।	Call the doctor.
836	इस नंबर पर कॉल करें।	Call on this number.
837	उन्हें कल सुबह 6 बजे बुला लो।	Call them at 6 am tomorrow.
838	रोहन से बात करें।	Speak to Rohan.
839	थोड़ी देर में फ़ोन करता हूँ।	Call you a bit later.
840	कभी कभी।	At times.
841	क्या आपको किसी और चीज की आवश्यकता है?	Do you need anything else?
842	उसकी मुझे धमकी देने की हिम्मत कैसे हुई?	How dare he threaten me?
843	क्या कोई मेरे प्रश्न का उत्तर दे सकता है?	Can anybody answer my question?
844	क्या मैं आपसे कुछ प्रश्न पूछ सकता हूँ?	Could I ask you a few questions?
845	क्या मैं तुमसे कुछ पूछ सकता हूँ?	Could I ask you something?
846	क्या मैं कुछ पैसे उधार ले सकता हूँ?	Could I borrow some money?
847	क्या मैं आपका पेन उधार ले सकता हूँ?	Could I borrow your pen?
848	क्या मैं अपने दोस्त को ला सकता हूँ?	Could I bring my friend?

849	क्या मैं अब कुछ खरीद सकता हूँ?	Can I buy something now?
850	क्या मैं कल आ सकता हूँ?	Can I drop in tomorrow?
851	क्या मुझे आपकी कंपनी में नौकरी मिल सकती है?	Could I get a job in your company?
852	क्या आप मेरी मदद कर सकते हैं?	Could you help me?
853	क्या मुझे अब सीट मिल सकती है?	Can I have a seat now?
854	क्या मुझे यह किताब मिल सकती है?	Can I have this book?
855	मैं आपकी कैसे मदद कर सकता हूँ?	How may I help you?
856	क्या मैं फ़ोन कर सकता हूँ?	Can I make a phone call?
857	क्या मैं एक अपॉइंटमेंट ले सकता हूँ?	Can I make an appointment?
858	क्या मैं चारों ओर देख सकता हूँ?	Can I have a look around?
859	क्या मैं मेसेज भेज सकता हूँ?	Can I send a massage?
860	क्या मैं यहाँ बैठ सकता हूँ?	Can I sit here?
861	क्या मैं आपके बगल में बैठ सकता हूँ ?	Can I sit next to you?
862	क्या मैं आपसे बात कर सकता हूँ?	Can I talk to you?
863	क्या मैं आपसे एक मिनट बात कर सकता हूँ?	Can I talk to you for a minute?
864	क्या तुम्हे एक बात बता सकता हूँ?	Can I tell you one thing?
865	क्या मैं कोशिश कर सकता हूँ?	Can I try it on?
866	क्या मैं आपका पेन का उपयोग कर सकता हूँ?	Can I use your pen?
867	क्या मैं तुम्हें घर ले जा सकता हूँ?	Can I take you home?
868	क्या हम मूवी देखने जा सकते हैं?	Can we go to watch movie?
869	क्या हम यहाँ बैठ सकते हैं?	Can we sit here?
870	क्या हम वहां बैठ सकते हैं?	Can we sit over there?
871	क्या हम बात कर सकते हैं?	Can we talk?
872	क्या आप बाद में कॉल कर सकते हैं?	Can you call back later?

873	क्या आप मुझे शाम को फोन कर सकते हैं?	Can you call me in the evening?
874	क्या आप मुझे अभी कॉल कर सकते हैं?	Can you call me now?
875	क्या तुम फिर कभी आ सकते हो?	Can you come some other time?
876	क्या मैं तुम्हें घर छोड़ सकता हूँ?	Can I drop/drive you off home?
877	क्या आप मेरी जगह काम कर सकते हैं?	Can you cover for me?
878	क्या आप नाच सकते हैं?	Can you dance?
879	क्या तुम मुझे रिपोर्ट की एक कॉपी दे सकते हो?	Can you give me a copy of report?
880	क्या आप गाडी चला सकते हैं?	Can you drive?
881	क्या आप इसे ठीक कर सकते हैं?	Can you fix it?
882	क्या आप उसे वापस पा सकते हैं?	Can you get that back?
883	क्या आप मुझे एक अख़बार ला सकते हैं?	Can you get me the newspaper?
884	क्या तुम आधी रात को कब्रिस्तान जा सकते हो?	Can you go to the graveyard at midnight?
885	क्या आप अनुमान लगा सकते हैं?	Can you guess?
886	क्या आप मुझे सुन सकते हैं?	Can you hear me?
887	क्या आप मेरी मदद कर सकते हैं?	Can you help me?
888	क्या तुम इसे अपने पास रख सकते हो?	Can you keep it with you?
889	क्या आप इसे थोड़ा जल्दी कर सकते हैं?	Can you make it a little faster?
890	क्या तुम उससे मेरी बात करवा सकते हो?	Can you make me talk to him?
891	क्या आप साबित कर सकते हैं जो आपने कहा?	Can you prove what you said?
892	क्या आप इसे दूर रख सकते हैं?	Can you put it away?

893	क्या आप इसे दोहरा सकते हैं?	Can you repeat it?
894	क्या आप मुझे दिखा सकते हैं कि यह कैसे करना है?	Can you show me how to do this?
895	क्या आप इसे सूंघ सकते है?	Can you smell it?
896	क्या तुम इस तरह चुटकी बजा सकते हो?	Can you snap your fingers like this?
897	क्या आप इसका उच्चारण कर सकते हैं?	Can you spell it?
898	क्या आप खड़े हो सकते हैं?	Can you stand up?
899	क्या आप तैर सकते हैं?	Can you swim?
900	क्या आप मुझे उसके घर ले जा सकते हैं?	Can you take me to his house?
901	क्या तुम मुझे ये सीखा सकते हो?	Can you teach me?
902	क्या आप मुझे एक चुटकुला सुना सकते हैं?	Can you tell me a joke?
903	क्या तुम बता सकते हो कि सोना कहाँ पाया जाता है?	Can you tell me where gold is found?
904	क्या आप उसे फेंक सकते हैं?	Can you throw that away?
905	क्या आप इसे मेरे लिए अनुवाद कर सकते हैं?	Can you translate it for me?
906	क्या आप कुछ देर इंतजार कर सकते है?	Can you wait a few minutes?
907	मैं पक्के तौर पर नहीं कह सकता।	I can't say for sure.
908	क्या तुम शांत नहीं रह सकते?	Can you not be quiet?
909	तुम सब्र नहीं रख सकते क्या?	Can you not have patience?
910	क्या तुम नहीं देख सकते, मैं फ़ोन पर हूँ?	Can you not see, I'm on the phone?
911	चुपचाप नहीं बैठ सकते क्या तुम?	Can you not sit quietly?
912	क्या तुम शांत नहीं बैठ सकते?	Can you not sit still?
913	साफ साफ नहीं बोल सकते क्या तुम?	Can you not speak clearly?

914	क्या आप अपने बच्चे का ख्याल नहीं रख सकते?	Can you not take care of your kid?
915	ढंग से नहीं बात कर सकते क्या तुम?	Can you not talk in a manner?
916	क्या तुम धीरे नहीं चल सकते?	Can you not walk slowly?
917	बोतल का ढक्कन लगा दें।	Cap the bottle.
918	पेन का ढक्कन लगाएं और नीचे रख दें।	Cap the pen and put it down.
919	सावधान! प्लेटें बहुत गर्म हैं।	Careful, the plates are very hot.
920	सड़कों पर गाड़ियाँ धूल उड़ाती हैं।	Cars blow dust on the roads.
921	अपने कपड़े बदल लो।	Change your clothes.
922	अपने आप को बदलो।	Change yourself.
923	आपका मोबाइल चार्ज कर लो।	Charge your mobile.
924	पूछकर तो देखो।	Check by asking.
925	फोन करके देखो।	Check by calling.
926	करके देखो।	Check by doing.
927	पीकर देखो।	Check by drinking.
928	मैं इसके बारे में निश्चित नहीं हूँ।	I am not sure about it.
929	बैठकर देखो कितना सॉफ्ट है ये।	Check by sitting how soft it is!
930	मुझे वह नहीं मिला।	I can't find that.
931	रुको! मैं आ रहा हूँ।	Hang on! I'm coming.
932	तुम खुद ही देख लो।	Check it for yourself.
933	अपने भोजन को अच्छे से चबाएं।	Chew your food well.
934	अपने नाखून काटें।	Trim your nails.
935	बच्चे रो तो नहीं रहे ना?	The Children are not crying, are they?
936	बच्चे सुबह से उछल–कूद कर रहे हैं।	The Children have been capering since morning.
937	बच्चे दो दिन से पढ़ाई नहीं कर रहे हैं।	The Children have not been studying for two days.

938	बच्चे उसे चैन से खाना नहीं खाने देंगे।	The Children will not let her eat peacefully.
939	इन दोनों में से एक ड्रेस चुनो।	Choose one dress between these two.
940	एक चीज़ चुनें।	Choose one thing.
941	टमाटर को काट लीजिये।	Chop the tomato.
942	क्लास शु होने वाली है।	Class is going to start.
943	किचन काउंटर साफ करें।	Clean the kitchen counter.
944	खाली कप साफ़ करें।	Clear away the empty cups.
945	मेरा हिसाब चुका दो।	Clear my accounts.
946	अलमारी बंद कर दो।	Close the cupboard.
947	किताब बंद करो।	Close the book.
948	दरवाज़ा धीरे बंद करें, इसे पटकें नहीं।	Close the gate carefully, don't slam it.
949	आते वक्त दरवाजा बंद कर देना।	Close the door after you.
950	दरवाज़ा बंद करो।	Shut the door.
951	खाते वक्त सपना मुँह बंद करो।	Close your mouth while eating.
952	खिड़की बंद करो।	Close the window.
953	अपनी किताबें बंद करो।	Close your books.
954	अगनी आँखें बंद करें।	Shut your eyes.
955	धूप में कपड़े फीके पड़ जायेंगे।	Clothes would fade in the sunlight.
956	आकाश में बादल छाए हुए हैं।	The sky is overcast.
957	बाल कंघी कर लो।	Comb your hair.
958	जब चाहे तब आना।	Come, whenever you want.
959	कल आकर मुझसे मिलो।	Come and meet me tomorrow.
960	आकर देखो।	Come and see.
961	आओ और अपनी जगह पर बैठो।	Come and sit at your place.

962	आओ और मेरे पास बैठो।	Come and sit near me.
963	आओ और बैठो।	Come and sit.
964	कम से कम एक बार तो आओ।	Come at least once.
965	तुरंत वापस आ जाओ।	Come back at once.
966	घर वापस आ जाओ।	Come back home.
967	वापस आना।	Come again.
968	फिर से कहना।	Come again.
969	जल्दी नीचे आओ।	Come down quickly.
970	नीचे आओ।	Come downstairs.
971	जल्दी आओ, वो मेरे सामने है।	Come fast, he is in front of me.
972	आगे आना।	Come forward.
973	इधर आओ और मेरी बात सुनो।	Come here and listen to me!
974	अभी के अभी यहाँ आ जाओ।	Come here right now.
975	मेरी बाहों में आओ।	Come in my arms.
976	बच्चा मेरी गोद में खेल रहा है।	The baby is playing in my lap.
977	घर के अंदर आओ, बाहर ठंड है।	Come indoors, it's cold outside.
978	आओ चाय पीते हैं।	Come let's take tea.
979	अगली बार आना।	Come next time.
980	सोमवार को आओ।	Come on Monday.
981	मेरी कार में आओ।	Come in my car.
982	समय पर आना।	Come on time.
983	चलो भी! जाग जाओ।	Come on! wake up.
984	चलो, तुरंत सो जाओ।	Come on, let's go to sleep right away.
985	एक–एक करके आओ।	Come one by one.
986	किसी दिन आ जाओ।	Come over someday.
987	चुपचाप आ जाओ, मना मत करो।	Come quietly, don't refuse.

988	जल्दी आना नहीं तो मैं तुमसे बात नहीं करूँगा।	Come soon otherwise I won't talk to you.
989	इस तरफ़ आइए।	Come this way.
990	मेरे पास आओ।	Come to me.
991	मुझे लेने आओ।	Come to pick me up.
992	जल्दी ही मुझसे मिलने आओ।	Come to see me soon.
993	सीधा मुद्दे पर आओ।	Come to the point.
994	ऊपर आओ।	Come upstairs.
995	किसी दिन हमसे मिलने आओ।	Come visit us someday.
996	मैं ऐसा नहीं करूँगा।	I'll not do so.
997	चाहे जो हो जाये।	Come what may.
998	जब चाहो आ जाना।	Come whenever you like.
999	मेरे साथ चलो।	Come with me.
1000	आओ, इसे ठीक करो।	Come, fix it.
1001	वहां कौन है?	Who is in there?
1002	हर काम समय पर पूरा करो।	Complete each work at the right time.
1003	कार्य पूरा करें।	Complete the work.
1004	अपना होमवर्क पूरा करो वरना तुम्हे सजा मिलेगी।	Complete your homework else you'll be punished.
1005	अपने काम पर ध्यान दो।	Concentrate on your work.
1006	अपने प्रिंटर को लैपटॉप से जोड़ो।	Connect your printer with the laptop.
1007	समझो हो गया।	Consider it done.
1008	इसे हमारा आशीर्वाद समझें।	Consider it our blessing.
1009	मुझे अपना ही समझा।	Consider me your own.
1010	इसे अपना समझो।	Consider this yours.
1011	इस बारे में किसी से सलाह कर लो।	Consult someone on this matter.
1012	डॉक्टर से सलाह लो।	Consult the doctor.

1013	अपने जज़्बातो पर काबू/नियंत्रण रखो	Control your emotions.
1014	अपनी जीभ पर काबू रखें।	Control your tongue.
1015	खुद पर काबू रखो।	Control yourself.
1016	उसे समझाओ।	Convince him.
1017	इसे धीमी आंच पर 10 मिनट तक पकाएं।	Simmer it for 10 minutes.
1018	प्रश्न को अपनी पुस्तक से कॉपी करें।	Copy down the question from your book.
1019	इसे कॉपी करें।	Copy it down.
1020	अगर मैं ग़लत हूँ तो मुझे सही कीजिए।	Correct me if I am wrong.
1021	अपनी गलती सुधारो।	Correct your mistake.
1022	क्या मैं खिड़की बंद कर सकता हूँ?	Could I close the window?
1023	क्या मैं राहुल से बात कर सकता हूँ?	Could I talk to Rahul please?
1024	क्या आप कृपया मुझ पर थोड़ी कृपा कर सकते हैं?	Could you do me a little favor, please?
1025	क्या आप कृपया मुझे कुछ छूट दे सकते हैं?	Could you please give me some discount?
1026	क्या आप कृपया कीमत थोड़ी कम कर सकते हैं?	Could you please lower the price a bit?
1027	कितना समय लगेगा आपको?	How long will you take?
1028	कृपया आप यह दोहरा सकते हैं?	Could you repeat that, please?
1029	क्या आप मेरे लिए मेरी पीठ खुजा सकते हैं?	Could you scratch my back for me?
1030	क्या आप कृपया ज़ोर से बोल सकते हैं?	Could you speak louder, please?
1031	क्या तुम और धीरे बात कर सकते हो?	Could you speak more slowly?
1032	क्या आप कृपया धीरे बोल सकते हैं?	Could you speak slower, please?

1033	क्या आप मेरी एक तस्वीर ले सकते हैं?	Could you take a photo of me?
1034	क्या वे पहले नहीं आ सकते थे?	Could they not have come before?
1035	क्या आप पहले मुझे नहीं बता सकते थे?	Could you not have told me before?
1036	अपनी आंखें बंद करें।	Close your eyes.
1037	खांसते समय अपना मुंह ढको।	Cover your mouth when you cough.
1038	छींकते हुए मुह को ढको।	Cover your mouth while sneezing.
1039	खांसते समय अपना मुंह अपने हाथ से ढक लें।	Cover your mouth with your hand when you cough.
1040	अपने मुंह को कवर करो।	Cover your mouth.
1041	छींकते समय अपनी नाक ढक लो।	Cover your nose while sneezing.
1042	नदी पार करो।	Cross the river.
1043	मुर्गे बनो।	Crouch like a chicken.
1044	बोतल को इस्तेमाल करने के बाद तोड़ दो।	Crush the bottle after using It.
1045	रोने से मदद नहीं मिलेगी।	Crying won’t help.
1046	चाय कम पिये।	Cut down on tea.
1047	इसे चाकू से काट लो।	Cut it with the knife.
1048	पापा मुझे स्कूल नहीं जाने देते।	Dad doesn't let me go to school.
1049	पापा घर पर नहीं हैं।	Dad is not at home.
1050	वह बस अभी निकला ही है।	He has just left.
1051	मेरे स्थान पर पिताजी वहां गए।	Dad went there instead of me.
1052	लानत है तुम पर।	Damned on you.
1053	कपड़े को इस्त्री करने से पहले उसे गीला कर लें।	Damp the cloth down before you iron them.
1054	मृत्यु अंत नहीं है।	Death is not the end.

1055	मौत कुछ साथ नहीं ले जाती।	Death takes nothing with it.
1056	तय करके मुझे बताओ।	Decide and tell me.
1057	आज फैसला होकर रहेगा।	Decision will be made today.
1058	पंखे की गति कम करें।	Decrease the speed of the fan.
1059	दिल्ली भारत के उत्तर में है।	Delhi is in the north of India.
1060	तुम्हारे मना करने पर भी वह वहाँ चला गया।	Despite your refusal, he went there.
1061	क्या तुमने वो मोटरसाइकिल ले ली?	Did you buy that motorcycle?
1062	क्या यह सब मेरी वजह से हुआ?	Did all of this happen because of me?
1063	किसी ने कुछ कहा तुम्हें?	Did anyone say something to you?
1064	क्या मीटर चेक करने कोई आया था?	Did anyone come to check the meter?
1065	क्या किसी ने तुमको मारा?	Did anyone hit you?
1066	क्या वाकई उसने मेरा नाम लिया?	Did he actually take my name?
1067	क्या उसने तुम्हें बिना किसी वजह के पीटा?	Did he beat you without any reason?
1068	क्या वह यहाँ आया था?	Did he come here?
1069	क्या वो मेरी शादी पर आया था?	Did he attend my wedding?
1070	क्या तुमने उसको धोखा दिया?	Did he deceive you?
1071	क्या वह जल्दी उठ गया?	Did he get up early?
1072	क्या उसने तुम्हे अपनी शादी पर बुलाया था?	Did he invite you to his marriage?
1073	क्या उसने तुमको प्रोपोज किया?	Did he propose to you?
1074	क्या उसने कुछ कहा?	Did he say something?
1075	क्या मैंने तुम्हें दुःख पहुंचाया?	Did I hurt you?
1076	क्या सोमवार को बारिश हुई?	Did it rain on Monday?
1077	मैम ने कुछ कहा?	Did ma'am say anything?

1078	क्या आपको मच्छर ने काटा?	Did mosquito bite you?
1079	तुम्हारा गला तो बैठ गया था है न?	You had a sore throat, didn't you?
1080	क्या तुमने अभी कुछ कहा?	Did you just say something?
1081	क्या राम की माँ ने उसे खाना खिलाया था?	Did Ram's mother feed him?
1082	क्या राम की माँ ने खाना परोसा?	Did Ram's mother serve the food?
1083	क्या रिया पार्टी में आई?	Did Riya come to the party?
1084	क्या उसे कोई लड़का मिला?	Did she find any boy?
1085	क्या उसके लंबे बाल थे?	Did she have long hair?
1086	क्या उसने तुम्हें याद दिलाया?	Did she remind you?
1087	क्या तुमसे किसी ने छेड़खानी की?	Did someone molest you?
1088	क्या बच्चा शेर देखकर डरा नहीं?	Did the child not get scared on seeing the lion?
1089	क्या गली में कुत्ते ने किसी को काटा?	Did the dog bite anyone in the street?
1090	फोन कट गया क्या?	Did the phone get disconnected?
1091	पया तुम्हे यह हमेशा से पता था?	Did you always know it?
1092	क्या आपने उसके पत्र का उत्तर दिया?	Did you answer his letter?
1093	क्या तुमने इस बार पेपर दिया?	Did you appear for the exam this time?
1094	रास्ते में कोई मिला था क्या?	Did you bump into someone on the way home?
1095	क्या तुम्हारी जुबान जल गई?	Did you burn your tongue?
1096	क्या तुमने वो मोटरसाइकिल ले ली?	Did you buy that motorcycle?
1097	क्या आपने उसे फोन किया?	Did you call him up?
1098	क्या तुमने मुझे बुलाया?	Did you call me?
1099	क्या आप यहाँ कार से आये या पैदल?	Did you come here by car or on foot?

1100	क्या तुमने यह सब पी लिया?	Did you drink it all?
1101	क्या आपको इस पोस्ट से सीखने में मजा आया?	Did you enjoy learning from this post?
1102	आपको बुरा लगा क्या?	Did you feel bad?
1103	क्या तुम्हे मिर्ची लगी?	Did you feel the chili?
1104	क्या तुम्हें कोई क्रिकेट खिलाड़ी मिला?	Did you find any cricket player?
1105	क्या तुम्हें उसकी अंगूठी मिली?	Did you find her ring?
1106	मैं ही मिला था क्या तुम्हें परेशान बनाने को?	Did you find only me to bother?
1107	क्या तुमने आज लंच खत्म किया?	Did you finish your lunch today?
1108	क्या तुम कागज़ात ले जाना भूल गए थे?	Did you forget to carry your documents?
1109	क्या आपको फिरौती के लिए कोई फ़ोन आया है?	Did you get a ransom call?
1110	क्या तुम्हें अमित का कोई कॉल आया?	Did you get any call from Amit?
1111	क्या तुम्हें चोट लगी?	Did you get hurt?
1112	क्या तुम्हे समझ आया ?	Did you get it?
1113	क्या आपने अपनी मर्जी के खिलाफ शादी की?	Did you get married against your wish?
1114	क्या तुम्हें मेरी बात समझ में आई?	Did you get me?
1115	क्या आपको मेरा ईमेल मिला?	Did you get my email?
1116	क्या तुम्हे मेरी बात समझ आयी?	Did you get my point?
1117	क्या आपकी इच्छा पूरी हुई?	Did you fulfill your wish?
1118	क्या तुमने अपने जन्मदिन पर दावत दी थी?	Did you give a treat on your birthday?
1119	क्या आप देर से बिस्तर पर गये थे?	Did you go to the bed late?
1120	क्या आपके पास सिगरेट थी?	Did you have a cigarette?
1121	क्या तुमने डिनर किया?	Did you have dinner?
1122	क्या आपको मजा आया?	Did you have fun?

1123	क्या तुमने खाना खाने के बाद दवाई ली थी?	Did you have medicine after you had eaten food?
1124	क्या तुमने कुछ सुना?	Did you hear anything?
1125	तुमने सुना मैंने क्या कहा?	Did you hear what I said?
1126	क्या तुमने सुना?	Did you hear?
1127	क्या रोहन को नौकरी मिल गई थी?	Did Rohan get a job?
1128	चोट लग गयी क्या?	Did you hurt yourself?
1129	क्या आप यहाँ थे?	Were you here?
1130	आपको मार पड़ी है क्या?	Have you been beaten?
1131	क्या तुम बस अभी जगे हो?	Did you just wake up?
1132	क्या आपको ये वाक्य पहले से पता था?	Did you already know this sentence?
1133	क्या तुमने पानी गर्म करा था?	Did you heat up the water?
1134	क्या तुमने मुझसे झूठ बोला?	Did you lie to me?
1135	क्या तुम्हें ये पसन्द आया?	Did you like it?
1136	क्या आपको वाक्य पसंद आया?	Did you like the sentence?
1137	क्या आपको ये पोस्ट पसन्द आयी?	Did you like this post?
1138	क्या तुमने वो गाना सुना?	Did you listen to that song?
1139	क्या तुमने दरवाजा बंद किया?	Did you lock the door?
1140	क्या तुम्हारा हार दुबारा खो गया?	Did you lose your necklace again?
1141	क्या तुमने ये बनाया?	Did you make it?
1142	क्या तुमने उसे मेरा नाम बताया?	Did you mention my name to him?
1143	क्या तुमने इंटरव्यू की तैयारी की थी?	Did you prepare for the interview?
1144	क्या पहले आप किराने की दुकान चलाते थे?	Did you run a grocery shop earlier?
1145	क्या तुमने उसे बताया?	Did you tell her?

1146	क्या तुमने डॉक्टर को दिखाया?	Did you see a doctor?
1147	क्या आपने किसी को इसे ले जाते हुए देखा?	Did you see anyone take it?
1148	क्या तुमने उसे देखा?	Did you see him?
1149	क्या आपने देखा की क्या हुआ था?	Did you see what happened?
1150	क्या आपने मुझे नोट्स भेजे?	Did you send me notes?
1151	क्या तुमने नए फ्लैट में शिफ्ट किया?	Did you shift to a new flat?
1152	क्या तुम अच्छे से सोये?	Did you sleep well?
1153	तुमने झपकी ली या नहीं?	Did you take a nap or not?
1154	क्या आपने अपनी दवा ली?	Did you take your medicine?
1155	क्या आपने रिया से बात की?	Did you talk to Riya?
1156	क्या तुमने उसे बताया कि यह कैसे करना है?	Did you tell him how to do it?
1157	क्या आपने खरीदारी की?	Did you do the shopping?
1158	क्या तुमने अमित को धमकी दी?	Did you threaten Amit?
1159	क्या तुमने उसे कॉल करने की कोशिश की?	Did you try calling her?
1160	क्या तुमने कोशिश की?	Did you try?
1161	क्या तुमने लाइट बंद कर दी?	Did you turn off the light?
1162	क्या आप समझ गये कि उसने क्या कहा?	Did you understand what he said?
1163	क्या तुमने अपने हाथ धोए तुमने?	Did you wash your hands?
1164	क्या मैंने तुम्हें बताया नहीं?	Did I not tell you?
1165	तुमने सुना नहीं उसने क्या कहा?	Did you not hear what he said?
1166	यहाँ तौलिया है।	Here is the towel.
1167	क्या आप रिया को ला सकते हैं?	Can you get Riya?
1168	क्या तुम्हे यह पसंद नहीं आया?	Did you not like this?
1169	तुम्हें नहीं लगा वो झूठ बोल रहा था?	Did you not think he was telling a lie?

1170	डिनर तैयार है।	Dinner is ready.
1171	गंदे बर्तन रसोई में हैं।	Dirty dishes are in the kitchen.
1172	सब्ज़ी जल गयी।	Dish is overcooked.
1173	विद्यार्थियों में मिठाइयाँ बाट दें।	Distribute the sweets among students.
1174	इस प्रसाद को सभी को बांट दो।	Distribute this offering to everyone.
1175	एक बात बोलूँ?	Can I say one thing?
1176	कुछ भी करों।	Do anything.
1177	जैसा मैं कहता हूँ वैसा करो।	Do as I say.
1178	राम ने जैसा बताया वैसा करो।	Do as Ram tells you.
1179	जैसा कहा जाए वैसा करो।	Do as you are told.
1180	जो मन कहे वो करो।	Do as you wish.
1181	कभी तो अपनी गलती मान लिया करो।	Do admit/accept your mistake.
1182	कभी तो (मुझे) कॉल कर लिया करो।	Do call me.
1183	कभी तो टाइम से आ जाया करो।	Do come on time.
1184	कभी तो सब्र रखा करो।	Have patience sometimes.
1185	कभी तो हँस लिया करो।	Do laugh.
1186	कभी मेरी सुन लिया करो।	Do ever listen to me.
1187	कभी तो मेरी सुन लिया करो।	Do listen to me sometime.
1188	कभी तो प्यार से बात कर लिया करो।	Do ever talk politely.
1189	कभी तो उससे प्यार से बात कर लिया करो।	Do ever talk to him politely.
1190	कभी तो मुझसे प्यार से बात कर लिया करो।	Do ever talk to me politely.
1191	कभी तो समझने की कोशिश किया करो।	Do ever try to understand.

1192	कभी तो अपना दिमाग चला लिया करो।	Do ever use your brain.
1193	कभी तो मास्क लगा लिया करो।	Do ever wear a mask.
1194	क्या मैं कुछ लाऊं?	Shall I bring something?
1195	क्या मैं आप को जानता हूँ?	Do I know you?
1196	एक बात कहूँ तुम भी उसके साथ जाओ।	I suggest that you should go with him.
1197	यह अपने आप करो।	Do it yourself.
1198	किसी भी तरह से इसे करों।	Do it anyhow.
1199	इसे कैसे भी करें।	Do it anyway.
1200	इसे जल्दी करों।	Do it fast.
1201	जैसा चाहो वैसा करो।	Do it how you wish.
1202	कृपया अब इसे करें।	Do it now please.
1203	सही से करो।	Do it right.
1204	इसे इस तरह करो।	Do it this way.
1205	इसे अपने तरीके से करों।	Do it your own way.
1206	क्या मैं अच्छा दिखता हूँ?	Do l look good?
1207	हमें जर बताएं।	Do let us know.
1208	कृपया मुझ पर एक अहसान करें।	Do me a favor, please.
1209	मेरे बाल बना दों।	Do my hair.
1210	मुझे दोबारा कॉल मत करना।	Do not call me again.
1211	मुझसे कुछ भी मत छुपाना।	Do not conceal anything.
1212	इस मुद्दे पर ज्यादा देरी मत करो।	Do not delay this matter more.
1213	बासी खाना मत खाओ।	Do not eat stale food.
1214	उसकी बुरी आदतों को प्रोत्साहित मत करो।	Do not encourage his bad habits.
1215	तुम मुझसे कोई उम्मीद मत रखना।	Do not expect anything from me.
1216	गिर मत जाना।	Do not fall.

1217	मुझे फोन करने में संकोच मत करना।	Do not hesitate to call me.
1218	पेड़ के पीछे मत छिपो।	Do not hide behind the tree.
1219	मेरा फोन मत काटना।	Do not hung up the phone on me.
1220	मेरे काम में दखल मत दों।	Do not interfere in my work.
1221	मेरे साथ गड़बड़ मत करें।	Do not mess with me.
1222	मेरे सामने अनजान बनने का नाटक मत करो।	Do not pretend to be ignorant in front of me.
1223	इस बात को आगे मत खींचो।	Do not stretch the matter further.
1224	पहेलियां मत बुझाओ।	Do not talk in riddles.
1225	कचरे को गली में मत फेंको।	Do not throw the garbage in the street.
1226	किसी भी चीज को मत छूओ।	Do not touch anything.
1227	यह दोबारा मत बोलना।	Do not utter it again.
1228	नंगे पाँव मत चलों।	Do not walk bare feet.
1229	मेरा समय बर्बाद मत करो।	Do not waste my time.
1230	मेरे सामने उबासी मत लों।	Do not yawn in front of me.
1231	एक काम करो।	Do one thing.
1232	ठीक से करो।	Do it properly.
1233	कुछ काम कर लो।	Do some work.
1234	मेरे लिये कुछ कीजिये।	Do something for me.
1235	अपना सर्वश्रेष्ठ करें।	Do your best.
1236	बर्तन धोएं।	Do the dishes.
1237	कपड़े धोएं।	Do the laundry.
1238	कपड़े सूखने के लिए लटका दें।	Hang the clothes out to dry.
1239	जो ज़री हो, करो।	Do the necessary.
1240	क्या गाँव वाले पानी पिलाते हैं?	Do the villagers serve water?
1241	काम करो।	Do the work.

1242	इसे हाथ से करें।	Do this with hand.
1243	अपने जूते का फीता ऊपर करो।	Mend your shoelace.
1244	खाना खाने से पहले अपने हाथ जर धोऐं।	Do wash your hands before eating the meal.
1245	आप जो कर सकते हैं वह करें और बाकी सब भाग्य पर छोड़ दें।	Do what you can and leave the rest on fate.
1246	जो करना है जल्दी करो।	Do what you have to do quickly.
1247	वही करें जिससे आप प्यार करते है।	Do what you love.
1248	तुम्हें जो अच्छा लगे वही करो।	Do whatever you feel like.
1249	तुम्हे जो करना है करो।	Do whatever you want to do.
1250	क्या आप चेक स्वीकार करते हैं?	Do you accept cheque?
1251	क्या तुम अपनी गलती स्वीकार करते हो?	Do you accept your mistake?
1252	क्या आप सहमत हैं?	Do you agree?
1253	क्या आप भी हमारे साथ आना चाहते हो?	Do you also want to come with us?
1254	क्या आप टीवी देखना चाहते हैं?	Do you want to watch TV?
1255	क्या आप किताबें बांधते हैं?	Do you bind books?
1256	क्या आप कोई जानवर पालते हैं?	Do you keep a pet animal?
1257	क्या आप परवाह करते हैं?	Do you care?
1258	क्या आप पान मसाला चबाते हैं?	Do you chew tobacco?
1259	क्या आप अक्सर यहां आते हैं?	Do you come here often?
1260	क्या आप अपने बाल रंगते हैं?	Do you dye your hair?
1261	मैं ही मिलता हूँ क्या तुम्हें पागल बनाने को?	Do you find me only to make fool?
1262	क्या आप उससे अक्सर मिलते हैं?	Do you get to see her often?
1263	क्या आपके पास एक बगीचा है?	Do you have a garden?
1264	क्या तुम्हारे पास मोबाइल है?	Do you have a mobile?

1265	क्या तुम्हारे पास एक कलम है?	Do you have a pen?
1266	क्या आपके पास फ़ोन है?	Do you have a phone?
1267	क्यां आपका पास मेरा नंबर है?	Do you have my number?
1268	क्या तुम्हारे पास अतिरिक्त पेन है?	Do you have an extra pen?
1269	क्या आपके पास एक और है?	Do you have another one?
1270	क्या तुम चैन से एक जगह नहीं बैठ सकते?	Do you have ants in your pants?
1271	क्या तुम्हारे पास कोई जवाब है?	Do you have any answer?
1272	आपका कोई बच्चा हैं?	Do you have any children?
1273	क्या आपके पास कुछ पैसे हैं?	Do you have any money?
1274	क्या तुम्हे इस पर कोई आपत्ति है?	Do you have any objection to it?
1275	क्या आपको कोई समस्या है?	Do you have any problem?
1276	ज़िन्दगी में तुम्हारा कोई मकसद है भी या नहीं?	Do you have any purpose in life or not?
1277	क्या तुम्हारे पास और कोई हल है?	Do you have any solution?
1278	क्या आपके यहां पद खाली हैं?	Do you have any vacancies?
1279	आपके पास कुछ सस्ता है?	Do you have anything cheaper?
1280	क्या आपके पास कोई ऐसी चीज़ है जो कम महँगी हो?	Do you have anything that is less expensive?
1281	क्या आपके पास सौ रुपये के खुले पैसे हैं?	Do you have a change of hundred rupees?
1282	क्या तुम्हारे पास पर्याप्त पैसे हैं?	Do you have enough money?
1283	क्या तुम्हारे पास उसका पता है?	Do you have her address?
1284	क्या तुम्हारे पास मोबाइल है?	Do you have mobile?
1285	क्या आपके पास रेशमी कपड़े हैं?	Do you have silken clothes?
1286	क्या इस सप्ताह आपके पास कुछ है?	Do you have something on this week?
1287	क्या आपके पास यह क़िताब है?	Do you have this book?

1288	क्या आपके पास यह छोटे आकार में है?	Do you have this in small size?
1289	क्या आपके पास पतलून है?	Do you have trousers?
1290	क्या तुम दोनों एक दुसरे को जानते हो?	Do you know each other?
1291	क्या आप उसे पहचानते हो?	Do you know her?
1292	क्या आप कार चलाना जानते हैं?	Do you know how to drive a car?
1293	क्या आप बाइक चलाना जानते हैं?	Do you know how to ride a bike?
1294	क्या तुम्हें तैरना आता है?	Do you know how to swim?
1295	क्या तुम मुझे जानते हो?	Do you know me?
1296	क्या आप रिया को जानते हैं?	Do you know Riya?
1297	क्या तुम्हे प्रश्न 10 का जवाब पता है?	Do you know the answer to question 10?
1298	क्या आप उस रोड को जानते हैं जो मंदिर की ओर जाता है?	Do you know the road that leads to the temple?
1299	क्या आप उसके माता–पिता का पता जानते हैं?	Do you know the whereabouts of his parents?
1300	क्या आप उन लोगों को जानते हैं?	Do you know those people?
1301	क्या आपने जानते है कि वह क्या करता है?	Do you know what he does?
1302	क्या तुम जानते हो उसका इरादा क्या है?	Do you know what his intention is?
1303	क्या आपने जानते हैं कि उसकी तनख्वा क्या है?	Do you know what his salary is?
1304	क्या आप जानते हैं कि वह कब आता है?	Do you know when he comes?
1305	क्या आप जानते हैं कि वह कहाँ जाता है?	Do you know where he goes?

1306	क्या आप जानते है कि वह कहाँ काम करता है?	Do you know where he works?
1307	क्या तुम जानते हो के ताज होटल कहाँ हैं?	Do you know where the Taj hotel is?
1308	क्या तुम जानते मैं कौन हूँ?	Do you know who I am?
1309	क्या तुम जानते हो?	Do you know?
1310	क्या आपको आइसक्रीम पसंन्द है?	Do you like ice-cream?
1311	क्या आपको यह पसंद है?	Do you like it?
1312	क्या तुम मुझे पसंद करते हो?	Do you like me?
1313	क्या आपको किताबें पढ़ना पसंद है?	Do you like reading books?
1314	क्या तुम जानते हो कि क्या करना है?	Do you know what to do?
1315	क्या आप अपने सहकर्मियों को पसंद करते हैं?	Do you like your co-workers?
1316	क्या तुम मुझसे प्यार करते हो ?	Do you love me?
1317	क्या तुम उसे रुलाते हो?	Do you make him weep?
1318	क्या आपको मदद चाहिए?	Do you need a hand?
1319	क्या आपको किसी मदद की ज़रत है?	Do you need any help?
1320	कुछ और चाहिए?	Do you need anything else?
1321	क्या तुम क्रिकेट खेलते हो?	Do you play cricket?
1322	क्या आपका सच में यही मतलब है?	Do you really mean it?
1323	क्या तुम उसे पहचानते हो?	Do you recognize him?
1324	क्या तुम मुझे पहचानते हो?	Do you recognize me?
1325	क्या तुम्हे कुछ याद है?	Do you remember something?
1326	क्या आप उस दिन को याद करते हो?	Do you remember that day?
1327	क्या आपको याद है कि हमने आपको क्या बताया था?	Do you remember what we told you?
1328	क्या तुम्हे याद है?	Do you remember?
1329	क्या आप उसे रोज देखते हैं?	Do you see her every day?

1330	क्या आप बच्चों के कपड़े बेचते हैं?	Do you sell kid's apparel?
1331	क्या तुम सिगरेट पीते हो?	Do you smoke?
1332	क्या आप अंग्रेजी बोलते हैं?	Do you speak English?
1333	क्या तुम अब भी मुझसे नफरत करती हो?	Do you still hate me?
1334	क्या तुम्हें अब भी मुझसे कोई शिकायत है?	Do you still have any complaints with me?
1335	क्या तुम अब भी मुझे चाहते हो?	Do you still like me?
1336	क्या तुम अब भी उससे प्यार करते हो?	Do you still love her?
1337	क्या तुम्हे अभी और पैसों की जरुरत है?	Do you still need more money?
1338	क्या तुम अब भी उस पर भरोसा करते हो?	Do you still trust on him?
1339	क्या आप जानते हैं अमित कहाँ रहता है?	Do you know where Amit lives?
1340	क्या आप अमित को एक अच्छा आदमी समझते हैं?	Do you think Amit is a good man?
1341	आपको क्या लगता है कि मैं बेवकूफ हूँ?	Do you think I am an idiot?
1342	क्या आपको लगता है यह संभव है?	Do you think it's possible?
1343	तुम क्या अपने आपको पहलवान समझते हो?	Do you think of yourself a wrestler?
1344	क्या आप ऐसा सोचते हैं?	Do you think so?
1345	क्या आप मुझ पर भरोसा करते हैं?	Do you trust me?
1346	तुमको कुछ समझ मे भी आता है?	Do you understand anything?
1347	क्या तुम समझ रहे हो?	Do you understand?
1348	क्या आप जानते हैं कि मैंने अपना बटुआ कहाँ रखा है?	Do you know where I've kept my wallet?
1349	और चाहिए?	Do you want more?

1350	क्या तुम चाहते हो की इस काम में कोई तुम्हारी मदद करे?	Do you want someone to assist you?
1351	क्या तुम मुझसे दोस्ती करना चाहते हो?	Do you want to be friends with me?
1352	क्या तुम ये पर्स खरीदना चाहते हो?	Do you want to buy this purse?
1353	क्या आप कहीं जाना चाहते हैं?	Do you want to go somewhere?
1354	क्या आप वाशम जाना चाहते है?	Do you want to go to the washroom?
1355	क्या आप जाना चाहते हो?	Do you want to go?
1356	क्या आप उससे मिलना चाहते हैं?	Do you want to meet her?
1357	क्या तुम्हे सुसु आयी है?	Do you want to pee?
1358	क्या तुम्हे पॉटी आयी है?	Do you want to poop?
1359	क्या तुम कुछ बोलना चाहते हो?	Do you want to say something?
1360	क्या आप टीवी बहुत देखते हैं?	Do you watch TV much?
1361	क्या आप टीवी देखते हो?	Do you watch TV?
1362	अपनी पूरी कोशिश करो।	Do your best.
1363	अपनी शर्ट ऊपर करो।	Do your shirt up.
1364	जो बिगाड़ सकते हो बिगाड़ लो।	Do your words.
1365	क्या आपमें से किसी के पास मेरी गणित की नोटबुक है?	Does any of you have my math notebook?
1366	क्या यहां कोई अंग्रेजी बोलता है?	Does anyone here speak English?
1367	क्या तुममे से कोई इसके बारे में कुछ जानता है?	Does anyone of you know anything about It?
1368	क्या उसके पास गाड़ी है?	Does he have a car?
1369	उसको कुछ समझ में भी आता है?	Does he understand anything?
1370	इसकी कोई गारंटी वारंटी है क्या?	Does it come with any guarantee or warranty?
1371	क्या इससे कोई फर्क पड़ता है?	Does It make any difference?
1372	फर्क पड़ता है क्या?	Does It matter?

1373	क्या यहां प्रायः बर्फ पड़ती है?	Does it often snow here?
1374	क्या पापा पिज्जा खाते हैं?	Does papa eat pizza?
1375	क्या उसे पीठ में दर्द है?	Does she have a backache?
1376	क्या वह इसके बारे में जानती है?	Does she know about it?
1377	क्या वह जानती है कि मोंहन कहाँ रहता है?	Does she know where Mohan lives?
1378	क्या उसे स्कूल पसंद है?	Does she like the school?
1379	क्या यह मुझ पर अच्छा लग रहा है?	Does this look good on me?
1380	कोई फर्क नहीं पड़ता।	Doesn't matter.
1381	यहाँ कोई नहीं आता।	No one come here.
1382	क्या तुम कुछ कर रहे हो?	Are you doing something?
1383	ज़्यादा न पकाएं।	Don't overcook.
1384	तुम्हें कोई तमीज तहजीब है की नहीं?	Don't you've manners or etiquettes?
1385	किसी को गाली मत दो।	Don't abuse anybody.
1386	उसे गाली मत दो।	Don't abuse him.
1387	भोले मत बनो।	Don't act innocent.
1388	ज्यादा भाव मत खाओ।	Don't act so pricey.
1389	सब एक साथ मत चिल्लाओ।	Don't all shout at once.
1390	उसे अनुमति न दें।	Don't allow him.
1391	मुझे परेशान मत करो।	Don't annoy me.
1392	अजीब ढंग से उत्तर न दें।	Don't answer strangely.
1393	माफ़ी मत मांगो।	Don't apologize.
1394	मुझसे बहस मत करो।	Don't argue with me.
1395	बहस मत करो।	Don't argue.
1396	मुझसे पैसे मत मांगो।	Don't ask money from me.
1397	उसकी चुगली मत करो।	Don't back bite him.
1398	अपने वादे से मुकरो मत।	Don't back out your promise.

1399	कुत्ते की तरह मत भौंको।	Don't bark like a dog.
1400	बच्चा मत बनो।	Don't be a baby.
1401	डरपोक मत बनो।	Don't be a coward.
1402	डरो मत।	Don't be afraid.
1403	गुस्सा मत करो।	Don't be angry.
1404	जल्दबाजी मत करो।	Don't be hasty.
1405	आलसी मत बनो।	Don't be lazy.
1406	शरारती मत बनो।	Don't be naughty.
1407	अब और दुखी मत हो।	Don't be sad anymore.
1408	शर्माओ मत।	Don't be shy.
1409	मूर्ख मत बनो।	Don't be silly.
1410	चालाक मत बनो।	Don't be smart.
1411	ज्यादा रईस मत बनो।	Don't be so high-class.
1412	ज्यादा लालची मत बनो।	Don't be so greedy.
1413	बेवजह ज़िद मत करो।	Don't be stubborn for no reason.
1414	मुर्ख मत बनो।	Don't be stupid.
1415	आप टेंशन मत लो।	Don't be tensed
1416	ज़्यादा होशियार मत बनो।	Don't be too smart.
1417	मुझे मत मारो।	Don't beat me.
1418	विश्वास मत करो।	Don't believe.
1419	अपने नाखून मत काटो।	Don't bite your nails.
1420	मुझे दोष मत दो।	Don't blame me.
1421	उसका रास्ता मत रोको।	Don't block her way.
1422	मेरा रास्ता मत रोको।	Don't block my way.
1423	घमंड मत करो।	Don't boast.
1424	मुझे परेशान मत करो।	Don't bother me.
1425	इसे मत तोड़ो।	Don't break it.

1426	अपना वादा मत तोड़ा।	Don't break your promise.
1427	जल्दी–जल्दी खाना न खाएं।	Don't eat food quickly.
1428	उसे वापस मत लाना।	Don't bring him back.
1429	मेरे कपड़ों को ब्रश से साफ़ मत करना।	Don't brush my clothes.
1430	हवा में बातें मत करो।	Don't build castles in the air.
1431	मुझे फ़ोन मत करो।	Don't call me.
1432	बुरी नजर मत डालो।	Don't cast an evil eye.
1433	बर्तनों को खड़खड़ाओ मत।	Don't clatter the dishes.
1434	मेरे पास वापस मत आना।	Don't come back to me.
1435	यहाँ दुबारा मत आना।	Don't come here again.
1436	मुझे मजबूर मत करो।	Don't compel me.
1437	खाना मत पकाओ।	Don't cook.
1438	तमाशा मत करो।	Don't create a scene.
1439	यहाँ भीड़ मत लगाओ।	Don't crowd here.
1440	फिर मत रोओ।	Don't cry again.
1441	मुझे बद्दुआ मत दो।	Don't curse me.
1442	उसे बदनाम मत करो।	Don't defame him.
1443	मुझे बदनाम मत करो।	Don't defame me.
1444	देरी मत करो।	Don't delay.
1445	अब इंकार मत करो।	Don't deny now.
1446	दुसरो पर निर्भर मत रहो।	Don't depend on others.
1447	नाक में ऊँगली मत डालो।	Don't dig your nose.
1448	बात मत घुमाओ।	Don't digress.
1449	मुझे परेशान मत करो।	Don't disturb me.
1450	दूसरों को परेशान मत करो।	Don't disturb others.
1451	यह मत करो।	Don't do it.
1452	भविष्य में ऐसा मत करना।	Don't do so in future.

1453	ऐसी हरकतें मत करो।	Don't do such activities.
1454	यहाँ ऐसा मत करो।	Don't do this here.
1455	ऐसा मत करो।	Don't do this.
1456	मुझ पर शक मत करो।	Don't doubt on me.
1457	मुझे इस सब में मत घसीटो।	Don't drag me into all this.
1458	अपने पैर मत घसीटो।	Don't drag your feet.
1459	घुटनो के बल मत चलो।	Don't drag your knees.
1460	ठंडा पानी मत पियो।	Don't drink cold water.
1461	छिलका फर्श पर मत फेंको।	Don't drop the peels on the floor.
1462	आइसक्रीम मत खाओ।	Don't eat ice-cream.
1463	पूरा मत खाना।	Don't eat it up.
1464	मेरा सिर मत खाओ।	Don't eat my head.
1465	मुझे शर्मिंदा मत करो।	Don't embarrass me.
1466	ऐसा सोचना भी मत।	Don't even think so.
1467	बढ़ा चढ़ा कर मत बोलो।	Don't exaggerate.
1468	ज्यादा उसकी तरफदारी मत करो।	Don't favour him too much.
1469	मुझ पर एहसान मत करो।	Don't favour me.
1470	किसी को जबरन् खाना न खिलाएं।	Don't feed anybody forcibly.
1471	उसे बासी खाना मत खिलाओ।	Don't feed him stale food.
1472	लड़ाई मत करो।	Don't fight.
1473	लड़ाई की वजह मत ढूंढो।	Don't find the reason of fighting.
1474	उसका पीछा मत करो।	Don't follow her.
1475	मेरा पीछा छोड़ दो।	Leave me alone.
1476	मेरा पीछा मत करो।	Don't follow me.
1477	भूलना मत।	Don't forget.
1478	अपना सारा पैसा जुए में मत गँवाओ।	Don't gamble away all your money.
1479	इशारा मत करो।	Don't gesture.

1480	मुझसे नाराज़ मत होना।	Don't get angry with me.
1481	निराश मत हो।	Don't get disappointed.
1482	मोटे मत हो जाना।	Don't get fat.
1483	उसकी बातों में मत आना।	Don't get into his words.
1484	मुझे गलत मत समझना।	Don't get me wrong.
1485	छोटी–छोटी बातों पर नाराज न हों।	Don't get offended over small things.
1486	इतना उत्तेजित मत हो जाओ।	Don't get so uptight.
1487	इतना गुस्सा मत करो।	Don't get that angry.
1488	उठना मत।	Don't get up.
1489	उसे इतनी आज़ादी मत दो।	Don't give him this much freedom.
1490	मुझे तिरछी निगाह से मत देखो।	Don't give me side look.
1491	अपने सपनो को इतनी आसानी से मत त्यागो।	Don't give up on your dreams so easily.
1492	हिम्मत मत हारो।	Don't give up.
1493	उसे इतनी आजादी मत दो।	Don't give him/her much freedom.
1494	कहीं मत जाना।	Don't go anywhere.
1495	खाली हाथ न जायें।	Don't go empty handed.
1496	यहाँ से मत जाओ।	Don't go from here.
1497	अंदर मत जाओ।	Don't go in.
1498	बिना मोबाइल के बाहर मत जाओ।	Don't go out without a mobile.
1499	बाहर मत जाओ।	Don't go out.
1500	बिना मतलब के वहां मत जाया करो।	Don't go there without any reason.
1501	इस रोते हुए चेहरे के साथ मत जाओ।	Don't go with this weepy face.
1502	मुझसे नफरत मत करो।	Don't hate me.
1503	हिचकिचाओ मत।	Don't hesitate.

1504	छुपाओ मत।	Don't hide.
1505	फोन मत काटना।	Don't hung up.
1506	जल्दी मत करो।	Don't hurry.
1507	किसी को मत बताना।	Don't tell anyone.
1508	उन लोगों को मत भूलिए जो आपकी मदद करते हैं।	Don't forget those who help you.
1509	उसे नज़रअंदाज मत करो।	Don't ignore that.
1510	सभी काम मुझ पर मत थोपो।	Don't impose all the work on me.
1511	ज़िद मत करो।	Don't insist.
1512	मेरे मुंह मत लगो।	Don't interact with me.
1513	हमारे बीच में मत पड़ो।	Don't interfere between us.
1514	जबरदस्ती अंदर मत आओ।	Don't barge in.
1515	काम में कावट मत डालो।	Don't interrupt the work.
1516	बीच में काम मत छोड़ो।	Don't leave work midway.
1517	उसके मामले में दखल मत दो।	Don't intervene in his matter.
1518	मज़ाक मत करो।	Don't joke.
1519	बेड पर मत कुदो।	Don't jump on the bed.
1520	कूदो मत।	Don't jump.
1521	वहीं खड़े मत रहो।	Don't just stand there.
1522	मुझे इंतज़ार मत कराओ।	Don't keep me waiting.
1523	मुझ पर मत हंसो।	Don't laugh at me.
1524	दूसरों पर मत हंसो।	Don't laugh at others.
1525	ज्यादा मत हंसो।	Don't laugh too much.
1526	दीवार का सहारा लेकर मत खड़े हो।	Don't lean against the wall.
1527	अपना बैग फर्श पर न छोड़ें।	Don't leave your bag on the floor.
1528	अपना बटुआ यहां मत छोड़ें वरना चोरी हो जाएगा।	Don't leave your wallet here or it will get stolen.

1529	किसी को भी इस तरफ मत आने देना।	Don't let anyone come this side.
1530	उसे मत जाने दो।	Don't let her go.
1531	ऐसा दोबारा न होने दें।	Don't let it happen again.
1532	आप इससे चिंतत न हो।	Don't let it worry you.
1533	मुझे निराश मत करो।	Don't let me down.
1534	उन तीन लोफरों को यहाँ मत आने देना।	Don't let these three loafers enter here.
1535	इस मौके को अपने हाथों से मत जाने दो।	Don't let this chance go from your hands.
1536	ऐसा दोबारा नहीं होना चाहिए।	Don't let this happen again.
1537	खाने के तुरंत बाद न लेटें।	Don't lie down right after eating.
1538	मुझसे झूठ मत बोलो।	Don't lie to me.
1539	किसी की मत सुनो।	Don't listen to anyone.
1540	यहां गंदगी मत फैलाओ।	Don't litter here.
1541	इधर उधर मत देखो।	Don't look around.
1542	उसे मत देखोP	Don't look at him.
1543	मेरी तरफ मत देखिये।	Don't look at me.
1544	नज़र मत चुराओ।	Don't look away.
1545	हिम्मत मत हारोP	Don't lose courage.
1546	दिल छोटा मत करो।	Don't lose hurt.
1547	इसको खो मत देना।	Don't lose it.
1548	अपना आपा मत खोना।	Don't lose your temper.
1549	नाक मत चढ़ाओ।	Don't make a fuss.
1550	शोर मत मचाओ।	Don't make a noise.
1551	झगड़ा मत करो।	Don't make a quarrel.
1552	बहाने मत बनाओ।	Don't make excuses.
1553	ऐसे चेहरे मत बनाओ।	Don't make faces.

1554	उसका मजाक मत बनाओ।	Don't make fun of him.
1555	मुझे गुस्सा मत दिलाओ।	Don't make me angry.
1556	मुझे पागल मत बनाओ।	Don't befool me.
1557	मुझे रुलाओ मत।	Don't make me cry.
1558	मुझसे ऐसा मत करवाओ।	Don't make me do this.
1559	मुझे पागल मत बनाओ।	Don't make me fool.
1560	मुझे हँसाओ मत।	Don't make me laugh.
1561	मुझे यह कहने पर मजबूर मत करो।	Don't make me say it.
1562	मुझे तुम्हें थप्पड़ मारने को मत मजबूर करो।	Don't make me slap you.
1563	दुखभरी कहानियाँ मत बनाओ।	Don't make pathetic stories.
1564	भुगतान न करें।	Don't make the payment.
1565	यह गलती मत करो।	Don't make this mistake.
1566	इसके साथ खिलवाड़ मत करो।	Don't mess around with it.
1567	मेरे कपड़ों के साथ खिलवाड़ मत करो।	Don't mess around with my clothes.
1568	इसके साथ गड़बड़ मत करो।	Don't mess it up.
1569	मेरे बाल खराब मत करो।	Don't mess my hair.
1570	गड़बड़ मत करो।	Don't mess up.
1571	कमरे को गन्दा मत करो।	Don't mess up the room.
1572	उससे पंगा मत लो।	Don't mess with him.
1573	मुझसे पंगा मत लो।	Don't mess with me.
1574	मेरी बातों का बुरा मत मानो।	Don't mind my words.
1575	बुरा मत मानना।	Don't mind.
1576	दुर्व्यवहार मत करो।	Don't misbehave.
1577	इसका दुरुपयोग न करें।	Don't misuse it.
1578	बोतलों को मिश्रित न करें।	Don't mix up the bottles.

1579	हिलना मत नहीं तो मैं तुम्हे गोली मार दूंगा।	Don't move or I'll shoot you.
1580	हिलना मत! आप जहां हैं वहीं रहें।	Don't move! Stay right where you are.
1581	हिलो मत।	Don't move.
1582	बड़बड़ाओ मत।	Don't mumble.
1583	मेरा सिर मत खाओ।	Don't nag me.
1584	मुझे कुछ नहीं चाहिए।	I don't need anything.
1585	मुझे कोहनी मत मारो।	Don't nudge me.
1586	दरवाज़ा मत खोलो।	Don't open the door.
1587	विरोध मत करो।	Don't oppose.
1588	ज़्यादा मत सोचो।	Don't overthink.
1589	घबराओ मत।	Don't panic.
1590	झांको मत।	Don't peep.
1591	बाहर मत खेलो।	Don't play outside.
1592	बातों को घुमाओ मत।	Don't play with the words.
1593	अमीर होने का दिखावा मत करो।	Don't pretend to be rich.
1594	मुझे उकसाओ मत।	Don't provoke me.
1595	मुझे धक्का मत दो।	Don't push me.
1596	धक्का मत दो।	Don't push.
1597	नाक में उंगली मत डालो।	Don't put a finger in your nose.
1598	मुझ पर झूठे आरोप मत लगाओ।	Don't put false allegations on me.
1599	मुझे शर्मिंदा मत करो।	Don't put me to shame (or don't shame me).
1600	अपने मुंह में उंगली मत डालो।	Don't put your finger in your mouth.
1601	दूसरों से झगड़ा मत करो।	Don't quarrel with others.
1602	छोड़ो मत।	Don't quit.

1603	अँधेरे में मत पढ़ो, तुम्हारी आँखों पर दबाव पड़ेगा।	Don't read in the dark, you'll strain your eyes.
1604	बाद में पछताना मत।	Don't regret later.
1605	पछतावा मत करो।	Don't regret.
1606	उसके चक्कर में मत पड़ो।	Don't rely on him.
1607	एक साथ दो घोड़ों की सवारी न करें।	Don't ride two horses at once.
1608	मेरा मूड खराब मत करो।	Don't ruin my mood.
1609	अपनी जीभ अपने होठों पर मत फिराओ।	Don't run your tongue over your lips.
1610	एक भी शब्द मत बोलो।	Don't say a single word.
1611	और कुछ मत कहना।	Don't say anything further.
1612	मेरी बेटी को कुछ मत बोलना।	Don't say anything to my daughter.
1613	कुछ मत कहो।	Don't say anything.
1614	टाल–मटोल करते हुए मत कहो।	Don't beat around the bush.
1615	ऐसा मत कहो।	Don't say like that.
1616	ऐसी बातें मत कहो।	Don't say such things.
1617	मुझे मत डाँटो।	Don't scold me.
1618	चकत्तों को खरोंचें नहीं, आप उनमें खून बहा देंगे।	Don't scratch the rashes, you'll make them bleed.
1619	चीखो मत।	Don't scream.
1620	कागज खराब मत करो।	Don't screw up the paper.
1621	दीवार पर मत लिखो।	Don't scribble on the wall.
1622	शरमाओ मत।	Don't shy away.
1623	काम से जी मत चुराओ।	Don't shirk work.
1624	बच्चो पर मत चिल्लाओ।	Don't shout on the children.
1625	चिल्लाओ मत।	Don't shout.
1626	दोबारा मुझे अपनी शक्ल मत दिखाना।	Don't show me your face again.

1627	दिखावा मत करो।	Don't show off.
1628	खाली मत बैठो।	Don't sit idle.
1629	फ़ोन पर झुककर बात न करें।	Don't slouch over the phone.
1630	कोई कसर ना छोड़ें।	Don't spare any efforts.
1631	दूसरों के बारे में बुरा मत बोलो।	Don't speak ill of others.
1632	किसी से बुरा मत बोलो।	Don't speak ill to anybody.
1633	ज़ोर से मत बोलो।	Don't speak loudly.
1634	धीरे बोलो।	Speak softly.
1635	अधिक मत बोलो।	Don't speak over.
1636	मत बोलो।	Don't speak.
1637	बहुत सारा पैसा खर्च न करें।	Don't spend a lot of money.
1638	यहाँ मत थूको।	Don't spit here.
1639	फर्श पर मत थूको।	Don't spit on the floor.
1640	मेरे बच्चों को मत बिगाड़ो।	Don't spoil my children.
1641	सुबह–सुबह मेरा मूड मत खराब करो।	Don't spoil my mood in the morning.
1642	अपनी आँखें खराब मत करो।	Don't spoil your eyes.
1643	मेरे जख्मों पर नमक मत छिड़को।	Don't rub salt on my wounds.
1644	अपने पैर मत दबाओ।	Don't stamp your feet.
1645	यहाँ मत खड़े रहो।	Don't stand here.
1646	उसे मत घूरो।	Don't stare at him.
1647	ये सब दोबारा शु न करें।	Don't start all that again.
1648	बहुत देर तक मत जागना।	Don't stay up too late.
1649	कागज़ पर पैर मत रखो।	Don't step on the paper.
1650	मेरे घर की देहलीज़ पर कदम मत रखना।	Don't step on the threshold of my home.
1651	मुझे मत रोको।	Don't stop me.
1652	बात को ज़्यादा बढ़ाओ मत।	Don't stretch the matter further.

1653	बात को बढ़ाओ नहीं	Don't stretch the matter.
1654	इसे हंसी–ठट्ठा मत समझो।	Don't take it as child's play.
1655	मुझे गलत मत समझो।	Don't take me wrong.
1656	अपना गुस्सा मुझ पर मत निकालो।	Don't take out your anger on me.
1657	जोखिम मत उठाओ।	Don't take risk.
1658	इसे हल्के में न लें।	Don't take this lightly.
1659	इस बात को मजाक में मत लो।	Don't take this matter jokingly.
1660	घुमा फिरा कर बातें मत करो।	Don't talk in roundabout way.
1661	बकवास मत करो।	Don't talk nonsense.
1662	बात मत करो।	Don't talk.
1663	मुझे मत समझाओ।	Don't explain to me.
1664	मुझे धक्का मत दो।	Don't push me.
1665	किताब मत फाड़ो।	Don't tear the book.
1666	पेज मत फाड़ो।	Don't tear the page.
1667	किसी को मत छेड़ो।	Don't tease anyone.
1668	झूठ मत बोलो।	Don't tell a lie.
1669	इस बारे में किसी को मत बताना।	Don't tell anybody about this.
1670	पापा को मत बताना कि क्या हुआ।	Don't tell my father what happened.
1671	उसे कुछ मत बताओ।	Don't tell him anything
1672	मुझे ये सब मत बताओ।	Don't tell me all this.
1673	मुझे अपनी समस्या मत बताओ।	Don't tell me your problem.
1674	किसी को मत बताना।	Don't tell others.
1675	क्या उन्हें घर रहना अच्छा नहीं लगता?	Do they not like to stay at home?
1676	यह मत सोचना कि तुममे कोई कमी है।	Don't think you are any less!
1677	ये थैला मत फेंकना।	Don't throw away the carry bags.

1678	ये जमीन पर न फेंके।	Don't throw this on the ground.
1679	जब तक यह ठंडा न हो जाए, इसे मत छूना।	Don't touch it until it gets cool.
1680	इसे मत छुओ।	Don't touch it.
1681	मुझे मत छुओ।	Don't touch me.
1682	स्विच को हाथ मत लगाओ।	Don't touch the switch.
1683	उसे अब और परेशान मत करो।	Don't trouble him anymore.
1684	मुझे तकलीफ मत दो।	Don't trouble me.
1685	किसी पर भरोसा मत करो।	Don't trust anyone.
1686	उस पर विशवास मत करो।	Don't trust him.
1687	मुझे मक्खन लगाने की कोशिश मत करो।	Don't try to butter me up.
1688	अनसुना मत करो।	Don't turn a deaf ear.
1689	पंखा बंद मत करो।	Don't turn the fan off.
1690	पंखा चालू मत करो।	Don't turn the fan on.
1691	छीना झपटी मत करो।	Don't tussle.
1692	मुझे हल्के में मत लेना।	Don't underestimate me.
1693	इसे दोबारा मत बोलो।	Don't utter it again.
1694	अपनी भड़ास मेरे पर मत निकालो।	Don't voice your frustration on me.
1695	अकेले मत टहलो।	Don't walk alone.
1696	नंगे पाँव मत चलो।	Don't walk bare feet.
1697	मेरा और अधिक समय बर्बाद मत करो।	Don't waste any more of my time.
1698	अपना समय बर्बाद मत करो।	Don't waste your time.
1699	पानी बर्बाद मत करो।	Don't waste water.
1700	बहुत ज्यादा टीवी न देखें।	Don't watch TV too much.
1701	उसके कान में मत फुसफुसा।	Don't whisper in his ear.

1702	कानाफूसी मत करो।	Don't whisper.
1703	आँख मत मारो।	Don't wink.
1704	अपने कपड़ों पर हाथ न पोंछें।	Don't wipe your hands on your clothes.
1705	देर रात तक काम न करें।	Don't work till late at night.
1706	मेरी चिंता मत करो।	Don't worry about me.
1707	चिंता मत करो, ये कोई बड़ी बात नहीं है।	Don't worry, it's not a big deal.
1708	चिंता मत करो।	Don't worry.
1709	दीवार पर मत लिखो।	Don't write on the wall.
1710	पेंसिल से मत लिखो।	Don't write with pencil.
1711	चिल्ला मत। हम फंस जायेंगे।	Don't yell! We will be in trouble!
1712	तुम सबके पास काम नहीं है क्या?	Do you all not have work to do?
1713	दोबारा ऐसा कहने की हिम्मत मत करना!	Don't you dare say that again!
1714	क्या तुम्हें तमीज नहीं है।	Do you not have manners?
1715	क्या तुम्हे वापस घर नहीं जाना?	Do you not have to return home?
1716	क्या तुम्हारे बीवी बच्चे नहीं हैं?	Do you not have wife and kids?
1717	क्या तुम्हे पढाई का महत्व नहीं पता?	Do you not know the significance of study?
1718	क्या तुम्हे मेरे बारे में नहीं पता?	Don't you know about me?
1719	क्या आपको यह गाना पसंद नहीं है?	Do you not like this song?
1720	अब तुम धूम्रपान मत करो।	Don't smoke now.
1721	क्या आप अंदर नहीं आना चाहते?	Don't you want to come in?
1722	क्या तुम्हें पढ़ाई नहीं करनी है?	Don't you want to study?
1723	तुम मेरे बारे में चिंता मत करो।	Don't worry about me.
1724	आप चिंता न करें।	Don't you worry.
1725	गाली मत दो।	Don't abuse.

1726	ज्यादा भोली मत बनो !	Don't act so cute!
1727	ज्यादा भाव मत खाओ।	Don't act so pricey.
1728	दूसरों की चुगली मत करो।	Don't gossip about others.
1729	मुझसे बहस मत करो।	Don't argue with me.
1730	मुसीबत को मत बुलाओ।	Don't ask for trouble.
1731	अब मुकर मत जाना।	Don't back out now.
1732	लापरवाह मत बनो।	Don't be careless.
1733	लालची मत बनो।	Don't be greedy.
1734	पत्थर दिल मत बनो।	Don't be hard hearted.
1735	जल्दबाजी मत करो।	Don't be hasty.
1736	इस गलतफहमी में मत रहो।	Don't be in this misconception.
1737	देरी मत करनास	Don't be late.
1738	ज्यादा होशियार मत बनो।	Don't be over smart.
1739	दुखी मत हो।	Don't be sad.
1740	शरमाओ मतस	Don't be shy.
1741	इतना उत्साहित मत होइये।	Don't be so excited.
1742	इतने झगड़ालू मत बनो।	Don't be so quarrelsome.
1743	घुमा फिरा कर बात मत करो।	Don't beat around the bush.
1744	जानकर भी अनजान मत बनो।	Don't become ignorant despite knowing.
1745	दोष मत दो।	Don't blame.
1746	मुझसे शरमाओ मत।	Don't shy from me.
1747	इसे तोड़ मत देना।	Don't break it.
1748	मुसीबत खड़ी मत करो।	Don't cause trouble.
1749	ज्यादा बक बक मत करो।	Don't chatter too much.
1750	मेरे सामने मत भागो।	Don't come in front of me.
1751	इसे अपने बाप का माल मत समझो।	Don't consider it your father's property.

1752	रट्टा मत मारो।	Don't cram.
1753	अपनी हद पार मत करो।	Don't cross your limit.
1754	दिन में सपने मत देखो।	Don't daydreaming.
1755	अब देरी मत करो।	Don't delay now.
1756	उसे बदनाम मत करो।	Don't defame him.
1757	यहाँ कोई शरारत मत करना।	Don't do any mischievous work here.
1758	ये मत करो।	Don't do it.
1759	उसे इसमें मत घसीटना।	Don't drag him into it.
1760	मुझे इसमें मत घसीटो, मैने कुछ नहीं किया है।	Don't drag me into it, I haven't done anything.
1761	मुझे इसमें मत घसीटो।	Don't drag me into it.
1762	पैर मत घसीटो।	Don't drag your feet.
1763	लार मत टपकाओ।	Don't drool.
1764	मुझे शर्मिंदा मत करो।	Don't embarrass me.
1765	उसे छूने की हिम्मत मत करना।	Dare not touch her.
1766	वहाँ जाने के बारे में सोचना भी मत।	Don't even think about going there.
1767	इसके बारे में सोचना भी मत।	Don't even think about it.
1768	कुछ करने की सोचना भी मत।	Don't even think of doing anything.
1769	वहाँ जाने की सोचना भी मत।	Don't even think of going there.
1770	मुझसे पंगा लेने की सोचना भी मत।	Don't even think of messing with me.
1771	इसे हाथ लगाने की सोचना भी मत।	Don't even think of touching this.
1772	बढ़ा चढ़ाकर मत बोलो।	Don't exaggerate.
1773	मुझसे हमदर्दी की उम्मीद मत रखना।	Don't expect sympathy from me.
1774	ज्यादा हमदर्दी मत दिखाओ।	Don't express so much sympathy.
1775	शरमाओ मत।	Don't feel shy.

1776	ज्यादा इतराओ मत।	Don't flaunt too much.
1777	इतराओ मत।	Don't flaunt.
1778	भूलना मत।	Don't forget.
1779	उसकी बातों मे मत आना।	Don't get into his words.
1780	मुझे गलत मत समझना।	Don't get me wrong.
1781	बुरा मत मानो।	Don't get offended.
1782	ज्यादा नौटंकी मत करो।	Don't gimmick too much.
1783	ज्यादा भाव मत दो उसे।	Don't give much importance to him.
1784	हार मत मानो।	Don't give up.
1785	बाहर नंगे पैर मत निकलो।	Don't go out barefoot.
1786	भूलकर भी वहाँ मत जाना।	Don't go there even by mistake.
1787	ज़्यादा दूर मत जाना।	Don't go too far.
1788	हिचकिचाओ मत।	Don't hesitate.
1789	मेरी नकल मत करो।	Don't imitate me.
1790	ज़िद्द मत करो।	Don't insist.
1791	मेरे काम मे टाँग मत अड़ाओ।	Don't interfere in my business.
1792	हंसो मत।	Don't laugh.
1793	आवारागर्दी मत करो।	Don't loiter.
1794	भूलकर भी उस लड़की की तरफ मत देखना।	Don't look at that girl even by mistake.
1795	सूरज की तरफ मत देखो।	Don't look at the sun.
1796	हिम्मत मत हारो।	Don't lose courage.
1797	धैर्य मत खोना।	Don't lose hope.
1798	इसे खो मत देना।	Don't lose it.
1799	दिल छोटा मत करो।	Don't lose your heart.
1800	छोटी सी बात का पहाड़ मत बनाओ।	Don't make a mountain of a mole hill.

1801	हल्ला मत करो।	Don't make a noise.
1802	बहाने मत बनाओ।	Don't make excuses.
1803	ऐसे चेहरे मत बनाओ।	Don't make faces.
1804	जल्दबाजी मत करो।	Don't make haste.
1805	कोई बात नहीं।	Don't matter.
1806	भूलकर भी उसका नाम मत लेना।	Don't mention his name even by mistake.
1807	मुझसे पंगा मत लो।	Don't mess with me
1808	उसे बहकाओ मत।	Don't mislead/misguide him/her.
1809	बहकाओ मत।	Don't mislead/misguide.
1810	दुरुपयोग मत करो।	Don't misuse.
1811	हिलो मत।	Don't move.
1812	मेरा सिर मत खाओ।	Don't nag me.
1813	और पड़ो प्यार में।	Don't obey me more
1814	अलमारी के दरवाजे मत खोलो।	Don't open the doors of the Almirah.
1815	ज्यादा मत सोचोस	Don't overthink.
1816	नाक में उंगली मत डालो।	Don't pick your nose.
1817	मुझे गुस्सा मत दिलाओ।	Don't piss me off.
1818	निर्दोष मत बनों।	Don't play innocent.
1819	हर बात को हँस कर मत टालो।	Don't put off everything by laughing.
1820	ज्यादा हवा में मत उड़ो।	Don't put on airs.
1821	गड़े मुर्दे मत उखारो।	Don't rip up old sores.
1822	मेरा दिन खराब मत करो।	Don't ruin my day.
1823	जल्दी मत करो।	Don't rush.
1824	कुछ मत कहो।	Don't say anything.
1825	मुझे मत डराओ।	Don't scare me.

1826	बात बात पर चिल्लाओ मत।	Don't shout on every single matter.
1827	चिल्लाओ नहीं।	Don't shout.
1828	मुझे अपने मगरमच्छ के आंसु मत दिखाओ।	Don't show me your crocodile tears.
1829	मुझे ऊंगली मत दिखाओ।	Don't show me your finger.
1830	मुझे यह नखरे मत दिखाओ।	Don't show me your tantrums.
1831	ज्यादा मत बोलो मेरे सामने।	Don't speak much in front of me.
1832	अफवाहें मत फैलाओ।	Don't spread rumors.
1833	कागज़ पर पैर मत रखना।	Don't step on the paper.
1834	मुझे मत रोको।	Don't stop me.
1835	मज़ाक में मत लो।	Don't take it as a joke.
1836	इसे दिल पर मत लो।	Don't take it to your heart.
1837	टेंशन मत लेना।	Don't take stress.
1838	उल्टा जवाब मत दो।	Don't talk back.
1839	मुझसे जुबान मत लड़ाओ।	Don't talk back to me.
1840	घुमा फिरा कर बातें मत किया करो।	Don't talk in a roundabout way.
1841	मुझसे बात मत करो।	Don't talk to me.
1842	भोजन करते समय बात न करें।	Don't talk while eating.
1843	बात मत करो।	Don't talk.
1844	झूठ मत बोलो।	Don't tell a lie.
1845	मुझे यह सब मत बताओ।	Don't tell me all this.
1846	मुझे मत बताओ क्या करना है।	Don't tell me what to do.
1847	ज्यादा मत सोचो।	Don't think too much.
1848	मुझे नखरे मत दिखाओ।	Don't throw tantrums to me.
1849	नखरे मत दिखाओ/करो।	Don't throw tantrums.
1850	स्विच को हाथ मत लगाओ।	Don't touch the switch.

1851	जले पर नमक छिड़कने की कोशिश मत करो।	Don't try to add insult to injury.
1852	अपने आपको सही ठहराने की कोशिश मत करो।	Don't try to justify yourself.
1853	झूठ बोलने की कोशिश मत करो।	Don't try to lie.
1854	मुझे बहकाने की कोशिश मत करो।	Don't try to mislead/misguide me.
1855	मुझे खामखा गुस्सा मत दिलाओ।	Don't unnecessarily make me angry.
1856	ज्यादा दिमाग मत चलाओ अपना समझे।	Don't use your brain too much, understood.
1857	बिल्कुल चिंता मत करो।	Don't worry at all.
1858	चिंता मत करो।	Don't worry.
1859	पेंसिल से मत लिखो।	Don't write with the pencil.
1860	मुझ पर चिल्लाओ मत।	Don't yell at me.
1861	कोई और काम नहीं है क्या तुम्हें?	Don't you have other work.
1862	तुम्हें नहीं लगता ये कुछ ज्यादा ही महंगा है?	Do you not think it's too expensive?
1863	तुम्हें नहीं लगता ये अजीब सा है?	Do you not think it's weird?
1864	तुम्हें नहीं लगता अब हमें चलना चाहिए?	Do you not think we should go now?
1865	एक चक्र बनाएं।	Draw a circle.
1866	एक फूल बनाएं और उसे रंग दें।	Draw a flower and color it.
1867	बोर्ड पर एक लाइन खींचे।	Draw a line on the board.
1868	एक रेखा खींचो।	Draw a line.
1869	एक चित्र बनाओ।	Draw a picture.
1870	एक सीधी रेखा खींचिए।	Draw a straight line.
1871	पर्दा वापस खींचो।	Draw back the curtain.
1872	पर्दा खींचो।	Draw the curtain.

1873	सपने सच होते हैं।	Dreams come true.
1874	पिलो इसे।	Drink/have it.
1875	दूध पीलो वरना खराब हो जायेगा।	Drink/have milk otherwise it will get spoiled.
1876	थोड़ा पानी पिलो।	Drink/have some water.
1877	गरम पानी पीलो।	Drink/have warm water.
1878	पानी पियो।	Drink/have water.
1879	चाय पीलो, ठंडी हो रही है।	Drink/have your tea, it's getting cold.
1880	चाय पीलो वरना ठंडा हो जायेगा।	Drink/have tea or else it will get cold.
1881	ध्यान से गाड़ी चलाओ।	Drive carefully.
1882	धीरे गाड़ी चलाओ।	Drive slowly.
1883	कुत्ते को भगाओ।	Shoo the dog away.
1884	सब कुछ छोड़ें।	Drop everything.
1885	मुझे घर छोड़ दो।	Drop me off home.
1886	अपने कार्यालय जाते समय रोहन को स्कूल छोड़ देना।	Drop Rohan off at school on the way to your office.
1887	फर्नीचर को झाड़ो।	Dust the furniture.
1888	अल्मारियों को साफ करो।	Dust the shelves.
1889	दोनों लड़को के पास किताब है।	Each of the two boys has book.
1890	कहना आसान है करना मुश्किल।	It’s easier to say than do.
1891	थोड़ा खाओ।	Eat a little.
1892	थोड़ा थोड़ा करके खाना।	Eat little by little.
1893	चुपचाप खा लो।	Eat quietly.
1894	संयमित मात्रा में खाएं।	Eat in moderation.
1895	जल्दी खाओ जो खाना है।	Eat quickly whatever you eat.
1896	तुम्हें जो खाना है खाओ।	Eat what you want to eat.
1897	हाथ से खाओ।	Eat with hands.

1898	चम्मच से खायें।	Eat with the spoon.
1899	खाना ठंडा होने से पहले खा लें।	Eat your food before it gets cold.
1900	तुम दोनों में से किसी एक ने किया है ये।	Either of you has done this.
1901	मूवी का अंत बहुत ही रोमांचक था।	The end of the movie was very exciting.
1902	अंग्रेजी पूरी दुनिया में बोली जाती है।	English is spoken all over the world.
1903	मज़े करो।	Enjoy yourself.
1904	अब मुझे मेरे पैसे दो।	Give me my money now.
1905	अब चुप हो जाओ।	Keep quiet now.
1906	बस बहुत हो गया।	Enough is enough.
1907	पासवर्ड दर्ज करे।	Enter the password.
1908	जोश में होश की जरूरत होती है।	Enthusiasm needs concentration.
1909	इसके बाद भी वह नहीं माना।	Even after that, he did not agree.
1910	मैं भी लालची नहीं हूँ।	Even I am not greedy.
1911	मैं भी उसे झेल नहीं सकता।	Even I can't tolerate him
1912	मैंने भी नहीं आने दिया।	Even I did not let him in.
1913	अगर मुझे वहां रुकना भी पड़ा, तो मैं रुकूंगा।	Even if I have to stay there, I will.
1914	दीवारों के भी कान होते हैं।	Even the walls have ears.
1915	मैं फिर भी वहाँ जाऊँगा।	Even then I will go there.
1916	फिर भी तुम्हें कोशिश करनी चाहिए।	Even then you should try.
1917	तुम्हें भी कुछ ऐसा ही करना चाहिय।	Even you should do something like this.
1918	आख़रिकार, सभी चीज़ें ठीक हो जाती हैं।	Eventually, all things fall into place.
1919	आख़रिकार, यह रोज़ का समय है।	Eventually, it's everyday time.
1920	हर कुते का दिन आता है।	Every dog has its day.

1921	हर शनिवार।	Every Saturday.
1922	सब चले गए।	Everybody has left.
1923	हर कोई इस बारे में बात कर रहा है।	Everybody is talking about this.
1924	सभी लोग उसपे हँसे।	Everybody laughed at him.
1925	हर कोई इसे पसंद करता है।	Everybody likes it.
1926	हर कोई महान बनना चाहता है।	Everybody wants to become great.
1927	हर कोई उस पर विश्वास करता है।	Everyone believes him.
1928	इस प्रोजेक्ट की सफलता में सभी का बहुत बड़ा योगदान है।	Everyone has a big contribution in this project.
1929	हर किसी की अपनी निजी जिंदगी होती है।	Everyone has their personal lives.
1930	हर किसी के अपने विचार होते हैं।	Everyone has their own ideas.
1931	मरने से हर कोई डरता है।	Everyone is afraid of dying.
1932	ये तो हर कोई जानता है।	Everyone knows it.
1933	सब मेरे साथ थे।	Everyone was with me.
1934	सभी को मौका मिलेगा।	Everyone will get a chance.
1935	समय आने पर सबको पता चल जायेगा।	Everyone will get to know when the times comes.
1936	हर कोई मुझ पर हंसेगा।	Everyone will laugh at me.
1937	सब गड़बड़ हो गया।	Everything got messed up.
1938	सब कुछ होने की वजह होती है।	Everything happens for a reason.
1939	और सब ठीक है?	Is everything fine?
1940	सब कुछ मेरे सर के ऊपर से जा रहा है।	Everything is going over my head.
1941	सब कुछ अच्छा है।	Everything is nice.
1942	सब कुछ ठीक है।	Everything is ok.
1943	सब तैयार है।	Everything is ready.
1944	सब कितना फीका–फीका है।	Everything is so dull.

1945	सब बेकार है।	Everything is useless.
1946	सबकुछ मेरे सर के ऊपर से चला गया।	Everything went over my head.
1947	सब बड़े आराम से हो गया।	Everything went smoothly.
1948	सब कुछ ठीक हो जायेगा।	Everything will be fine.
1949	सब कुछ ठीक हो जाएगा; चिंता मत करो।	Everything will be fine; don't worry.
1950	सब कुछ एक घंटे में तैयार हो जायेगा।	Everything will be ready in an hour.
1951	ठीक वैसा।	Exactly the same.
1952	क्षमा करें, कृपया हम ऑर्डर देना चाहेंगे।	Excuse me, we would like to order, please.
1953	हर दिन व्यायाम।	Exercise every day.
1954	अपनी भावनाओं को व्यक्त करें।	Express your feelings.
1955	अपनी समस्याओं का सामना करो।	Face your problems.
1956	अपनी सीट बेल्ट बांध लो।	Fasten your seat belt.
1957	किस्मत हमे साथ ले आयी है।	Fate has brought us together.
1958	पापा मुझे अकेले नहीं जाने देते।	Dad doesn't allow me to go alone.
1959	पापा ने मेरे डर को भांप लिया है।	Dad has sensed my fear.
1960	पापा अपना आपा खो बैठे है।	Dad has lost his temper.
1961	पापा कुछ कह तो नहीं रहे थे ना?	Dad was not saying anything, was he?
1962	पिताजी इस समय तक घर पहुँच चुके होंगे।	Dad will have reached home by this time.
1963	बिल्ली को खाना खिलाओ।	Feed the cat.
1964	आराम से बैठो।	Feel at home.
1965	कुछ भी करने के लिए स्वतंत्र महसूस करें।	Feel free to do anything.

1966	सुबह से बाहर जाने का मन हो रहा है।	I feel like going out since morning.
1967	एक दो दिन में बुखार उतर जाएगा।	Fever will come down in a day or two.
1968	गिलास भरें।	Fill the glass.
1969	हिसाब कर लो।	Finalize the account.
1970	आखिरकार हो गया।	Finally it's done.
1971	आख़रिकार समझ आ गई।	Finally sense dawned.
1972	नौकरी ढूँढ लो।	Find a job.
1973	किसी और को ढूंढ लो।	Find someone else.
1974	किसी ऐसे व्यक्ति को खोजें जो अंग्रेजी बोलता हो।	Find someone who speaks English.
1975	हल ढूंढो।	Find the solution.
1976	मुझे चलेगा।	Fine with me.
1977	इसे खत्म करें।	Finish it.
1978	अपना खाना जल्दी खत्म करो।	Finish your food quickly.
1979	अपना होमवर्क खत्म करें।	Finish your homework.
1980	पहले लायक बनो फिर इच्छा करो।	First deserve, then desire.
1981	फूल मुरझा रहे हैं।	Flowers are getting withered.
1982	यहाँ ध्यान दो।	Focus here.
1983	अपनी पढाई पर ध्यान दो।	Focus on your studies.
1984	सबसे पहले आप अपने कपड़े बदल लें।	First, you change your clothes.
1985	बिस्तर की चादर को मोड़ो।	Fold up the bed sheet.
1986	थोड़ा जूस लो।	Have some juice.
1987	उसका पीछा करो।	Follow him.
1988	नियमों का पालन।	Follow the rules.
1989	यहां खाना महंगा है।	Food is expensive here.

1990	भोजन परोसा जा रहा है।	Food is being served.
1991	वहां खाना खाने लायक नहीं था।	Food was not eatable there.
1992	थोड़ी देर के लिए।	For a little while.
1993	एक पल के लिए मुझे लगा कि मैंने तुम्हें खो दिया है।	For a moment, I thought I had lost you.
1994	चार दिनों के लिए।	For four days.
1995	ये सब कब तक चलता रहेगा?	For how long will all this go on?
1996	कितनी देर के लिए?	For how long?
1997	पहली बार तुमने कुछ सही किया है।	For the first time you've done something right.
1998	पहली बार के लिए।	For the first time.
1999	...की ख़ातिर।	For the sake of...
2000	तीन महीने के लिए।	For three months.
2001	मुझे किस बात का दंड मिल रहा है?	For what am I being punished?
2002	उसे भूल जाओ।	Forget him.
2003	अब भूल जाओ।	Forget it now.
2004	इसे भूल जाइए।	Forget this.
2005	माफ करो और भूल जाओ।	Forgive and forget.
2006	हो सके तो मुझे माफ कर देना।	Forgive me if possible.
2007	इस बार मुझे माफ़ कर दीजिये।	Forgive me this time.
2008	मुझे माफ़ कर दो।	Forgive me.
2009	हाथ मुंह धो लो।	Freshen up.
2010	यहां से वहां।	From here to there.
2011	मेरे नज़रिये से।	From my point of view.
2012	उस दिन के बाद से उन्होंने कभी एक–दूसरे से बात नहीं की।	From that day onwards, they never spoke to each other.
2013	समय–समय पर।	From time to time.
2014	आज से।	From today.

2015	कल से तुम सब मेरे लिए काम करोगे।	From tomorrow you all will work for me.
2016	कब से कब तक?	From when to when?
2017	तुम्हे यह पैसे कहाँ से मिले?	From where did you get this money?
2018	कहाँ से कहाँ तक?	From where to where?
2019	बस का टिकट ले लो।	Get a bus ticket.
2020	एक कपड़ा ले आओ और इसे झाड़ दो।	Get a cloth and dust it.
2021	फर्श को पोंछने के लिए एक गीला कपड़ा लें।	Get a damp cloth to wipe the floor with.
2022	अपने आप पर काबू रखो!	Get a hold of yourself!
2023	मालिश करवा लो।	Get a massage.
2024	एक मेज और कुछ कुर्सियाँ ले आओ।	Get a table and a few chairs.
2025	एक और मिलेगा।	Get another.
2026	कुछ भी ले आओ।	Get anything.
2027	मुझ से दूर हो जाओ।	Get away from me.
2028	लाइनों पर लटके कपड़ों को नीचे उतारें।	Get down the clothes hanging on the lines.
2029	जल्दी से तैयार हो जाओ।	Get dressed quickly.
2030	सबको अंदर ले आओ।	Get everyone inside.
2031	उसकी जल्दी से जल्दी शादी करा दो।	Get her married at the earliest.
2032	इसकी शादी करवा दो।	Get him married.
2033	उसे बिस्तर से उतारो।	Get him of the bed.
2034	उसे यहाँ से बाहर निकालो।	Get him out of here.
2035	उसे बाहर निकालो।	Get him out.
2036	उसे तैयार करो।	Get him ready.
2037	कार में बैठो।	Get into the car.

2038	सुबह जल्दी उठने की आदत डाल लो।	Develop the habit of getting up early.
2039	पैसे बचाने की आदत डालो।	Develop the habit of saving money.
2040	इसे करवा दोप	Get it done.
2041	इसे ठीक करवा दो।	Get it fixed.
2042	इसकी मरम्मत करवाएं।	Get it repaired.
2043	अभी के अभी यहाँ से दफा हो जाओ।	Get lost from here right now.
2044	वहां से मेरे लिए कॉफ़ी ले आओ।	Get me coffee from there.
2045	वहां से मेरे लिए एक गिलास ले आओ।	Get me a glass from there.
2046	मेरे लिए एक तकिया ले आओ।	Get me a pillow.
2047	मुझे नीचे उतारो।	Get me down.
2048	नीचे उतरो।	Get down.
2049	मुझे 5 बजे उठा देना।	Get me up at 5 O' clock.
2050	कल मेरी नोटबुक भी चेक करा लेना।	Get my notebook also checked tomorrow.
2051	मेरा सामान हॉस्टल से वापस ले आओ।	Get my stuff back from the hostel.
2052	मेरा काम करवा दो।	Get my work done.
2053	मेरी कार से उतरो।	Get off my car.
2054	बिस्तर से नीचे उतरो।	Get off the bed.
2055	बाइक से उतरो।	Get off the bike.
2056	बस से उतर जाओ।	Get off the bus.
2057	बस पर चढ़ जाओ।	Get on the bus.
2058	चुपचाप निकलो यहां से।	Get out of here quietly.
2059	अपनी बोरिया बिस्तर लेकर यहां से दफा हो जाओ।	Get out of here with your bag and baggage.
2060	यहाँ से चले जाओ।	Get out of here.

2061	फौरन मेरी नजरों से दफा हो जाओ।	Get out of my sight at once.
2062	स्कूल के लिए तैयार हो जाओ।	Get ready for school.
2063	जाने के लिए तैयार हो जाओ।	Get ready to leave.
2064	अपनी गलतफहमीयो को दूर करो।	Get rid of your misconception.
2065	थोड़ा सो लो।	Get some sleep.
2066	थोड़ी चाय ले आना।	Get some tea.
2067	कुछ खाने के लिए ले आओ।	Get something to eat.
2068	उसे यहां ले आओ।	Bring that here.
2069	काम की बात करो।	Get to the point.
2070	उठो अब।	Get up now.
2071	इसकी आदत डालो।	Get used to it.
2072	ज़ोर से बोलने की आदत डालें।	Get used to speaking loudly.
2073	जल्दी स्वस्थ हो जाओ।	Get well soon.
2074	अपनी पुस्तक लाओ।	Get your book.
2075	अपने बाल कटवाओ।	Get your hair cut.
2076	काम पर लग जाओ।	Get to the work.
2077	वहाँ पहुँच रहा हूँ।	I'm getting there.
2078	मेरे बस का नहीं है सुबह 4 बजे उठना।	Getting up at 4 o'clock is not my cup of tea.
2079	लड़कियां भाव बहुत खाती है।	Girls act pricey a lot.
2080	कृपया बर्तन धोने में हाथ बटाएं।	Give a hand with the dishes, please.
2081	मुझे फोन करें।	Give me a call.
2082	छोटू को मेरा प्यार दो।	Give Chhotu my love.
2083	उसे प्यार दो।	Give him love.
2084	उसे कुछ खाने को दे दो।	Give him something to eat.
2085	मुझे यह वापस करो।	Give it back to me.
2086	इसे वापस दे दो।	Give it back.

2087	ये उसे दे दो।	Give it to him.
2088	यह मुझे दे दो।	Give it to me.
2089	मुझे 100 रुपये वापस दे दो।	Give me 100 rupees back.
2090	अभी 500 रुपए दे दो, बहुत जरी है।	Give me 500 rupees now, it is urgent.
2091	मुझे भी एक कम्बल दे दो।	Give me a blanket as well.
2092	जब तुम घर पहुंचो तो मुझे फोन करना।	Give me a call when you reach home.
2093	मुझे एक मौका दो।	Give me a chance.
2094	मुझे एक कप दो।	Give me a cup.
2095	मुझे एक दिन का समय दो।	Give me a day's time.
2096	मेरी मदद करो।	Give me a hand.
2097	मुझे थोड़ा और समय दीजिए।	Give me a little more time.
2098	मुझे पांच मिनट दो।	Give me five minutes.
2099	विविध खर्चों के लिए मुझे कुछ पैसे दीजिए।	Give me some money for miscellaneous expenses.
2100	मुझे कुछ पैसे दीजिये।	Give me some money.
2101	मुझे थोड़ा समय दो।	Givc me some time.
2102	थोड़ा–सा मुझे दो।	Give me a little.
2103	मुझे कुछ करने को दो।	Give me something to do.
2104	मुझे वह गंदी थाली दे दो।	Give mc that dirty plate.
2105	मुझे कलम दो।	Give me the pen.
2106	तुम्हारे पास जो कुछ भी है वह मुझे दे दो।	Give me whatever you have.
2107	अपना हाथ देनास	Give me your hand.
2108	सम्मान दो, सम्मान लो।	Give respect, take respect.
2109	बुरी आदतें छोड़े दो।	Give up bad habits.
2110	अपनी नाक को अच्छी तरह पोंछ लें।	Wipe your nose properly.

2111	सुनकर अच्छा लगा।	Glad to hear that.
2112	आपसे मिलकर बड़ी खुशी हुई।	Glad to meet you.
2113	जाकर अपना काम करो।	Go and do your work.
2114	जाकर खाना खा लो।	Go and eat the food.
2115	जाओ और एक कुर्सी ले आओ।	Go and get a chair.
2116	जाओ और एक गिलास पानी ले आओ।	Go and get a glass of water.
2117	कृपया मेरे लिए एक गिलास पानी ले आओ।	Please get me a glass of water.
2118	उससे पैसे ले आओ।	Fetch money from him.
2119	जाओ और अपने पिता को बुलाओ, वह बाहर हैं।	Go and call your father, he's outside.
2120	जाओ और अपना स्कूल बैग ले आओ।	Go and bring your school bag.
2121	जाओ और आराम करो।	Go and have rest.
2122	जाओ और मिलो।	Go and meet.
2123	जाओ और खेलो।	Go and play.
2124	जाकर देखो।	Go and see.
2125	जाकर सो जाओ।	Go and sleep.
2126	जाकर वहीं खड़े हो जाओ।	Go and stand there.
2127	जाकर पढाई करो।	Go and study.
2128	जाओ और झपकी ले लो।	Go and take a nap.
2129	जाओ और उनका स्वागत करो।	Go and welcome them.
2130	तुरंत जाओ।	Go quickly.
2131	यहाँ से चले जाओ।	Go away from here.
2132	तुरंत वापस जाओ।	Go back quickly.
2133	रेलगाड़ी से जाएं।	Go by train.
2134	ध्यान से जाना।	Go carefully.

2135	नीचे चले जाओ।	Go downstairs.
2136	जाओ मज़े करो।	Go enjoy yourself.
2137	इससे पहले कि हम लेट हो जाए, जल्दी चलो।	Go fast before we get late.
2138	चुपचाप चले जाओ यहाँ से।	Go from here quietly.
2139	घर जाओ और वहां उसे खोजो।	Go home and search for it there.
2140	तुम क्या कर रहे हो, आगे बढ़ो।	Go on with what are you doing.
2141	अपनी कहानी जारी रखें।	Go on with your story.
2142	बाहर जाओ और उसे खोजो।	Go out and find him.
2143	बाहर जा कर खेलो।	Go out and play.
2144	बाहर जाओ।	Go outside.
2145	जल्दी जाओ।	Go quickly.
2146	आराम से, धक्का मत दो।	Go slow, don't push.
2147	आगे सीधे बढ़ो।	Go straight ahead.
2148	जाओ अब।	Go now.
2149	जाओ झपकी ले लो।	Go take a nap.
2150	और जाओ वहां।	Go there more.
2151	भाड़ में जाओ।	Go to hell.
2152	स्कूल जाओ।	Go to school.
2153	अब सो जाओ।	Go sleep now.
2154	सो जाओ।	Go to sleep.
2155	अपने पापा के पास जाओ।	Go to your papa.
2156	अपने कमरे में जाओ।	Go to your room.
2157	ऊपर जाओ।	Go upstairs.
2158	ऊपर कमरे में जाओ।	Go upstairs to the room.
2159	ईश्वर उनकी मदद करता है जो अपनी मदद खुद करते हैं।	God helps those who help themselves.
2160	भगवान जाने यहाँ क्या हुआ?	God knows what happened here?

2161	भगवान ही जाने वह कहाँ है?	Only God knows where he is!
2162	उस दिन भगवान ने मुझे बचा लिया।	God saved me that day.
2163	धूप में बाहर जाने से मुझे सिरदर्द होने लगता है।	Going out in the Sun gives me a headache.
2164	सुनहरा मौका।	A golden chance.
2165	अच्छा निर्णय!	Good decision!
2166	अच्छे बच्चे रोते नहीं।	Good kids don't cry.
2167	आपको देखकर अच्छा लगा!	Good to see you!
2168	समझ गये?	Got it/understood?
2169	गाज़रो का कद्दूकस कर दो।	Grate the carrots.
2170	नाम बड़े और दर्शन छोटे।	Great cry, little wool.
2171	बहुत बढियां विचार!	Great idea!
2172	मसालों को बारीक पीस लीजिये।	Grind the spices into a fine powder.
2173	मसालों को बारीक पीसकर पेस्ट बना लीजिए।	Grind the spices into a thin paste.
2174	अनुमान लगाओ।	Guess it.
2175	मेहमान जा रहे हैं।	Guests are leaving.
2176	खाना खा लिया?	Had dinner?
2177	अगर वह आता तो अच्छा होता।	Had he come, it would've been better.
2178	क्या मैं तुम्हारे लिए केक नहीं लाया था?	Had I not brought cake for you?
2179	क्या तुमने मेरे लिए पूछा था?	Had you asked for me?
2180	क्या तुमने सोने से पहले दूध पीया था?	Had you drink milk before you slept?
2181	टमाटरों को बारीक काट लें।	Chop the tomatoes.
2182	यहाँ पर कील लगा दो।	Hammer a nail here.
2183	कृपया मुझे वह पुस्तक सौंप दें।	Hand me that book, please.

2184	इसे सम्भालो।	Handle it.
2185	कृपया हाथ ऊपर करो, बाहर मत बुलाओ।	Hands up please, don't call out.
2186	एक मिनट रुको।	Hang on a minute.
2187	कपड़े बाहर सुखाओ।	Hang out the clothes.
2188	कपड़ों को अंदर बाहर लटकाएं।	Hang the clothes inside out.
2189	कपड़े लाइन पर लटकाओ।	Hang the clothes on the line.
2190	अभी रुको। मैं आधे घंटे में निकल जाऊंगा।	Hang up now. I'll leave in half an hour.
2191	अपने कपड़े अलमारी में टांग देना।	Hang up your clothes in your wardrobe neatly.
2192	मेहनत कभी बेकार नहीं जाती।	Hard work never goes in vain.
2193	हार्दिक को प्रोमोशन मिल गयी।	Hardik got promoted.
2194	क्या अभी तक कोई आया है?	Has anybody come yet?
2195	क्या किसी के पास शार्पनर है?	Has anyone got a sharpener?
2196	क्या किसी ने मेरा चार्जर देखा है?	Has anyone seen my charger?
2197	क्या रिया कहीं चली गई है?	Has Riya gone somewhere?
2198	जल्दी का काम शैतान का होता है।	Haste makes waste.
2199	नहा कर आओ।	Have a bath and come.
2200	आपका रागय अच्छा गुजरे!	Have a good time!
2201	थोड़ा सा मज़ा करो।	Have a little bit fun.
2202	थोड़ा और लो।	Havc a little more.
2203	इस पर एक नजर डाले।	Have a look at this.
2204	आपका दिन शुभ हो।	Have a nice day.
2205	नाश्ता कर लोस	Have breakfast.
2206	क्या पिताजी अभी तक आये हैं?	Has dad arrived yet?
2207	खुद पर विश्वास रखो।	Have faith in yourself.
2208	मज़े करो।	Have fun.

2209	मैं क्या यहाँ झक मारने के लिए आया हूँ।	Have I come here to waste my time?
2210	क्या मैंने कभी तुम्हे धोखा दिया हैं?	Have I ever deceived you?
2211	मैने कभी आपकी बात टाली है क्या?	Have I ever disobeyed you?
2212	क्या मैंने कभी भी तुम्हारे साथ कुछ गलत किया है?	Have I ever done anything wrong to you?
2213	मैने क्या ठेका ले रखा है तुम्हारा काम करने का?	Have I taken contract to do your work?
2214	सब्र रखो/सब्र करो।	Have patience.
2215	क्या वह दिल्ली गई है?	Has she been to Delhi?
2216	मुझपर थोड़ा विश्वास करो।	Have some confidence in me.
2217	कुछ तो इंसानियत रखो।	Have some humanity.
2218	मुझ पर कुछ दया करो।	Have some mercy on me.
2219	थोड़ी दया करो।	Have some mercy.
2220	थोड़ा सब्र रखो/थोड़ा सब्र करो।	Have some patience.
2221	थोड़ा पानी लो।	Have some water.
2222	इसे करने के लिए किसी और को बुलाओ।	Have someone else to do it.
2223	क्या उन्होंने कुछ ग़लत किया है?	Have they done something wrong?
2224	पानी पियो, तुम्हें आराम मिलेगा।	Have water, you will feel better.
2225	क्या हम पहले कहीं मिले हैं?	Have we met before somewhere?
2226	क्या हम पहले मिले हैं?	Have we met before?
2227	क्या तुम पहुंच गए हो?	Have you arrived?
2228	क्या आप इससे पहले यहां आए हैं?	Have you been here before?
2229	क्या आप दिल्ली जाकर आये हैं?	Have you been to Delhi?
2230	आप लंबे समय से इंतजार कर रहे है?	Have you been waiting long?
2231	क्या आपने कार साफ़ की?	Have you cleaned the car?

2232	आपने यह पहले किया है?	Have you done this before?
2233	क्या आप अपना होमवर्क किया?	Have you done your homework?
2234	क्या आप कभी प्रयागराज गये हैं?	Have you ever been to Prayagraj?
2235	क्या आपने कभी दूसरों की भावनाओं की परवाह की है?	Have you ever cared about other's feelings?
2236	क्या तुमने कभी मेरे लिए कुछ किया है?	Have you ever done anything for me?
2237	क्या आपने कभी किसी को मारा है?	Have you ever hit anybody?
2238	क्या तुमने कभी भूत देखा है?	Have you ever seen a ghost?
2239	क्या तुमने कभी हवाई जहाज से सफ़र किया है?	Have you ever travelled by air plane?
2240	क्या आपने अखबार पूरा कर लिया?	Have you finished with the newspaper yet?
2241	क्या आपने अपना काम समाप्त कर लिया?	Have you finished your work?
2242	मैं ही मिला हूँ क्या तुम्हें पागल बनाने को?	Have you found only me to make fool of?
2243	क्या बहरे हो गये हो?	Have you gonc deaf?
2244	पागल हो गए हो क्या?	Have you gone nuts?
2245	तुम्हारा दिमाग खराब हो गया है क्या?	Havc you gone out of your mind?
2246	क्या तुम्हारे पास कुछ खुल्ले पैसे हैं?	Have you got some change?
2247	क्या अपने नाश्ता कर लिया है?	Have you had breakfast?
2248	क्या तुमने खबर सुनी?	Have you heard the news?
2249	क्या आपने उसे पहले भी देखा है?	Have you seen her before?
2250	क्या आपने अपना सबक सीखा है?	Have you learnt your lesson?
2251	क्या आपने अभी ऑफिस छोड़ा है?	Have you left the office now?
2252	क्या आपने अपने पिता को खो दिया है?	Have you lost your dad?

2253	क्या आपने स्वाद की अपनी समझ खो दी है?	Have you lost your sense of taste?
2254	क्या आपने अभी तक कॉफ़ी बनाई है?	Have you made the coffee yet?
2255	क्या आपने अभी तक टिकट बुक नहीं है?	Have you not booked the ticket yet?
2256	क्या आपने उसमें कोई बदलाव देखा है?	Have you noticed any change in him?
2257	क्या आप वहां पहुंच गए?	Have you reached there?
2258	क्या आपने यह किताब पढ़ी?	Have you read this book?
2259	क्या तुम्हे तुम्हारी सैलरी मिल गयी?	Have you received your salary?
2260	क्या तुमने उसे देखा है?	Have you seen him?
2261	क्या तुमने उसे तब से कहीं देखा है?	Have you seen him anywhere since?
2262	क्या आपने इस फिल्म को देखा है?	Have you watched this movie?
2263	क्या आपने कागज़ात हस्ताक्षर किए हैं?	Have you signed the documents?
2264	क्या तुमने खाना खा लिया?	Have you taken your meal?
2265	क्या तुमने कूड़ा बाहर रख दिया?	Have you taken out the trash?
2266	समझे या नहीं?	Have you understood or not?
2267	पहले नाश्ता कर लो।	Have your breakfast first.
2268	आप खाना खा लीजिए।	Have your food.
2269	अपनी चाय पी लो। यह ठंडी हो रही है।	Have your tea. It is getting cold.
2270	मज़े करो।	Having fun.
2271	आपसे मिलकर मैं चला गया।	Having met you, I left.
2272	ऐसा बेटा होना गर्व की बात है।	Having such a son is a matter of pride.
2273	बीच बाजार में उसने मुझे गाली दी।	He abused me amidst the bustling market.

2274	उसने मुझ पर देर से आने का आरोप लगाया।	He accused me of being late.
2275	वो हमेशा मुझे परेशान करता है।	He always bothers/bugs me.
2276	वह हमेशा मुझे नीचे दिखने की कोशिश करता है।	He always tries to look down on me.
2277	वह हमेशा ऐसा ही करता है।	He always does that.
2278	वह हमेशा वही करता है जो वह चाहता है।	He always does what he wants.
2279	वह हमेशा मेरे रास्ते में टांग अड़ाता है।	He always gets in my way.
2280	वह हमेशा मेरी नक़ल उतरता है।	He always imitates me.
2281	वह हमेशा खोया–खोया सा रहता है।	He always seems lost.
2282	वह हमेशा अपने बारे में ही बात करता है।	He always talks about himself.
2283	वह हमेशा अच्छा करने की कोशिश करता है।	He always tries to do his best.
2284	उन्होंने पिछले महीने मुझसे संपर्क किया था।	He approached me last month.
2285	उसने मुझसे बहस की।	He argued with me.
2286	वह कक्षा में मुझसे बहस करता है।	He argues with me in the class.
2287	उसके साथ साथ उसका परिवार भी पढ़ा लिखा है।	He as well as his family is educated.
2288	वो खुद से शर्मिंदा है।	He is ashamed of himself.
2289	उसने मुझसे पूछा।	He asked me.
2290	उसने सारा केक खा लिया।	He ate all the cake.
2291	वह पीछे हट गया।	He backed out.
2292	उसने मुझे अपनी कंपनी से निकाल दिया।	He banished me from his company.
2293	वह एक सफल व्यवसायी बना।	He became a successful businessman.

2294	वह रातोरात अमीर बन गया।	He became rich overnight.
2295	वह गाली देने लगा।	He began to abuse.
2296	वह हंसने लगा।	He began to laugh.
2297	वह मारने लगता है।	He begins to beat.
2298	वो शरमा गया।	He blushed.
2299	वह बहुत गप मारता है।	He boasts too much.
2300	उसने पैसे उधार लिए।	He borrowed the money.
2301	उसने मुझे परेशान कर दिया।	He bothered me.
2302	उसने नया फोन खरीदा।	He bought a new phone.
2303	उसने नया फोन खरीदा है।	He has bought a new phone.
2304	वह शर्म से झुक गया।	He bowed down in shame.
2305	उसने जानबूझ कर शीशा तोड़ दिया।	He broke the glass purposely.
2306	उसने फोन तोड़ दिया।	He broke the phone.
2307	उसने मदद के लिए पुकारा।	He called for help.
2308	उसने कल रात फोन किया।	He called last night.
2309	उसने मुझे अकेले मे बुलाया।	He called me privately.
2310	वह 4 बजे आया।	He came at 4 o'clock.
2311	वह बहुत समय बाद वापस आया।	He came back after a long time.
2312	वह मेरे जाने से पहले आया था।	He had come before I left.
2313	वह मुझसे पहले आया था।	He came before me.
2314	वह चोरी–छिपे आया।	He came stealthily.
2315	वह पैसे के लिए मेरे पास आया था।	He came to me for money.
2316	वह रविवार को मेरे पास आया था।	He came to me on Sunday.
2317	वह मेरे पास आया था।	He came to me.
2318	वह मुझसे मिलने आया था।	He came to meet me.
2319	वह कल आपसे मिलने आये थे।	He came to see you yesterday.
2320	वह रोते रोते आया।	He came while weeping.

2321	वह कोई भी हो सकता है।	He can be anyone.
2322	वह अपने बारे में सोच सकता है।	He can think for himself.
2323	वह मेरे ख़िलाफ़ खड़ा नहीं हो सकता।	He can't stand against me.
2324	वो तुमसे दूर नहीं रह सकता।	He can't stay away from you.
2325	उसने मुझे कॉलर से पकड़ लिया।	He caught me from the collar.
2326	वह एक सभ्य परिवार से आते है।	He comes of a decent family.
2327	वह कभी–कभी आता है।	He comes occasionally.
2328	वह अक्सर मुझसे मिलने आते हैं।	He often comes to meet me.
2329	वह ठीक समय पर स्कूल आता है।	He comes to school right on time.
2330	उसने कबूल किया है कि उसने पैसे चुराए थे।	He confessed that he had stolen money.
2331	उसे मारा जा सकता था।	He could be killed.
2332	उसके पास कार हो सकती है।	He could have a car.
2333	उसे मेरी जरूरत पड़ सकती है।	He could need me.
2334	वह एक मच्छर भी नहीं मार राकता था।	He could not even kill a mosquito.
2335	उसे छुट्टी नहीं मिली।	He couldn't get leave.
2336	वह घर गहीं जा सका।	He couldn't go home.
2337	वह कुछ देर पहले रोया।	He cried a while ago.
2338	उसने अपनी हँसी पर काबू पा लिया।	He curbed on his laughter.
2339	उसने अपनी उंगली काट ली।	He cut his finger.
2340	उसमे यहां आने की हिम्मत नहीं है।	He dare not come here.
2341	उसमे सच बोलने की हिम्मत नहीं है।	He dare not tell the truth.
2342	उसकी हिम्मत नहीं है मुझ पर चिल्लाने की।	He dares not to shout on me.
2343	वह इसके लायक है।	He deserves.
2344	उसने इसे चतुराई से किया।	He did it tactfully.

2345	उसने तुरंत मेरा काम कर दिया।	He did my work at once.
2346	उसने मुझे अभिवादन नहीं किया।	He did not wish me.
2347	उसमे मुझे रोकने की हिम्मत नहीं की।	He did not dare to stop me.
2348	उसने मना तो नहीं किया ना?	He did not deny, did he?
2349	उसने मुझे कुछ नहीं दिया।	He did not give me anything.
2350	उसने मुझे बदनाम करने में कोई कसर नहीं छोड़ी।	He did not leave anything undone to defame me.
2351	उसने जीतने का प्रयास नहीं किया।	He did not make an effort to win.
2352	उसने गड़बर तो नहीं की ना?	He did not mess up, did he?
2353	उसने देखा तो नहीं ना?	He did not see, did he?
2354	उसने कुछ बोला तो नहीं ना?	He did not speak anything, did he?
2355	वह वहां काम नहीं करता था।	He did not work there.
2356	उन्होंने होमवर्क खुद ही किया।	He did the homework on his own.
2357	मुझे उसने कुछ नहीं बताया।	He didn’t tell me anything.
2358	उसे कोई परवाह नहीं थी, तो मैं क्यों करूँ?	He didn't care, why would I?
2359	उसने थोड़ा सा पानी पी लिया।	He drank a little water.
2360	उसने कुछ नहीं खाया।	He didn't eat anything.
2361	उसने मुझे खाना नहीं खाने दिया।	He didn't let me eat.
2362	उसका वो मतलब नहीं था।	He didn't mean that.
2363	उसने मुझे बिलकुल भी भाव नहीं दिया।	He didn't pay any heed to me.
2364	उसने एक शब्द तक नहीं बोला।	He didn't speak even a word.
2365	उसने मुझसे बात नहीं की।	He didn't talk to me.
2366	मुझे उसने कुछ नहीं बताया।	He didn't tell me anything.
2367	वह अपने देश के लिए मर गया।	He died for his country.
2368	वह न जाने कहाँ गायब हो गया।	He disappeared into thin air.

2369	उसने मुझे निराश किया।	He disappointed me.
2370	वह अपना सारा काम स्वयं ही करता है।	He does all his work by himself.
2371	वह भूत प्रेत पर विश्वास नहीं करता।	He does not believe in ghosts.
2372	उसके पेट में कोई बात नहीं पचती।	He does not keep a secret.
2373	वह बच्चों को अपना मोबाइल छूने नहीं देता।	He does not let the kids touch his mobile.
2374	वह उसे नहीं रुलाता है।	He does not make her weep.
2375	वो कुछ कहता तो नहीं है ना?	He does not say anything, does he?
2376	वह हर समय बस खेलता ही रहता है।	He does nothing but play all time.
2377	वह हर बार ऐसा करता है।	He does this every time.
2378	उसके पास कार नहीं है।	He doesn’t have a car.
2379	वह इस लायक नहीं है।	He doesn't deserve it.
2380	वह किसी से झगड़ा नहीं करता।	He doesn't fight with anybody.
2381	वह चापलूसी नही करता।	He doesn't flatter.
2382	उसके पास कुछ भी नहीं है।	He doesn't have anything.
2383	उसे आम पसंद नहीं है।	He doesn't like mangoes.
2384	वह कक्षा में अच्छा प्रदर्शन नहीं करता है।	He doesn't perform well in the class.
2385	वह आजकल किसी से बात नहीं करता।	He doesn't talk to anyone now a days.
2386	उसने मुझे कमरे से बाहर निकाल दिया।	He drove me out of the room.
2387	उन्होंने अपने बालों को लाल रंग से रंग लिया।	He dyed his hair red.
2388	उन्होंने अपने पूर्वजों के लिए नाम कमाया।	He earned a name for his ancestors.
2389	वह बहुत कम खाता है।	He eats very little.

2390	उन्होंने ये करने के लिए मेरे हौसला बढ़ाया।	He encouraged me to do it.
2391	वह आज–कल कहकर टाल देता है।	He evades by saying today or tomorrow.
2392	उन्होंने मुझे नियम समझाये।	He explained the rules to me.
2393	वह घोड़े बेच कर सो गया।	He fell asleep like a dog.
2394	वह चक्कर खाकर गिर गया।	He fell down after feeling giddy.
2395	वह सीढ़ियों से गिर गया।	He fell down from the stairs.
2396	वह स्कूल में बच्चो से लड़ाई करता है।	He fights with kids in school.
2397	वह दूसरे छात्रों से लड़ता है।	He fights with other students.
2398	उसे परीक्षाओं में अच्छे अंक मिलते हैं।	He gets good marks on the tests.
2399	वह समय पर अपनी नोटबुक चेक करवाता है।	He gets his notebook checked on time.
2400	उसे हर बात पर मिर्ची लगती है।	He gets jealous on every matter.
2401	उसे स्कूल में खिलौने मिलते हैं।	He gets toys in school.
2402	वह दोपहर के भोजन के समय खेलने के लिए बाहर जाता है।	He goes out to play during lunchtime.
2403	वह रोज मंदिर जाता है।	He goes to the temple every day.
2404	उसे लोकल गुंडों ने पीटा है।	He got beaten by the local goons.
2405	उसका ध्यान भटक गया।	He got distracted.
2406	वह चिढ़ गया और मुझे बाहर जाने के लिए कहा!	He got pissed off and asked me to get out!
2407	गिफ्ट खोलकर वो खुश हो गया।	He got delighted after opening the gift.
2408	गिफ्ट खोलकर वो हैरान हो गया।	He got surprised after opening the gift.
2409	उसने अपने बगीचे में सब्जियाँ उगाई।	He grew vegetables in his garden.
2410	इनको दिल का दौरा पड़ा था।	He had a heart attack.

2411	उसके पास एक कलम थी।	He had a pen.
2412	उनका बचपन कठिन था।	He had a tough childhood.
2413	उसे सज़ा मिल चुकी थी।	He had been punished.
2414	वह बहुत देर बाद आया था।	He had come after so long.
2415	ये सब इसने शुरु किया था।	He had started all this.
2416	वह मेरा भाई लगता है।	He happens to be my brother.
2417	उसके पास एक बड़ी कार है।	He has a big car.
2418	उनकी दाहिनी हथेली पर एक जन्म का निशान है।	He has a birthmark on the right palm.
2419	उसके मुंह में कीड़ा लग गया है।	He has a cavity in his mouth.
2420	उसके पास कुछ किताबें हैं।	He has a few books.
2421	उसके कुछ दोस्त हैं और वे अक्सर मिलते रहते हैं।	He has a few friends and they meet quite often.
2422	उसके सिर मे दर्द है।	He has a headache.
2423	उसे थोड़ा बहुत ज्ञान है।	He has a little bit knowledge.
2424	उसके पास थोड़ा सा दूध है।	He has a little milk.
2425	उसे हल्का–हल्का बुखार है।	He has a mild fever.
2426	उसका दिमाग तेज है।	He has a sharp mind.
2427	उसका स्वभाव बहुत घटिया है।	He has a vile temper.
2428	उसने बहुत दौलत इक्कट्ठी कर ली है।	IIc has accumulated a lot of wealth.
2429	उसने हमेशा मेरा साथ दिया है।	He has always supported me.
2430	वह आजकल बहुत घमंडी हो गया है।	He has become too arrogant now a days.
2431	वह बेहोश हो गया है।	He has become unconscious.
2432	वह सिगरेट पिने का आदी हो गया है।	He has been addicted to smoking.
2433	वह 1 घंटे से धुप सेक रहा है।	He has been basking in the sun for one hour.

2434	वह पिछले हफ्ते से बीमार है।	He has been ill since last week.
2435	वह एक साल से बेरोज़गार है।	He has been jobless for a year.
2436	वह तीन दिनों से बीमार है।	He has been sick for three days.
2437	वह कल से रो रहा हैस	He has been weeping since yesterday.
2438	उन्होंने दाढ़ी बढ़ानी शु कर दी है।	He has begun to grow a beard.
2439	वह कहीं और से आया है।	He has come from anywhere else.
2440	वह खाना खा चुका है।	He has eaten food.
2441	उसके बहुत कम दोस्त हैं और वह अकेलापन महसूस करता है।	He has very few friends and he feels lonely.
2442	उनके चार बड़े बेटे हैं।	He has four grown-up sons.
2443	वो पागल हो गया है।	He has gone mad.
2444	वह बाहर चला गया है।	He has gone out.
2445	वह मेरे लिए खाना लेने गया है।	He has gone to get food for me.
2446	वह जेल जा चुका है।	He has been to jail.
2447	वह पढने गया है।	He has gone to read.
2448	उसे तेज़ बुखार हो गया है।	He has got a high fever.
2449	वह पश्चाताप की अग्नि में जल रहा है।	He has got plenty of feelings of remorse.
2450	इस बार उन्हें खराब अंक मिले हैं।	He has got poor marks this time.
2451	वह अपने मन की करता है।	He has his own ways.
2452	वह बस अभी आया ही है।	He has just arrived.
2453	वह अभी–अभी निकला है।	He has just left.
2454	वो अभी–अभी गया है।	He has just gone.
2455	उन्होंने अपना करियर चौपट कर लिया है।	He has messed up his career.
2456	इस संपत्ति पर उनका कोई अधिकार नहीं है।	He has no right on this property.

2457	उन्हें बोलने का कोई हक़ नहीं है।	He has no right to speak.
2458	वह वापस नहीं लौटा।	He has not returned.
2459	वह कई दिनों से सोया नहीं है।	He has not slept for many days.
2460	उसे फोन पर खेलने के अलावा कोई काम नहीं है।	He has nothing to do except playing on the phone.
2461	उसने मेरा पर्स चुराया है।	He has stolen my purse.
2462	ये लोग किसी के प्रति वफादार नहीं होते।	These people are not loyal to anyone.
2463	उसने आज खाना नहीं खाया।	He hasn't had food today.
2464	वह गरीबों से नफरत करता है।	He hates the poor.
2465	वह दूसरों की भी मदद करते हैं।	He helps others as well.
2466	वह खुद मेरे पास आया था।	He himself came to me.
2467	उसने खुद ही ऐसा कहा।	He himself said so.
2468	वह अपने होमवर्क में व्यस्त है।	He his busy with his homework.
2469	उसने मुझे बहुत मारा।	He hit me hard.
2470	उसने जानबूझ कर मुझे धक्का दिया।	He pushed me on purpose.
2471	उसने सबके सामने मेरा अपमान किया था।	He humiliated me in front of everyone.
2472	उसने अपना कोट अलमारी में लटका दिया।	He hung his coat in the Almirah.
2473	उसने स्वयं को आघात पहुंचाया।	He hurt himself.
2474	उसने मुझे अनदेखा कर दिया।	He ignored me.
2475	उसने पुलिस को सूचना दी।	He informed the police.
2476	वह कम दिमाग का है।	He is a duffer.
2477	वह एक धोकेबाज़ है।	He is a fraud.
2478	वह बहुत भुक्कड़ है।	He is a glutton.
2479	वह एक अच्छे पिता हैं।	He is a good father.
2480	वह दिल का मरिज़ है।	He is a heart patient.

2481	वह सिर्फ नाम के हीरो हैं।	He is a hero in name only.
2482	वह देर से उठता है।	He is a late riser.
2483	वह एक ज्ञानी इंसान है।	He is a learned person.
2484	वह भोंदू लड़का है।	He is a lumpish boy.
2485	वह बात का बहुत पक्का है।	He is a man of word.
2486	वह एक कामचोर है।	He is a shirker.
2487	वह साधारण आदमी है।	He is a simple man.
2488	वह एक ईमानदार अधिकारी है।	He is a sincere officer.
2489	वह अपनी आदतों से मजबूर है।	He is a slave of his habits.
2490	यह बहुत खर्चीला है।	He is a spent thrift.
2491	अजीब भुलक्कड़ आदमी है।	He is a strange forgetful man.
2492	वह एक जिद्दी लड़का है।	He is a stubborn boy.
2493	वह एक बेवकूफ लड़का है।	He is a stupid boy.
2494	वह एक नंबर का बेवकूफ है।	He is a stupid of first order.
2495	वह एक दलबदलू व्यक्ति है।	He is a turncoat.
2496	वो एक नंबर का बदमाश है।	He is a wicked of first order.
2497	वह लगभग 5 फुट लंबा है।	He is about 5 feet tall.
2498	वह लगभग इतना ही लंबा है।	He is about this tall.
2499	वह आने वाला है।	He is about to come.
2500	वह मुझे गाली दे रहा है।	He is abusing me.
2501	उस पर पैसे चुराने का आरोप है।	He is accused of stealing money.
2502	उस पर चोरी का आरोप है।	He is accused of theft.
2503	वह अपने सभी लक्ष्य हासिल कर रहा है।	He is achieving his all the targets.
2504	उसे जुए की लत है।	He is addicted to gambling.
2505	वो अपनी गलती मान रहा है।	He is admitting/accepting his mistake.
2506	वो पैसे माँग रहा है।	He is ailing for money.

2507	वह हमेशा डींगे मारता रहता है।	He is always boasting.
2508	वह एक ढोंगी है।	He is an imposter.
2509	वो बिन बुलाया मेहमान है।	He is an unwelcomed guest.
2510	वह करीब 25 साल का है।	He is around 25.
2511	वह अपने व्यवहार से शर्मिंदा है।	He is ashamed of his behavior.
2512	वो अपनी गलतियों से शर्मिंदा है।	He is ashamed of his mistake.
2513	वह सोया हुआ हैस	He is asleep.
2514	वह कश्मीर जाने पर अड़ा है।	He is bent on going to Kashmir.
2515	वह जाति से ब्राह्मण है।	He is a brahmin by cast.
2516	वह खेलने में व्यस्त है।	He is busy in playing.
2517	वह मदद के लिए पुकार रहा है।	He is calling for help.
2518	वह तुम्हे बुला रहा है।	He is calling you.
2519	वह अपनी नींद पूरी कर रहा है।	He is catching up on his sleep.
2520	वह मेरे पास आ रहा है।	He is coming to me.
2521	वह मुझसे मिलने आ रहा है।	He is coming to see me.
2522	वह मेरी ओर आ रहा है।	He is coming towards me.
2523	वह आपकी ओर आ रहा है।	He is coming towards you.
2524	वो आ रहा है।	He is coming.
2525	वह अपनी आदत से मजबूर है।	He is compelled by his habit.
2526	वो दिन में सपने देख रहा है।	He is daydreaming.
2527	वह गूंगा और बहरा है।	He is deaf and dumb.
2528	वह अपनी कब्र खोद रहा है।	He is digging his own grave.
2529	वह बुखार से पीड़ित है।	He is down with fever.
2530	वह नीचे है।	He is downstairs.
2531	वो हमें इस मामले में घसीट रहा है।	He is dragging us into this matter.
2532	वह पबजी खेलने में लगा हुआ है।	He is engaged in playing PUBG.
2533	वह काम में व्यस्त है।	He is engaged in work.

2534	उसकी शुक्रवार को आने के उम्मीद है।	He is expected to come on Friday.
2535	वह मुझसे भी तेज है।	He is faster than me.
2536	वह एक नंबर का ठरकी है।	He is so flirty.
2537	वह खाने के शौकीन हैं।	He is fond of eating.
2538	वह अपने घर की मरम्मत करा रहा है।	He is getting his house repaired.
2539	वह मुझे परेशान कर रहा है।	He is getting on my nerves.
2540	वह बिगड़ता जा रहा है।	He is getting spoiled.
2541	वो कहीं और जा रहा है।	He is going somewhere else.
2542	वो कहीं जा रहा है।	He is going somewhere.
2543	वह अंग्रेजी में अच्छा है।	He is good at English.
2544	वह मजबूर है।	He is helpless.
2545	वह जिंदगी और मौत के बीच झूल रहा है।	He is hovering between life & death.
2546	वह बहुत बत्तमीज़ है।	He is ill mannered.
2547	वह सठिया गए हैं।	He is in his dotage.
2548	वो अपने कमरे में है।	He is in his room.
2549	वह मुसीबत में है।	He is in trouble.
2550	वो वाकई बहुत अच्छा इंसान है।	He is indeed very good person.
2551	वह हमारे लिए महत्वहीन है।	It is trivial for us.
2552	वह सिर्फ एक बच्चा है।	He is just a child.
2553	वह दयालु है।	He is kind.
2554	वह देर से उठता है।	He is a late riser.
2555	वह सुस्त है।	He is lazy.
2556	वो झूठ बोल रहा है।	He is lying.
2557	वो एक के बाद एक गलतियाँ कर रहा है।	He is making mistakes one after another.

2558	वह एक बड़ी फर्म संभालता है।	He is managing a big firm.
2559	वह पैसों से मतलब रखता है।	He is mean with money.
2560	वह मेरा भाई है।	He is my brother.
2561	वह मेरा जिगरी दोस्त है।	He is my bosom friend.
2562	वह मेरा घनिष्ठ मित्र है।	He is my close friend.
2563	वह मेरे पापा हैं।	He is my dad.
2564	वह मेरा दूर का रिश्तेदार है।	He is my distant relative.
2565	वह मेरा बड़ा भाई है।	He is my elder brother.
2566	वह मेरा रिश्तेदार है।	He is my relative.
2567	वह मेरा ससुराल का रिश्तेदार है।	He is my relative-in-law.
2568	वह मेरा छोटा भाई है।	He is my younger brother.
2569	वह छोटी सोच वाला हैस	He is narrow minded.
2570	वह ज़रतमंद है।	He is needy.
2571	वह न अच्छा है और न बुरा।	He is neither good nor bad.
2572	वह अब नहीं रहे।	He is no more.
2573	वह मेरा दुश्मन नहीं है।	He is not an enemy.
2574	वो इतना बुरा नहीं है जितना मैं सोच रहा था।	He is not as bad as I was thinking.
2575	वो पैसे तो नहीं मांग रहा ना?	He is not asking for money, is he?
2576	वो तो अभी घर पर नहीं है।	He is not at home right now.
2577	वो घर पर नहीं है।	He is not at home.
2578	वो मना तो नहीं कर रहा ना?	He is not denying, is he?
2579	वह कोई ऐरा–गैरा नहीं है।	He is not a stranger.
2580	वह मुझ पर कोई एहसान नहीं कर रहा है।	He is not doing any favour on me.
2581	वह अधिकतर अपना होमवर्क पूरा नहीं करता है।	He is not done with his homework mostly.

2582	वह अंदर नहीं है।	He is not inside.
2583	वह मुझे सोने नहीं दे रही है।	He is not letting me sleep.
2584	वह मेरा फोन नहीं उठा रहा है।	He is not picking up my phone.
2585	वो झगड़ालू नहीं है।	He is not quarrelsome.
2586	उसका कोई भरोसा नहीं।	He is not reliable.
2587	वह कहीं दिख नहीं रहा।	He is not seen around.
2588	वह इसके लायक नहीं है।	He is not worth it.
2589	वह छत्त पर है।	He is on the roof.
2590	वो रास्ते में है।	He is on the way.
2591	वह केवल 50 वर्ष के हैं लेकिन वह अधिक उम्र के दिखते हैं।	He is only 50 but he looks older.
2592	वह पूरा का पूरा बदमाश है।	He is out and out a rascal.
2593	वह बाहर किसी की शादी में गए हैं।	He has gone to attend someone's wedding outside.
2594	वो बाहर है।	He is outside.
2595	वह च्न्ठळ खेल रहा है।	He is playing PUBG.
2596	वह समय के पाबंद हैं।	He is punctual.
2597	वह रीना का होना वाला दूल्हा है।	He is Reena's prospective bridegroom.
2598	उसे होश आ रहा है।	He is regaining consciousness.
2599	वह तुम्हारे सामने खड़ा है।	He is right in front of you.
2600	वह सही है।	He is right.
2601	वह खुदगर्ज़ है।	He is self-obsessed.
2602	वह अब सेटल हो गया है।	He is settled down now.
2603	वह ठंड से कांप रहा है।	He is shivering due to cold.
2604	वह भुखार से कांप रहा है।	He is shivering with fever.
2605	वह अभी सो रहे हैं।	He is sleeping now.
2606	वह सिर्फ नाम का दोस्त है।	He is a so called friend.

2607	वह बहुत मेहनती है।	He is so diligent.
2608	वो बहुत पतला है।	He is so skinny.
2609	वह आज भी कुंवारा है।	He is still a bachelor.
2610	वह अभी भी गुस्से में है।	He is still angry.
2611	वह एक नंबर का मूर्ख है।	He is stupid of first order.
2612	वह नहा रहा है।	He is taking a bath.
2613	वो उल्टा बोल रहा है।	He is talking back.
2614	वह फोन पर बात कर रहा है।	He is talking on the phone.
2615	ये वही है।	He is the one.
2616	वह इकलौता है।	He is the only child.
2617	वह बहुत मज़ाकिया है।	He is too funny.
2618	वह एक नमकहराम है।	He is a traitor.
2619	वह अपनी बात का पक्का है।	He is true to his word.
2620	वह हमारे बीच दरार पैदा करने की कोशिश कर रहा है।	He is trying to create a rift between us.
2621	वह बिन बुलाया मेहमान है।	He is an uninvited guest.
2622	वह ऊपर है।	He is at upstairs.
2623	वह तो बिल्कुल भोला है।	He is utterly innocent.
2624	वह बहुत चतुर है।	He is very clever.
2625	वह बहुत तेज़ है।	He is very sharp.
2626	वह मेरे बहुत करीब हैं।	He is very close to me.
2627	वह बहुत मेहनती है।	He is very diligent/hardworking.
2628	वह बहुत निर्दयी है।	He is ruthless.
2629	वो बहुत मासूम है।	He is very innocent.
2630	वो बहुत झगड़ालु है।	He is very quarrelsome.
2631	वह तो बड़ा ही लीचड़ आदमी है।	He is a sluggish man.
2632	वह तुम्हारे लिए इंतज़ार कर रहा है।	He is waiting for you.

2633	वह अंग्रेजी में कमज़ोर है।	He is weak in English.
2634	वह पढ़ा–लिखा है, मेरी तरह जाहिल नहीं।	He is well educated, not an uncouth like me.
2635	वह बहुत संस्कारी है।	He is well mannered.
2636	वो इसके लायक नहीं है।	He isn't worth it.
2637	वह कल नहीं आ रहा है।	He isn't coming tomorrow.
2638	वह अभी बाहर गया था।	He just went out.
2639	वह अपने दांत पीसता रहता है।	He keeps grinding his teeth.
2640	वह कक्षा के दौरान अन्य छात्रों से बात करता रहता है।	He keeps talking with other students during the class.
2641	वह मुझे बुलाता रहा।	He kept calling me.
2642	उसने मुझे अंधेरे में रखा।	He kept me in dark.
2643	वो देखता का देखता रह गया।	He kept watching.
2644	उसने खुद को मार डाला।	He killed himself.
2645	वह खाना बनाना जानता है।	He knows how to cook food.
2646	वह जानता है कि तुम्हारे साथ अन्याय हुआ है।	He knows injustice has been done to you.
2647	वह जानता है कि उसे क्या चाहिए।	He knows what he wants.
2648	वह जानता है कि क्या करना है।	He knows what to do.
2649	वह अपनी पीठ पर लेट गया।	He laid on his back.
2650	उन्होंने स्कूल की नींव रखी।	He laid the foundation of the school.
2651	उसने वो जॉब छोड़ दिया दी।	He left back job.
2652	अपने पिता के मरने के बाद उसने घर छोड़ दिया था।	He left home after his father had died.
2653	उसने मेरे लिए कोई रास्ता नहीं छोड़ा।	He left me with his choice.
2654	वह खिड़की खुली छोड़ कर चला गया।	He left the window open and went away.

2655	उसने मुझे अपनी उम्र के बारे में झूठ बोला।	He lied to me about his age.
2656	उसने मुझसे झूठ बोला।	He lied to me.
2657	उसने मुझे कुर्सी से उठा लिया।	He lifted me out of the chair.
2658	उसे यह बहुत पसंद है।	He likes it very much.
2659	वह मेरे बगल में रहता है।	He lives next door to me.
2660	वह बहुत खुशी से रहता है।	He lives very happily.
2661	वह उलझन में दिख रहा है।	He looks puzzled.
2662	उसने नीचे की ओर देखा।	He looked downwards.
2663	वह अपने पिता जैसा दिखता है।	He looks like his father.
2664	वह देहाती दिखता है।	He looks rustic.
2665	वह बहुत थका हुआ लग रहा है।	He looks very tired.
2666	कल उसने मेरा मजाक उड़ाया।	He made fun of me yesterday.
2667	उसने हमें कोक पिलाई।	He made us drink coke.
2668	वह जल्दबाजी बहुत करता है।	He makes a lot of haste.
2669	वह मेरे दोस्त का मज़ाक उडाता है।	He makes fun of my friend.
2670	उसने पैसे के लिए शादी की।	He married for money.
2671	उसने गलत इंसान से पंगा लिया।	He messed with the wrong guy.
2672	शायद वह तुम्हारी मदद कर सके।	He might able to help you.
2673	उसने मुझे बैठने का इशारा किया।	He motioned me to sit down.
2674	वह यहीं कहीं आसपास होगा।	He must be around here somewhere.
2675	वह किसी भी पल यहाँ आता ही होगा।	He must be here any minute.
2676	वह अन्दर गया होगा।	He must have gone inside.
2677	बस वह पकड़ते–पकड़ते रह गया।	He narrowly missed the bus
2678	उसे कुछ नए कपड़े चाहिए।	He needs some new clothes.
2679	उसे सबक सिखाने की जरूरत है।	He needs to be taught a lesson.

2680	उसे पैसे उधार लेने की जरूरत है।	He needs to borrow the money.
2681	वो अपनी गलती कभी नहीं मानता है।	He never admits/accepts his mistake.
2682	उसने कभी भी मेरी परवाह नहीं की।	He never cared for me.
2683	वह कभी धोखा नहीं देता।	He never cheats.
2684	वह मुझे कभी कुछ नहीं देता।	He never gives me anything.
2685	उसने मुझे कभी रोने नहीं दिया।	He never let me cry.
2686	वह मेरी बात मानता है।	He obeys me.
2687	वह अक्सर मुझे हंसाता है।	He often makes me laugh.
2688	वह अक्सर गलती करता है।	He often makes mistake.
2689	वह अक्सर घूमता है।	He often walks.
2690	वह सिर्फ चापलूसी करना जानता है।	He only knows how to flatter.
2691	उसने अपने पिता का क़र्ज़ चूका दिया।	He paid off his father's debts.
2692	उनका निधन हो गया।	He passed away.
2693	वह अब हमारे बीच नहीं रहा।	He is no more.
2694	वह मर चुका है।	He is dead.
2695	वो मेरे पास से गुजरा।	He passed by me.
2696	उसे जहर दिया गया है।	He has been poisoned.
2697	उसने गुब्बारा फोड़ दिया।	He burst the balloon.
2698	वो ऐसे देखता है जैसे सब जानता है।	He pretends to know everything.
2699	उसने पिछले हफ्ते एक बंगला ख़रीदा।	He purchased a bungalow last week.
2700	वह भाग गया क्योंकि वह डर गया था।	He ran away because he was afraid.
2701	वह पलक झपकते ही भाग गया।	He ran away in the blink of an eye.
2702	उल्टा उसने सबको बता दिया।	He rather told everyone.

2703	वह खाना खाते समय अखबार पढ़ता है।	He reads newspaper while having food.
2704	ऐन मौके पर उसने मुझे मना कर दिया।	He refused me in the nick of time.
2705	वह सभी शिक्षकों का सम्मान करते है।	He respects all the teachers.
2706	वह पिछले हफ्ते इंग्लैंड लौट गया।	He returned to England last week.
2707	उसने राम के खिलौने को बर्बाद कर दिया।	He ruined Ram's toy.
2708	वह किराना दुकान चलाता है।	He runs a grocery shop.
2709	वह बहुत तेज दौड़ता है।	He runs very fast.
2710	उसने कहा कि वह मेरी मदद करेगा।	He said that he would help me.
2711	उसने मुझे डरा दिया।	He scared me.
2712	वह कभी–कभार यहाँ आता है।	He seldom comes here.
2713	उसने मुझे मैसेज भेजा।	He sent me a message.
2714	वो पिछले महीने इंग्लैंड शिफ्ट हो गया।	He shifted to the England last week.
2715	उसने खुद को गोली मार दी।	He shot himself.
2716	उसे खुद पर शर्म आनी चाहिए।	He should be ashamed of himself.
2717	उसे अब तक यहाँ होना चाहिए।	He should be here by now.
2718	वह पूरी जोर से चिल्लाया।	He shouted at the top of his voice.
2719	उसने बहुत धेर्य दिखाया।	He showed much patience.
2720	उसने दरवाज़ा ज़ोर से बंद कर दिया।	He slammed the door.
2721	वह आठ बजे तक सोता है।	He sleeps till 8 o'clock.
2722	वह 8 बजे तक सोया।	He slept till 8 o'clock.
2723	तुम्हारे जाने के बाद उसने घर बेच दिया।	He sold the house after you had gone.
2724	वह किसी तरह घर पहुंचा।	He somehow reached home.

2725	वह कभी–कभी मेरे घर आता है।	He sometimes comes my home.
2726	वह अंग्रेज़ी बोलता है।	He speaks English.
2727	वह बहुत अच्छा बोलता है।	He speaks very well.
2728	वह बोलते हुए हल्का तुतलाता है।	He speaks with a slight lisp.
2729	वह खेपन से बोला।	He spoke curtly.
2730	वह हकलाता है।	He stammers.
2731	वह कक्षा में दूसरे स्थान पर है।	He stands second in class.
2732	वह अभी तक उसी घर में रहता है।	He still lives in that house.
2733	वो मेरे आगे खड़ा हो गया।	He stood in front of me.
2734	वह मेरे साथ कंधे से कंधा मिलाकर खड़े रहे।	He stood shoulder to shoulder with me.
2735	वह रोज कई घंटे पढता था।	He studied many hours every day.
2736	वह दिल्ली विश्वविद्यालय में पढ़ता है।	He studies at Delhi university.
2737	वह ड्रग्स लेता है।	He takes drugs.
2738	वो अजीब बातें करता है।	He talks strange.
2739	वह जब चाहे मुझसे बात करता है।	He talks to me whenever he wants to.
2740	वह सोचता है कि वह अपने पिता से ज्यादा होशियार है।	He thinks he is wiser than his father.
2741	वह सोचता है कि मैं तुम्हें पसंद करता हूँ।	He thinks I like you.
2742	वो दबे पाँव मेरे कमरे में घुसा।	He tiptoed into my room.
2743	उसने सबकुछ बिल्कुल साफ–साफ बता दिया।	He told everything very clearly.
2744	यह मुझे उसने बताया।	He told me this.
2745	उसने मुझे बताया कि कहां जाना है।	He told me where to go.
2746	उसने हमें ये खबर सुनाई।	He told us this news.

2747	उसने मेरी अच्छाई का फायदा उठाया।	He took advantage of my goodwill.
2748	उसने मेरी सलाह का गलत मतलब निकाला।	He took my advice amiss.
2749	उसने ये सब मजाक मे ले लिया।	He took all this as a joke.
2750	उसने इस बात को दिल पर ले लिया।	He took this matter to heart.
2751	उसने मेरे पैर को रौंदा।	He trod on my foot.
2752	उसने मेरी आवाज अनसुनी कर दी।	He turned a deaf ear to my prayer.
2753	वो तो शादीशुदा निकला।	He turned out to be married.
2754	वो तो बड़ा चालू निकला।	He turned out to be so clever.
2755	वो तो बहुत अच्छा इंसान निकला।	He turned out to be so nice man.
2756	वो तो बड़ा तेज निकला।	He turned out to be so smart.
2757	उसने दो–तीन पन्ने पलट दिये।	He turned over two or three pages.
2758	उसके टकने गें मोच आ गयी।	He twisted his ankle.
2759	उसने अपनी शर्ट उतार दी।	He took off his shirt.
2760	उसने सूटकेस की ज़िप खोली।	He unzipped the suitcase.
2761	वो बहुत रोता था।	He used to cry a lot.
2762	वो बहुत हँसता था।	He used to laugh a lot.
2763	उसने एक घंटा इन्तजार किया।	He waited for an hour.
2764	वो बहुत तेज चलता है।	He walks very fast.
2765	वह और अधिक पैसा कमाना चाहता है।	He wants to earn more money.
2766	वो चाहता है कि मैं उसकी बात तुमसे करवा दूं।	He wants that I make him talk to you.
2767	वह आपसे बात करना चाहता है।	He wants to speak to you.
2768	वो खामखा मुझसे बहस कर रहा था।	He was arguing with me unnecessarily.

2769	वो अपने व्यवहार से शर्मिंदा था।	He was ashamed of his behavior.
2770	वह सोया हुआ था।	He was asleep.
2771	उसे पीटा गया।	He was beaten.
2772	वो सबकुछ जानकर भी अनजान बन रहा था।	He became ignorant even knowing everything.
2773	उसे पीटा जा रहा था।	He was being beaten.
2774	उसे सताया जा रहा था।	He was being oppressed.
2775	उसे डांट पड़ रही थी।	He was being scolded.
2776	वह गुस्से से उबल रहा था।	He was boiling with rage.
2777	उसे सांस नहीं आ रहा था।	He was chocked.
2778	उसको मजबूरन अपना घर बेचना पड़ा।	He was compelled to sell his house.
2779	वह सड़क पार कर रहा था।	He was crossing the road.
2780	वह जानबूझ कर मुझे नजरअंदाज कर रहा था।	He was deliberately ignoring me.
2781	वह खून से लथपथ था।	He was drenched with blood.
2782	वह पसीने से भीग गया था।	He was drenched with sweat.
2783	वह अपने घर की मरम्मत करवा रहा था।	He was getting his house repaired.
2784	वो चुपचाप जा रहा था।	He was going quietly.
2785	यह यहां उस दिन भी था।	He was here even on that day.
2786	वह सदमे में था।	He was shocked.
2787	वह मन ही मन मुस्कुरा रहा था।	He was inwardly smiling.
2788	उन्हें घंटों बाहर खड़ा रखा गया।	He was kept standing outside for hours.
2789	वो मुझे बहका रहा था।	He was misleading/misguiding me.
2790	वह फिर कभी नहीं दिखा।	He was never seen again.

2791	वो इतना बुरा नहीं था जितना हम सोच रहे थे।	He was not so bad as we were thinking.
2792	वह घर पर नहीं था।	He was not at home.
2793	वो तुम्हें परेशान तो नहीं कर रहा था ना?	He was not bothering you, was he?
2794	वो मना तो नहीं कर रहा था ना?	He was not denying, was he?
2795	वह फाइनल में पहुंचने लायक नहीं था?	He was not worth reaching the final.
2796	वह खुशी से अभिभूत था।	He was overwhelmed with joy.
2797	उसे जमानत पर छोड़ा गया था।	He was released on bail.
2798	वह जरूरत से ज्यादा बोल रहा था।	He was speaking more than enough.
2799	वह मेरी जासूसी कर रहा था।	He was spying on me
2800	वह हकला रहा था।	He was stammering.
2801	वह तुम्हारे पीछे खड़ा था।	He was standing behind you.
2802	वह सड़क के बीचो–बीच खड़ा था।	He was standing in the middle of the road.
2803	वह अपने दोस्त के पास खड़ा था।	He was standing next to his friend.
2804	वो मुझे मजाक में ले रहा था।	He was taking me as a joke.
2805	वो बात बात पर ताने मार रहा था।	He was taunting on every single matter.
2806	वह एक औरत को छेड़ रहा था।	He was molesting a woman.
2807	उसे गला घोटकर मारा गया था।	He was throttled to death.
2808	वह डर से कांप रहा था।	He was trembling with fear.
2809	वो बहुत पत्थर दिल इंसान था।	He was very hard-hearted person.
2810	उसे रिजल्ट की कोई चिंता नहीं थी।	He wasn't worried about the result at all.
2811	वह दिल्ली पढ़ने के लिए गया है।	He went to Delhi to study.

2812	वह कल या परसों गया था।	He went yesterday or the day before.
2813	वह खेल रहा होगा।	He will be playing.
2814	वह रोने लगेगा।	He will begin to weep.
2815	वह काटने लगेगा।	He will begin to bite.
2816	वह कल या परसों आयेगा।	He will come tomorrow or the day after.
2817	वह मुझे बदनाम करेगा।	He will defame me.
2818	उसे बुरा लगेगा।	He will feel bad.
2819	ज्यादा से ज्यादा वो मुझे नौकरी से निकाल देगा।	He will fire me at most.
2820	तुम्हे जो भी चाहिए वह तुम्हे ला देगा।	He will get whatever you want.
2821	उसे अपनी गलती माननी पड़ेगी।	He will have to admit/accept his mistake.
2822	उन्हें माफ़ी मांगनी होगी।	He will have to apologize.
2823	उसे सीखना पड़ेगा।	He will have to learn.
2824	वह आपकी मदद करेगा।	He will help you.
2825	वह खुद को चोट पहुंचाएगा।	He will hurt himself.
2826	वो पैसे तो नहीं मांगेगा ना?	He will not ask for money, will he?
2827	वह इस साल कंपनी नहीं छोड़ेगा।	He will not be leaving the company this year.
2828	वह आसानी से मानेगा।	He will not get convinced easily.
2829	वह तो वहां जायेगा ही।	He will obviously go there.
2830	वो तो बोलेगा ही।	He will obviously speak.
2831	वह कल लौट आएगा।	He will return tomorrow.
2832	ज्यादा से ज्यादा वह मुझे गोली मार देगा।	He will shoot me at most.
2833	वह यह बात पुलिस को बता देगा।	He will tell this matter to the police.

2834	वह मेरी बात नहीं सुनेगा।	He won't listen to me.
2835	उसने बस थोड़ी देर ही काम किया।	He worked just for a while.
2836	वह तुमसे ज्यादा काम करता है।	He works more than you do.
2837	वह वहां जा चुका होता।	He would have gone there.
2838	वह अब तक तो चला गया होगा।	He would have left by now.
2839	वह अब तक मुंबई पहुँच गया होगा।	He would have reached Mumbai by now.
2840	उसने मोबाइल ले लिया होगा।	He would have taken the mobile.
2841	वह जानना चाहेंगे।	He would like to know.
2842	उसे यह पूरी ज़िंदगी याद रहेगा।	He would remember it all his life.
2843	उन्होंने पीएम को पत्र लिखा है।	He wrote a letter to the PM.
2844	वह अपने माता पिता के साथ पहुंचा।	He arrived with his parents.
2845	मेरी बात सुनो।	Hear me out.
2846	पानी गर्म करें।	Heat up the water.
2847	मेरे लिए थोड़ा पानी गरम करो।	Heat up some water for me.
2848	भोजन गर्म करें।	IIcat up the food.
2849	दूध को गरम कर लीजिये।	Heat up the milk.
2850	चाय गरम कर दो।	Heat up the tea.
2851	वह आश्चर्यचकित हो जायेगा।	He'll be surpriscd.
2852	वह पैसे के लिए कुछ भी करेगा।	He'll do anything for money.
2853	उसे खुद ही सीखना होगा।	He'll have to learn himself.
2854	उसे सीखना होगा।	He'll have to learn.
2855	हेलो, कौन है?	Hello, who is this?
2856	सभी को नमस्कार।	Hello everyone!
2857	हेलो, कौन है?	Hello, who is this?
2858	अभी मेरी मदद करो।	Help me now.
2859	दूसरों की मदद करें।	Help others.

2860	गरीबों की मदद करो।	Help the poor.
2861	अपनी मदद स्वयं करें।	Help yourself.
2862	उसकी हालत बिगड़ती जा रही है।	Her condition is worsening.
2863	उसकी आंखें उभर आयी।	Her eyes popped.
2864	उसकी पलकें बंद होने लगीं।	Her lids began to close.
2865	उसके माता–पिता ने उसका साथ दिया जितना वह दे सकते थे।	Her parents supported her as far as they could.
2866	उसके दाँत सड़ने लगे हैं।	Her teeth have begun to decay.
2867	उसकी बातें मेरे दिमाग में घूमती रहीं।	Her words kept running through my mind.
2868	यह रही वो रिंग जो मुझे मिली थी।	Here is the ring which I found.
2869	ये लिजिए आपके पैसे।	Here is your money.
2870	ये रहा आपका आर्डर।	Here is your order.
2871	यह रहा तुम्हारा पेन। ले जाओ इसे।	Here is your pen. Take It away.
2872	ये लो तुम्हारे बाकी पैसे।	Here is your rest of the money.
2873	ये लिजिए आपकी घड़ी।	Here is your watch.
2874	ये रही वो!	Here she is!
2875	आपकी दवाइयां यहाँ हैं।	Here are your medicines.
2876	हम यहाँ हैं!	Here we are!
2877	यहां, मुझे घर जैसा महसूस होता है।	Here, I feel at home.
2878	यहां तो घर जैसा माहौल है।	Here, it has a homely atmosphere.
2879	इधर, स्थिति काफी गरम है।	Here, the situation is pretty heated up.
2880	यहाँ मेरा नंबर है।	Here's my number.
2881	ये रहा आपका बिल।	Here's your bill.
2882	वह अपनी जुबान का पक्का है।	He's a man of his word.
2883	वह बहुत अच्छा कर्मचारी है।	He's a very good employee.
2884	वह एक इंजीनियर है।	He's an engineer.

2885	वह पूरा का पूरा झूठा है।	He's an out-and-out liar.
2886	वह जल्द ही आ रहा है।	He's coming soon.
2887	वह रसोई में है।	He's in kitchen.
2888	वह आपकी तौहीन कर रहा है।	He's insulting you.
2889	वो भाग्यशाली है; उसे कुछ समस्याएं हैं।	He's lucky; he has few problems.
2890	वह कभी दिल्ली नहीं गया।	He's never been to Delhi.
2891	वह मुझे अब धमकी दे रहा है।	He's threatening me now.
2892	वह बहुत चालाक है।	He's very cunning.
2893	वह बहुत प्यारा है।	He's very cute.
2894	वह बहुत प्रसिद्ध है।	He's very famous.
2895	अरे, मेरी बात सुनो।	Hey, listen to me
2896	पर्दे के पीछे छिप जाओ।	Hide behind the curtain.
2897	अपने सभी हथियार छुपा दो।	Hide your all weapons.
2898	कुछ छुपा रहे हो?	Hiding something?
2899	वहां तेज़ हवाएं चल रही हैं।	High winds are blowing there.
2900	एक टैक्सी बुलाओ।	Hire a taxi.
2901	उसका गुस्सा जायज था।	His anger was justified.
2902	उसका व्यवहार अच्छा नहीं है।	His behavior is not good.
2903	उसका बर्ताव बहुत अच्छा है।	His behavior is very nice.
2904	उसकी साइकिल में ब्रेक नहीं था।	His bicycle had no brakes.
2905	उनका जन्मदिन मई में है।	His birthday is in May.
2906	उनका शरीर कैंसर से बर्बाद हो रहा है।	His body is wasting away from cancer.
2907	उसकी गाड़ी हाइवे पर खराब नहीं हुई थी।	His car didn't break down on the highway.
2908	उसकी कार कुत्ते पे चढ़ गई।	His car ran over a dog.
2909	उसकी हालत सुधर रही है।	His condition is improving.

2910	उनकी हालत गंभीर है।	His condition is serious.
2911	उसकी स्थिति बहुत खराब है।	His condition is very bad.
2912	उसके सपने कभी सच नहीं होंगे।	His dreams will never come true.
2913	उसका चेहरा बिल्कुल मेरे जैसा ही था।	His face was exactly like that mine.
2914	उसका परिवार कल आ रहा है।	His family is coming tomorrow.
2915	इसका दोस्त सच में अजीब है।	His friend is really strange!
2916	उसके दोस्त कल आ रहे हैं।	His friends are coming tomorrow.
2917	उनकी लिखावट को पढ़ना मुश्किल है।	His handwriting is difficult to read.
2918	उनकी लिखावट बहुत साफ़ सुथरी है।	His handwriting is very neat and clean.
2919	उसका सिर में भूसा भरा है।	His head is filled with trash.
2920	उनकी तबीयत दिन प्रतिदिन बिगड़ती जा रही है।	His health is deteriorating day by day.
2921	उनकी सेहत में सुधार हो रहा है।	His health is improving.
2922	उसका होमवर्क अधिकतर अधूरा रहता है।	His homework is mostly incomplete.
2923	उनके इरादे अच्छे नहीं हैं।	His intentions are not good.
2924	उसके वकील ने उसका बिलकुल भी बचाव नहीं किया।	His lawyer did not defend him
2925	उसकी शादी पक्की हो गई है।	His marriage got fixed.
2926	उसकी आँख में कुछ गिर गया है।	His mind is filled with trash.
2927	उसकी हथेली की चमड़ी फट रही है।	The skin of his palm is getting ripped off.
2928	उनका कमरा बहुत बड़ा है।	His room is very big.
2929	उसके अंगूठे से खून बह रहा है।	His thumb is bleeding.
2930	उसका पेट निकल गया है।	His tummy has bulged out.
2931	उसकी आवाज़ कांप रही थी।	His voice was shaking.

2932	उसका पर्स चोरी हो गया।	His wallet got stolen.
2933	उसकी बाइक चोरी हो गया।	His bike has been stolen.
2934	उसकी बातें मेरे दिमाग में घूम रही हैं।	His words are running through my mind.
2935	उसकी बातों में वजन है।	His words have weight.
2936	उनकी सलाह पुरे जीवन मेरे साथ रहेंगी।	His advice will stay with me throughout my life.
2937	इतिहास गवाह है।	History is witness.
2938	इतिहास खुद को दोहराता है।	History repeats Itself.
2939	जितना हो सके इसे सावधानी से पकड़ें।	Hold it as carefully as you can.
2940	इसे ध्यान से पकड़ो।	Hold it carefully.
2941	मेरा हाथ पकड़ो।	Hold my hand.
2942	थोड़ी देर कें।	Hold on a second.
2943	कृपया इंतज़ार कीजिये।	Hold on please.
2944	कस कर पकड़ो, जाने मत दो।	Hold on tight, don't let go.
2945	अपने हाथ फैलाओ।	Hold out your hands.
2946	दरवाजा पकड़ो।	Hold the door.
2947	कृपया कॉल पर बने रहें।	Hold the line.
2948	मोबाइल को दोनों हाथों से पकड़ें।	Hold thc mobile with both hands.
2949	इस किनारे को पकड़ो।	Hold this edge.
2950	अपनी जुबान पर काबू रखो।	Hold your tongue.
2951	सच कहूँ तो मुझे ऐसा लगता है।	Honestly, I think so.
2952	रविवार के बारे में कैसा रहेगा?	How about Sunday?
2953	ये वाला कैसा रहेगा?	How about this one?
2954	आपका काम कैसा चल रहा है?	How about your work?
2955	बहुत ही आकर्षक!	How adorable!

2956	मैं कैसे दोषी हूँ?	How am I guilty?
2957	मैं कैसी लग रही हूँ?	How am I looking?
2958	रोहन और मीरा कैसे हैं?	How are Rohan and Meera?
2959	आप कैसे हैं?	How are you?
2960	कैसे हो भाई?	How are you bro/brother?
2961	आप आज–कल कैसे हैं?	How are you doing these days?
2962	अब आपकी तबीयत कैसी है?	How are you now?
2963	आप कैसे भुगतान कर रहे हैं?	How are you paying?
2964	आप इस उम्र मे भी इतने जोशीले कैसे हो?	How are you so energetic at this age?
2965	आप कैसे हैं?	How are you?
2966	आपके माता पिता कैसे हैं?	How are your parents?
2967	आपकी पढ़ाई कैसे चल रही हैं?	How are your studies going?
2968	तुम कितने अहंकारी हो!	How arrogant you are!
2969	कितनी सुंदर है!	How beautiful!
2970	मैं आपकी कैसे मदद कर सकता हूँ?	How can I help you?
2971	तुम इतने आलसी कैसे हो सकते हो?	How can you be so lazy?
2972	आप इतने खुदगर्ज़ कैसे हो सकते हो?	How can you be so selfish?
2973	तुम ऐसा कह भी कैसे सकते हो?	How can you even say such a thing?
2974	आप इसे कैसे कहेंगे?	How can you say that?
2975	तुम इतना नीचे कैसे गिर सकते हो?	How can you stoop so low?
2976	ऐसे कैसे उसने चाबियाँ खो दीं?	How come he lost the keys?
2977	तुम इतने भीगे हुए कैसे हो?	How come you are so soaked?
2978	ऐसे कैसे तुम उसे मार सकते हो?	How come you can beat him?
2979	मैं तुम्हें उस हालत में वहाँ कैसे छोड़ सकता था?	How could I have left you there in that state?

2980	मैं चुप कैसे रह सकता था?	How could I remain silent?
2981	आप इतने गैरजिम्मेदार कैसे हो सकते हैं?	How could you be so irresponsible?
2982	तुम ऐसा कैसे कर सकते हो?	How could you do this?
2983	उसकी इतनी हिम्मत!	How dare he!
2984	उसकी हिम्मत कैसे हुई तुमसे इस तरह बात करने की?	How dare he speak to you like that?
2985	तुम्हारी हिम्मत कैसे हुई अपने पिता को जवाब देने की?	How dare you answer your father back?
2986	तुम्हारी हिम्मत कैसे हुई अंदर घुसने की?	How dare you barge in?
2987	ऐसा कहने की तुम्हारी हिम्मत कैसे हुई?	How dare you say like that?
2988	तुम्हारी हिम्मत कैसे हुई यह कहने की?	How dare you say that?
2989	वह अंदर कैसे आ गया?	How did he come inside?
2990	वह साइकिल से कैसे गिर गया?	How did he fall off the bicycle?
2991	उसे चोट कैसे लगी?	How did he get hurt?
2992	ये कैसे टूटा?	How did it break?
2993	और कौन–कौन आ रहा है?	How did it hurt?
2994	यह बात यहां तक कैसे पहूंची?	How did this thing get here?
2995	तुमने ये अनुमान कैसे लगाया?	How did you assume it?
2996	तुम इतने पत्थर दिल कैसे बन गए?	How did you become so hard hearted?
2997	तुम्हारे हाथ मैं ये चकत्ता–सा कैसे पड़ गया?	How did you bury your arm?
2998	तुम वापस कैसे आए?	How did you come back?
2999	यह अपने कैसे किया?	How did you do it?
3000	तुमने ये कैसे किया?	How did you do this?
3001	मेरी पोशाक कैसी लगी?	How did you find my dress?

3002	कैसा लगा मेरा मजाक?	How did you find my joke?
3003	खाना कैसा लगा?	How did you find the food?
3004	कैसी लगी मूवी?	How did you find the movie?
3005	ये वाला कैसा लगा?	How did you find this one?
3006	आपको यह कैसे मिला?	How did you find this?
3007	तुम यहाँ कैसे मिला?	How did you get here?
3008	तुम्हें चोट कैसे लगी?	How did you get hurt?
3009	तुम्हारा खून कैसे बह रहा है?	How are you bleeding?
3010	तुम अंदर कैसे आये?	How did you get in?
3011	तुम भीग कैसे गये?	How did you get wet?
3012	तुमने ये कैसे सीखा?	How did you learn it?
3013	तुमने तबला बजाना कैसे सीखा?	How did you learn to play Tabla?
3014	तुम्हें हमारा घर कैसा लगा?	How did you like/find our house?
3015	आप कैसे हार गए?	How did you lose?
3016	तुमने बिना सोचे समझे ऐसा कैसे कह दिया?	How did you say so in the heat of the moment?
3017	तुम्हारी पोशाक कितनी गंदी है!	How dirty is your dress!
3018	छी–छी!	How disgusting!
3019	इसके माँ बाप इसे कैसे झेलते है?	How do his parents tolerate him?
3020	मैं उसे कैसे भूल जाऊँ?	How do I forget him?
3021	मैं यहाँ कैसे पहुँचूँ?	How do I get here?
3022	मैं इस ड्रेस मैं कैसी लग रही हूँ?	How do I look in this dress?
3023	मैं कैसा लग रहा हूँ ?	How do I look?
3024	मैं तुम्हें कैसे समझाऊं?	How do I make you understand?
3025	मै तुम्हें कैसे याद दिलाऊँ?	How do I remind you?
3026	मैं कैसे तुम पर भरोसा करूँ ?	How do I trust you?

3027	मैं इसका प्रयोग कैसे कं?	How do I use this?
3028	अब तुम्हे कैसा लग रहा है?	How do you feel now?
3029	आप स्कूल कैसे जाते हैं?	How do you go to school?
3030	आप ऑफ़िस कैसे जाते हैं?	How do you go to the office?
3031	तुम उसका पता कैसे जानते हो?	How do you know her address?
3032	आप मुझे कैसे जानते हैं?	How do you know me?
3033	तुम्हे कैसे पता?	How do you know?
3034	आप कैसे उच्चारण करते हैं?	How do you pronounce that?
3035	आप इतना खुश कैसे रहते हो?	How do you remain so cheerful?
3036	तुम इस कमरे से फोटो कैसे लेते हो?	How do you take photos with this camera?
3037	दादा सोते हुए कैसे खराटे लेते हैं?	How does grandfather snore while sleeping?
3038	दादी कैसे कुते को भगाती है?	How does grandmother shoo away the dog?
3039	यह आपकी चिंता कैसे करता है?	How does it concern you?
3040	इसका स्वाद कैसा है?	How does it taste?
3041	यह कैसे काम करता हैं?	How does it work?
3042	पापा कैसे डांटते हैं?	How does papa scold you?
3043	राम कैसे खेलता है?	How does Ram play?
3044	यह मशीन कैसे काम करती हैं?	How does this machine work?
3045	यह शर्ट मुझ पर कैसी लग रही है?	How does this shirt look on me?
3046	यह गाना कैसा चल रहा है?	How does this song play?
3047	और कैसे आना हुआ?	How else did you come?
3048	मैं उसे और कैसे मनाऊ?	How else do I convince him/her?
3049	मैं तुम्हें और कैसे समझाऊ?	How else do I make you understand?
3050	मैं तुम्हें और कैसे याद दिलाऊ?	How else do I remind you?

3051	मैं और कैसे आपकी मदद कर सकता हूँ?	How else may I help you?
3052	यह कितना महंगा है?	How expensive is this?
3053	आपका निवास स्थान कितनी दूर है?	How far is your residence?
3054	यह कितनी दूर है?	How far is it?
3055	बाजार कितनी दूर है?	How far is the marked?
3056	आपका घर कितना दूर है?	How far is your home?
3057	वह कितना मूर्ख है!	How foolish is he!
3058	व्यापार कैसा चल रहा है?	How is business?
3059	मक्खन कैसे बनता है?	How is butter made?
3060	घर पर सब कैसे हैं?	How is everyone at home?
3061	रोहन पढ़ाई में कैसा है?	How is Rohan at studies?
3062	वह कैसी है?	How is she?
3063	यह कैसे मुमकिन है?	How is that possible?
3064	आगे का रास्ता कैसा है?	How is the road ahead?
3065	आज मौसम कैसा है?	How is the weather today?
3066	तुम्हारा काम कैसा चल रहा है?	How is your business going on?
3067	तुम्हारी तबीयत अब कैसी है?	How is your health now?
3068	तुम्हारी पढाई कैसी चल रही है?	How is your study going on?
3069	कितने आलसी लड़के हो तुम!	How lazy a boy you are!
3070	इसने कितना समय लिया?	How long did it take?
3071	कितना समय लगता है?	How long does it take?
3072	उनको शादी किये कितना समय हो गया?	How long have they been married?
3073	तुम यहाँ पर कब से हो?	How long have you been here?
3074	तुम कब से सीख रही हो?	How long have you been learning?
3075	तुम उसे कबसे जानते हो?	How long have you known her?

3076	यह कितना लंबा है?	How long is it?
3077	कितनी दूर की उड़ान है?	How long is the flight?
3078	मैं कब तक तुम्हारा साथ निभा पाऊंगा?	How long will I be able to support you?
3079	वहाँ पहुँचने में कितनी देर लगेगी?	How long will it take to reach there?
3080	इसमें कितना समय लगेगा?	How long will it take?
3081	ट्रेन यहाँ कब तक रुकेगी ?	How long will the train stop here?
3082	तुम कितनी देर वहाँ रुकोगे?	How long will you stay there?
3083	कब तक तुम इन बैसाखी का सहारा लोगे?	How long will you take help of the crutches?
3084	कितना टाइम लगेगा आपको?	How long will you take?
3085	तुम्हें वहां गये कितने दिन हो गये?	How many days have been passed since you went there?
3086	कितने दिन लगेंगे?	How many days will it take?
3087	आपके कितने दोस्त हैं?	How many friends do you have?
3088	और कितने बिस्कुट खाओगे?	IIow many more biscuits will you eat?
3089	इसमें कितने पेज हैं?	How many pages has it got?
3090	वहाँ कितने लोग हैं?	How many people are there?
3091	वहाँ कितने लोग थें?	How many people were there?
3092	कितने लोग?	How many people?
3093	उसने कल कितने रन बनाए?	How many runs did he score yesterday?
3094	आपके पास कितने पए हैं?	How many rupees do you have?
3095	आपके कॉलेज में कितने छात्र हैं?	How many students are there in your college?
3096	मुझे यह दवा दिन में कितनी बार लेनी चाहिए?	How many times a day should I take this medicine?

3097	मुझे उन्हें कितनी बार बताना होगा?	How many times am I supposed to tell them?
3098	आपके पास कितने खिलौने है?	How many toys do you have?
3099	तुम कितने मतलबी हो!	How mean you are!
3100	कितना गंदा लिखा है आपने!	How messy you have written!
3101	कुल मिलाकर कितना?	How much altogether?
3102	यें कितने के हैं?	How much are these?
3103	ये शर्ट कितने की है?	How much are these shirts?
3104	आप कितने की खरीदारी कर सकते हैं?	How much can you shop for?
3105	इसका क्या खर्चा आया?	How much did it cost?
3106	तुम्हारे कितने मार्क्स आये?	How much did you score?
3107	मैनें तुम्हारा कितना उधार देना है?	How much do I owe you?
3108	आप कितना कमाते हैं?	How much do you earn?
3109	नया पंखा कितने का आता है?	How much does a new fan cost?
3110	वह कितना कमाता है?	How much does he earn?
3111	इस की कीमत क्या होगी?	How much does this cost?
3112	आधा किलो का कितना?	How much for a half kilo?
3113	यह कितने का है?	How much is it?
3114	इस किताब की कीमत क्या है?	How much is this book?
3115	आपका बैग कितने का है?	How much is your bag?
3116	एक घंटे का कितना खर्च आएगा?	How much it will cost for an hour?
3117	तुम्हारे पास कितने पैसे हैं?	How much money do you have?
3118	आप कितना पैसा बनाते हैं?	How much money do you make?
3119	इसके लिए आपको कितने पैसे चाहिए?	How much money do you need for this?
3120	कितने पैसे की आप को जरूरत है?	How much money do you need?

3121	तुम्हे इलाज़ के लिए कितने पैसो की जरूरत है?	How much money do you require?
3122	मुझे आपको कितने पैसे देने है?	How much money do I need to pay you?
3123	घर बनाने के लिए कितना पैसा चाहिए?	How much money is needed to build a house?
3124	आप उसे कितना पैसा देते हैं?	How much money do you give him?
3125	और कितना इम्तिहान लोगे मेरा?	How much more will you test me?
3126	कार में कितना पेट्रोल है?	How much petrol is there in the car?
3127	आपको ऑफिस पहुँचने में कितना समय लगा?	How much time did you take to reach office?
3128	गिलास में कितना पानी था?	How much water did the glass have?
3129	इसका कितना मूल्य होगा?	How much will it cost?
3130	आप कितना चाहेंगे?	How much would you like?
3131	आप कितना खाते हैं?	How much do you eat?
3132	तुम कितना बदल गए हो!	You have changed a lot!
3133	आप कितना बोलते हो!	You talk so much!
3134	कितनी खुशी हुई तुम्हे देख कर!	How nice to see you!
3135	आप उससे कितनी बार मिलते हैं?	How often do you meet her?
3136	कितनी बार आप टीवी देखते हैं?	How often do you watch television?
3137	वह आपसे कितनी बार मिलने आता है?	How often does he visit you?
3138	उसके भाई कितने बड़े हैं?	How old are his brothers?
3139	तुम्हारी क्या उम्र है?	How old are you?
3140	उसकी उम्र कितनी हो सकती है?	How old could be she?
3141	आप कितने साल के हो गए?	How old have you turned?

3142	उसकी बेटी की उम्र कितनी है?	How old is his daughter?
3143	कितने मतलबी हो तुम!	How selfish you are!
3144	कितने भोली हो आप!	How gullible you are!
3145	कितना शर्मनाक है!	How shameful it is!
3146	कितने बेशर्म हो तुम!	How shameless you are!
3147	यह कितना बदबूदार है!	How stinky it is!
3148	कितनी मूर्खता है!	How stupid?
3149	तुम कितने लंबे हो?	How tall are you?
3150	समय कैसे व्यतीत करें?	How to pass the time?
3151	रोटी कैसे बनायें?	How to roll the chapatti?
3152	इस पहेली को कैसे सुलझाएं?	How to solve this puzzle?
3153	फिल्म कैसी थी?	How was the movie?
3154	कल रात पार्टी कैसी थी?	How was the party last night?
3155	यात्रा कैसे थी?	How was the trip?
3156	तुम्हारा दिन कैसा गुज़रा?	How was your day?
3157	आपकी उड़ान कैसी थी?	How was your flight?
3158	कैसे था आपका अवकाश?	How was your holiday?
3159	आपकी यात्रा कैसी थी?	How was your journey?
3160	तुम्हे कैसी नींद आयी?	How was your sleep?
3161	आप उसे कितनी अच्छी तरह जानते हैं?	How well do you know him?
3162	आप रोहन को कितनी अच्छी तरह जानते हैं?	How well do you know Rohan?
3163	मीरा कितना अच्छा गाती है?	How well Meera sing?
3164	वह उसे कैसे ढूँढेगा?	How will he find her?
3165	मैं उसका सामना कैसे कंगा?	How will I face her?
3166	अब तुम कहाँ जाओगे?	Where will you go now?
3167	तुम कैसे जाओगी?	How will you go?

3168	आप इतने कम समय में यह सब कैसे प्रबंधित करेंगे?	How will you manage all this in little time?
3169	मुझे इस बारे में कैसे पता होता?	How would I know about this?
3170	मुझे कैसे पता होगा?	How would I know?
3171	तुम्हारी हिम्मत कैसे हुई!	How dare you!
3172	आपकी माताजी कैसी हैं?	How's your mother?
3173	अब फ़ोन रखो।	Hung up the phone now.
3174	जल्दी करो! मेरे पास ज्यादा समय नहीं है।	Hurry up! I don't have much time.
3175	मैं उसके साथ बाज़ार गया।	I accompanied her to the market.
3176	मैंने उसकी सलाह के अनुसार काम किया।	I acted according to his advice.
3177	मैं अपनी गलती मानता हूँ।	I admit my mistake.
3178	मैंने उसे आराम करने की सलाह दी।	I advised him to take rest.
3179	मैं तुमसे सहमत हूँ।	I agree with you.
3180	मुझे पहले ही पता था।	I already knew it.
3181	मैने तुमसे पहले ही कहा था।	I already told you.
3182	मुझे भी दर्द होता है।	I also feel the pain.
3183	थोडा बहुत मैं भी जानता हूँ।	I also know a little bit.
3184	मुझे भी ऐसा लगता है।	I also think so.
3185	मैं तुम्हे किसी से मिलवाना चाहता हूँ।	I also want to introduce someone to you.
3186	मैं अपना वादा हमेशा निभाता हूँ।	I always keep my promise.
3187	मैं हमेशा तुम्हें याद करता हूँ।	I always remember you.
3188	मैं हमेशा ढंग से बोलता हूँ।	I always speak decently.
3189	मैं अपनी बहन को हमेशा खुश देखना चाहता हूँ।	I always want to see my sister happy.
3190	मैं तुम्हे चेतावनी दे रहा हूँ।	I am warning you.
3191	मैं जुबान का पक्का हूँ।	I am a man of words.

3192	मैं एक शिक्षक हूँ।	I am a teacher.
3193	मैं व्यायाम के लिए समय निकाल पा रहा हूँ।	I am able to make time for exercise.
3194	मैं जाने वाला हूँ।	I am about to go.
3195	मैं निकलने वाला हूँ।	I am about to leave.
3196	मैं घर पहुंचने वाला हूँ।	I am about to reach home.
3197	मुझे ऊंचाई से डर लगता है।	I am afraid of heights.
3198	मुझे छिपकली से डर लगता है।	I am afraid of lizard.
3199	मुझे डर लग रहा है।	I am afraid.
3200	मैं सिर्फ तुम्हारे लिए जिन्दा हूँ।	I am alive only for you.
3201	मैं सुन रहा हूँ।	I am all ears.
3202	मैं पूरी तरह से तैयार हूँ।	I am all set.
3203	मैं पहले ही यहां हूँ।	I am already here.
3204	मैं भी एक इंसान हूँ।	I am also a human being.
3205	मैं जल्दी उठता हूँ।	I am an early riser.
3206	मैं एक सहज व्यक्ति हूँ।	I am an easy-going person.
3207	मैं इंजीनियर हूँ।	I am an engineer.
3208	मैं इस मामले में चश्मदीद गवाह हूँ।	I am an eye witness in this case.
3209	मैं देर से उठता हूँ।	I am a late riser.
3210	मैं अकेला बच्चा हूँ।	I am an only child.
3211	मैं तुमसे गुस्सा हूँ।	I am angry with you.
3212	मैं नाराज़ हूँ।	I am angry.
3213	मैं अपने रिजल्ट को लेकर चिंतित हूँ।	I am anxious about my result.
3214	मैं तुम्हे लेकर चिंतित हूँ।	I am anxious about you.
3215	भविष्य को लेकर चिंतित हूँ।	I am anxious about your future.
3216	मैं अपने किये पर शर्मिंदा हूँ।	I am ashamed about my acts.
3217	मै अपने गलतियों से शर्मिंदा हूँ।	I am ashamed of my mistake.
3218	मुझे अपने आप पर शर्म आती है।	I am ashamed of myself.

3219	मैं बहुत शर्मिंदा हूँ।	I am ashamed.
3220	मैं ये यूं ही पूछ रहा हूँ।	I am asking this without any reason.
3221	मैं तुमसे कुछ पूछ रही हूँ।	I am asking you something.
3222	मैं घर पर हूँ।	I am at home.
3223	मैं आपके घर पर हूँ।	I am at your home.
3224	मैं आपकी सेवा में हाजिर हूँ।	I am at your service
3225	मैं जाग रहा हूँ।	I am awake.
3226	मैं रोटियाँ पका रही हूँ।	I am baking the chapattis.
3227	मैं ऊब रहा हूँ।	I am bored.
3228	मैं अभी व्यस्त हूँ।	I am busy right now.
3229	मैं पापा को बुला रहा हूँ।	I am calling dad.
3230	मैं तुम्हें बुला रहा हूँ।	I am calling you.
3231	मुझे यकीन है कि तुमने गलती की है।	I am certain that you have made a mistake.
3232	मैं आपके कमरे की सफ़ाई कर रहा हूँ।	I am cleaning your room.
3233	मैं तुरंत आ रहा हूँ।	I am coming at once.
3234	मैं थोड़ी देर मे आ रहा हूँ।	I am coming in a while.
3235	मैं ठीक वहीं आ रहा हूँ।	I am coming right there.
3236	मैं तुम्हारे पास आ रहा हूँ।	I am coming to you.
3237	मैं ऐसा करने के लिए मजबूर हूँ।	I am compelled to do this.
3238	मैं पूरी तरह बेक़सूर हूँ।	I am completely innocent.
3239	मुझे पूरा भरोसा है कि वह अपना वादा निभाएगा।	I am confident that he will keep his promise.
3240	मैं उलझन मे हूँ।	I am confused.
3241	मैं अंग्रेजी सीखने के लिए उत्सुक हूँ।	I am curious to learn English.
3242	मैं उत्सुक हूँ।	I am curious.

3243	मैंने वहां जाने का पक्का इरादा किया है।	I am determined to go there.
3244	मैं आज बहुत थका हुआ हूँ।	I am died tired today.
3245	मैं तुमसे अप्रसन्न हूँ।	I am displeased with you.
3246	मैं काम कर रहा हूँ।	I am doing chores.
3247	मैं बर्तन धो रहा हूँ।	I am doing dishes.
3248	मैं अपना काम कर रहा हूँ।	I am doing my work.
3249	मैं कुछ नहीं कर रहा हूँ।	I am doing nothing.
3250	मैं इस्त्री कर रहा हूँ।	I am doing the ironing.
3251	मैं कपड़े धो रहा हूँ।	I am doing the laundry.
3252	मैं अच्छा हूँ।	I am doing well.
3253	मैं आपकी बात बहुत सुन हो गया।	I am done listening to you.
3254	मैं नीचे हूँ।	I am downstairs.
3255	मैं उससे बड़ा हूँ।	I am elder to her.
3256	मैं बहुत थक गया हूँ।	I am exhausted.
3257	मुझे एक के बाद एक समस्याएँ आ रही है।	I am facing problems one after another.
3258	मैं जीवन के उतार–चढ़ाव से अवगत हूँ।	I am familiar with the heads and tails of life.
3259	मैं भूखा हूँ।	I am famished.
3260	मैं तंग आ गया हूँ।	I am fed off.
3261	मैं उससे तंग आ गया हूँ।	I am fed up with him.
3262	मैं तुम्हारे बहानों से तंग आ गया हूँ।	I am fed up with your excuses.
3263	मैं उसे खाना खिला रही हूँ।	I am feeding him.
3264	मुझे उनके लिए बुरा लग रहा है।	I am feeling bad for them.
3265	मुझे भी थोड़ी ठंड लग रही है।	I am feeling a bit cold too.
3266	मुझे थोड़ा बुखार–सा महसूस हो रहा है।	I am feeling a bit feverish.

3267	आज मेरी तबियत थोड़ी सी खराब लग रही है।	I am feeling a bit unwell today.
3268	मुझे तुम्हारे लिए बूरा लग रहा है।	I am feeling bad for you.
3269	मुझे ठण्ड लग रही है।	I am feeling cold.
3270	मुझे चक्कर आ रहा है।	I am feeling dizzy.
3271	मुझे बुखार जैसा लग रहा है।	I am feeling feverish.
3272	मैं काफी बेहतर महसूस कर रहा हूँ।	I am feeling much better now.
3273	मुझे तकलीफ हो रही है।	I am feeling pain.
3274	मुझे शर्म आ रही है।	I am feeling shy.
3275	मुझे नींद आ रही है।	I am feeling sleepy.
3276	यहाँ मेरा दम घुट रहा है।	I am feeling suffocated here.
3277	मुझे इस कमरे में घुटन हो रही है।	I am feeling suffocated in this
3278	मुझे प्यास लग रही है।	I am feeling thirsty.
3279	मेरी तबियत थोड़ी खराब है।	I am feeling under the weather.
3280	मुझे बहुत अकेलापन महसूस हो रहा है।	I am feeling very lonely.
3281	मैं पता लगा रहा हूँ।	I am finding out.
3282	मैं बढिया हूँ, और आप कैसे हैं।	I am fine and you?
3283	मुझे पालतू जानवरों का शौक है।	I am fond of pets.
3284	मैं भाग्यशाली हूँ।	I am fortunate.
3285	मैं दिल्ली से हूँ।	I am from Delhi.
3286	मुझे हिचकी आ रही है।	I am getting hiccups.
3287	मैं दूध गर्म करके ला रहा हूँ।	I am getting hot milk for you.
3288	मुझे समझ आ रहा है।	I am getting it.
3289	मुझे इंटरव्यू के लिए देर हो रही है।	I am getting late for the interview.
3290	मुझे देर हो रही है।	I am getting late.
3291	मैं शादी कर रहा हूँ।	I am getting married.

3292	मैं अपने कान छिदवा रहा हूँ।	I am getting my ears pierced.
3293	मुझे घबराहट हो रही है।	I am getting nervous.
3294	मैं तैयार हो रहा हूँ।	I am getting ready.
3295	मुझे डर लग रहा है।	I am getting scared.
3296	मुझे उस पर शक हो रहा है।	I am getting suspicious of him.
3297	मुझे इनलोगों पर शक हो रहा है।	I am getting suspicious of them.
3298	मुझे बहुत टेंशन हो रही है।	I am getting very tensed.
3299	मैं तुम्हें चार दिन की मोहलत दे रहा हूँ।	I am giving you four days' grace.
3300	मुझे खुशी है की तुमने परीक्षा पास की।	I am glad that you passed the exam.
3301	मैं तुम्हें सही सलामत देखकर खुश हूँ।	I am glad to see you safe and sound.
3302	मैं अकेला जा रहा हूँ।	I am going alone.
3303	मैं वैसे भी जा रहा हूँ।	I am going anyway.
3304	मैं कुछ दिनों के लिए शहर से बाहर जा रहा हूँ।	I am going out of town for a few days.
3305	मैं बाहर जा रहा हूँ।	I am going out.
3306	मैं कहीं और जा रहा हूँ।	I am going somewhere else.
3307	मैं रोल नंबर बताने जा रहा हूँ।	I am going to call out the roll numbers.
3308	मैं अपने वोट डालने जा रहा हूँ।	I am going to cast my vote.
3309	मैं अपने बाल कटवाने जा रहा हूँ।	I am going to get my hair cut.
3310	मैं खाना खाने जा रहा हूँ।	I am going to have my dinner.
3311	मैं बाजार जा रहा हूँ।	I am going to market.
3312	मैं पढ़ने के लिए जा रहा हूँ।	I am going to read.
3313	मैं छत पर जा रहा हूँ।	I am going to terrace.
3314	मैं लाइट बंद करने जा रहा हूँ।	I am going to switch off the lights.

3315	मैं मंदिर जा रहा हूँ।	I am going to temple.
3316	मैं इसे अच्छा कर रहा हूँ।	I am good at it.
3317	मैं अपने काम मैं अच्छा हूँ।	I am good at my work.
3318	मुझे आजकल पैसों की तंगी चल रही है।	I am running out of money these days.
3319	मेरा इस स्कूल में बढ़िया चल रहा है।	I am having a good time in this school.
3320	मैं नाश्ता कर रहा हूँ।	I am having breakfast.
3321	मैं मजे कर रहा हूँ।	I am having fun.
3322	मैंने दोपहर का भोजन किया।	I am having lunch.
3323	मैं अब अपना रात्रि भोजन कर रहा हूँ।	I am having my dinner now.
3324	मैं चाय पी रही हूँ।	I am having tea.
3325	मैं मजबूर हूँ।	I am helpless.
3326	मैं यहां पहली बार आया हूँ।	I am here for the first time.
3327	मैं भूखा हूँ।	I am hungry.
3328	मेरा मूड अच्छा नहीं हैं।	I am in a bad mood.
3329	मैं दुविधा में हूँ।	I am in a dilemma.
3330	मै जल्दी मे हूँ।	I am in a hurry.
3331	मैं प्यार में पागल हूँ।	I am mad in love.
3332	मुझे तुमसे प्यार है।	I am in love with you.
3333	मै अपने घर में हूँ।	I am in my house.
3334	मुझे कोई जल्दी नहीं है।	I am in no hurry.
3335	मै मजाक के मूड मे नहीं हूँ।	I am in no mood for joke.
3336	मै तुमसे बहस करने के मूड मे नहीं हूँ।	I am in no mood to argue with you.
3337	मुझे रात भर जागने की आदत है।	I am in the habit of staying up all night.
3338	मुझे बहुत बातें करने की आदत है।	I am in the habit of talking a lot.

3339	मुझे सुबह जल्दी जागने की आदत है।	I am in the habit of waking up early in the morning.
3340	मैं परेशानी में हूँ।	I am in trouble.
3341	मैं बस अभी आ रहा हूँ।	I am just coming.
3342	मै तो बस यूँ ही जा रहा हूँ।	I am just going casually.
3343	मैं सिर्फ मजाक कर रहा हूँ।	I am just kidding.
3344	मैं बस अपनी भावनाएं बता कर रहा हूँ।	I am just sharing my feelings.
3345	मै तो बस यूँ ही बैठा हूँ।	I am just sitting casually.
3346	मै मजाक कर रहा हूँ।	I am kidding.
3347	मैं एक स्वेटर बुन रहा हूँ।	I am knitting a sweater.
3348	मैं इन दिनों अंग्रेजी सीख रहा हूँ।	I am learning English these days.
3349	मै अंग्रेजी सीख रहा हूँ।	I am learning English.
3350	मैं आजकल फ्रेंच सीख रहा हूँ।	I am learning French nowadays.
3351	मैं अब जा रहा हूँ।	I am leaving now.
3352	मैं कल जा रहा हूँ।	I am leaving tomorrow.
3353	मैं निकल रहा हूँ।	I am leaving.
3354	मेरी झपकी लेने की संभावना है।	I am liable to take nap.
3355	मैं उससे थोड़ा बड़ा हूँ।	I am little older than her.
3356	मै बैठने की जगह ढूंढ रहा हूँ।	I am looking for a place to sit down.
3357	मैं रोहन को ढूंढ रहा हूँ।	I am looking for Rohan.
3358	मैं कुछ ढूंढ रहा हूँ।	I am looking for something.
3359	मैं कहीं खो गया हूँ।	I am lost somewhere.
3360	मैं खो गया हूँ।	I am lost.
3361	मै नाश्ता बना रहा हूँ।	I am making breakfast.
3362	मेरी शादी कामिनि से हुई है।	I am married to Kamini.
3363	मैं शादीशुदा हूँ।	I am married.

3364	मैं कुंवारा हूँ।	I am single.
3365	मैं साफ़ कर रहा हूँ।	I am mopping up.
3366	मैं न तो अंधा हूँ और न ही बहरा।	I am neither blind nor deaf.
3367	मैं मूर्ख नहीं हूँ।	I am no fool.
3368	मैं तुम्हें नहीं छोड़ रहा हूँ।	I am not abandoning you.
3369	मैं दौलत का भूखा नहीं हूँ।	I am not after money.
3370	मैं आपसे सहमत नहीं हूँ।	I don't agree with you.
3371	मै तुमसे गुस्सा नहीं हूँ।	I am not angry with you.
3372	मै तुम्हें परेशान तो नहीं कर रहा ना?	I am not bothering you, am I?
3373	मैं तुरंत नहीं आ रहा हूँ।	I am not coming at once.
3374	मैं तुम्हारे साथ नहीं आ रहा हूँ।	I am not coming with you.
3375	मै मना नहीं कर रहा हूँ।	I am not denying.
3376	मै कोई ऐरा गैरा नहीं हूँ।	I am not a stranger.
3377	मुझे आज अच्छा महसूस नहीं कर रहा हूँ।	I am not feeling good today.
3378	मुझे बिल्कुल भी भूख नहीं लग रही है।	I am not feeling hungry at all.
3379	मै कहीं नहीं जा रहा हूँ।	I am not going anywhere.
3380	अब मै किसी से नहीं डरने वाला।	I am not going to be afraid of anyone now.
3381	अब मै किसी के बाप से नहीं डरनेवाला।	I am not going to be afraid of anyone's father now.
3382	मै तेरी धमकियों से डरने वाला नहीं हूँ।	I am not going to be afraid of your threats.
3383	मै हिम्मत हारने वाला नहीं हूँ।	I am not going to lose courage.
3384	मुझे नहीं जाना है।	I am not going.
3385	मैं लालची भी नहीं हूँ।	I am not greedy either.
3386	मैं इसके लिए कसूरवार नहीं हूँ।	I am not guilty for this.
3387	मैं वह नहीं हूँ।	I am not him.

3388	मैं पैसे का भूखा नहीं हूँ।	I am not hungry for money.
3389	मैं खरीदारी करने के मूड में नहीं हूँ।	I am not in the mood to shop.
3390	मेरी चि नहीं है।	I am not interested.
3391	इसमें मेरी चि नहीं है।	I am not into it.
3392	मैंने कोई मज़ाक नहीं किया।	I am not kidding.
3393	मुझे पढ़ने नहीं दिया जाता है।	I am not let study.
3394	मैं तुम्हारे जैसा नहीं हूँ।	I am not like you.
3395	मै गलतफहमी में नहीं जी रहा हूँ।	I am not living in misconception.
3396	मैं झूठ नहीं बोल रहा हूँ।	I am not lying.
3397	मेरी उनसे बातचीत नहीं है।	I am not on speaking terms with him.
3398	मेरा उनके यहाँ आना जाना नहीं है।	I am not on visiting terms with him.
3399	मै हिम्मत हारने वालो मे से नहीं हूँ।	I am not one of those who lose courage.
3400	मै तुम्हारी तरह झगरालू नहीं हूँ।	I am not quarrelsome like you.
3401	मैं गिनने को तैयार नहीं हूँ।	I am not ready to count.
3402	मैं अभी तक तैयार नहीं हूँ।	I am not ready yet.
3403	मैं तैयार नहीं हूँ।	I am not ready.
3404	मै मना नहीं कर रहा हूँ।	I am not refusing.
3405	मैं ऐसी–वैसी नहीं हूँ।	I am not like that.
3406	मै भूतो से नहीं डरता।	I am not scared of ghosts.
3407	मैं सो नहीं रहा बल्कि सोंच रहा हूँ।	I am not sleeping but thinking.
3408	मै पक्का नही कह सकता।	I am not sure.
3409	मुझे आश्चर्य नहीं है।	I am not surprised.
3410	मै झूठ नहीं बोल रहा, वाकई मै जा रहा हूँ।	I am not telling a lie, I am indeed going.
3411	मै झूठ नहीं बोल रहा हूँ।	I am not telling a lie.
3412	नहीं, मेरी 6:30 बजे मीटिंग है।	No, I have a meeting at 630.

3413	मुझे इसकी आदत नहीं है।	I am not used to it.
3414	मुझे जल्दी सोने की आदत नहीं है।	I am not used to sleeping early.
3415	मैं ठिक नहीं हूँ।	I am not well.
3416	मैं तुम्हारा शत्रु नहीं हूँ।	I am not your enemy.
3417	मैं अब तुम्हारा दोस्त नहीं हूँ।	I am not your friend anymore.
3418	मैं आपका नौकर नहीं हूँ।	I am not your servant.
3419	मैं तुम्हारा गुलाम नहीं हूँ।	I am not your slave.
3420	मैं अपने रास्ते पर हूँ।	I am on my way.
3421	मैं उस लड़के की तलाश में हूँ।	I am on the lookout of that boy.
3422	मै बाहर आया हूँ।	I have come out.
3423	मैं रास्ते में हूँ।	I am on the way.
3424	मैं तुम्हारे पक्ष मैं हूँ।	I am on your side.
3425	मैं चावल चुन रहा हूँ।	I am picking over rice.
3426	वह अपने ससुराल से कब वापस आएगी।	I am pining for my mother.
3427	मैं नाराज हूँ।	I am pissed off.
3428	मैं गेम खेल रहा हूँ।	I am playing game.
3429	मैं हर तरह की स्थिति के लिए तैयार हूँ।	I am prepared for any situation.
3430	मुझे तुम पर गर्व है।	I am proud of you.
3431	मैं पूरी तरह से ठीक हूँ।	I am quite well.
3432	मैं जल्द ही ऑफिस पहुंच रहा हूँ।	I am reaching office soon.
3433	मैं अखबार पढ़ रहा हूँ।	I am reading the newspaper.
3434	मैं तैयार हूँ।	I am ready.
3435	मैं सचमुच घबरा गया हूँ।	I am really nervous.
3436	मैं दोहरा रहा हूँ।	I am repeating.
3437	मै सही हूँ।	I am right.
3438	मुझे बुखार है।	I am running a fever.

3439	अब मै सही सलामत हूँ।	I am safe and sound now.
3440	मुझे भूतों से डर लगता है।	I am scared of ghosts.
3441	मुझे ऊंचाइयों से डर लगता है।	I am scared of heights.
3442	मुझे तुम्हारे भाई से डर लगता है।	I am scared of your brother.
3443	मैं डरा हुआ हूँ।	I am scared.
3444	मैं अपना काम है।	I am self-employed.
3445	मैं सभी को खाना परोस रही हूँ।	I am serving the food to all.
3446	मैं जिंदगी से तंग आ चुका हूँ।	I am sick of life.
3447	मैं तंग आ गया हूँ।	I am sick of you.
3448	मै क्लास मे बैठा हूँ।	I am sitting in the class.
3449	मुझे छींक आ रही है।	I am sneezing.
3450	मै बहुत भाग्यशाली हूँ।	I am so lucky.
3451	मैं बहुत दुखी हूँ।	I am so sad.
3452	मैं बहुत पतला हूँ।	I am so skinny.
3453	मैं ठीक–ठाक हूँ।	I am not so well.
3454	मैं बहुत नरम दिल का इंसान हूँ।	I am a soft-hearted person.
3455	मुझे खेद है, बॉस९	I am sorry, Boss.
3456	माफ करना मैंने तुम्हें पहचाना नहीं।	I am sorry, I didn't recognize you.
3457	माफ करना मैंने तुमपर शक किया।	I am sorry, I doubted you.
3458	माफ करना मैंने तुम्हारी बातों पर शक किया।	I am sorry, I doubted your words.
3459	माफ करना मुझसे गलती हो गई।	I am sorry, I made a mistake.
3460	मैं माफ़ी चाहता हूँ ८	I am sorry.
3461	मेरे पास शब्द नहीं हैं।	I am speechless.
3462	मैं दीवार के सहारे खड़ा हूँ।	I am standing against the wall.
3463	मै उसके घर के सामने खड़ा हूँ।	I am standing in front of his house.

3464	मै तुम्हारे घर के पास खड़ा हूँ। तुम कहाँ हो?	I am standing near your house, where are you?
3465	मेरे पेट में चूहे कूद रहे हैं।	I am starving.
3466	मै ट्रैफिक में फस गया हूँ।	I am stuck in traffic.
3467	मुझे बहुत पसीना आ रहा है।	I am sweating a lot.
3468	मैं सफाई कर रहा हूँ।	I am sweeping up.
3469	मै चाय पी रहा हूँ।	I am taking tea.
3470	मै तुमसे लंबा हूँ।	I am taller than you're.
3471	मैं झूठ बोल रहा हूँ।	I am telling a lie.
3472	मैं सच कह रहा हूँ।	I am telling the truth.
3473	मै तुम्हें बता रहा हूँ।	I am telling you.
3474	मुझे नाम याद नहीं रहते।	I am terrible at names.
3475	मैं आपका आभारी हूँ।	I am thankful to you.
3476	मैं आखिरी हूँ।	I am the last one.
3477	मुझे प्यास लगी है।	I am thirsty.
3478	मैं इंतजार करते–करते थक गया हूँ।	I am tired of waiting.
3479	मैं तुम्हारे रोज–रोज के नाटक से तंग आ चुका हूँ।	I am tired of your daily drama.
3480	मैं थक गया हूँ।	I am tired.
3481	मै कोशिश कर रहा हूँ।	I am trying.
3482	मुझसे तो चला नहीं जा रहास	I am unable to walk.
3483	मै उसके एहसानो तले दबा हूँ।	I am under his favours.
3484	मैं मौसम के अधीन हूँ।	I am under the weather.
3485	मै ऊपर हूँ।	I am upstairs.
3486	मुझे इसकी आदत है।	I am used to it.
3487	मै तुमसे बहुत गुस्सा हूँ।	I am very angry with you.
3488	मुझे बहुत बुरा लग रहा है।	I am very feeling bad.
3489	मुझे यह जानकर बहुत खुशी हुई।	I am very glad to know It.

3490	मैं आप सभी का बहुत आभारी हूँ।	I am very grateful to all of you.
3491	मैं तुम जैसा जीवनसाथी पाकर बहुत खुश हूँ।	I am very happy to have such a life partner like you.
3492	मैं आप के साथ बहुत खुश हूँ।	I am very happy with you.
3493	मैं समय का बहुत पाबंद हूँ।	I am very punctual.
3494	मैं बहुत लंबे समय के बाद मुंबई जा रहा हूँ।	I am visiting Mumbai after a very long time.
3495	मैं उसके कॉल का इंतजार कर रहा हूँ।	I am waiting for her call.
3496	मैं बारिश रुकने का इंतजार कर रहा हूँ।	I am waiting for the rain to stop.
3497	मैं तुम्हारा इंतज़ार कर रही हूँ।	I am waiting for you.
3498	मैं तुम्हें आखिरी बार चेतावनी दे रहा हूँ।	I am warning you for the last time.
3499	मैं T-V देख रहा हूँ।	I am watching T.V.
3500	मैं पौधों को पानी दे रहा हूँ।	I am watering the plants.
3501	मेरी ऑखें कमज़ोर हैं।	I am weak of sight.
3502	मै हूँ ना?	I am there, right?
3503	मैं तुम्हारे साथ हूँ।	I am with you.
3504	मै एक परियोजना पर काम कर रहा हूँ।	I am working on a project.
3505	मैं थक गया हूँ।	I am worn out.
3506	मैं थक गया हूँ।	I am tired.
3507	मैं तुम्हारे लिए चिंतित हूँ।	I am worried about you.
3508	मैं योग्य हूँ।	I am worthy.
3509	मैं अपकी सबसे बड़ी प्रशंसक हूँ।	I am your biggest fan.
3510	मैं आपका नियमित ग्राहक हूँ।	I am your regular customer.
3511	मैं आपका शुभचिंतक हूँ।	I am your well-wisher.
3512	मैं तुम्हारा हूँ।	I am yours.

3513	मैं देरी से आने के लिए क्षमा चाहता हूँ।	I apologize for being late.
3514	मै अपनी गलती के लिए क्षमा मांगता हूँ।	I apologize for my mistake.
3515	मैं माफ़ी मांगता हूँ।	I apologize.
3516	मैनें आपसे पूछा है।	I asked you.
3517	मैं पिछले हफ्ते ही एक शादी में गया था।	I attend a wedding last week.
3518	मैं रोज सुबह 5 बजे उठता हूँ।	I awake at 5 am daily.
3519	कसम से मै वहां कभी नहीं गई।	I swear I have never been there.
3520	मै अपना खर्चा खुद उठाता हूँ।	I bear my own expenses.
3521	मैंने उससे मदद की गुहार की।	I begged him for help.
3522	मैं अपने आप पर भरोसा करता हूँ।	I believe in myself.
3523	मेरा मानना है कि ३	I believe that…
3524	मैं शर्त लगाता हूँ, आप नहीं कर सकते।	I bet, you can't.
3525	मैंने अपना गुस्सा दबा दिया।	I bottled up my anger.
3526	मैंने कल एक नई बाइक खरीदी।	I bought a new bike yesterday.
3527	मैंने कल एक कमीज खरीदी।	I bought a shirt yesterday.
3528	मैंने एक छाता खरीदा।	I bought an umbrella.
3529	मैंने इंटरनेट पर टिकटें खरीदीं।	I bought the tickets over the internet.
3530	मैंने ये पर्दे दो हज़ार पए में ख़रीदे थे हूँ।	I bought these curtains for two thousand rupees.
3531	वो मुझे अचानक से मिला।	I bumped into him.
3532	मैं दीवार से टकरा गया।	I bumped into the wall.
3533	मै थोड़ी देर मे कॉल करता हूँ।	I am going to call you in a while.
3534	मैंने सिर्फ आपका हालचाल जानने के लिए फोन किया था।	I called just to know your well-being.

3535	मैने तुम्हें दो बार बुलाया।	I called you twice.
3536	मैंने तुम्हें फोन किया।	I called you up.
3537	मैं पैदल आया हूँ।	I came on foot.
3538	मैं अपने परिवार के साथ आया हूँ।	I came with my family.
3539	मैं शर्त लगा सकता हूँ इस पर तो....	I can bet on this.
3540	मैं जो चाहूँ उसे बुला सकता हूँ?	I can call her whatever I want?
3541	मैं चाइनीस खाना बना सकता हूँ।	I can cook Chinese food.
3542	मैं सही–गलत में अंतर कर सकता हूँ।	I can distinguish right from wrong.
3543	मैं कुछ भी कर सकता हूँ।	I can do anything.
3544	मैं उन्हें ढूंढ सकता हूँ।	I can find them.
3545	मैं सुन सकता हूँ कि कोई बोल रहा है।	I can hear someone speaking.
3546	मैं अंदाज़ा लगा सकता हूँ।	I can imagine.
3547	मैं तुम्हे एक शर्त पे जाने से सकता हूँ।	I can let you go on one condition.
3548	मैं तुम्हे उससे मिलने दे सकता हूँ।	I can let you meet him.
3549	मैं तुम्हें विश्वास दिला सकता हूँ।	I can make you believe.
3550	मैं कभी भी तुम्हे भुला नहीं सकता।	I can never forget you.
3551	मैं तुम्हे कभी माफ़ नहीं कर सकता।	I can never forgive you.
3552	मैं यह बर्दाश्त नहीं कर सकता।	I cannot bear it.
3553	मैं अपनी मां को दुखी नहीं देख सकता।	I cannot see my mother in distress.
3554	मैं यह साबित कर सकता हूँ।	I can prove it.
3555	मैं तुम्हें खिड़की से देख सकता हूँ।	I can see you through the window.
3556	मैं टीवी चलाकर पढ़ाई कर सकता हूँ; मुझे इसकी आदत हो गई है।	I can study with the TV on; I am used to it.
3557	मैं तैर सकता हूँ।	I can swim.

3558	मैं समझ सकता हूँ।	I can understand.
3559	मैं अंग्रेजी लिख सकता हूँ।	I can write English.
3560	मैं इस पर विश्वास नहीं कर सकता।	I can't believe it.
3561	मैं हिल तक नहीं सकता।	I can't even move.
3562	मैं तुमसे शादी नहीं कर सकता।	I can't marry you.
3563	मैं इस गर्म मौसम को बर्दाश्त नहीं कर सकता।	I can't put up with this hot weather.
3564	मैं खून देखना बर्दाश्त नहीं कर सकता।	I can't stand the sight of blood.
3565	मैं इंतजार नहीं कर सकता।	I can't wait.
3566	मैं चल नहीं सकता।	I can't walk.
3567	मैं तुम्हारी धारणा नहीं बदल सकता।	I cannot change your perception.
3568	इसके लिए मैं सहमति नहीं दे सकता।	I cannot give my consent for this.
3569	मैं तुम्हारे बिना दिन भी नही रह सकता।	I cannot spend a single day without you
3570	मैं अगले दिन का इंतजार नहीं कर सकता।	I cannot wait another day.
3571	मुझे विश्वास नहीं हो रहा कि उसने मेरे बारे में ऐसा कहा।	I can't believe he said that about me.
3572	मुझे विशवास नहीं हो रहा है।	I can't believe it.
3573	मैं विश्वास नहीं कर सकता।	I can't believe that.
3574	मुझे विशवास नहीं होता है की तुमने मुझसे झूठ बोला।	I can't believe you lied to me.
3575	मैं उसे काबू नहीं कर सकता।	I can't control him.
3576	मैं भूख बर्दाश्त नहीं कर सकता।	I can't control my hunger.
3577	मैं आपका नेटवर्क़ नहीं खोज पा रहा हूँ।	I can't detect your network.
3578	मैं ये सब नहीं कर सकता।	I can't do all this.

3579	मै इससे ज्गादा और कुछ नहीं कर सकता।	I can't do anything more than this.
3580	मैं कुछ नहीं कर सकता।	I can't do anything.
3581	मैं हिल तक नहीं सकता।	I can't even move.
3582	मैं ऐसा सोच भी नहीं सकता।	I can't even think like this.
3583	मैं ऐसा सोच भी नहीं सकता।	I can't even think so.
3584	मैं और नहीं बता सकता।	I can't explain further.
3585	मै बता नहीं सकता ये कितना बेहतरीन है।	I can't express how amazing it is.
3586	मुझे इतनी खुशी हुई कि मैं बता नहीं सकता।	I can't express the joy I felt.
3587	मुझे यह नहीं मिला।	I can't find it.
3588	मेरा मोबाइल नहीं मिल रहा।	I can't find my mobile.
3589	मुझे अपनी कलम नहीं मिल रही है।	I can't find my pen.
3590	मैं ये खिड़की बंद नहीं कर पा रही हूँ।	I can't get this window shut.
3591	मैं इसे अब और नहीं संभाल सकता।	I can't handle this anymore.
3592	मैं आपको स्पष्ट प से नहीं सुन सकता।	I can't hear you clearly.
3593	मैं तुम्हें सुन नहीं सकता।	I can't hear you.
3594	मुझे उससे बात करें बिना रुका नहीं जाता।	I can't help talking to her.
3595	मैं तुम्हें उसे देखने नहीं दे सकता।	I can't let you see her.
3596	मैं अब तुम्हारे साथ नहीं रह सकता।	I can't live with you any longer.
3597	मैं इस बार नहीं आ सकता।	I can't make it this time.
3598	मैं तुम्हे नहीं समझा सकता।	I can't make you understand.
3599	मैं ठीक से सो नहीं पाता।	I can't manage to sleep properly.
3600	मुझे याद नहीं कि मैंने ऐसा किया या नहीं।	I can't remember whether I did it or not.

3601	मैं पक्के तौर पर कुछ नहीं कह सकता।	I can't say anything firmly about it.
3602	मैं नहीं कह सकता।	I can't say.
3603	मुझे दूल्हा दिखाई नहीं दे रहा है।	I can't see the groom.
3604	मुझे रात को नींद नहीं आती।	I can't sleep at night.
3605	मैं भी उसके व्यवहार को बर्दाश्त नहीं कर सकता।	I can't stand his behavior either.
3606	मैं इसे अब बर्दाश्त नहीं कर सकता।	I can't stand it anymore.
3607	मैं इसे बर्दाश्त नहीं कर सकता।	I can't stand it.
3608	मैं इस बकवास को सहन नहीं कर सकता	I can't stand this nonsense.
3609	मैं नहीं रह सकता।	I can't stay.
3610	मैं कुछ भी नहीं सोच पा रहा हूँ।	I can't think of anything.
3611	मैं समझ नहीं पा रहा हूँ।	I can't understand.
3612	मैं इंतज़ार नहीं कर सकता।	I can't wait.
3613	मैं और आगे नहीं चल सकता।	I can't walk any further.
3614	मैं तुम्हारे जितना तेज़ नहीं चल सकता।	I can't walk as fast as you.
3615	मैं अच्छे से चल नहीं सकता।	I can't walk properly
3616	मैं चल नहीं सकता।	I can't walk.
3617	मैंने तुम्हें रंगे हाथ पकड़ा।	I caught you red handed.
3618	मैं हर साल अपना जन्मदिन मनाता हूँ।	I celebrated my birthday every year.
3619	मैंने अपना फैसला बदल दिया।	I changed my decision.
3620	मैंने इसे दो बार चेक किया।	I checked it twice.
3621	मै थोड़ी देर में आता हूँ।	I come in a while.
3622	मैंने एक जनवरी से काम शु किया।	I commenced work from 1st January.
3623	मैं इस बात की पुष्टि करता हूँ।	I confirm It.

3624	मैं तुम्हें परिवार से बढ़कर मानता हूँ।	I consider you more than family.
3625	मैं पूरी रात खांसता रहा।	I coughed all night long.
3626	मैं डॉक्टर बन सकता था।	I could have become a doctor.
3627	मैं मर सकता था।	I could have died.
3628	मैं उसे हरा नहीं सका।	I could not defeat him.
3629	मैं पानी में अपना प्रतिबिंब देख सकता था।	I could see my reflection in the water.
3630	मैं भाप गया।	I could see through the matter.
3631	मैं बारिश के कारण नहीं आ सका।	I couldn't come due to rain.
3632	मुझे पार्किंग स्थल नहीं मिला।	I couldn't find a parking spot.
3633	मुझे अपनी गणित की नोटबुक नहीं मिल रही है।	I couldn't find my math notebook.
3634	मैं तुम्हारी इच्छा पूरी नहीं कर सका।	I couldn't fulfil your wish.
3635	मैं अपने आंसू रोक न सका।	I couldn't hold back my tears.
3636	मैं समझ नहीं पाया कि उसने क्या कहा।	I couldn't make out what he said.
3637	मैं पढ़ नहीं सका क्योंकि मेरे पास चश्मा नहीं था।	I couldn't read because I didn't have my glasses.
3638	मैंने उसे हरा दिया।	I defeated him.
3639	मैंने गलती से आपका नंबर डायल कर दिया।	I dialed your number by mistake.
3640	मैंने फ़ोन पर अपना ऑर्डर निर्देशित किया।	I dictated my order over the phone.
3641	मैंने कल रात बहुत काम किया।	I did a lot of work last night.
3642	मैंने कल बहुत काम किया।	I did a lot of work yesterday.
3643	मैंने वह सब किया जो मैं तुम्हारे लिए कर सकता हूँ।	I did all that I can do for you.
3644	जैसा तुमनें कहा मैनें वैसा ही किया।	I did as you said.

3645	मैंने यह अपनी मर्जी के खिलाफ किया।	I did it against my will.
3646	मैंने तुम्हारे लिए किया।	I did it for you.
3647	मैं अपना सर्वश्रेष्ठ किया था।	I did my best.
3648	मैने तुम्हें परेशान तो नहीं किया ना?	I did not bother you, did I?
3649	मैं कल कॉलेज नहीं गया।	I did not go to college yesterday.
3650	मैंने टांग नहीं अढ़ाई।	I did not interfere.
3651	मैंने शतरंज नहीं खेला।	I did not play chess.
3652	मैंने आप को पहचाना नहीं।	I did not recognize you.
3653	मैंने एक शब्द भी नहीं कहा!	I did not say a word!
3654	मैंने यह अपनी आँखों से नहीं देखा।	I did not see it with my own eyes.
3655	मैंने तुम्हें बताया था, लेकिन तुम्हें याद नहीं है।	I did tell you, but you don't remember.
3656	मैंने वही किया जो मैं कर सकता था।	I did what I could.
3657	मैंने वही किया जो आपने कहा था।	I did what you said.
3658	मैंने उसे गाली नहीं दी।	I didn't abuse him.
3659	मैंने ये जानबूझकर नहीं किया	I didn't do this purposely.
3660	आपसे ये उम्मीद नहीं थी।	I didn't expect it from you.
3661	मैं सही से सो नहीं पाया।	I didn't sleep well.
3662	मैंने नहीं लिया।	I didn't take.
3663	मैने ऐसा कुछ नहीं किया।	I did nothing like this.
3664	मैने ये जानबूझकर नहीं किया।	I didn't do it deliberately.
3665	आपसे ये उम्मीद नहीं थी।	I didn't expect It from you.
3666	वह मुझे दिलचस्प नहीं लगी।	I didn't find her interesting.
3667	मुझे कुछ नहीं मिला।	I didn't get anything.
3668	मुझे चोट नहीं लगी।	I didn't get hurt.
3669	मुझे यह समझ नहीं आया।	I didn't get it.

3670	मैं तुम्हें नहीं मिला।	I didn't get you.
3671	मैने किसी को झूठी तसल्ली नहीं दी।	I didn't give false comfort to anyone.
3672	मैं कल बाहर नहीं गया।	I didn't go out yesterday.
3673	मैं वहां नहीं गया।	I didn't go there.
3674	जब मैं बच्चा था तो मेरे बाल छोटे नहीं थे।	I didn't have short hair when I was a child.
3675	मेरा ऐसा कोई इरादा नहीं था।	I didn't have such intentions.
3676	मैंने वह नहीं सुना जो उसने कहा।	I didn't hear what she said.
3677	मुझे ये सब नहीं पता था।	I didn't know all of this.
3678	मैं पार्टी में किसी को नहीं जानता था।	I didn't know anybody at the party.
3679	मुझे वो गाना पसन्द नहीं आया।	I didn't like that song.
3680	मेरा यह मतलब नहीं था।	I didn't mean it.
3681	मेरा मतलब तुम्हारा मजाक उड़ाना नहीं था।	I didn't mean to make fun of you.
3682	मेरा इरादा आपका अपमान करने का नहीं था।	I didn't mean to offend you.
3683	मुझे पता ही नहीं चला कि कब दिन चढ़ गया।	I didn't realize when the day dawned.
3684	मुझे पता नहीं चला आप कल रात कब आये?	I didn't realize when you got back last night?
3685	मैंने किसी को नहीं देखा।	I didn't see anyone.
3686	मैने उसे नहीं देखा।	I didn't see him.
3687	मैंने तुम्हें नहीं देखा।	I didn't see you.
3688	मै बिल्कुल नहीं सोया।	I didn't sleep at all.
3689	मुझे ठीक से नहीं सोया।	I didn't sleep well.
3690	मैने ये बिल्कुल नहीं सोचा था।	I didn't think this at all.
3691	मेरी समझ में नहीं आया।	I didn't understand.

3692	मैं नहीं चाहता था कि ऐसा हो।	I didn't want this to happen.
3693	मैं तुम्हे और दुःख नहीं देना चाहता था।	I didn't want to cause you more pain.
3694	मैं असहमत हूँ।	I disagree.
3695	मेरे जन्मदिन पर मैंने गरीबों में खाना बांटा।	I distributed food among the poor on my birthday.
3696	मैं सब कुछ अपने आप करता हूँ।	I do everything by myself.
3697	फिलहाल मेरे पास वक्त नहीं है।	I do not have time as of now.
3698	मुझे अकेला रहना पसंद नहीं है।	I do not like to be alone.
3699	मुझे खाने का मन नहीं है।	I don't feel like eating.
3700	मैं तुम्हारी तरह ज़्यादा भाव नहीं खाता।	I don't act so pricey like you.
3701	मैं सहमत नहीं हूँ।	I don't agree.
3702	मैं उस पर बिल्कुल भी विश्वास नहीं करता।	I don't believe him at all.
3703	मुझे आप पर रत्ती भर भी विश्वास नहीं है।	I don't believe you even a bit.
3704	मैं नहीं मानता।	I don't believe.
3705	मुझे कोई परवाह नहीं चाहे तुम जाओ या रुको।	I don't care whether you stay or leave.
3706	मुझे परवाह नहीं है।	I don't care.
3707	मेरे पास साँस लेने के लिए एक क्षण भी नहीं है।	I don't even have a moment to breathe.
3708	मैं तुम्हारा चेहरा भी नहीं देखना चाहता!	I don't even want to see your face!
3709	मुझे कुछ भी खाने का मन नहीं है।	I don't feel like eating anything.
3710	मुझे अब खाने का मन नहीं है।	I don't feel like eating now.
3711	मुझे अच्छा महसूस नहीं हो रहा है।	I don't feel well.
3712	मेरे पास नहीं है।	I don't have it.

3713	मुझे पीठ दर्द तो नहीं है।	I don't have a backache.
3714	मेरे पास कोई जादुई छड़ी नहीं है।	I don't have a magical wand.
3715	मुझे कोई भूख नहीं है।	I don't have any appetite.
3716	मेरे पास नगद रुपए नहीं हैं।	I don't have any cash.
3717	मेरे पास कोई पैसा नहीं है।	I don't have any money.
3718	मेरे पास कोई हथियार नहीं है।	I Don't have any weapon.
3719	मेरे पास कुछ नहीं है।	I don't have anything.
3720	मुझे इन दिनों ज़्यादा भूख नहीं है।	I don't have much of an appetite these days.
3721	मुझमें कुछ भी करने की ऊर्जा नहीं है।	I don't have the energy to do anything.
3722	मेरे पास अभी समय नहीं है।	I don't have time right now.
3723	मेरे पास खाने का समय नहीं है।	I don't have time to eat.
3724	मेरे पास समय नहीं है।	I don't have time.
3725	मुझे तुम्हें दोबारा बताना पड़े।	I don't have to tell you again.
3726	मुझे इस बारे में बिल्कुल भी जानकारी नहीं है।	I don't know about this at all.
3727	मैं किसी को नहीं जानता।	I don't know anyone.
3728	मै इसके बारे मे कुछ नहीं जानता।	I don't know anything about It.
3729	मुझे कुछ नही पता।	I don't know anything.
3730	मुझे नहीं पता की तुम्हे कैसे खुश करँ।	I don't know how to make you happy.
3731	मैं नहीं जानता कि कैसे कहूँ!	I don't know how to say!
3732	मुझे नहीं पता कि कैसे बताऊं।	I don't know how to tell!
3733	मुझे नहीं पता कि इसका उपयोग कैसे करना है।	I don't know how to use it.
3734	मुझे पता नहीं वो इस बात पर कैसे प्रतिक्रिया करेगा।	I don't know how he would react at this thing.

3735	मैं नहीं जानता कैसे, लेकिन मैं पता लगा लूंगा।	I don't know how, but I will find out.
3736	पता नहीं मुझे यह कहना चाहिए या नहीं।	I don't know if I should say this.
3737	मैं इस बारे में ज्यादा नहीं जानता।	I don't know much about this.
3738	मैं ज्यादा नहीं जानता।	I don't know much.
3739	मुझे वास्तविक कारण नहीं पता।	I don't know the actual reason.
3740	मैं नहीं जानता कि वो क्या चाहता है।	I don't know what he wants.
3741	मुझे नहीं पता आज क्या होने वाला है।	I don't know what's going to happen today.
3742	मुझे नहीं पता वह कहां है।	I don't know where he is.
3743	मुझे नहीं पता कि वह कहां काम करती है।	I don't know where she works.
3744	मुझे नहीं पता कि वह इतना डरा हुआ क्यों है।	I don't know why he is so afraid.
3745	मुझे नहीं पता कि वह इतना शर्मीला क्यों है।	I don't know why he is so shy.
3746	मैं नहीं जानता, क्यों?	I don't know, why?
3747	मुझें नहीं पता।	I don't know.
3748	मुझे बहस पसंद नहीं है।	I don't like arguments.
3749	मुझे कॉफ़ी पसंद नहीं है।	I don't like coffee.
3750	मैं उसे बिलकुल पसंद नहीं करता।	I don't like her at all.
3751	मुझे गर्म मौसम पसंद नहीं है।	I don't like hot weather.
3752	मुझे यह पसंद नहीं है।	I don't like it.
3753	मुझे ऐसी हरकतें पसंद नहीं हैं।	I don't like such activities.
3754	मुझे ये कहानियाँ पसंद नहीं हैं।	I don't like these stories.
3755	मेरा यह मतलब नहीं है।	I don't mean it.
3756	मुझे आपके धूम्रपान से कोई आपत्ति नहीं है।	I don't mind your smoking.

3757	मुझे इसकी जरूरत नहीं है।	I don't need it.
3758	मुझे अब इसकी आवश्यकता नहीं है।	I don't need that anymore.
3759	मुझे तुम्हारी झूठी सहानुभूति की जरूरत नहीं है।	I don't need your fake sympathy.
3760	मुझे आपकी हमदर्दी की जरूरत नही है।	I don't need your sympathy.
3761	मुझे कोई नहीं चाहिए।	I don't need anyone.
3762	मैं उस पर ज्यादा ध्यान नहीं देता।	I don't pay much attention to him.
3763	मुझे ठीक से याद नहीं है।	I don't remember exactly.
3764	याद नहीं है।	I don't remember.
3765	मैं बहुत अच्छा नहीं बोलता।	I don't speak very well.
3766	मैं उससे बात नहीं करता।	I don't speak with him.
3767	मैं चाय या कॉफ़ी नहीं लेता।	I don't take tea or coffee.
3768	मुझे नहीं लगता कि वह सच बोल रहा है।	I don't think he is telling the truth.
3769	शायद ही किसी ने मुझे ढूंढने की कोशिश की होगी।	I don't think if someone tried to look for me.
3770	मुझे नहीं लगता कि यह सही है।	I don't think it is right.
3771	मुझे नहीं लगता कि आज बारिश होगी।	I don't think it will rain today.
3772	मुझे ऐसा नहीं लगता।	I don't think so.
3773	मुझे नहीं लगता कि यह काम करेगा।	I don't think that it will work out.
3774	मुझे तुम पर भरोसा नहीं है।	I don't trust you.
3775	मुझे समझ नहीं आ रहा कि आप क्या कह रहे हैं।	I don't understand what you are saying.
3776	मैं इसका ज्यादा उपयोग नहीं करता।	I don't use it much.
3777	मैं कुछ और नहीं चाहता।	I don't want anything else.
3778	मैं भी नहीं चाहता।	I don't want either.

3779	मुझे यह नहीं चाहिए; आप यह ले सकते हैं।	I don’t want this; you can have it.
3780	मैं नहीं चाहता कि ऐसा हो।	I don’t want this to happen.
3781	मैं यह नहीं चाहता।	I don’t want this.
3782	मैं आपसे बहस नहीं करना चाहता।	I don’t want to argue with you.
3783	मैं बीच में नहीं फसना चाहता।	I don’t want to be stuck in the middle.
3784	मैं कबाब मैं हड्डी नहीं बनना चाहता।	I don’t want to be the third wheel.
3785	मैं तुम्हें परेशान नहीं करना चाहता।	I don’t want to bother you.
3786	मैं इन सबमें नहीं पड़ना चाहता।	I don’t want to get into all this.
3787	मैं वहां नहीं जाना चाहता।	I don’t want to go there.
3788	मैं आपकी एक झलक भी नहीं सुनना चाहता।	I don’t want to hear a peep out of you.
3789	मुझे तुम्हारी बेकार की बातें नहीं सुननी।	I don’t want to hear your nonsense.
3790	मैं आपसे छिपना नहीं चाहता।	I don’t want to hide from you.
3791	मैं तुग्हे और दुःख नहीं देना चाहता।	I don’t want to hurt you anymore.
3792	मैं कुछ और नहीं कहना चाहती।	I don’t want to say anymore.
3793	मैं तुम्हारा चेहरा नही देखना चाहता।	I don’t want to see your face.
3794	मैं इस पर फिजूलखर्ची नहीं करना चाहता।	I don’t want to splurge on this.
3795	मैं आपका ज्यादा समय नहीं लेना चाहता।	I don’t want to take up too much of your time.
3796	मैं इस बारे में बात नहीं करना चाहता।	I don’t want to talk about it.
3797	मैं आपकी दया नहीं चाहता।	I don’t want your pity.
3798	मैं नहीं चाहता।	I don’t want.
3799	मै किसी से बहस नहीं करता।	I don't argue with anyone.

3800	मुझे कोई परवाह नहीं है।	I don't care at all.
3801	ऐसी चीजें मैं कभी नहीं खाता।	I don't eat such things ever.
3802	मुझे तो सांस लेने तक की भी फुर्सत नहीं है।	I don't even have a moment to breathe.
3803	मैं तो तुम्हें जानता तक नहीं।	I don't even know you.
3804	मुझे तुम्हारे गुस्से से बुरा नहीं लगता।	I don't feel bad for your anger.
3805	मेरा कुछ भी खाने पीने का मन नहीं कर रहा है।	I don't feel like having anything.
3806	मुझे उससे घंटा फर्क नहीं पड़ता।	I don't give a damn about him.
3807	मै किसी को ज्यादा भाव नहीं देता।	I don't give much importance to anyone.
3808	मै ऐसे लोगों को ज्यादा भाव नहीं देता।	I don't give much importance to such people.
3809	मुझे किसी से कोई शिकायत नहीं है।	I don't have any complaints with anyone.
3810	मुझे उससे कोई शिकायत नहीं है।	I don't have any complaints with him.
3811	मुझे तुमसे कोई शिकायत नहीं है।	I don't have any complaints with you.
3812	मै वहां किसी को नहीं जानता।	I don't know anybody there.
3813	मै इसके बारे मे कुछ नहीं जानता।	I don't know anything about it.
3814	मै इससे ज्गादा और कुछ नहीं जानता।	I don't know anything more than this.
3815	मैं उसे नहीं जानता हूँ।	I don't know him.
3816	पता नहीं उसका गुस्सा कब ठंडा होगा।	I don't know when his anger will subside.
3817	पता नहीं तुम्हें क्यों मिर्ची लग रही है।	I don't know why you are getting jealous.
3818	मुझे ये बिल्कुल भी पसंद नहीं है।	I don't like it at all.
3819	बकवास पसंद नहीं है मुझे।	I don't like nonsense.
3820	मुझे झगड़ालू लोग पसंद नहीं है।	I don't like quarrelsome people.

3821	मुझे उसकी शक्ल पसंद नहीं है।	I don't like the look of him.
3822	मैं आपकी कंपनी में सहयोग नहीं करना चाहता।	I don't like to contribute your company.
3823	मैने उसका मजाक नहीं उड़ाया।	I don't make fun of him/her.
3824	मेरा मतलब ये नहीं है।	I don't mean it.
3825	मेरा वो मतलब नहीं है।	I don't mean that.
3826	मुझे उसकी हमदर्दी की कोई जरूरत नहीं है।	I don't need his sympathy.
3827	मै चाय नही पीता हूँ।	I don't take tea.
3828	मुझे नहीं लगता ये जायज है।	I don't think this is justified.
3829	मुझे समझ नहीं आ रहा है।	I don't understand.
3830	मैं कुछ नहीं सुनना चाहता।	I don't want to hear anything
3831	मै ये मौका नहीं गवाना चाहता।	I don't want to lose this opportunity.
3832	मुझे तुमसे बात ही नहीं करनी है।	I don't want to talk to you.
3833	मैं बात को बढ़ाना नहीं चाहता।	I don't want to you along at the matter
3834	मुझे तुम्हारी कोई हमदर्दी नहीं चाहिए।	I don't want your sympathy.
3835	मुझे शक है।	I doubt it.
3836	मैंने तुम्हारे बारे में सपना देखा।	I dreamt about you.
3837	मैं तुम्हें रोज कपड़े पहनाता हूँ, है ना?	I dressed you every day, don't I?
3838	मैं गुनगुना पानी पिता हूँ	I drink lukewarm water.
3839	मैं बहुत कम कॉफी पीता हूँ।	I drink very little coffee.
3840	मैं वैसे ही चला आया।	I dropped in casually.
3841	मैं कंघी करने से पहले अपने बालों को गिला करती हूँ।	I dump down my hair before combing it.
3842	मैं अब अपनी पुरानी नौकरी की तुलना में अधिक कमाता हूँ।	I earn more now than I did in my old job.
3843	मैं गिरते–गिरते बचा।	I escaped falling.

3844	मैंने मदद का हाथ बढ़ाया।	I extended a helping hand.
3845	मैंने उसे असफल कर दिया।	I failed him.
3846	मैं नीचे गिर गया।	I fall down.
3847	मैं थोड़ा बेहतर महसूस कर रहा हूँ।	I feel a bit better.
3848	मैं फूला हुआ महसूस करता हूँ।	I feel bloated.
3849	मुझे चक्कर आ रहा है।	I feel dizzy.
3850	मैं शर्मिंदा हूँ।	I feel embarrassed.
3851	जब मैं नीचे देखता हूँ तो मुझे चक्कर आ जाता है।	I feel giddy when I look down.
3852	मैं अच्छा महसूस कर रहा हूँ।	I feel good.
3853	उसकी हालत देखकर मुझे रोना आ रहा है।	I feel like crying on seeing his condition.
3854	मुझे चाय पीने का मन हो रहा है।	I feel like drinking tea.
3855	मुझे कुछ खाने का मन हो रहा है।	I feel like eating something.
3856	मुझे दूर जाने का मन कर रहा है।	I feel like going away.
3857	मेरा चाय पीने का मन कर रहा है।	I feel like having tea.
3858	मुझे उसे मारने का मन कर रहा है।	I feel like hitting him.
3859	मेरा तुझे थप्पड़ मारने का मन कर रहा है।	I feel like slapping you.
3860	जी चाहता है तेरा गला दबा दूँ।	I feel like strangling you!
3861	मेरा दुबारा नहाने का मन कर रहा है।	I feel like taking a bath again.
3862	मेरा बात करने का मन कर रहा है।	I feel like talking.
3863	मुझे उल्टी जैसी महसूस हो रही है।	I feel like throwing up.
3864	मुझे उल्टी जैसा महसूस हो रहा है।	I feel like vomiting.
3865	मैं अब काफी बेहतर महसूस कर रहा हूँ।	I feel much better.
3866	मुझे मिचली आ रही है।	I feel nauseous.
3867	मुझे उसपर दया आती है।	I feel pity for him.

3868	मुझे हर समय थकान महसूस होती है।	I feel tired all the time.
3869	मैं गिर गया और मेरे हाथ में चोट लग गई।	I fell and hurt my arm.
3870	मुझे उससे पहली नजर में ही प्यार हो गया।	I fell in love with her at a glance.
3871	मैं पूल में गिर गया।	I fell in the pool.
3872	मैंने वहां एक अदृश्य शक्ति महसूस की।	I felt an invisible power there.
3873	मुझे पहले से ही काफी बुरा लग रहा था।	I already felt bad enough.
3874	मुझे लगा कि मैं एकांत में हूँ।	I felt I was secluded.
3875	मुझे लगा मेरी वहां कोई ज़रुरत नहीं है।	I felt like a fifth wheel here.
3876	मुझे बहुत बुरा लगा।	I felt so bad.
3877	मुझे उसके लिए खेद महसूस हुआ।	I felt sorry for her.
3878	जब मैंने उरो गना किगा था तब मुझे बहुत बुरा लगा।	I felt very bad when I refused hcr.
3879	मैंने बाल्टी भर दी।	I filled the bucket.
3880	मुझे उसका व्यवहार अजीब लगता है।	I find his behavior strange.
3881	मुझे ये मुश्किल लगता है।	I find it difficult.
3882	मुझे मीरा बेहद अजीब लगती है।	I find Meera extremely peculiar.
3883	मुझे पता लगाने दो।	I find out.
3884	मैं उसका जन्मदिन भूल गया।	I forgot her birthday.
3885	मैं जल्दबाजी में भूल गया।	I forgot in a hurry.
3886	मै उससे पूछना भूल गया।	I forgot to ask him.
3887	मै जल्दबाजी में पैसे लेना भूल गया।	I forgot to make money in a hurry.
3888	मैं बाल्टी बाहर रखना भूल गया।	I forgot to put the bucket out.
3889	वह मुझे घटिया इंसान लगा।	I found him a despicable person.

3890	मुझे वह कहीं नहीं मिला।	I found him nowhere.
3891	वो मुझे बहुत बातूनी लगा।	I found him very talkative.
3892	मुझे यह बहुत कठिन लगा।	I found it very hard.
3893	यह मुझे मिला।	I found it.
3894	मुझे इस मोबाइल में कोई गाना नहीं मिला।	I found no songs in this mobile.
3895	मुझे यह घर के रास्ते में मिला।	I found this on the way home.
3896	मैंने 2000 रुपये में एक मोबाइल दिया।	I gave a mobile for Rs.2000.
3897	मैंने उसे मुंहतोड़ जवाब दिया।	I gave her an apt reply.
3898	मैंने उसे एक किताब दी।	I gave him a book.
3899	मेरे पास जो कुछ था, मैंने उसे दे दिया।	I gave him what I had.
3900	मैंने दो साल पहले धूम्रपान छोड़ दिया था।	I gave up smoking two years ago.
3901	मुझे हर चीज़ के लिए दोषी ठहराया जाता है।	I am blamed for everything.
3902	सर्दियों में मेरे होंठ फट जाते हैं।	My lips chap during winters.
3903	मैं सुबह 6 बजे उठ जाता हूँ।	I get up at 6 in the morning.
3904	मैं तुम्हें एक आखिरी मौका देता हूँ।	I give you one last chance.
3905	मैं हफ्ते में तीन बार खरीदारी करता हूँ।	I go shopping three time a week
3906	मैं शाम 7 बजे तक जिम जाता हूँ।	I go to gym by 7 pm.
3907	मैं पैदल स्कूल जाता हूँ।	I go to school on foot.
3908	मै स्कूल जाता हूँ।	I go to school.
3909	मैं कार से ऑफिस जाता हूँ।	I go to the office by car.
3910	मेरा दाखिला दिल्ली के एक कॉलेज में हो गयाए	I got admission in one of the colleges of Delhi.
3911	मुझे मच्छरों ने काट लिया।	I got bitten by mosquitoes.

3912	मैं कल बहुत भावुक हो गया था।	I got emotional yesterday.
3913	मैं सब समझ गया।	I got everything.
3914	वहां से लौटने के बाद मैं थक गया।	I got exhausted after returning from there.
3915	मेरा 2000 का चालान कट गया।	I got fined of Rs 2,000.
3916	मेरा 500 का चालान कट गया।	I got fined of Rs 500.
3917	मै उसकी बातों में आ गया था।	I got into his words.
3918	मुझे देर हो गई।	I got late.
3919	यहां आते–आते मैं भटक गया।	I got lost while coming here.
3920	मेरे 100 में से 95 नम्बर आय।	I got 95 marks out of 100.
3921	मेरी शादी 4 साल पहले हुई थी।	I got married 4 years ago.
3922	मैं डर गया।	I got scared.
3923	मैंने तस्वीरें खींच लीं।	I got the photographs taken.
3924	मुझे पता चला।	I got to know.
3925	मैं देर से जागा था।	I got up late.
3926	मुझे इस बात का पता लग गया।	I got wind of this matter.
3927	आज सुबह मुझे खांसी का दौरा पड़ा।	I had a coughing fit this morning.
3928	मुझे सिर दर्द था।	I had a headache.
3929	मैंने मनपसन्द भोजन किया।	I had a hearty meal.
3930	मैं बाल–बाल बच गया।	I had a narrow escape.
3931	कल रात मुझे एक बुरा सपना आया।	I had a nightmare last night.
3932	मैंने रात के खाने में सैंडविच खाया।	I had a sandwich for dinner.
3933	मैंने कल रात एक डरावना सपना देखा।	I had a scary dream last night.
3934	यह सुनकर मेरी जान में जान आयी।	I had a sigh of relief hearing it.
3935	मेरी रात की नींद हराम हो गई।	I had a sleepless night.
3936	रात को बहुत अच्छी नींद आयी।	I had a sound sleep last night.

3937	कल रात मुझे एक अजीब सपना आया।	I had a strange dream last night.
3938	मैंने तैराकी की।	I had a swim.
3939	मेरी भैया से कहा–सुनी हो गयी।	I had a tiff with my brother.
3940	मैंने नौकरी के लिए आवेदन किया था।	I had applied for a job.
3941	मैं एक बार वहाँ गया था।	I had been there once.
3942	मुझे वहां रुकना पड़ा।	I had bto stay there.
3943	मैं बहुत देर से तुम्हारा इंतजार कर रहा था।	I had been waiting for you for a long.
3944	मैं अपना फोन तुम्हारे घर भूल गया था।	I had forgotten my mobile at your house.
3945	मुझे तुम्हें उल्लू बनाकर मजा आया।	I had fun tricking you.
3946	मैं वह एक बार गया था।	I had gone there once.
3947	मैं आज उसके साथ गया था।	I had gone with him today.
3948	आप उसके साथ खेलने जा सकते हैं; लेकिन सिर्फ एक बार।	I had heard of it but hadn't seen it ever.
3949	जब मैं बच्चा था तो मेरे लंबे बाल थे।	I had long hair when I was a child.
3950	मेरे पास और कोई चारा/रास्ता नहीं था।	I had no other choice/option.
3951	मैंने उसका पता नोट नहीं किया था।	I had not noted down her address.
3952	मैंने पीटर से अपना लैपटॉप ठीक करवाया।	I got my laptop fixed by Peter.
3953	मैंने जोश में आकर ये बोल दिया था।	I had said it in the heat of the moment.
3954	मैंने ऐसी कोई बात नहीं कही थी।	I had said no such things.
3955	मैंने अपने माता–पिता को भेजा था।	I had sent my parents.
3956	मैंने तुमसे उसके बारे में बात की थी।	I had spoken to you about him.

3957	मैं तब तक नहा चुका था।	I had taken a bath by then.
3958	मुझे हार माननी पड़ी।	I had to admit defeat.
3959	मुझे जाना ही पड़ा।	I had to go.
3960	मुझे खेलना पड़ा।	I had to play.
3961	मैंने तुमसे कहा था कि बाहर मत जाना।	I had told you not to step out.
3962	मैंने उस फैक्ट्री में दस साल तक काम किया था।	I had worked in that factory for ten years.
3963	मेरे पास मेरा फोन नहीं था।	I didn't have my phone with me.
3964	इसमें पहले ही 6 महीने लग गए हैं।	It has already taken 6 months.
3965	मुझे खाना पकाने से सबसे ज्यादा नफरत है।	I hate cooking the most.
3966	मुझे झूठ बोलने बालो से नफरत है।	I hate liars.
3967	मुझे ऐसे लोगों से नफरत है।	I hate such people.
3968	मैं ऐसी चीजो से नफरत करता हूँ।	I hate such things.
3969	मुझे आपसे नफ़रत है।	I hate you.
3970	मेरे कगर में दर्द हैं।	I have a backache.
3971	मेरी किस्मत खराब है।	I have a bad luck.
3972	मेरे दाहिने पैर में छाला है।	I have a blister on my right foot.
3973	मेरे पास एक कार है।	I have a car.
3974	मुझे सर्दी हो गई है।	I have a cold.
3975	मुझे खाँसी है।	I have a cough.
3976	मेरे पास एक कुत्ता है।	I have a dog.
3977	मेरे सिर में दर्द है।	I have a headache
3978	मुझे सिरदर्द है।	I have a headache.
3979	मेरे पास लैपटॉप है।	I have a laptop.
3980	मेरा पास एक बड़ा परिवार है।	I have a large family.
3981	मेरा एक दांत ढीला है।	I have a loose tooth.

3982	मेरे पास करने के लिए बहुत सारी चीज़ें हैं।	I have a lot of things to do.
3983	इस पर मेरी मिलीजुली राय है।	I have a mixed opinion on this.
3984	मेरे मुँह में छाला है।	I have a mouth ulcer.
3985	मेरे कान में दर्द है।	I have a pain in my ear.
3986	मेरे हाथ में दर्द है।	I have a pain in my hand.
3987	मेरे पैरों में दर्द है।	I have a pain in my legs.
3988	मेरे पेट में दर्द हो रहा है।	I have a pain in my stomach.
3989	मेरे पास गुल्लक है।	I have a piggy bank.
3990	आजकल मुझे भूख नहीं लगती।	I have a poor appetite these days.
3991	मेरे पास सबूत है।	I have a proof.
3992	मेरा एक सवाल है।	I have a question.
3993	मेरी नाक बह रही है।	I have a runny nose.
3994	मुझे गर्दन में तेज दर्द है।	I have a severe pain in my neck.
3995	मेरे गले में खराश है।	I have a sore throat.
3996	मुझे बहुत तेज सिरदर्द हो रहा है।	I have a splitting headache.
3997	मेरे पेट में दर्द है।	I have a stomach ache.
3998	मुझे एक भयानक सिरदर्द है।	I have a terrible headache.
3999	मेरी कल परीक्षा है।	I have a test tomorrow.
4000	मेरे दाँत में तेज़ दर्द हो रहा है।	I have a throbbing pain in my tooth.
4001	मेरा काम बहुत तनावपूर्ण है।	I have a very stressful job.
4002	मेरे पास एक घड़ी है।	I have a watch.
4003	यह मैं पहले ही देख चुका हूँ।	I have already seen this.
4004	मैंने हमेशा तुम्हारी बुद्धिमता की प्रशंसा की है।	I have always admired your intelligence.
4005	मेरे मसूड़े पर फोड़ा हो गया है।	I have got an abscess on my gum.
4006	मेरे पास एक आईफोन है।	I have an iPhone.

4007	मैं अपना काम करता रहा हूँ।	I have been doing my work.
4008	मुझे सुबह से हिचकियाँ आ रही हैं।	I have been getting hiccups since morning.
4009	मैं तब से यहीं हूँ।	I have been here since then.
4010	मैं सुबह से खेल रहा हूँ।	I have been playing since morning.
4011	मैं तुम्हें बहुत समय से ढूंढ रहा हूँ।	I've been searching for you since a long time.
4012	मैं तुम्हें तब से यही तो दिखा रही हूँ।	I've been showing you this since then.
4013	मैं यहां आपके साथ खड़ा हूँ।	I've been standing here with you.
4014	मैं वहां दसियों बार गया हूँ।	I have been there a dozen of times.
4015	मैं वहां कई बार जा चुका हूँ।	I have been there many times.
4016	मैं वहां कई बार गया हूँ।	I have gone there many times.
4017	मैं तुम्हारे बारे में सोच रहा हूँ।	I have been thinking about you.
4018	मैं एक घंटे से अधिक समय से इंतजार कर रहा हूँ।	I have been waiting for over an hour.
4019	मैं पूरे दिन तुम्हारे कॉल का इंतजार करता रहा हूँ।	I have been waiting for your call all day.
4020	मै सुबह से काम कर रहा हूँ।	I have been working since morning.
4021	मैं 6 बजे नाश्ता करता हूँ।	I have breakfast at 6.
4022	मैं कुछ मिठाई लाया हूँ।	I have brought some sweets.
4023	मैंने अपनी ट्रिप कैंसिल कर दी है।	I have cancelled my trip.
4024	मेरे पैर की उँगलियाँ सूज कर लाल हो गयी है।	I have got chilblains on my toes.
4025	मेरे आधे सिर में दर्द है।	I have a cluster headache.
4026	मैं किराया लेने के लिए आया हूँ।	I have come to take the rent.
4027	मुझे कब्ज़ हो गया है।	I have got constipation.

4028	मैंने बहुत तपस्या की है।	I have done a great penance.
4029	मैंने अपना कर्तव्य निभा दिया।	I have done my duty.
4030	मैंने ऐसा कोई काम नहीं किया है।	I have done no such things.
4031	मैंने बर्तन साफ कर लिए है।	I have done the dishes.
4032	मैनें ये सब सोच समझकर किया है।	I have done this all thoughtfully.
4033	मैंने बहुत इज़्ज़त कमाई है।	I have earned a lot of respect.
4034	मैंने खाना खा लिया है।	I have eaten the food.
4035	मैंने सारे सेब खा लिए हैं।	I have eaten all the apples.
4036	मै खा चुका हूँ।	I have eaten.
4037	मैं विपत्ति में पड़ गया हूँ।	I have fallen into adversity.
4038	मुझे बुखार है।	I have a fever.
4039	मुझे पैसे की दिक्कत है।	I have financial problems.
4040	मुझे तुमसे दिक्कत है।	I have a problem with you.
4041	मैं इस खेल को खेलना भूल गया हूँ।	I have forgotten how to play this game.
4042	मैनें पता लगा लिया है।	I have found out.
4043	मुझे बहुत तेज़ खांसी हो गयी है।	I have got a bad cough.
4044	मेरे पैर की अंगुली पर घट्टा हो गया है।	I have got a corn on my toe.
4045	मेरे पास एक बढ़िया सुझाव है।	I have got a great idea.
4046	मेरी पीठ पर दाने हो गए हैं।	I have got a rash on my back.
4047	मुझे हल्का बुखार हो गया है।	I have got a slight fever.
4048	मेरे पेट में हल्का सा दर्द हो गया है।	I have got a slight pain in my stomach.
4049	मेरी पीठ में दर्द हो गया है।	I have got a sore back.
4050	मेरी गर्दन अकड़ गई है।	I have got a stiff neck.
4051	मेरे पेट में ऐंठन हो गयी है।	I have got a stomach cramp.
4052	मेरे पेट में कुछ अजीब सा लग रहा है।	I have got a strange feeling in my stomach.

4053	मेरी नाक जाम हो गयी है।	I have got a stuffed-up nose.
4054	मेरी पीठ पर खुजली हो गयी है।	I have got an itch on my back.
4055	मुझे सर्दी हो गयी है।	I have got cold.
4056	मेरे पास कुछ कलम हैं; मुझे कुछ और चाहिए।	I have got few pens; I need a few more.
4057	मेरे रोंगटे खड़े हो गए हैं।	I have got goose bumps.
4058	मुझे अपना जवाब मिल गया।	I have got my answer.
4059	मेरे पेट में तेज़ दर्द हो रहा है।	I have griping pain in my stomach.
4060	मैं इस साल 2 इंच बड़ा हो गया हूँ।	I have grown 2 inches this year.
4061	मैंने तुम्हारे बारे में बहुत कुछ सुना है।	I have heard a lot about you.
4062	मैंने इसके बारे में सुना है।	I have heard about this.
4063	मैंने यह पहले कहीं सुना है।	I have heard this somewhere before.
4064	मेरी किस्मत ख़राब है।	I have ill luck.
4065	मुझे बदहजमी है।	I have indigestion.
4066	मेरी आंखों में खुजली है।	I have itchy eyes.
4067	मैं उसे बहुत दिनों से जानता हूँ।	I have known him for a long time.
4068	मैंने कुछ कॉफी बनाई है; क्या आप लेंगे?	I have made some coffee; would you like some?
4069	मैंने अपना मन बना लिया है।	I have made up my mind.
4070	मैंने याद कर लिया है।	I have memorized.
4071	मैं उससे मिल चुका हूँ।	I have met her.
4072	मेरे पास पैसा है।	I have money.
4073	मैंने इसके बारे में सुना था लेकिन कभी देखा नहीं था।	I have never heard of it.
4074	मैंने ऐसा कभी नहीं सुना।	I have never heard of that.
4075	मैंने कभी तुम्हें न नहीं कहा।	I have never said no to you.

4076	मैंने आज तक तुम्हारे जैसा भुक्कड़ नहीं देखा।	I have never seen a voracious like you.
4077	मैंने इतनी सुन्दर लड़की कभी नहीं देखी।	I have never seen such a beautiful girl.
4078	मैंने उसके जैसा झूठा और मक्कार कभी नहीं देखा!	I have never seen such a liar and deceiver like him!
4079	मुझे तुमसे कोई दुश्मनी नहीं है।	I have no animosity for you.
4080	मेरे पास खुल्ले पैसे नहीं है।	I have no change.
4081	मेरे पास और कोई रास्ता नहीं है।	I have no choice.
4082	मुझे जिंदगी से कोई शिकायत नहीं है।	I have no complaints with life.
4083	अब मेरे उनसे कोई मतभेद नहीं हैं।	I have no differences with them.
4084	मुझे कोई संदेह नहीं।	I have no doubt.
4085	मुझे जानकारी नहीं है।	I have no idea.
4086	मुझे तुम्हारे पैसो में कोई चि नहीं है।	I have no interest in your money.
4087	इसमें मेरी कोई हाथ नहीं है।	I have no involvement in this.
4088	मेरे पास पैसा नहीं है।	I have no money.
4089	मुझे कोई एतराज नहीं है।	I have no objection.
4090	इस मामले पर मेरी कोई राय नहीं है।	I have no opinion on this matter.
4091	मेरे पास कोई अन्य विकल्प नहीं है।	I have no other option.
4092	मेरे पास इसके लिए समय नहीं है।	I have no time for this.
4093	मेरे पास तुम्हें देखने का समय नहीं है।	I have no time to see you.
4094	मेरी कोई इच्छा नहीं है।	I have no wish.
4095	मैंने किसी को गाली नहीं दी है।	I have not abused anyone.
4096	मैं आज तक तुम्हे समझ नहीं पाया हूँ।	I have not been able to understand you till today.
4097	मैं वहाँ नहीं गया।	I have not been there.
4098	मैंने ऐसा नहीं किया।	I have not done this.

4099	मैंने दो दिन से कुछ नहीं खाया है।	I have not eaten anything for two days.
4100	मैंने कल से कुछ नहीं खाया है।	I have not eaten anything since yesterday.
4101	मैंने अभी तक खाना बनाना भी शु नहीं किया है।	I have not even started making dinner.
4102	मुझे अभी तक यह नहीं मिला है।	I have not got it yet.
4103	मैंने अभी तक ये गाना नहीं सुना है।	I have not listened to this song yet.
4104	मैंने अभी प्रेजेंटेशन तैयार नहीं किया है।	I have not prepared the presentation yet.
4105	मैंने इस सप्ताह उसे नहीं देखा है।	I have not seen him this week.
4106	मैने कोई ठेका नहीं ले रखा है वहाँ जाने का।	I have not taken contract to go there.
4107	मेरे पास आपको बताने के लिए कुछ भी नया नहीं है।	I have nothing new to tell you.
4108	मुझे उससे कोई मतलब नहीं है।	I have nothing to do with him.
4109	मेरे पास दोपहर के भोजन के लिए एक रोटी है।	I have one chapatti for lunch.
4110	मैंने संपत्ति के लिए बयाना राशि का भुगतान कर दिया है।	I have paid earnest money for the property.
4111	मेरी पीठ के निचले हिस्से में दर्द है।	I have pain in my lower back.
4112	मेरी पीठ के ऊपरी हिस्से में दर्द है।	I have pain in my upper back.
4113	मैं परीक्षा में पास हो गया।	I have passed the examination.
4114	मेरा इंटरनेट का डाटा खत्म हो गया है।	I have run out of data.
4115	मैंने उसे हाल ही में देखा है।	I have seen her recently.
4116	मैंने तुम्हे पहले कहीं देखा है।	I have seen you somewhere before.
4117	मेरे बाल छोटे हैं।	I have short hair.
4118	मुझे कुछ ज़री काम है।	I have some important work.

4119	मेरे पास कुछ पैसे है।	I have some money.
4120	मुझे कुछ काम है।	I have some work.
4121	मेरे पास आपको दिखाने के लिए कुछ है।	I have something to show you.
4122	मैं गले में खराश है।	I have sore throat.
4123	मैंने अपना नाश्ता कर लिया है।	I have taken my breakfast.
4124	मेरे पास वही मोबाइल है जो उसके पास है।	I have the same mobile as he has.
4125	मेरे पास तीन कारें हैं।	I have three cars.
4126	मेरे तीन बच्चे हैं।	I have three children.
4127	मुझे कुछ काम करना है।	I have to do some work.
4128	मुझे पैकिंग करनी है।	I have to do the packing.
4129	मुझे खरीदारी करनी है।	I have to do the shopping.
4130	मुझे ये काम करना है।	I have to do this work.
4131	मुझे एक दांत निकलवाना है।	I have to get a tooth extraction.
4132	मुझे रीचार्ज करवाना है।	I have to get the recharge done.
4133	मुझे ये करवाना है।	I have to get this done.
4134	सुबह मुझे जल्दी उठना है।	I have to get up early in the morning.
4135	मुझे घर जाकर खाना बनाना है।	I have to go home and cook food.
4136	मुझे कहीं जाना है।	I have to go somewhere.
4137	मुझे ऑफिस जाना है।	I have to go to office.
4138	मुझे जाना हैस	I have to go.
4139	मुझे हर हाल में इंग्लिश सीखनी है।	I have to learn English by all means.
4140	मुझे उससे मिलना है।	I have to meet her.
4141	मुझे उनसे मिलना है।	I have to meet him.
4142	मुझे कुछ कहना है।	I have to say something.

4143	मुझे अपनी दादी के लिए पूरी रात जागना पड़ता है।	I have to stay up all night for my grandmother.
4144	मुझे तुमसे अकेले में बात करनी है।	I have to talk to you privately?
4145	मुझे तुमसे बात करनी हैस	I have to talk to you.
4146	मुझे तुम्हें कुछ बताना है।	I have to tell you something.
4147	मुझे अपने कपड़े धोने हैं।	I have to wash my clothes.
4148	मैने उसे बोल दिया है।	I have told him.
4149	मैं तुम्हे दो बार बोल चुका हूँ।	I have told you twice.
4150	मेरे पास दो रोटियाँ हैं; क्या तुम्हे एक चाहिए?	I have two chapattis; would you like one?
4151	मेरे पास दो पालतू जानवर हैं।	I have two pets.
4152	मेरे दो बेटे हैं, राम और श्याम।	I have two sons, Ram and Shayam.
4153	मुझे अभी काम है।	I have work now.
4154	मैंने कुछ नहीं किया।	I haven't done anything.
4155	मैं थका हुआ नहीं हूँ, लेकिन आप थके हुए है।	I am not tired, but you are.
4156	मैंने अभी तक रात का खाना नहीं खाया है।	I havcn't had dinner yet.
4157	मैंने अभी तक दोपहर का भोजन नहीं किया है।	I haven't had lunch yet.
4158	मैंने आज उसे नहीं देखा।	I haven't seen her today.
4159	मैने कोई ठेका नहीं ले रखा है उसे समझाने का।	I haven't taken a contract to make him understand.
4160	मैंने कदमों की आवाज़ सुनी।	I heard footsteps.
4161	मैंने कुछ नहीं सुना।	I heard nothing.
4162	मैंने किसी को रोते हुए सुना।	I heard someone crying.
4163	मैंने उन्हें बातें करते हुए सुना।	I heard them talking.
4164	मैंने यह अपने दोस्त से सुना।	I heard this through a friend of mine.

4165	आशा करता हूँ तुम सही सलामत हो।	I hope you are safe and sound.
4166	मेरी कोहनी में चोट लगी है।	I hurt my elbow.
4167	मैंने अपने को चोट पहुंचाई।	I hurt myself.
4168	मैंने उसकी अच्छी नक़ल की ना?	I imitated him well, didn't I?
4169	मैंने उसे मैच के बारे में सूचित किया था।	I informed him about the match.
4170	मैंने मन ही मन भगवान से प्रार्थना की।	I prayed to God in my heart.
4171	मैं कूद कर घोड़े पर बैठ गया।	I jumped upon the horse.
4172	मैंने तो बस यूं ही पूछ लिया।	I just asked casually.
4173	मैं यहाँ अभी आया हूँ।	I just came here.
4174	बस तुमसे मिलने का मन कर रहा था।	I just felt like meeting you.
4175	मुझे अभी पता चला।	I just found out.
4176	मुझे बस जाना है।	I just have to go.
4177	बस पता है।	I just know.
4178	मैंने अंदाज़ा लगाया।	I just made a guess.
4179	मैंने अभी इसे बनाया है।	I just made it.
4180	मैंने तो बस मजाक में कहा था।	I just meant it as a joke.
4181	मै बस अपने काम से काम रखता हूँ।	I just mind my own work.
4182	मुझे बस तुम्हारी कार की ज़रुरत है।	I just need your car.
4183	मैने तो बस यूँ ही कहा था।	I just said casually.
4184	मैंने बस तुम्हें बताया है।	I just told you.
4185	मै बस जानना चाहता हूँ।	I just want to know.
4186	मैं बस यही चाहता हूँ कि हम अपना काम करें।	I just want us to do our job.
4187	मेरी बस आपको खुश देखने की इच्छा है।	I just want you to be happy.
4188	मैंने अभी उन्हें धोया है।	I just washed them.

4189	मैं कभी उपवास रखता हूँ।	I keep fast sometimes.
4190	मैं हर वक्त उसके बारे में सोचता रहता हूँ।	I keep thinking about her every moment.
4191	मैंने अपना वादा निभाया।	I kept my promise.
4192	मैं सारी रात करवटें बदलता रहा।	I kept tossing all night.
4193	मैं पूरी रात काम करता रहा।	I kept working whole night.
4194	मैं शु से ही जानता था।	I knew from the very beginning.
4195	मुझे पता था तुम मेरे पास दौड़ते हुए आओगे।	I knew you would come running to me.
4196	मुझे पता था तुम तो आओगे ही।	I knew you would obviously come.
4197	उसकी नस नस से वाकिफ हूँ।	I know every inch of his.
4198	मै तुम्हारे बारे मे सब जानता हूँ।	I know everything about you.
4199	मुझे सब पता है।	I know everything.
4200	मैं उसे जानता हूँ।	I know her/him.
4201	मुझे पता है यह कितना मुश्किल है।	I know how difficult it is
4202	मै खाना बनाना जानता हूँ।	I know how to cook food.
4203	मैं पैसो के बारे में कुछ नहीं पता।	I know nothing about the money.
4204	मुझे कुछ नहीं मालूम।	I know nothing.
4205	मैं रिया को जानता हूँ।	I know Riya.
4206	मैं कभी उसके पति से नहीं मिला हूँ।	I have never met her husband.
4207	मुझे पता है कि३	I know that…
4208	मैं इन लोगों को बहुत अच्छी तरह जानता हूँ।	I know these people very well.
4209	मैं इन लोगों को जानता हूँ।	I know these people.
4210	मुझे पता है ये जायज है।	I know this is justified.
4211	मैं अच्छे से जानता हूँ कि तुम्हारा क्या मतलब है।	I know well enough what you mean.

4212	मैं अच्छी तरह जानता हूँ कि क्या करना है।	I know well what to do.
4213	मैं जानता हूँ आप सच छुपा रहे हैं।	I know you are hiding the truth.
4214	मैं आपको बहुत अच्छी तरह जानता हूँ।	I know you very well.
4215	मैं तुम्हे अच्छे से जानता हूँ।	I know you well.
4216	मैं आपको जनता हूँ।	I know you.
4217	मुझे पता है वो अपनी गलती कभी नहीं मानेगा।	I know, he will never accept his mistake.
4218	मैं जानता हूँ तुम मुझसे झूठ बोलने जा रही होए	I know, you are going to lie to me.
4219	मैंने अपनी शर्त रखी।	I laid my condition.
4220	मैं यह सब आप पर छोड़ता हूँ।	I leave it all up to you.
4221	मैंने उसे पीछे छोड़ दिया।	I left him behind.
4222	मेरा चश्मा घर रह गया।	I left my spectacles at home.
4223	मैंने जून 2009 में कंपनी छोड़ी।	I left the company in June 2009.
4224	मुझे दोनो पसंद हैं।	I like both.
4225	मुझे अपना काम पूर्णता से करना पसंद है।	I like doing my work to perfection.
4226	मैं उसे पसंद करता हूँ।	I like her.
4227	मुझे आपके खाना बनाने का तरीका पसंद है।	I like the way you cook.
4228	मुझे यह वाला पसंद है।	I like this one.
4229	मुझे पनीर खाना पसंद है।	I like eating Paneer.
4230	मुझे टीवी देखना पसंद है।	I like watching TV.
4231	मुझे यात्रा करना पसंद है।	I like traveling.
4232	मुझे जगहें घूमना पसंद है।	I like visiting places.
4233	मैं जो करता हूँ वह मुझे पसंद है।	I like what I do.
4234	मुझे तुम्हारे कपड़े पसंद आए।	I like your dress.

4235	आपको यह कहां से मिला?	Where did you get it from?
4236	मैंने कल पुराने गाने सुने।	I listened to old songs yesterday.
4237	मैं दिल्ली में रहता हूँ।	I live in Delhi.
4238	मैं अपने परिवार के साथ रहता हूँ।	I live with my family.
4239	मैं तुम्हें सबके लिए जीता हूँ।	I live you for all.
4240	मैं लखनऊ के आज़ाद नगर में रहता था।	I lived at Aazad Nagar in Lucknow.
4241	मैं 2013 तक दिल्ली में रहा।	I lived in Delhi till 2013.
4242	मैंने बिजनेस में दो लाख डूबा दिए।	I lost 2 lacs in my business.
4243	मैंने अपना सारा पैसा खो दिया।	I lost all my money.
4244	मेरा बटुआ बैंक के पास खो गया।	I lost my wallet near the bank.
4245	मैं उससे प्यार करता हूँ।	I love her.
4246	मुझे अपने परिवार से प्यार है।	I love my family.
4247	मुझे अपने काम से प्यार है।	I love my work.
4248	मुझे पढ़ना अच्छा लगता है।	I love reading.
4249	मुझे त्त्रित्र बनाना और रंग भरना पसंद है।	I love to draw and color.
4250	मुझे ट्रेनों में यात्रा करना पसंद है।	I love traveling by trains.
4251	मुझे तुमसे प्यार है।	I love you.
4252	अनजाने में मुझसे एक गलती हो गई।	I made a mistake accidentally.
4253	मैने तुम्हारे साथ आकर गलती की।	I made a mistake by coming with you.
4254	मैने तुम्हारी मदद करके गलती कर दी।	I made a mistake by helping you.
4255	मैनें तुमसे शादी करके गलती दी।	I made a mistake by marrying you.
4256	मुझसे गलती हो गयी! मैं माफ़ी चाहता हूँ।	I made a mistake! Forgive me.
4257	मुझसे गलती हो गयी।	I made a mistake.

4258	मैंने इसे खुद बनाया है।	I made it myself.
4259	मैंने चाय बनाई।	I made tea.
4260	मैंने उसे आपका नाम बताया।	I mentioned your name to him.
4261	मैंने सब गड़बड़ कर दी।	I messed up everything.
4262	दिल्ली की यात्रा के दौरान मैं एक दिलचस्प यात्री से मिला।	I met an interesting passenger while travelling to Delhi.
4263	मैं उससे कल शाम को मिला था।	I met her yesterday evening.
4264	मैं उससे कल मिला था।	I met her yesterday.
4265	मैं अपने पुराने साथी से मिला।	I met my former colleague.
4266	मैं बाजार में राम से मिला।	I met Ram in the market.
4267	मैं मुसीबत में पड़ सकता हूँ।	I might get into trouble.
4268	मैं अपने मायके जा सकती हूँ।	I might go to my parental house.
4269	मुझे तुम्हारी बहुत ज़्यादा याद आयी।	I missed you so much.
4270	मैंने तुम्हें याद किया।	I missed you.
4271	मैंने उसे हमारे साथ आने का इशारा किया।	I motioned him to join us.
4272	मैंने वेटर को आने का इशारा किया।	I motioned the waiter to come.
4273	मैं मानती हूँ।	I must admit.
4274	मुझे 9 बजे से पहले घर पहुचना जरी है।	I must reach home before 9 Pm.
4275	मुझे कहना होगा कि आप जो कर रहे हैं वह गलत है।	I must say what you are doing is wrong.
4276	मैं खुद उनके घर गया था।	I myself went to their house.
4277	मै गिरते गिरते बच गया।	I narrowly escaped from falling.
4278	मुझे दिन की छुट्टी चाहिए।	I need a day off.
4279	मुझे डॉक्टर की जरूरत है।	I need a doctor.
4280	मुझे एक नौकरी की जरूरत हैं।	I need a job.
4281	मुझे सोचने के लिए थोड़ा समय चाहिए।	I need a little time to think.

4282	मुझे इस घर के लिए एक नौकरानी की जरूरत है।	I need a maid for this house.
4283	मुझे तकिया चाहिए।	I need a pillow.
4284	मुझे जवाब चाहिए।	I need an answer.
4285	मुझे आराम चाहिए।	I need rest.
4286	मुझे मदद की ज़रत है।	I need help.
4287	मुझे उससे मिलने की जरूरत नहीं है।	I need not meet him.
4288	मुझे आज रात के लिए कुछ पैसे चाहिए।	I need some money for tonight.
4289	मुझे थोड़े पैसे चाहिए।	I need some money.
4290	मुझे कपड़े बदलने हैं।	I need to change clothes.
4291	मुझे अपना लैपटॉप चार्ज करना है।	I need to charge my laptop.
4292	मुझे अपना मोबाइल चार्ज करने की ज़रुरत है।	I need to charge my mobile.
4293	मुझे अपना काम करना है।	I need to do my work.
4294	मुझे किसी अच्छे डॉक्टर से सलाह लेनी होगी।	I need to consult to a good doctor.
4295	मुझे अपनी आँखों की जांच करवानी है।	I need to get my eyes tested.
4296	मुझे घर जाने की जरूरत है।	I need to go home.
4297	मुझे अब जाना है।	I need to go now.
4298	मुझे शौचालय जाना है।	I need to go to toilet.
4299	मुझे रिचार्ज कराना है।	I need to recharge.
4300	मुझे तुम्हें कुछ बताना है।	I need to tell you something.
4301	मुझे तुम्हारी ज़रुरत है।	I need you.
4302	मुझे एक मदद चाहिए।	I need your favor.
4303	मुझे तुम्हारी मदद चाहिए।	I need your help.
4304	मुझे थोड़ा समय चाहिए था।	I needed a bit of time.
4305	मैं कभी चापलुसी नहीं करता।	I never do flattery.

4306	मुझे तुमसे ऐसी उम्मीद नहीं थी।	I never expected this form you.
4307	मै कभी नहीं इतराता।	I never flaunt.
4308	मैं कोई चेहरा कभी नहीं भूलता।	I never forget a face.
4309	मैं कभी भी अपनी बात से नहीं मुकरता।	I never go back on my word.
4310	मैं कभी पैसे उधार नहीं देता।	I never lend money.
4311	मैंने आपसे कभी कुछ नहीं कहा।	I never said anything to you.
4312	मैंने यह कभी नहीं कहा।	I never said that.
4313	मैने ऐसा कभी नहीं चाहा था।	I never wanted that.
4314	मुझे अब आपकी मदद की जरूरत नहीं है।	I no longer need your help.
4315	सर्दियों में मुझे अक्सर सर्दी लग जाती है।	I often catch a cold in winters.
4316	मैं वहाँ अक्सर जाता हूँ।	I often go there.
4317	मेरे सिर में अक्सर दर्द होता है।	I often suffer from headache.
4318	मैंने तुम्हें एक बार बूढ़ा कर दिया था, क्या तुम समझे नहीं?	I told you once, don't you get it?
4319	मेरे पास सिर्फ 500 रुपये हैं।	I only have 500 rupees.
4320	मुझे केवल एक बिस्किट चाहिए।	I only want a biscuit.
4321	मैं ज्यादा सो लिया।	I over slept.
4322	मैंने आपकी बात सुन ली।	I overheard you.
4323	मैंने मेरा किराया समय से दिया है।	I paid my rent on time.
4324	मैंने आज सुबह कुछ गुलाब के फूल तोड़े।	I picked some roses this morning.
4325	मैं कल एक घूंट पानी के लिए तरस रहा था।	I pined for a sip of water yesterday.
4326	मैं खून का घूँट पीकर रह गया।	I controlled my anger somehow.
4327	अनजाने मे मैनें गलत बटन दबा दिया।	I pressed the wrong button accidentally.

4328	मैंने वादा किया था।	I promised.
4329	मैंने उसके मुँह पर मुक्का मारा।	I punched him in the face.
4330	मैंने अपनी शर्त रखी।	I put my condition.
4331	मेरी प्लेट में भी खाना डाल दो।	I put the food in my plate also.
4332	मैं अपने एक पुराने मित्र से मिला।	I ran into an old friend of mine.
4333	उल्टा मै उसे पैसे देता हूँ।	I rather give him money.
4334	बल्कि मैनें तो उसे बहुत डाँटा।	I rather scolded him a lot.
4335	मैंने पुस्तक पढ़ ली।	I read the book.
4336	मैं यह किताब रोज पढ़ता हूँ।	I read this book every day.
4337	मैंने यह किताब कल पढ़ी।	I read this book yesterday.
4338	मैं सचमुच नहीं जानता था।	I really didn't know.
4339	मैं सचमुच नहीं जानता था कि मैं क्या कर रहा था।	I really didn't know what I was doing.
4340	मुझे सच में लगा की मैं गिरने वाला हूँ।	I really thought I was going to fall.
4341	मैंने उसे बूरी तरह झाड़ दिया।	I rebuked him badly.
4342	मैंने कल ही मोबाइल रिचार्ज कराया।	I recharged my mobile yesterday itself.
4343	मैने उसे एक नजर में पहचान लिया।	I recognized him at a glance.
4344	मैं उसकी आवाज पहचान गया।	I recognized his voice.
4345	मैं तुम्हारी आवाज एकदम पहचान गया।	I recognized your voice at once.
4346	मुझे अपने फैसले का पछतावा है?	I regret my decision.
4347	मुझे वह याद है।	I remember that.
4348	मुझे याद है।	I remember.
4349	मैने तुरंत जबाब दिया।	I replied at once.
4350	मैने उसे तुरंत जबाब दिया।	I replied him at once.
4351	मैं आप सबसे शांत रहने का अनुरोध करता हूँ।	I request all of you to calm down.

4352	मैं अपने पापा से मिलता जुलता हूँ।	I resemble my father.
4353	मैने उसे बिल्कुल साफ साफ कह दिया।	I said to him very clearly.
4354	जो मैंने कह दिया सो कह दिया।	I said what I said.
4355	मैंने अपने एक पुराने मित्र को देखा।	I saw an old friend of mine.
4356	मैंने उसे पहली बार देखा था।	I saw her for the first time.
4357	मैंने उसे कुछ देर पहले देखा था।	I saw him a while ago.
4358	मैने उसे दूर दूर से देखा।	I saw him far and wide.
4359	मैंने उसे वहां जाते देखा।	I saw him going there.
4360	मैंने उसे आज सुबह देखा।	I saw him this morning.
4361	मैंने तुम्हे जाते देखा था।	I saw you go.
4362	मैंने कल तुम्हे देखा था।	I saw you yesterday.
4363	मैंने तुम्हारे भाई को उसकी मदद करते देखा।	I saw your brother helping her.
4364	मैंने गर्म चाय से अपनी जीभ को झुलसा लिया।	I burnt my tongue with hot tea.
4365	मैंने तुमसे बात करके गलती कर दी।	I have made a mistake talking to you.
4366	मैंने उसे हर जगह ढूंढा।	I searched for him everywhere.
4367	मैंने तुम्हे हर जगह ढूंढा।	I searched for you everywhere.
4368	मैं उसे अक्सर देखता हूँ।	I see him often.
4369	मै तैयार रहूँगा।	I shall be ready.
4370	मैं रवि के घर जाऊंगा।	I shall go to Ravi's house.
4371	उसके लिए मुझे सोचना पड़ेगा।	I shall have to think for that.
4372	मै घर पर रहूँगा।	I shall be at home.
4373	मैंने वहां खूब खरीदारी की।	I shopped a lot there.
4374	मुझे जाना चाहिए।	I should go.
4375	मुझे पैसे नहीं मांगने चाहिए थे।	I shouldn't have asked for money.

4376	मुझे ऐसा नहीं करना चाहिए था।	I shouldn't have done that.
4377	मुझे तुम्हारी बात नहीं सुननी चाहिए थी।	I shouldn't have listened to you.
4378	इस बार मैं आपको दिल से विश्वास दिलाता हूँ।	I sincerely assure you this time.
4379	मैं फर्श पर फिसल गया था।	I slipped on the floor.
4380	मुझे खतरे की बू आ रही है।	I smell danger around.
4381	मुझे किसी तरह पता चल गया।	I somehow found it.
4382	मुझे किसी तरह पता चला गया।	I somehow got to know about it.
4383	मैं कभी–कभी सुबह दौड़ने जाता हूँ।	I sometimes go for a run in the morning.
4384	मैंने अपनी सारी तनख्वाह दस दिनों में ही खत्म कर दी।	I spent my whole salary in just 10 days.
4385	मैंने एक गिलास पानी गिरा दिया।	I spilt a glass of water.
4386	मेरे टखने मे मोच आ गयी।	I sprained my ankle.
4387	मेरे पैर में मोच आ गई।	I sprained my leg.
4388	मैंने एक महीने पहले कॉलेज शु किया था।	I started college 1 month ago.
4389	मैं पूरी रात जागकर पढ़ाई करता हूँ।	I stay up all night studying.
4390	मैं रात 2 बजे तक जागता रहा।	I stayed up till 2 am.
4391	मुझे अभी भी नहीं पता।	I still don't know.
4392	मेरे पास अभी भी खरीदने के लिए बहुत सी चीज़ें हैं।	I still have a lot of things to buy.
4393	मुझे अभी भी बहुत कुछ करना है।	I still have a lot to do.
4394	मैंने अभी भी निर्णय नहीं लिया है।	I still have not decided.
4395	मैं अब भी मेरे स्कूल के दिनों को याद करता हूँ।	I still remember my school days.
4396	मै कक्षा मे प्रथम आया।	I stood first in the class.
4397	मैंने उसे रोका।	I stopped him.

4398	मैंने अपनी आँखों पर ज़ोर डाला, तब मुझे दिखाई दिया।	I strained my eyes, then I could see.
4399	मैं उसका उत्तर सुनने के लिए बेचैन हो उठा।	I strained to hear his reply.
4400	मैं कसम खाता हूँ मैंने ऐसा कुछ नहीं किया।	I swear I didn't do anything like that.
4401	कसम से यहाँ कोई नहीं है।	I swear no one is here.
4402	मैं अपनी माँ की कसम खाता हूँ।	I swear on my mom.
4403	मैं भगवान की कसम खाता हूँ कि मैं चोर नहीं हूँ।	I swear to God that I am not a thief.
4404	कसम से वो झूठ बोल रहा है।	I swear, he is telling a lie.
4405	कसम से मै सच बोल रहा हूँ।	I swear, I am speaking the truth.
4406	कसम से मुझे कुछ नहीं पता।	I swear, I don't know anything.
4407	कसम से मुझे नहीं पता।	I swear, I don't know.
4408	कसम से मै सिगरेट नहीं पीता।	I swear, I don't smoke cigarette.
4409	कसम से, मै किसी को नहीं बताऊंगा।	I swear, I will not tell anyone.
4410	मैं अपने शब्द वापस लेता हूँ।	I take my words back.
4411	मैं अपने पिता की देखभाल करता हूँ।	I take after my father.
4412	मुझे लगता है, मुझे ठंड लग रही है।	I think I am getting cold.
4413	मुझे शायद पीछे मुडकर देखना चाहिए।	I think I should turn around and see.
4414	मुझे लगता है इसका स्वाद ख़राब है।	I think it tastes bad.
4415	मुझे लगता है इसका स्वाद अच्छा है।	I think it tastes good.
4416	मेरे ख़याल से इसमें टाइम लगेगा।	I think it will take time.
4417	मुझे लगता है यह बहुत अच्छा है।	I think it's very good.
4418	मुझे ऐसा ही लगता है।	I do think so.
4419	मुझे लगता है कि आप अन्याय कर रहे हैं।	I think that you are being unfair.

4420	मुझे लगता है कि आपके पास बहुत सारी चीज़ें हैं।	I think you have too many things.
4421	मुझे लगता है, मुझे उल्टी होने वाली है।	I think I am going to vomit.
4422	मुझे लगता है, मैडम आज छात्रों का परीक्षण करेंगी।	I think ma'am would test the students today.
4423	हमें अब सोने जाना चाहिए।	I think we should go to sleep now.
4424	मैंने सोचा था ये करना आसान होगा।	I thought doing this would be easy.
4425	मुझे लगा कि उसने कुछ और कहा है।	I thought he said something else.
4426	मुझे लगा कि उसने कुछ कहा है।	I thought he said something.
4427	मैंने पहले फोन करना बेहतर समझा।	I thought, it was best to call first.
4428	मैंने तुम्हारे बारे में सोचा और रुक गया।	I thought of you and stopped.
4429	मैंने एक बार फिर सोचा।	I thought once again.
4430	मुझे लगा कि वह जल्दी आ जायेगा।	I thought that he would come early.
4431	मैं आपको शरीफ़ आदमी समझता था।	I thought you were an upright man.
4432	मैंने उसे आने के लिए कहा।	I told him to come.
4433	मैंने कहा था ना।	I told you so.
4434	मैंने तुम्हे बताया था।	I told you.
4435	मेरे हाथ जो लगा मैंने ले किया।	I took everything I could get my hands on.
4436	मैंने एक शादी में शामिल होने के बहाने छुट्टी ले ली।	I took leave on the pretext of attending a wedding.
4437	मैंने जूते उतारे।	I took off the shoes.
4438	तुम्हारा मोबाइल मैने लिया।	I took your mobile.
4439	मैंने बहुत यात्रा की।	I travelled a lot.

4440	मैंने तुम्हे उल्लू बनाया।	I tricked you.
4441	मैंने फिर कोशिश की।	I tried again.
4442	मैंने तुम्हे कई बार कॉल किया था।	I tried calling you many times.
4443	मैने उसे समझाने की पूरी कोशिश की।	I tried my best to make him understand.
4444	मैने उसे बचाने की पूरी कोशिश की।	I tried my best to save him.
4445	मैने पूरी कोशिश की।	I tried my best.
4446	मैंने बहुत कोशिश की पर किसी ने मौका नहीं दिया।	I tried really hard. But, no one gave me a chance.
4447	मैंने उसे शादी के लिए मनाने की कोशिश की।	I tried to persuade her for marriage.
4448	मुझे उस पर भरोसा है।	I trust her.
4449	मुझे आप पर विश्वास है।	I trust you.
4450	मेरी एड़ी मुड़ गई है।	I twisted my ankle.
4451	मैं सब समझता हूँ।	I understand everything
4452	मैं आपकी दुविधा समझता हूँ।	I understand your dilemma.
4453	मैं तुम्हारी स्थिति समझता हूँ।	I understand your situation.
4454	मैं समझ गया।	I understand.
4455	मैं पूरा पाठ समझ गया।	I understood the complete lesson.
4456	मुझे समझ आ गया।	I understood.
4457	मै उसे बहुत परेशान किया करता था।	I used to bother him a lot.
4458	मुझे कॉफ़ी पसंद थी।	I used to like coffee.
4459	मुझे चाय की आदत थी।	I had a habit of tea.
4460	मैं एक कंपनी में काम करता था।	I used to work at a company.
4461	मैं आमतौर पर इस समय टहलने के लिए जाता हूँ।	I usually go for a walk at this time.
4462	मुझे हल्का–हल्का याद है।	I vaguely remember.
4463	मैं फाइनल में पहुंच गया हूँ।	I've reached in the finals.

4464	मैंने तुम्हारे लिए पाँच बजे तक इंतज़ार किया।	I waited till five for you.
4465	मै करीब आठ बजे उठता हूँ।	I wake up around 8 o' clock.
4466	मैं रोज़ सुबह छः बजे उठता हूँ।	I wake up every day at 6 a.m.
4467	मैं आगे बैठना चाहता हूँ।	I want to sit in the front.
4468	मुझे एक घर चाहिए, मेरा अपना घर।	I want a home , my own home.
4469	मुझे एक लैपटॉप चाहिए।	I want a laptop.
4470	मैं चाहता हूँ आप सब मेरा साथ दें।	I want all of you to be with me.
4471	मुझे और पैसे चाहिए।	I want more money.
4472	मुझे और चाहिए।	I want more.
4473	मैं अपना धन वापस चाहता हूँ।	I want my money back.
4474	मुझे अपनी कार चाहिए।	I want my own car.
4475	मुझे नए कपड़े चाहिए।	I want new clothes.
4476	मैं यह चाहता हूँ।	I want this.
4477	मुझे कुछ पूछना है?	I want to ask to something?
4478	मुझे बहुत जल्दी एक कामयाब इंसान बनना है।	I want to become a successful person very soon.
4479	मुझे खुश रहना चाहता हूँ।	I want to be happy.
4480	मैं तुम्हारे साथ रहना चाहता हूँ।	I want to be with you.
4481	मैं कुछ खरीदना चाहता हूँ।	I want to buy something.
4482	मुझे होटल छोड़ना करना है। प्लीज मेरा बिल बना दो!	I want to check out. Please make my bill!
4483	मैं कुछ कुबूल करना चाहता हूँ।	I want to confess something.
4484	मुझे पकोड़े खाने हैं।	I want to eat fritters.
4485	मैं उसे एक उपहार देना चाहता हूँ।	I want to give her a gift.
4486	मैं अगले साल विदेश जाना चाहता हूँ।	I want to go abroad next year.
4487	मैं जाना चाहता हूँ और आप मुझे रोक नहीं सकते।	I want to go and you can't stop me.

4488	इस समय मैं अकेले रहना चाहता हूँ।	I want to live alone at this moment.
4489	मैं उससे मिलना चाहता हूँ।	I want to meet him.
4490	मै तुमसे अकेले मे मिलना चाहता हूँ।	I want to meet you privately.
4491	मुझे आपसे मिलना है।	I want to meet you.
4492	मैं यह कहना चाहता हूँ कि।	I want to say that.
4493	मुझे आपको कुछ दिखलाना है।	I want to show you something.
4494	मैं रोहन से बात करना चाहता हूँ	I want to speak to Rohan.
4495	मैं तुमसे किसी बारे में बात करना चाहता हूँ।	I want to speak to you about something.
4496	मैं अपनी सारी ज़िन्दगी एक टापू पर बिताना चाहता हूँ।	I want to spend my whole life at an island.
4497	मैं यहां और पढ़ना चाहता हूँ।	I want to study more here.
4498	मैं थोड़ा आराम करना चाहता हूँ।	I want to take some rest.
4499	तुम्हे अभी भी यकीन नहीं हो रहा।	I want to talk to you alone.
4500	मै तुमसे अकेले मे बात करना चाहता हूँ।	I want to talk to you privately.
4501	मुझे आपसे बात करनी है।	I want to talk to you.
4502	मैं सारी दुनिया की यात्रा करना चाहता हूँ।	I want to travel the whole world.
4503	मैं अपनी कॉफ़ी में बहुत कम चीनी चाहता हूँ।	I want very little sugar in my coffee.
4504	मैंने तुम्हें पहले ही सावधान कर दिया था।	I warned you beforehand.
4505	मै पूछने ही वाला था।	I was about to ask.
4506	मैं तुम्हें कॉल करने ही वाला था।	I was about to call you.
4507	मैं आज आपके घर आने वाला था।	I was about to come your home today.
4508	मैं आने ही वाला था।	I was about to come.
4509	मैं जाने ही वाला था।	I was about to go.

4510	मैं जाने ही वाला था।	I was about to leave.
4511	मै कहने ही वाला था।	I was about to say.
4512	मै बोलने ही वाला था।	I was about to speak.
4513	मैं तो रोने ही वाली थी।	I was about to weep.
4514	मैं गुस्सा था फिर भी चुप रहा।	Despite being angry, I stayed quiet.
4515	मैं आस–पास था।	I was around.
4516	मुझसे पूछा गया था।	I was asked.
4517	जब तुमने कॉल किया तब मैं सोया हुआ था।	I was asleep when you called.
4518	मैं अपने दोस्त के घर पर था।	I was at my friend's home.
4519	मैं विचलित हो रहा था।	I was getting confused.
4520	मैं यहां पैदा हुआ और बड़ा हुआ।	I was born and brought up here.
4521	मैं 2 बजे पैदा हुआ था।	I was born at 2 o'clock.
4522	मेरा जन्म दिल्ली में हुआ।	I was born in Delhi.
4523	मेरा जन्म जनवरी में हुआ था।	My birth happened in January.
4524	मै जनवरी मे पैदा हुआ था।	I was born in January.
4525	मैं थोड़ा काम में व्यस्त था।	I was busy with some work.
4526	मैं तुम्हें कॉल कर रही थी।	I was calling you.
4527	मैं चोर का पीछा कर रहा था।	I was chasing the thief.
4528	उस वक्त मै खा रहा था।	I was eating that time.
4529	मुझे उसपर दया आ रही थी।	I was feeling pity for him.
4530	मुझे बहुत टेंशन हो रही थी।	I was getting very tensed.
4531	मैं पार्क जा रहा था।	I was going to the park.
4532	मैं उससे बातचीत कर रहा था।	I was having a chat with him.
4533	मैं उस दिन मजबूर था।	I was helpless that day.
4534	मैं तो यहीं था।	I was here itself.

4535	मुझे भूख लगी थी; फ्रिज में बहुत कम खाना था।	I was hungry; there was very little food in the fridge.
4536	मैं मीटिंग में था जब तुमने मुझे कॉल किया।	I was in a meeting when you called.
4537	मैं डिनर कर रहा था और मेरा फोन साइलेंट पर था।	I was having dinner and my phone was kept at silent.
4538	मैं पार्क में था।	I was in the park.
4539	मै उस दिन वाकई व्यस्त था।	I was indeed busy on that day.
4540	मै तो तुम्हारे साथ मजाक कर रहा था।	I was joking/kidding with you.
4541	मैं मज़ाक कर रहा था।	I was just kidding.
4542	मैं बस बैठा था।	I was just sitting.
4543	मैं बस तुम्हे बता रही थी जो कुछ हुआ।	I was just telling you what all happened.
4544	इस सुबह में देरी से था।	I was late this morning.
4545	मैं उसे ढूंढ रहा था।	I was looking for him.
4546	मैं तो उनसे यही कह रहा था।	I was telling only this to them.
4547	वहां मेरा जिक्र था।	I was mentioned there.
4548	मैं अब तक आपकी राय से सहमत नहीं था।	I didn't agree on your opinion until now.
4549	मैं छुट्टी पर था।	I was on leave.
4550	मेरा दिल बागबाग हो गया।	I was overjoyed.
4551	मैं वहाँ मौजूद था जब वहां एक्सीडेंट हुआ।	I was present there when the accident took place.
4552	मै डरा हुआ था।	I was scared.
4553	मैं वहां बैठा था।	I sat there.
4554	मैं तुम्हारे बारे में सोच रहा था।	I was thinking about you.
4555	मैं ऐसा ही सोच रहा था।	I was thinking the same.

4556	मैं थका हुआ था लेकिन सो नहीं सका।	I was tired but couldn't sleep.
4557	मुझे बताया गया था।	I was told.
4558	मैं तो तुम्हे बचाने की कोशिश कर रहा था।	I was trying to protect you.
4559	मैं कल रात भी देर तक उठा था।	I was up late last night too.
4560	मैं आपका इंतज़ार कर रहा था।	I was waiting for you.
4561	मैं जाने वाला ही था।	I was about to go.
4562	मैं बिल्कुल नहीं थका था।	I wasn’t tired at all.
4563	मैं किसी का सामना करने में सक्षम नहीं था।	I wasn't able to face anybody.
4564	मेरा मन नहीं था उससे बात करने को।	I wasn't filling like talking to him.
4565	मुझे तब भूख नहीं लगी थी।	I wasn't hungry then.
4566	मैं वहाँ नहीं था जब ये हुआ।	I wasn't there when this happened.
4567	मैंने उसे जाते हुए देखा।	I watched him go.
4568	मैं टहलने गया।	I went for a walk.
4569	मैं एक बार वहाँ गया था।	I went there once.
4570	मैं वहाँ गया था।	I went there.
4571	मैं कोचिंग गया था।	I went to coaching.
4572	मैं अपने एक दोस्त से मिलने गया था।	I went to meet a friend of mine.
4573	तुम्हारे जाने के बाद मैं उससे मिलने गया था।	I went to meet him after you had gone.
4574	मैं अपने चाचा के घर गया।	I went to my uncle house.
4575	मैं पटना गया था।	I went to Patna.
4576	मैं हमेशा तुम्हारा एहसानमंद रहूँगा।	I will always be grateful to you.
4577	मैं हमेशा तुम्हारे साथ दूंगा।	I will always be with you.

4578	मैं हमेशा तुम्हारा साथ दूंगा।	I will always stand by you.
4579	मैं 10 मिनट में वापस आऊंगा।	I will be back in 10 minutes.
4580	मै यूँ गया और यूँ आया।	I will be back in a flash.
4581	उससे पीछा छुड़ा के मुझे खुशी होगी।	I will be happy to get rid of him.
4582	मैं कल लेट हो जाऊंगा।	I will be late tomorrow
4583	मुझे कल देर हो जायेगी।	I will be late tomorrow.
4584	मुझे देर हो जाएगी।	I will be late.
4585	मै बस अभी आया।	I will be right back.
4586	मैं वहां समय पर पहूँच जाउंगा।	I will be there on time.
4587	मैं तुम्हे पीट दूंगा।	I will beat you.
4588	मैं तुम्हारी टाँगे तोड़ दूँगा।	I will break your legs.
4589	मैं तुम्हें जिंदा दफना दूंगा।	I will bury you alive.
4590	मैं आपको बाद में कॉल करूँगा।	I will call you later.
4591	मैं तुमसे कल बात करूँगा।	I will call you tomorrow.
4592	जरूरत पड़ी तो मै तुम्हें फोन कर लूँगा।	I will call you up if needed.
4593	मैं तुम्हें जल्दी ही पकड़ लूंगा।	I will catch you soon.
4594	मै ये नया सौदा कल पूरा कर लूंगा।	I will close the new deal tomorrow.
4595	मै खाना खा कर आऊँगा।	I will come after eating the food.
4596	मैं फिर आ जाऊँगा।	I will come again.
4597	मैं पक्का आउंगा।	I will come for sure.
4598	मैं थोड़ी देर मे आऊँगा।	I will come in a while.
4599	मैं अपने आप आ जाऊंग।	I will come on my own.
4600	मैं बिस्तर बनाने के बाद बाहर आऊँगा।	I will come out after making the bed.
4601	मैं फिर कभी आऊँगा।	I will come some other time.

4602	मैं टीचर को तुम्हारी शिकायत करूँगा।	I will complain about you to the teacher.
4603	मैं पापा से शिकायत कंगी।	I will complain to father.
4604	मै तुम्हारे बिना मर जाऊँगा।	I will die without you.
4605	मैं ये बाद में कंगा।	I will do it later.
4606	मैं वही कंगा जो मेरा मन करेगा।	I will do whatever I feel.
4607	आज कार मैं चलाऊंगा।	I will drive the car today.
4608	मैं उसे यह समझाऊंगाए	I will explain it to her.
4609	मैं तुम्हे बेनकाब कर दूंगा।	I will expose you.
4610	मैं तुम्हारी पोल खोल दूंगा।	I will expose you.
4611	मैं पता लगा लूंगा।	I will find it.
4612	मै पता लगा लूँगा।	I will find out.
4613	मैं तुम्हें पिटवा दूंगा।	I will get you beaten.
4614	मै आपके लिए पानी लेकर आता हूँ।	I will go and get water for you.
4615	मैं जाकर उनसे वहीं मिल लेती हूँ!	I will go and meet them there!
4616	मै पागल हो जाऊँगा।	I will go mad.
4617	मैं खुद ही चला जाऊंगा।	I will go myself.
4618	मैं अभी जाता हूँ।	I will go right away.
4619	मैं वहां जाऊँगा।	I will go there.
4620	अब मैं फ़ोन रखता हूँ।	I will hang up now.
4621	तब तक मैं अपना काम ख़त्म कर चूका हूँगा।	I will have done my work by that time.
4622	मुझे उससे माफ़ी मांगनी पड़ेगी!	I will have to apologize to her!
4623	मुझे आपके साथ आना पड़ेगा।	I will have to come with you.
4624	मुझे जाना पड़ेगा।	I will have to go.
4625	मुझे उसको बुलाना पड़ेगा ना?	I will have to invite him, won't I?
4626	मुझे सीखना होगा।	I will have to learn.

4627	मुझे कैसे भी करके वहां पहुंचना पड़ेगा।	I will have to reach there by any means.
4628	मुझे यह घर भी खाली करना है।	I will have to vacate this house too.
4629	मैं तुम्हारी मदद करूँगा।	I will help you.
4630	मैं कोई कसर नहीं छोड़ूंगा।	I will leave no stone unturned.
4631	मैं बहुत जल्द ये नौकरी छोड़ दूंगा।	I will leave this job very soon.
4632	मैं हमेशा तुमसे प्यार कंगा।	I will love you forever.
4633	मै उसकी बात करवा दूंगा तुमसे।	I will make him talk to you.
4634	मै तुम्हारी बात करवा दूंगा उससे।	I will make you talk to him.
4635	मैं किसी दिन तुमसे मिलूंगा।	I will meet you someday.
4636	तुम्हारी याद आएगी।	I will miss you.
4637	मैं कभी हार नहीं मानूंगा।	I will never give up.
4638	मैं अपने घरवालों का साथ कभी नहीं छोड़ूंगा।	I will never leave my family's company.
4639	मैं माफ़ी नहीं मांगूंगा।	I will not apologize.
4640	मैं आपको निराश नहीं करूँगा।	I will not disappoint you.
4641	मैं ऐसा दुबारा नहीं करूँगा।	I will not do this again.
4642	मैं तुम्हारे साथ नहीं जाऊंगा।	I will not go with you.
4643	मुझे और कुछ तो नहीं लाना पड़ेगा ना?	I will not have to bring anything else, will I?
4644	मुझे दोबारा तो नहीं आना पड़ेगा ना?	I will not have to come again, will I?
4645	मुझे आना तो नहीं पड़ेगा ना?	I will not have to come, will I?
4646	मुझे कुछ करना तो नहीं पड़ेगा ना?	I will not have to do anything, will I?
4647	मुझे पैसे तो नहीं देने पड़ेगे ना?	I will not have to give money, will I?
4648	मुझे अकेले तो नहीं जाना पड़ेगा ना?	I will not have to go alone, will I?

4649	मैं ऐसा नहीं होने दूंगा।	I will not let that happen.
4650	मैं तुम्हें नहीं जाने दूंगा।	I will not let you go.
4651	मैं इस देहाती से शादी नहीं करुँगी।	I will not marry this rustic.
4652	मैं एक पैसा भी फालतू नहीं दूंगा।	I will not pay even one paisa extra.
4653	जब तक मैं जीवित हूँ, मैं बेकार नहीं बैठूंगा।	I will not sit idle as long as I am alive.
4654	मैं उन्हें नहीं छोड़ूंगा।	I will not spare them.
4655	मै तुम्हें नहीं छोड़ूँगा।	I will not spare you.
4656	मैं तैयार होने में ज्यादा देर नहीं लगाउंगी।	I will not take long to get ready.
4657	मै आपसे बात नहीं कंगी।	I will not talk to you.
4658	मै तो जाऊँगा ही।	I will obviously go.
4659	मैं अगली प्रतियोगिता में हिस्सा लूंगा।	I will participate in the next competition.
4660	यह बिल मैं दूंगा।	I will pay the bill.
4661	आज पैसे मैं दूंगा।	I will pay today.
4662	मैं पक्का खेलूंगा।	I will play for sure.
4663	मैं भगवान से तुम्हारी अच्छी सेहत की प्रार्थना कंगा।	I will pray to God for your good health.
4664	मैं तुम्हारा कचुमड निकाल दूगा।	I will pulp you.
4665	मैं चाय के लिए गैस पर पतीला चढ़ा देती हूँ।	I will put on the pan for tea.
4666	मैं थोड़ी देर आराम करूँगा।	I will relax for a while.
4667	मै इसे लौटा दूँगा।	I will return it.
4668	मैं यह एहसान उतार दूंगा।	I will return the Favor.
4669	मैं आज शाम को आपसे मिलूँगा।	I will see you this evening.
4670	मैं तुम्हे देख लूंगा।	I will see you.
4671	मैं लंच लगाती हूँ।	I will serve lunch.

4672	मैं आखरी साँस तक देश की सेवा करूँगा।	I will serve my country till my last breath.
4673	मैं तुम्हे थप्पड़ मर दूंगा।	I will slap you.
4674	मैं तेरा मुंह तोड़ दूंगा।	I will smash your face.
4675	मैं तुम्हारा साथ दूंगा।	I will stand by you.
4676	मैं तुमसे जर मिलूंगा।	I will surely meet you.
4677	मैं टैक्सी कर लूंगा।	I will take a taxi.
4678	बाकी सब मैं सम्भाल लूंगा।	I will take care of the rest.
4679	मैं तुम्हें घर ले जाऊंगा।	I will take you home.
4680	मैं तुम्हे पुलिस स्टेशन ले जाऊंगा।	I will take you to the police station.
4681	मैं उससे बात कर लूँगा।	I will talk to him.
4682	मैं इस बारे में आप से बाद में बात करूँगा।	I will talk to you later about this.
4683	मैं उसे सबक सिखाऊँगा।	I will teach him a lesson.
4684	मैं तुम्हें सबक सिखाऊंगा।	I will teach you a lesson.
4685	मै पता करके बताता हूँ।	I will tell you after finding out.
4686	मैं सोच कर बताऊंगा।	I will tell you after thinking.
4687	जरूरत पड़ी तो मै तुम्हें बताऊगा।	I will tell you if needed.
4688	मै तुम्हें फिर कभी बताऊंगा।	I will tell you some other time.
4689	मैं आपको बताऊँगा।	I will tell you.
4690	मैं इस बारे में सोचूंगा।	I will think about it.
4691	मैं इस मामले में सोचूंगा।	I will think over this matter.
4692	मैं सच की राह पर चलूंगा।	I will tread in the path of the truth.
4693	मै तुम्हारा काम करवाने की पूरी कोशिश कंगा।	I will try my best to get your work done.
4694	मै समय पर पहुँचने की पूरी कोशिश कंगा।	I will try my best to reach on time.

4695	मै पूरी कोशिश कंगा।	I will try my best.
4696	मैं अपना पूरा प्रयास कंगा।	I will try my level best.
4697	मै फिर कभी देखूंगा।	I will watch some other time.
4698	मै कोशिश करूँगा।	I will try.
4699	काश वो ना आया होता।	I wish he would not have come.
4700	काश मैं आ सकता।	I wish I could come.
4701	काश मैं विदेश जा पाता।	I wish I could go abroad.
4702	काश मैं आपकी मदद कर पाता।	I wish I could help you.
4703	काश! मैं कर सकता।	I wish I could!
4704	काश मेरे पास एक घोड़ा होता।	I wish I had a horse.
4705	काश मेरे पास एक मोबाइल होता।	I wish I had a mobile.
4706	काश मेरे पास एक कार होती।	I wish I had had a car.
4707	काश मेरे पास एक होता।	I wish I had one.
4708	काश मैं जानता।	I wish I knew.
4709	काश मैं वहां होता।	I wish I was there.
4710	काश मैं उसके जैसा होता।	I wish I were like him.
4711	काश मैं प्रधानमंत्री होता।	I wish I were the Prime Minister.
4712	मेरी इच्छा है कि मैं वहाँ होता।	I wish I were there.
4713	काश मै वहाँ चला गया होता।	I wish I would have gone there.
4714	काश मैं तुमसे पहले मिला होता।	I wish I would have met you earlier.
4715	काश मै वहाँ रुक गया होता।	I wish I would have stayed there.
4716	काश मैने उसे बता दिया होता।	I wish I would have told him/her.
4717	काश मै वहाँ ना गया होता।	I wish I would not have gone there.
4718	काश मैने तुम्हें नहीं बताया होता।	I wish I would not have told you.
4719	काश ये सच होता।	I wish that were true.
4720	काश ये घर मेरा होता।	I wish this house were mine.

4721	काश वो दिन वापस आ जाएं।	I wish those days would come back.
4722	काश हम उससे पहले ही मिल लिये होते।	I wish we would have met him beforehand.
4723	काश हम ना मिले होते।	I wish we would not have met.
4724	काश तुम समझ सकती।	I wish you could understand.
4725	काश तुम यहां होती।	I wish you were here.
4726	काश तुमने मुझसे बोल दिया होता।	I wish you would have spoken to me.
4727	काश तुमने मेहनत कर ली होती।	I wish you would have worked hard.
4728	मैं मेरे नामांकन से पीछे हटता हूँ।	I withdraw my nomination.
4729	मैं तुम्हे ऐसा करने नहीं दूंगा।	I won’t let you do so.
4730	मै नहीं जा पाऊँगा।	I won't be able to go.
4731	मैं कल यहां नहीं आऊंगा।	I won't be here tomorrow.
4732	मैं तुम्हारे बिना यहाँ से नहीं हिलूँगा।	I won't budge from here without you.
4733	मैं इस ऑफिस में दुबारा कभी नहीं आऊंगा।	I won't ever come to this office again.
4734	मुझे नींद नहीं आएगी।	I won't get sleep.
4735	मैं आज तुम्हें नहीं छोड़ूंगा।	I won't spare you today.
4736	मैं तुम्हे नहीं छोड़ूंगा।	I won't spare you.
4737	मैं किसी को नहीं बताऊंगा।	I won't tell anyone.
4738	मैं बैंक में काम करता हूँ।	I work in a bank.
4739	मैं उससे ज्यादा काम करता हूँ।	I work more than he does.
4740	मैंने कल पूरा दिन काम किया।	I worked all day yesterday.
4741	मैंने पढाई के दौरान नौकरी की।	I worked during studies.
4742	अबतक तो मैं सारा काम कर चुका होता।	I would have done all the work by now.
4743	अबतक तो मैं तैयार हो चुका होता।	I would have got ready by now.

4744	मैं अंग्रेजी सीख चुका होता।	I would have learnt English.
4745	कृपया मुझे थोड़ा सूप चाहिए।	I would like a little soup, please.
4746	मैं आपके साथ डांस करना चाहूँगी।	I would like to dance with you.
4747	मैं एक शिकायत करना चाहूँगा।	I would like to make a complaint.
4748	मैं भुगतान करना चाहता हूँ।	I would like to pay.
4749	मैं ये बताना चाहूँगा ३..	I would like to point out ….
4750	कृपया, मैं फिर से भरना चाहूँगा।	I would like to refill, please.
4751	मुझे यह देखना है।	I would like to see.
4752	मै तो यही कहूँगा कि …	I would say that ....
4753	मैं तब भी तुमसे प्यार कंगा।	I would still love you.
4754	मैं तो यही कहूँगा कि....	I would suggest that….
4755	मैं अपनी किस्मत लिखता हूँ।	I write down my own destiny.
4756	मैं आपके बारे में सोचता रहता हूँ।	I keep thinking about you.
4757	मुझे उत्तर पता है।	I know the answer.
4758	मैं 2 दिन बाद पैसे लेने आऊंगा।	I'll come to take the money after 2 days.
4759	मैं तुम दोनों को गोली मार दूंगा।	I'll shoot both of you.
4760	मैं जल्द ही लय में आ जाऊंगा।	I'll soon get in the groove.
4761	मैं तुम्हें तैरना सिखाऊंगा।	I'll teach you how to swim.
4762	मैं पहले से ही तनावग्रस्त हूँ।	I'm already tcnscd.
4763	मैं आपसे गुस्सा हूँ।	I'm angry with you.
4764	मुझे ठंड लग रही है।	I'm feeling cold.
4765	आजकल मेरा हाथ तंग है।	I'm hard up these days.
4766	मुझे भूख लगी है।	I'm hungry.
4767	मुझे चि नहीं है।	I'm not interested.
4768	मैं इसे सोच समझ कर कह रहा हूँ।	I'm saying it after much deliberation.
4769	मुझे प्यास लगी है।	I'm thirsty.

4770	कृपया मुझे एक कॉफ़ी चाहिए।	I'd like a coffee, please.
4771	मुझे एक सिंगल कमरा चाहिए।	I'd like a single room.
4772	मुझे भी थोड़ा पानी चाहिए।	I'd like some water too.
4773	मैं कुछ खरीदना चाहूँगा।	I'd like to buy something.
4774	मैं घर जाना चाहूँगा।	I'd like to go home.
4775	मैं खरीदारी के लिए जाना चाहूँगा।	I'd like to go shopping.
4776	मैं आपको एक बार फिर याद दिलाना चाहता हूँ।	I'd like to remind you once again.
4777	अपनी पहचान बताओ।	Identify yourself.
4778	भगवान ने चाहा तो सब ठीक हो जायेग।	If God wills, everything will be fine.
4779	अगर वह अंदर है, तो मैं जा रही हूँ।	If he is in, I am off.
4780	उसे जाना है तो जाये।	If he wants to go, he can.
4781	अगर मै गलत नहीं हूँ तो।	If I am not mistaken.
4782	अगर मैं गलत नहीं हु तो तुम सीमा हो।	If I am not mistaken, you are Seema.
4783	अगर मुझे पर्याप्त नींद नहीं मिलती तो मुझे सिरदर्द हो जाता है।	If I don't get enough sleep, I get a headache.
4784	अगर मेरा बस चलता तो मै उसे बुरी तरह पीटता।	If I had my way, I would beat him badly.
4785	अगर मेरा बस चलता तो मै उसे जान से मार देता।	If I had my way, I would kill him.
4786	अगर मुझे पता होता तो मै तुम्हें बताता।	If I knew I would tell you.
4787	अगर मुझे कुछ जरुरत पड़ती है तो मै तुम्हें बुला लूँगा।	If I need, I will call you.
4788	अगर यह मेरा नहीं है, तो क्या यह तुम्हारा है?	If it's not mine, is it yours?
4789	जरूरत पड़े तो और माँग लेना।	If needed, ask for more.
4790	यदि सब नहीं तो मुझे कुछ दे दो।	If not all, give me some.

4791	अगर तुम्हारे साथ नहीं तो वह कहां है?	If not with you, where is he?
4792	हो सके तो मुझे से मिल लेना।	If possible, meet me.
4793	यदि राम आएं तो कृपया मुझे बताएं।	If Ram comes, please let me know.
4794	अगर वह ज़रा भी तुम्हारे जैसी है तो चलेगी।	If she is anything like you, she will do.
4795	अगर ऐसा है तो आप ही क्यों नहीं बताते कि क्या करें?	If that so, why don't you tell us what to do'?
4796	अगर जरूरत पड़ी तो मैं आपके साथ हूँ।	If the need arises, I am there with you.
4797	अगर जरूरत पड़ी तो मैं वहां जर जाऊंगा।	If the need arises, I'll certainly go there.
4798	अगर हम ट्रेन से जायेंगे तो सस्ता पड़ेगा।	If we go by train, it will be cheaper.
4799	अगर हमे पता होता तो हम थोड़ा जल्दी आते।	If we had known, we would have come early.
4800	यदि आप स्वतंत्र नहीं हैं, तो कोई बात नहीं।	If you are not free, never mind.
4801	यदि आप वहां हो तो बोल दो न!	If you are there, just say so!
4802	अगर मुझसे पूछो तो।	If you ask me.
4803	अगर तुमने दोबारा ऐसा किया तो मैं तुमसे बात नहीं कंगी।	If you do this again, I'll not talk to you.
4804	अगर आपको कोई आपत्ति न हो।	If you don't mind.
4805	अगर ठण्ड लगे तो ये रज़ाई ले लेना।	If you feel cold, take the quilt.
4806	तुम बीच में आये तो तुम्हे बहुत भारी पड़ेगा।	If you interfere, you'll have to pay for it dearly.
4807	अगर तुम्हें दूध या कुछ और चाहिए तो मुझे बताओ।	If you need milk or something, let me know.
4808	तुम्हें आना है तो आओ।	If you want to come, then come.
4809	तुम्हें करना है तो करो।	If you want to do, then do it.

4810	खाना है तो खा लो।	If you want to eat, then eat.
4811	तुम्हें जाना है तो जा सकते हो।	If you want to go, you can.
4812	तुम्हें जाना है तो जाओ।	If you want to go, then go.
4813	तुम्हें बैठना है तो बैठो।	If you want to sit, you can.
4814	गैस जला दो।	Ignite the gas.
4815	मैं खुद तेल लगा लूंगा।	I'll apply oil myself.
4816	मैं वापस आऊंगा।	I'll be back.
4817	मैं फूंक दूँगा और तुम ठीक हो जाओगे।	I'll blow and you'll be fine.
4818	मैं सब कुछ जलाकर राख कर दूँगा!	I'll burn everything to the ashes!
4819	मैं इसे खरीदूंगा।	I'll buy it.
4820	मैं बाद में कॉल कंगा।	I'll call back later.
4821	मैं बाद में कॉल करता हूँ।	I'll call you later.
4822	मैं तुम्हें रविवार को फोन कंगा।	I'll call you on Sunday.
4823	जब वह आएगा तो मैं तुम्हें फोन कंगा।	I'll call you when he comes.
4824	मैं ये मामला निपटा कर आऊंगा।	I'll come after settling this matter.
4825	मैं बाद में वापस आऊंगा।	I'll come back later.
4826	जैसा तुम कहोगे मैं वैसा ही कंगा।	I'll do as you say.
4827	मैं खुद कर लूँगा।	I'll do it myself.
4828	अगर वे चाहते हैं तो मैं ये करूँगा।	I'll do it, if they want me to.
4829	मैं आज रात अपनी पैकिंग करूँगा।	I'll do my packing tonight.
4830	मैं तुम्हारे कपड़े भी धो दूंगा।	I'll do your laundry too.
4831	मैं तुम्हारी यह इच्छा भी पूरी कर दूंगा।	I'll fulfill your that wish too.
4832	मैं बस स्टॉप पर उतंगा।	I'll get down at bus stop.
4833	मैं वह पूरा कर दूंगा।	I'll get that done.

4834	मैं निश्चित प से समय पर उठूंगा।	I'll get up on time for sure.
4835	जब वह वापस आएगा मैं उसे दे दूंगा।	I'll give it to him once he returns.
4836	मैं तुम्हें एक अंगूठी दूंगा।	I'll give you a ring.
4837	मैं अगले महीने दिल्ली जाऊंगा।	I'll go to Delhi next month.
4838	मैं इसे संभाल लूंगा।	I'll handle it.
4839	मैं एक कप चाय लूँगा।	I'll have a cup of tea.
4840	कृपया, मुझे भी वही मिलेगा।	I'll have the same, please.
4841	मुझे अपने बॉस से डांट खानी पड़ेगी।	I'll get scolded by my boss.
4842	मुझे पूछना पड़ेगा।	I'll have to ask.
4843	मैं बस दस मिनट लूँगा।	I'll just take ten minutes.
4844	मैं इसे बाद में सुनूंगा।	I'll listen to it later.
4845	आपने मेरे लिए जो किया है उसे मैं कभी नहीं भूलूंगा।	I'll never forget what you have done for me.
4846	मैं ऐसा कभी नहीं होने दूँगा।	I'll never let this happen.
4847	मैं किसी भी कीमत पर वहां नहीं जाऊंगा।।	I'll not go there at any cost.
4848	मैं रात के खाने का भुगतान कंगा।	I'll pay for the dinner.
4849	मैं टिकटों का भुगतान कंगा।	I'll pay for the tickets.
4850	पैसे मिलते ही मैं आपका किराया दे दूंगा।	I'll pay thc rent as soon as I get the money.
4851	मैं आपका सपना जर पूरा कंगा।	I'll surely make your dream come true.
4852	मैं तुमसे जर मिलूंगा।	I'll surely meet you.
4853	मैं इसकी देखभाल कंगा।	I'll take care of it.
4854	मैं वो भी ले लूँगा।	I'll take that one also.
4855	मैं उससे बात कंगा, चिंता मत करो।	I'll talk to him, don't worry.
4856	मैं आप से जल्द बात करूँगा।	I'll talk to you soon.

4857	मैं कल सुबह आपसे बात कंगा।	I'll talk to you tomorrow morning.
4858	मैं आपको सिखाऊंगा।	I'll teach you.
4859	मैं तुम्हारे बेटे को पढ़ाऊंगा।	I'll teach your son.
4860	मैं उसे बताऊंगा कि तुमने फोन किया था।	I'll tell him that you called.
4861	मैं तुम्हें सब कुछ बताऊंगा।	I'll tell you everything.
4862	मैं तुम्हें रास्ते में बताऊंगा।	I'll tell you on the way.
4863	मैं कल तक आने की कोशिश कंगा।	I'll try to come by tomorrow.
4864	मेरी आयु 29 वर्ष है।	I'm 29 years old.
4865	मैं एक नौसिखिया हूँ।	I'm a beginner.
4866	मैं बिल्कुल थक गया हूँ।	I'm absolutely worn out.
4867	मुझे मौत से डर लगता है।	I'm afraid of death.
4868	मैंने भी दुनिया देखी है।	I'm also experienced.
4869	मैं ऐसा करने के लिए बाध्य हूँ।	I'm bound to do this.
4870	मैं इस वक्त व्यस्त हूँ।	I'm busy at the moment.
4871	मैं 5 मिनट में आ रहा हूँ।	I'm coming in 5 minutes.
4872	मैं अभी आ रहा हूँ।	I'm coming right now.
4873	मैं जितनी तेजी से कर सकता हूँ कर रहा हूँ।	I'm doing as fast as I can.
4874	मेरा छोटे व्यवसाय चलाना समाप्त हो गया है।	I'm done running small businesses.
4875	मैं भारत से हूँ।	I'm from India.
4876	मैं पूड़ियाँ तल रही हूँ।	I'm frying the puris.
4877	मैं अब तैयार हो रहा हूँ।	I'm getting ready now.
4878	मेरी तैयारी चल रही है।	I'm getting ready.
4879	मैं टहलने के लिए जा रहा हूँ।	I'm going for a walk.
4880	मैं यात्रा पर जा रहा हूँ।	I'm going on a trip.

4881	मैं इसे कल साफ़ करने जा रहा हूँ।	I'm going to clean it tomorrow.
4882	मैं थोड़ी देर लेटने जा रहा हूँ।	I'm going to lie down for a while.
4883	मुझे सांस लेने में दिक्कत हो रही है।	I'm having a hard time breathing.
4884	मैं कल एक पार्टी रख रहा हूँ।	I'm having a party tomorrow.
4885	मैं यहाँ तुम्हारे साथ हूँ।	I'm here with you.
4886	मैं तुम्हारी कमीज़ इस्त्री कर रहा हूँ।	I'm ironing your shirt.
4887	मैं बस पहुंचने वाला हूँ।	I'm just about to arrive.
4888	मैं बस इसे बनाने जा रहा हूँ।	I'm just going to make it.
4889	मैं तो बस मजाक कर रहा हूँ।	I'm just kidding.
4890	मैं बस देख रहा हूँ।	I'm just looking.
4891	मैं बस अपने अपार्टमेंट तक पहुंच रहा हूँ।	I'm just reaching my apartment.
4892	मैं अभी थोड़ा व्यस्त हूँ।	I'm little busy right now.
4893	मैं तुम्हें समझा रहा हूँ।	I'm making you understand.
4894	मैं नहीं डरता।	I'm not afraid.
4895	मैं व्यस्त नहीं हूँ।	I'm not busy.
4896	अभी मेरी बात तुमसे खत्म नहीं हुई।	I'm not finished with you.
4897	मैं कल काम पर नहीं जाउंगा।	I'm not going to work tomorrow.
4898	मैं आपकी धमकियों के सामने डरने वाला नहीं हूँ।	I'm not going to yield to your threats.
4899	मैं शादीशुदा नहीं हूँ।	I'm not married.
4900	मैं कोई साधारण लड़की नहीं हूँ।	I'm not an ordinary girl.
4901	मैं तुम्हें डांट नहीं रहा हूँ।	I'm not scolding you.
4902	मुझे इसकी आदत नहीं है।	I'm not used to it.
4903	मैं अगले दो दिनों के लिए छुट्टी पर हूँ।	I'm off for the next two days.
4904	मैं रुका हुआ हूँ।	I'm on hold.

4905	मैं रास्ते में हूँ। मैं मिनट में वहां पहुँच जाऊंगा।	I'm on my way. I'll be there in a minute.
4906	मैं आपके काम से खुश हूँ।	I'm pleased with your work.
4907	मैं सचमुच आपका आभारी हूँ।	I'm really indebted to you.
4908	मैं रोटियां बेल रही हूँ।	I'm rolling the chapattis.
4909	मैं खाना परोस रहा हूँ।	I'm serving dinner.
4910	मैं हस्ताक्षर कर रहा हूँ।	I'm signing.
4911	मुझे आपको बीच में रोकने के लिए खेद है।	I'm sorry to interrupt you.
4912	मुझे क्षमा करें, मैं सहमत नहीं हो सकता।	I'm sorry, I can't agree.
4913	मुझे क्षमा करें, ऐसा दोबारा नहीं होगा।	I'm sorry, I won't happen again.
4914	मैं तुम्हें कब से कह रहा हूँ कि ऐसा मत करो।	I'm telling you for so long not to do so.
4915	मैं तुम्हारे बहाने सुन–सुनकर थक गया हूँ।	I'm tired of listening to your excuses.
4916	मुझे इसकी आदत है।	I'm used to it.
4917	मैं बहुत व्यस्त हूँ।	I'm very busy.
4918	मुझे आपके स्वास्थ्य की चिंता है।	I'm worried about your health.
4919	मैं भी चिंतित हूँ।	I'm worried too.
4920	अपनी आदत सुधारो।	Improve your habit.
4921	अपनी लिखावट सुधारें।	Improve your hand writing.
4922	अपनी चाल सुधारो।	Improve your walk.
4923	उसके होते हुये हम कुछ नहीं कर सकते।	In his presence we can't do anything.
4924	मेरी राय में।	In my opinion.
4925	मेरे होते हुये घबराओ मत।	In my presence don't panic.
4926	मेरे होते हुये तुम्हें कुछ नहीं होगा।	In my presence nothing will happen to you.

4927	हमारे शहर में रात के समय बहुत कम लोग बाहर निकलते हैं।	In our town, very few people go out at night.
4928	इस स्थिति में।	In this condition.
4929	किस तरह से?	In what way?
4930	तुम किस कॉलेज में पढ़ते हो?	In which college do you study?
4931	आप किस युग में जी रहे हैं?	In which era are you living?
4932	आप कौन से स्कूल में पढ़ाते हो?	In which school do you teach?
4933	आपके होते हुये मुझे कुछ नहीं होगा।	In your presence, nothing will happen to me.
4934	गति बढ़ा दो।	Increase the speed.
4935	पंखे की स्पीड बढ़ा दो।	Increase the speed of the fan.
4936	जैसे ही वह वापस आये मुझे बातना।	Inform me as soon as he returns.
4937	अन्याय बर्दाश्त नहीं किया जायेगा।	Injustice will not be tolerated.
4938	अपना परिचय दो।	Introduce yourself.
4939	उनको निमंत्रण।	Invite them.
4940	मैंने उसे खाने पर आमंत्रित किया।	I invited him to dinner.
4941	आवाज़ बढ़ा दो।	Turn up the volume.
4942	आवाज़ कम करदो।	Turn down the volume.
4943	शर्ट को इस्त्री कर दो।	Iron the shirt.
4944	मैं तुमसे अकेले मैं बात करना चाहता हूँ।	I want to speak to you in privatc.
4945	क्या कोई और आया है?	Has anyone else come?
4946	क्या यहाँ कोई है?	Is anyone here?
4947	क्या आज कुछ खास है?	Is there anything special today?
4948	कुछ गलत है क्या?	Is anything wrong?
4949	क्या नाश्ता अभी तक तैयार है?	Is breakfast ready yet?
4950	क्या रात का खाना तैयार है?	Is dinner ready?
4951	क्या सब कुछ ठीक है?	Is everything all right?

4952	क्या वह कुछ कह रहा है?	Is he saying something?
4953	उसकी नस चल रही है या नहीं?	Is her pulse beating or not?
4954	क्या बाहर ठंड है?	Is it cold outside?
4955	क्या यह संक्रामक है?	Is it contagious?
4956	क्या यह टिकाऊ है?	Is it durable?
4957	क्या यह यहां से दूर है?	Is it far from here?
4958	ठंड हो रही है क्या?	Is it getting cold?
4959	क्या देर हो गयी है?	Is it late?
4960	क्या ऑफिस आना अनिवार्य है?	Is it mandatory to come to the office?
4961	क्या यह पास में है?	Is it nearby?
4962	क्या यह तैयार है?	Is it ready?
4963	क्या सचमुच आठ बजे हैं या मेरी घड़ी तेज़ है?	Is it really 8 o'clock or my watch is fast?
4964	क्या भारी बर्फबारी हो रही है?	Is it snowing heavily?
4965	क्या ये स्वादिष्ट है?	Is it tasty?
4966	क्या यह सच है?	Is it true?
4967	क्या आज मंगलवार है?	Is it Tuesday today?
4968	क्या वह ज़िंदगी जीने लायक है जिसमें प्यार ही ना हो?	Is it worth living a life that doesn't have love?
4969	ये क्या तुम्हारे बाप का माल है?	Is it your father's property?
4970	क्या ये तुम्हारा है?	Is it yours?
4971	हो सके तो मुझे कॉल करना।	If possible, call me.
4972	क्या रेखा मैडम आज मौजूद हैं?	Is Rekha Ma'am present today?
4973	क्या रिया वहाँ है?	Is Riya there?
4974	क्या रोहन यहाँ है?	Is Rohan here?
4975	क्या वह तुमसे अधिक सुन्दर है?	Is she more beautiful than you are?
4976	क्या वह इसके लिए ज़िम्मेदार है?	Is she responsible for this?

4977	कोई है क्या?	Is someone there?
4978	क्या वो काफी है?	Is that enough?
4979	क्या वह ठीक है?	Is that OK?
4980	क्या ऐसा है?	Is that so?
4981	क्या वह तुम ही हो जिसने मेरी किताबें लीं?	Is that you who took my books?
4982	क्या वह तुम्हारा घर है?	Is that your house?
4983	क्या बैंक दूर है?	Is the bank far?
4984	क्या दूल्हा डॉक्टर है?	Is the groom a doctor?
4985	क्या सारा दूध खत्म हो गया?	Is all milk finished?
4986	क्या माल अच्छा है?	Is the stuff good?
4987	क्या इससे बाहर निकलने का कोई और रास्ता है?	Is there any other way out?
4988	कोई समस्या है क्या?	Is there any problem?
4989	क्या तुम्हारे आस पास कोई है?	Is there anyone around you?
4990	क्या कोई खास बात है?	Is there anything special?
4991	क्या तुम्हारे बगल में कोई है?	Is there someone beside you?
4992	क्या ये समान ठीक है?	Is this stuff alright?
4993	क्या यह एक सुरक्षित क्षेत्र है?	Is this a safe area?
4994	क्या ये भोजन खाने लायक है?	Is this food edible?
4995	क्या यह भारी है?	Is this heavy?
4996	क्या यह लाइट ख़राब है?	Is this light out of order?
4997	क्या यह मेरा काम है?	Is this my job?
4998	ये भी कोई उम्र है शादी करने की?	Is this a right age to marry?
4999	ये भी कोई जगह है जाने की?	Is this right place to go/visit?
5000	ये भी कोई चीज है खाने का?	Is this right thing to eat?
5001	ये भी कोई टाइम है फोन करने का?	Is this right time to call?
5002	ये भी कोई टाइम है आने का?	Is this right time to come?

5003	ये भी कोई टाईम है खाना खाने का?	Is this right time to eat food?
5004	ये भी कोई तरीका है बात करने का?	Is this right way to talk?
5005	क्या यह सामान आपका है?	Is this stuff yours?
5006	क्या यह वह सामान है जिसकी आपको आवश्यकता है?	Is this the stuff you need?
5007	क्या यह ट्रेन दिल्ली के लिए है?	Is this train meant for Delhi?
5008	क्या आप यही चाहते थे?	Is this what you wanted?
5009	क्या ये आपका बैग है?	Is this your bag?
5010	क्या यह आपकी बाइक है?	Is this your bike?
5011	क्या ये तुम्हारा आखरी फैसला है?	Is this your final decision?
5012	क्या आपका कंप्यूटर चालू हालत में है?	Is your computer in working condition?
5013	क्या तुम्हारे पिता घर पर हैं?	Is your father home?
5014	क्या आपका स्कूल कल खुला है?	Is your school open tomorrow?
5015	क्या आपका बेटा यहाँ है?	Is your son here?
5016	आपका काम पूरा हुआ या नहीं?	Have you completed your work or not?
5017	यह सब तुम्हारी गलती है।	It's all your fault.
5018	यह एक बड़ी समस्या लगती है।	It appears to be a big problem.
5019	लगता है कि वह पार्टी से चली गयी।	It appears that she left the party.
5020	यह दुर्भाग्य लाता है।	It brings bad luck.
5021	यह हो सकता है।	It can be.
5022	यह किसी भी दिल को पिघला सकता है।	It can melt any heart.
5023	यह बुरी नजर को ख़त्म कर सकता है।	It can nullify the evil eye.
5024	इसकी कीमत मुझे 100 रुपये पड़ी।	It cost me Rs 100.
5025	यह मौसम पर निर्भर करता है।	It depends on the weather.
5026	यह बताने लायक नहीं लगा।	It didn't seem worth mentioning.

5027	कोई फर्क नहीं पड़ता।	It does not matter.
5028	इसका कोई मतलब नहीं है।	It doesn’t make any sense.
5029	यह मुझे बोझ नहीं लगता।	It doesn’t seem to be a burden to me.
5030	इससे मुझे कोई फर्क नहीं पड़ता।	It doesn't matter to me.
5031	कोई फर्क नहीं पड़ता चाहें हम सही हो या गलत।	It doesn't matter whether we are right or wrong.
5032	इससे कोई फर्क नहीं पड़ता।	It doesn't matter.
5033	यह मेरा नहीं लग रहा है।	It doesn't seem to be mine.
5034	यह विषय के साथ मेल नहीं खाता।	It does not go with the theme.
5035	कल रात बूंदाबांदी हुई।	It drizzled last night.
5036	यह अच्छा लग रहा है।	It feels good.
5037	ऐसा लगता है मानो बहुत समय हो गया हो।	It feels like a long time.
5038	सर्दियों में बहुत जल्दी अंधेरा हो जाता है।	It gets dark very early in the winter.
5039	ये तो मानी हुई बात है।	It goes without saying.
5040	दो घंटे से बर्फबारी हो रही थी।	It had been snowing for two hours.
5041	ये तो आज होना ही था।	It had to happen today.
5042	आज तो बारिश होनी ही थी।	It had to rain today.
5043	ऐसा तुक्के से हुआ।	It happened by chance.
5044	यह गलती से हुआ।	It happened by mistake.
5045	इसका अपना एक एहसास है।	It has a feel of its own.
5046	4 दिन हो गये।	It has been 4 days.
5047	एक महीना हो गया है।	It has been a month.
5048	यह मेरी आदत बन चुकी है।	It has been my habit.
5049	ये लिखा जा चुका है।	It has been written.
5050	यह और भी बदतर हो गया है।	It has gotten worse.

5051	यहां दुखता है?	It hurts here?
5052	जब मैं अपनी पीठ उठाता हूँ तो दर्द होता है।	It hurts when I left my back.
5053	जाना है तो जाओ।	If you want to go then go.
5054	आज 10 जून है।	It is 10 June.
5055	ये मधुमक्खी का डंक है।	It is a bee sting.
5056	यह एक नकली सांप है।	It is a fake snake.
5057	यह एक अच्छी आदत है।	It is a good habit.
5058	यह झूठ है।	It is a lie.
5059	ये तो चमत्कार है।	It is a miracle.
5060	यह एक घटिया काम है।	It is a nasty job.
5061	ये गिलास झूठा है।	It is a used glass.
5062	यह सब मेरी समझ से बाहर है।	It is all Greek to me.
5063	यह तो रोज की बात है।	It is an everyday occurrence.
5064	ये पूरा का पूरा झूठ है।	It is an out-and-out lie.
5065	ये तो तय है कि तुम गलत हो।	It is certain that you are wrong.
5066	वहां अंधेरा है।	It is dark there.
5067	समय के साथ बड़ा मुश्किल है।	It is difficult to match pace with the time.
5068	रात के खाने का समय हो गया है।	It is dinner time.
5069	यह मैला है।	It is dirty.
5070	ये अनजाने मे हो गया।	It is done accidentally.
5071	कहना आसान है करना नहीं।	It is easier to say than do.
5072	गलती निकलना आसान है।	It is easy to find fault.
5073	वादा करना आसान है पर पूरा करना कठिन।	It is easy to promise but it is difficult to fulfil.
5074	यह कहना आसान है।	It is easy to say.
5075	यह बहुत ज्यादा आसान है।	It is too easy.

5076	इसके बारे में चिंता करना बेवकूफी है।	It is foolish worrying about it.
5077	यह मुफ्त का है।	It is free of charge.
5078	मुझे पैसे उधार देना आपकी उदारता है।	It is generous of you to lend me money.
5079	तुम मेरे लिए कुछ ना ही करो तो अच्छा है।	It is good if you do nothing for me.
5080	तुम मुझसे बहस ना ही करो तो अच्छा है।	It is good if you don't argue with me.
5081	तुम उसके बारे मे बात ना ही करो तो अच्छा है।	It is good if you don't talk about him.
5082	आटा गूंथना उसकी परेशानी है।	It is her problem to knead the flour.
5083	पेड़–पौधे लगाना उनका शौक है।	It is his hobby to plant trees.
5084	चावल बीनना उसकी समस्या है।	It is his problem to pick over the rice.
5085	यह महत्वपूर्ण है।	It is important.
5086	यह असंभव है।	It is impossible.
5087	यह छोटीसी बात है।	It is just a trivial matter.
5088	यह केवल तुम्हारा भ्रम है।	It is just your illusion.
5089	ये सिर्फ तुम्हारा वहम है।	It is just your imagination/ illusion/misconception.
5090	इसमें नमक काम है।	It is low in salt.
5091	पहले ही आधी रात हो चुकी है।	It is midnight already.
5092	आधी रात हो गयी है।	It is midnight.
5093	आज सोमवार हैं।	it is Monday today.
5094	करीब–करीब ठीक है।	It is more or less correct.
5095	ये मेरा दुर्भाग्य है की मैं परीक्षा में पास नहीं हो सका।	It is my bad luck that I could not pass the exam.
5096	ये कोई बड़ी बात नहीं है।	It is no big deal.
5097	हर वक्त उसे कोसना अच्छा नहीं है।	It is no good cursing her all time.

5098	यह कोई हँसने वाली बात नहीं है।	It is no laughing matter.
5099	इसमें किसी का दोष नहीं है।	It is no one's fault.
5100	अपनी असफलता पर रोने से कोई फायदा नहीं है।	It is no use crying over your failure.
5101	रात को यहां रुकने का कोई फायदा नहीं है।	It is no use staying here at night.
5102	यह इतना महंगा नहीं है जितना लगता है।	It is not as costly as it seems.
5103	ये इतना आसान नहीं है जितना तुम सोच रहे हो।	It is not as easy as you are thinking.
5104	यह स्पष्ट नहीं है कि ये किसने किया।	It is not clear who has done this.
5105	यह हर किसी के बस की बात नहीं है।	It is not everyone's cup of tea.
5106	किसी को गाली देना अच्छा नहीं है।	It is not good abusing anyone.
5107	यह भारी नहीं है।	It is not heavy.
5108	यह संभव नहीं है।	It is not possible.
5109	इतना मुंहफट होना भी सही नहीं है।	It is not right to be so blunt.
5110	यह सुनी सुनाई बात है।	It is only a hearsay.
5111	यह हमारी पहुंच से बाहर है।	It is out of our reach.
5112	यहां घोर अंधेरा है।	It is pitch dark here.
5113	यह संभव है।	It is possible.
5114	आज बहुत बारिश हो रही है।	It is raining a lot today.
5115	बहुत तेज़ बारिश हो रही है।	It is raining heavily.
5116	क्या बारिश हो रही है?	It is raining?
5117	इन दिनों हल्की ठंड पड़ रही है।	It is slightly cold these days.
5118	यहाँ बर्फ पड़ रही है।	It is snowing here.
5119	आजकल नौकरी मिलना बहुत मुश्किल है।	It is so hard to find a job nowadays.

5120	यह बहुत अजीब है।	It is so strange.
5121	अभी भी बहुत देर नहीं हुई है।	It is still not too late.
5122	आज उमस भरी गर्मी है।	It is sultry hot today.
5123	आज धूप निकली है।	It is sunny today.
5124	यह आजकल का चलन है।	It is trending these days.
5125	कल उनकी परीक्षा है।	It is their exam tomorrow.
5126	यह उनका आपसी फ़ैसला है।	It is their mutual decision.
5127	ये उनका आपसी मामला है।	It is their mutual matter/affair.
5128	नहाने का समय हो रहा है।	It is time to take a bath.
5129	यहाँ बहुत भीड़ है।	It is too crowded here.
5130	बाहर बहुत गर्मी है।	It is too hot outside.
5131	यह कठिन है।	It is tough.
5132	तुम्हारे साथ कहीं जाना ही बेकार है।	It is useless to go anywhere with you.
5133	उसे तो समझाना ही बेकार है।	It is useless to make him understand.
5134	तुम्हें तो समझाना ही बेकार है।	It is useless to make you understand.
5135	यह फालतू है।	It is useless.
5136	यह बहुत कीमती है।	It is very expei can't scnsive.
5137	यह वाला अभी बाकी है।	It is yet to be done.
5138	यह तुम्हारा भ्रम है।	It is your illusion.
5139	इसमें बहुत खुजली होती है लेकिन मैं खुजा नहीं सकता।	It itches a lot but I can't scratch.
5140	लगता है किसी ने अमित का अपरहण कर लिया है।	It looks like someone has kidnapped Amit.
5141	इससे कोई फ़र्क नहीं पड़ता।	It makes no difference.
5142	आज वर्षा हो सकती है।	It may rain today.
5143	मैं हिल नहीं सकता।	I can't move.

5144	यह मेरे लिए बहुत मायने रखता है।	It means a lot to me.
5145	मतलब ये काम मुझे करना पड़ेगा।	It means I will have to do this work.
5146	यह उसका हो सकता है।	It might be hers.
5147	बारिश हो सकती है, इसलिए छाता अपने साथ ले जाओ।	It might rain, so take the umbrella with you.
5148	वह वहीं होना चाहिए, ठीक से देखा।	It must be there, look properly.
5149	दिन भर बरसात हुई।	It rained all day.
5150	रातभर बारिश होती रही।	It rained all night long.
5151	आज बहुत तेज़ बारिश हुई।	It rained very hard today.
5152	वास्तव में समय लगता है।	It really takes time.
5153	ऐसा लगता है मानो मैंने कोई पाप कर दिया हो।	It seems as if I have committed a sin.
5154	ऐसा लगता है जैसे बारिश होने वाली है।	It seems like it's going to rain.
5155	ऐसा नहीं लगता।	It seems not.
5156	ऐसा लगता है।	It seems so.
5157	ऐसा लग रहा है कि वह काफी निराश है।	It seems that she is very disappointed.
5158	ऐसा लगता है की सारी दुनिया मेरे खिलाफ है।	It seems that the whole world is against me.
5159	लगता है तुम्हें कुछ ज्यादा ही मिर्ची लग रही है।	It seems that you are getting jealous a lot.
5160	लगता है कि तुम आज पिटने के मूड में हो।	It seems that you are in mood to be beaten today.
5161	लगता है आज तुम लड़ने के मूड मे हो।	It seems that you are in mood to fight today.
5162	यह शुध घी की बनी लग रही है।	It seems to be made of pure ghee.
5163	मुझे ऐसा लगता है कि..	It seems to me that..

5164	ऐसा लगता है आपने मुझे पहचाना नहीं।	It seems you didn't recognize me.
5165	यह अब तक हो जाना चाहिए था।	It should have been done by now.
5166	ये बात मेरे दिमाग से निकल गयी।	It slipped my mind.
5167	इसकी खुशबू बहुत स्वादिष्ट है।	It smells so delicious.
5168	ये सुनने में अच्छा लगता है।	It sounds good.
5169	जब मैं घर जा रहा था तो बारिश होने लगी।	It started raining while I was walking home.
5170	यहाँ बदबू आ रही है।	It stinks in here.
5171	मुझे ऑफिस पहुंचने में 25 मिनट लगते हैं।	It takes me 25 minutes to get to office.
5172	इसमें कुछ समय लगता है।	It takes a while.
5173	मुझे स्कूल पहुंचने में आधा घंटा लगता है।	It takes me half an hour to reach school.
5174	ताली एक हाथ से नहीं बजती।	It takes two to make a quarrel.
5175	तुमसे मिलना एक सुखद इत्तेफ़ाक़ था।	It was a pleasant coincidence
5176	यह जुबान की फिसलन थी।	It was a slip of the tongue.
5177	जुबान फिसल गयी।	The tongue slipped.
5178	गह सब उन्हीं का विचार था।	It was all his idea.
5179	यह एक अद्‌भुत अनुभव था।	It was an amazing experience.
5180	जोर से हवा चल रही थी।	It was blowing hard.
5181	यह तो होना ही था।	It was bound to happen.
5182	यह जानबूझकर किया गया था।	It was done on purpose.
5183	यह अनजाने में हुआ था।	It was done unknowingly.
5184	रिमझिम वर्षा हो रही थी।	It was drizzling
5185	उसे तो विश्वास ही नहीं हो रहा था।	It was hard for him to believe.

5186	उसे कॉल करने में बहुत देर हो चुकी थी।	It was too late to call him.
5187	उसने ही तो यह कहा था।	It was he who said it.
5188	रिश्वत लेना उनकी मजबूरी थी।	It was his compulsion to take a bribe.
5189	यह सिर्फ एक मज़ाक था।	It was just a joke.
5190	सोमवार दिन था।	It was Monday.
5191	यह मेरा फर्ज़ था।	It was my duty.
5192	यह मेरा अपना निर्णय था।	It was my own decision.
5193	बस 10 मिनट की ही तो बात थी।	It was only a matter of 10 minutes.
5194	बस 50 पये की ही तो बात थी।	It was only a matter of 50 rupees.
5195	बारिश हो रही थी, क्या आपके पास छाता था?	It was raining, did you have an umbrella?
5196	कमरे में सचमुच गर्मी थी।	It was really hot in the room.
5197	यह मेरे लिए भी हैरानी की बात है।	It was shocking for me as well.
5198	वसंत का समय था।	It was spring.
5199	इतनी डरावनी मूवी थी।	It was such a horrible movie.
5200	गर्मी का दिन था।	It was summer.
5201	बस मैं इतना ही कर सकता था।	It was the last that I could do.
5202	ये सब किस्मत का चक्कर है।	It was the twist of fate.
5203	यह मेरी अब तक की सबसे बुरी गलती थी।	It was the worst mistake I've ever made.
5204	गड़गड़ाहट हो रही थी।	It was thundering.
5205	कल बहुत तेज़ हवा थी।	It was very windy yesterday.
5206	जाड़े का दिन था।	It was winter.
5207	यह लिखा हुआ था।	It was written.
5208	यह मेरे लिए आसान नहीं था।	It wasn't easy for me.

5209	यह शीघ्र ही आ जाएगा।	It will ar
5210	बात को यहीं निपटाना बेहतर होगा।	It will be better t matter here.
5211	इसकी कीमत 5 रुपए होगी।	It will be for Rs 5
5212	अच्छा होगा अगर हम इसे अपने तक ही रखें।	It will be nice/better if keep to ourselves.
5213	ऐसा ही होगा।	It will be so.
5214	आपकी बड़ी मेहरबानी होगी।	It will be very kind of you.
5215	ये आपको महंगा पड़ेगा।	It will cost you.
5216	इससे आपका भला होगा।	It will do you good.
5217	यह और भी बद्तर हो जाएगा।	It will get worse.
5218	यह होगा।	It will happen.
5219	मेरी जीवन रेखा के दौरान ऐसा कभी नहीं होगा।	It will never ever happen during my lifeline.
5220	ये टूटेगा तो नहीं ना?	It will not break, will it?
5221	इसमें आपका कुछ भी खर्च नहीं होगा।	It will not cost you anything.
5222	यह नहीं चलेगा।	It will not do.
5223	इससे मेरा काम चल जाएगा।	It will serve my purpose.
5224	इसमें वक्त लगेगा।स	It will take time.
5225	यह काम करेगा।	It will work.
5226	यह आसान नहीं होगा।	It won't be easy.
5227	इससे कोई फर्क नहीं पड़ेगा।	It won't make any difference.
5228	इसमें ज्यादा समय नहीं लगेगा।	It won't take long.
5229	यह एक अपशगुन है।	It is an ominous.
5230	रिमझिम वर्षा हो रही थी।	It was drizzling.
5231	यह सही है।	It/this is right.
5232	यह गलत है।	It/this is wrong.

5233	इसमें वक़्त लगेगा।	It will take time.
5234	ये मेरे लिए बड़ी बात है।	It's a big deal for me.
5235	सवा आठ बजा है।	It's a quarter past eight.
5236	पौने आठ बजा है।	It's a quarter to eight.
5237	यह मेरी शान के खिलाफ है।	It's against my pride.
5238	सब खत्म हो चुका है।	It's all over.
5239	यह कमाल का है।	It's amazing.
5240	यह साफ है कि वह मुझसे अभी भी नाराज है।	It's apparent that she is still angry with me.
5241	अंधेरा हो रहा है।	It's becoming dark.
5242	अभी अँधेरा है।	It's dark now.
5243	जर कोई बात है।	It's definitely something.
5244	ये अलग है।	It's different.
5245	आठ बजने मे आठ मिनट बाकी है।	It's eight minutes to eight.
5246	आठ बजे है।	It's eight o'clock.
5247	ये काफी है।	It's enough.
5248	यह यहाँ से बहुत दूर है।	It's far from here.
5249	ये मजाकिया है।	It's funny.
5250	अंधेरा हो रहा है।	It's getting dark.
5251	भगवान की यही इच्छा है।	It's God's will.
5252	बहुत तेज बारिश होने वाली है।	It's going to rain heavily
5253	यह तुम्हारे लिए अच्छा है।	It's good for you.
5254	साढे आठ बजा है।	It's half past eight.
5255	यह ऊँचा है।	It's high.
5256	उसका बचना नामुमकिन है।	It's impossible for her to survive.
5257	यह नामुमकिन है।	It's impossible.
5258	मेरे हाथ मे खुजली हो रही है।	It's itching in my hand.
5259	यह 50 रुपये से भी कम है।	It's less than 50 rupees.

5260	यह 2 मील से अधिक लंबा है।	It's longer than 2 miles.
5261	आज सोमवार है।	It's Monday today.
5262	अभी सुबह है।	It's morning now.
5263	सुबह है।	It's morning.
5264	यह मेरा निर्णय है।	It's my decision.
5265	यह मेरी ज़िम्मेदारी है।	It's my responsibility.
5266	यह मेरी बारी है।	It's my turn.
5267	ये मेरे लिए कोई बड़ी बात नहीं है।	It's not a big deal for me.
5268	ये कुछ भी नहीं है।	It's nothing.
5269	अभी नहीं तो कभी नहीं।	It's now or never.
5270	जाहिर सी बात है।	It's obvious.
5271	आज काफी ठंड है।	It's quite cold today.
5272	जोर से वर्षा हो रही है।	It's raining heavily.
5273	बारिश हो रही है।	It's raining.
5274	आठ बजकर दस मिनट हुआ है।	It's ten past eight.
5275	आठ बजकर तीन मिनट हुआ है।	It's three minutes past eight.
5276	यह तो आम बात है।	It's a common thing.
5277	बिजली गरज रही है।	It's thundering.
5278	बहुत देर हो चुकी है।	It's too late.
5279	ये बहुत ज्यादा है।	It's too much.
5280	यह बहुत तंग/टाइट है।	It's too tight.
5281	वहाँ बहुत गर्मी पड़ती है।	It's very hot over there.
5282	आज बहुत गर्मी है।	It's very hot today.
5283	ये आपकी मेहरबानी है।	It's very kind of you.
5284	यह तुम्हारा भ्रम है।	It's your illusion.
5285	आज शाम ठंड रहेगी।	It'll be cold this evening.
5286	यह आप पर अच्छा लगेगा।	It'll look pretty on you.

5287	रात के 11:30 बजे हैं।	It's 1130 p.m.
5288	सुबह के 6 बजे हैं।	It's 6 a.m.
5289	यह एक बुरी आदत है।	It's a bad habit.
5290	यह मेरे लिए बहुत बड़ी बात है।	It's a big deal for me.
5291	यह थोड़ा महंगा है।	It's a bit costly.
5292	यह मेरे लिए बच्चों का खेल है।	It's a child play for me.
5293	यह अच्छी आदत है।	It's a good habit.
5294	यह अच्छी बात है।	It's a good thing.
5295	यह एक अच्छी पोशाक है लेकिन इसमें स्कार्फ नहीं है।	It's a nice dress but it hasn't got a scarf.
5296	यह अफ़सोस की बात है कि वह ज़िंदा नहीं हैं।	It's a pity that he is not alive.
5297	यह एक पाप है।	It's a sin.
5298	यह बासी खाना है।	It's stale food.
5299	यह किस्मत का खेल है।	it's a twist of fate.
5300	यह बिल्कुल बेकार है।	It's absolutely useless.
5301	यह मेरे शान के खिलाफ है।	It's against my pride.
5302	सारा खेल किस्मत का है।	It's all about luck.
5303	सारा खेल पैसे का है।	It's all about money.
5304	यह सब गड़बड़ हो गया है।	It's all become a mess.
5305	यह सब मेरी गलती है।	It's all my fault.
5306	सब खत्म हो गया।	It's all over.
5307	सब किस्मत का खेल है।	It's all twist of fate.
5308	ये सब आप पर है, आप देख लीजिये।	It's all up to you.
5309	यह सब आपकी कल्पना मात्र है, और कुछ नहीं।	It's all your all imagination, nothing else.
5310	यह सब आपकी करनी है।	It's all your doing.
5311	ये सब तुम्हारी गलती है।	It's all your fault.

5312	इसे अपनी ही चीज़ समझे।	It's all yours.
5313	यह रोज की बात है।	It's an everyday occurrence.
5314	यह आकर्षक है।	It's attractive.
5315	यह 25 अगस्त है।	It's August 25th.
5316	आज बड़ा शुभ दिन है।	It's an auspicious day today.
5317	यह बुरी आदत है।	It's a bad habit.
5318	यह बुरी बात है।	It's a bad thing.
5319	हमें शु हुए 5 मिनट हो गए हैं।	It's been 5 minutes since we started.
5320	मुझें नौकरी के लिए आवेदन किए हुए एक महीना हो गया है।	It's been a month since I applied for the job.
5321	मुझे उठे हुए एक घंटा हो गया है।	It's been an hour since I woke up.
5322	अब चार महीने हो गए हैं।	It's been four months now.
5323	कई घंटे हो गये।	It's been hours.
5324	बहुत समय हो गया जब मैंने तुम्हें आखिरी बार देखा था।	It's been long since I last saw you.
5325	अब यह बर्दाश्त के बाहर है।	It's beyond tolerance now.
5326	यह उसे परेशान कर रहा है।	It's bugging him.
5327	इसमें हमें भारी कीमत चुकानी पड़ रही है।	It's costing us a fortune!
5328	इस कमरे में अँधेरा है।	It's dark in this room.
5329	फैसला हो गया।	It's decided.
5330	यह स्वादिष्ट है।	It's delicious.
5331	यह मुश्किल है।	It's difficult.
5332	मुफ़्त सलाह देना आसान है, उसका पालन करना कठिन।	It's easy to offer free advice, tough to follow.
5333	आठ बजे हैं।	It's eight o'clock.
5334	ये खाली है।	It's empty.

5335	आज के लिए काफी है।	It's enough for today.
5336	बहुत हो गया, अब चुप रहो।	It's enough, shut up now.
5337	यह पूरी की पूरी गलती तुम्हारी है।	It's entirely your fault.
5338	शाम हो गई है।	it's evening.
5339	यह महंगा है।	it's expensive.
5340	आजकल त्योहारों का माहौल है।	It's festive atmosphere these days.
5341	आज कोहरा है।	It's foggy today.
5342	बाहर बहुत ठण्ड है।	It's freezing outside.
5343	यह जम गया है।	It's frozen.
5344	ठण्ड बढ़ती जा रही है।	It's getting colder.
5345	गर्मी बढ़ती जा रही है।	It's getting hotter.
5346	उजाला हो रहा है।	It's getting light.
5347	यह कुछ ज्यादा हो रहा है अब।	It's getting too much now.
5348	यह बदतर हो रहा है।	It's getting worse.
5349	आज ओले पड़ने वाले हैं।	It's going to hail today.
5350	आज बर्फबारी होने वाली है।	It's going to snow today.
5351	इसमें कल सुबह तक का समय लगेगा।	It's going to take time until tomorrow morning.
5352	अच्छा हुआ कि तुम आये।	It's good that you have come.
5353	यह अच्छी बात है।	It's a good thing.
5354	यह अच्छा है, आप यहाँ हैं।	It's good, you are here.
5355	मेरे लिए साँस लेना कठिन है।	It's hard for me to breathe.
5356	मुझे तो विश्वास ही नहीं हो रहा कि ये सच है।	It's hard to believe me that it's true.
5357	अंदाजा लगाना मुश्किल है।	It's hard to guess.
5358	यह कहना मुश्किल है।	It's hard to say.
5359	पांच दिन हो गये।	It has been five days.

5360	अब उसकी बारी है।	It's his turn now.
5361	यह उसका काम है, मेरा नहीं।	It's his work not mine.
5362	यह मुमकिन नहीं है।	It's impossible.
5363	यह तो होना ही है।	It's inevitable.
5364	यह जाम है।	It's jammed.
5365	आज बारिश होने की संभावना है।	It's likely to rain today.
5366	इससे मेरे मुंह में पानी आ रहा है।	It's making my mouth watering.
5367	यह पिघल रहा है।	It's melting.
5368	यह मेरे सिर के साथ खिलवाड़ है।	It's messing with my head.
5369	आज धुंध है।	It's misty today.
5370	अभी सुबह है।	It's morning now.
5371	सुबह हो गयी।	It's morning.
5372	यह हिल रहा है।	It's moving.
5373	आज मेरी छुट्टी हे।	It's my day-off today.
5374	यह मेरी शराफत है।	It's my decency.
5375	यह मेरा फैसला है।	It's my decision.
5376	यह मेरा अंतिम निर्णय है।	It's my final decision.
5377	यह मेरा सौभग्य है।	It's my pleasure.
5378	यह मेरा वादा है।	It's my promise.
5379	यह बाज़ार के पास है।	It's near the market.
5380	जब जागो तभी सवेरा।	It's never too late to start.
5381	यह अगले सप्ताह है।	It's next week.
5382	यह कोई बड़ी बात नहीं है।	It's no big deal.
5383	ये कोई हँसने की बात नहीं है।	It's no laughing matter.
5384	यह कोई छोटी–मोती बात नहीं है।	It's not an ordinary thing.
5385	उनसे बहस करने का कोई फायदा नहीं है।	It's no use arguing with them.

5386	मुझसे पूछने का कोई फायदा नहीं; मुझें नहीं पता।	It's no use asking me; I don't know.
5387	तुमसे बात करके कोई फायदा नहीं है।	It's no use talking to you.
5388	वहां जाने से कोई फायदा नहीं है।	It's no use going there.
5389	इसका कोई उपयोग नहीं है।	It's no use.
5390	मेरा इससे कोई लेना देना नहीं है।	It's none of my business.
5391	यह लैपटॉप नहीं है।	It's not a laptop.
5392	बात पैसे की नहीं है।	It's not about money.
5393	बात भरोसे की नहीं है। मेरे पास पैसे ही नहीं है।	It's not about trust, I don't have any money.
5394	यह मुश्किल नहीं है।	It's not difficult.
5395	उन्हें फ़साना बिलकुल मुश्किल नहीं है।	It's not difficult to hook them up.
5396	यह हमारे लिए अच्छा नहीं है।	It's not good for us.
5397	वह यहाँ नहीं है।	He is not here.
5398	ये उसके बस की बात नहीं है।	It's not his cup of tea.
5399	यह उसकी गलती नहीं है।	It's not his fault.
5400	ऐसा नहीं है कि उसने जानबूझकर ऐसा किया।	It's not like she did it on purpose.
5401	यह ऐसा नहीं है।	It's not like that.
5402	हर किसी को सबकुछ मिले ये जरी नहीं।	It's not necessary for everyone to get everything.
5403	हर किसी का हर जगह जाना जरी नहीं है।	It's not necessary for everyone to go everywhere.
5404	यह वास्तव में किसी भी चीज़ के बारे में नहीं है।	It's not really about anything.
5405	यह इतना भी मुश्किल नहीं है।	It's not rocket science.
5406	यह उतना जटिल नहीं है।	It's not that complicated.

5407	यह चुटकुले सुनाने का वक्त नहीं है।	It's not the time to crack jokes.
5408	यह सच नहीं है।	It's not true.
5409	ये तुम्हारे बस की बात नहीं है।	It's not your cup of tea.
5410	ये तुम्हारे बाप का माल नहीं है।	It's not your father's property.
5411	ऐसा कुछ नहीं है।	It's nothing like that.
5412	कुछ भी तो नहीं।	It's nothing.
5413	चलो ठीक है, कोई बात नहीं।	It's ok, no problem.
5414	देर से ही सही पर आना जर।	You must come even if late.
5415	देर से ही सही पर वह मान गई।	She agreed even though she was late.
5416	देर से ही सही पर/लेकिन वो मान तो गया।	He agreed even if late.
5417	देर से ही सही पर वह मेरी बात समझ गया।	He understood what I said even if it was late.
5418	देर से ही सही पर उसने हाँ कह दिया।	She said yes even if late.
5419	देर से ही सही पर तुम्हें अक्ल तो आई।	Even though late, you got wisdom.
5420	ठीक है, मैं अपनी गलती मानता हूँ।	It's okay, I admit/accept my mistake.
5421	बस 100 पये की ही तो बात है।	It's only a matter of 100 rupees.
5422	बस एक दिन की ही तो बात है।	It's only a matter of one day.
5423	बस कुछ देर कने की ही तो बात है।	It's only a matter of staying for a while.
5424	बस कुछ ही दिनों की बात है।	It's only about a few days.
5425	ये केवल मेरे बस का है।	It's only my cup of tea.
5426	यह वहाँ पर है।	It's over there.
5427	यह काफी नाजुक है।	It's quite fragile.
5428	यहाँ लगातार बारिश हो रही है।	It's raining here continuously.

5429	बारिश हो रही है, क्या आपके पास छाता है?	It's raining, do you have an umbrella?
5430	सचमुच गरम है।	It's really hot.
5431	यह गंभीर है।	It's serious.
5432	अभी साढ़े सात हुए हैं।	It's seven thirty.
5433	यह पहले से अधिक सरल है।	It's simpler than before.
5434	इन दिनों हल्की ठंड है।	It's slightly cold these days.
5435	इतनी ठंड है कि मेरे रोंगटे खड़े हो गए हैं।	It's so cold that I've got goosebumps.
5436	आज बहुत ठण्ड है।	It's so cold today.
5437	बहुत देर हो चुकी है और आप अभी भी रात की पोशाक में हैं!	It's so late and you're still in night dress!
5438	ये इतना सरल है।	It's so simple.
5439	अच्छा लगता है।	It sounds good.
5440	यह पर्याप्त है।	It's sufficient.
5441	बाहर धूप है।	It's sunny outside.
5442	आज धूप तो है लेकिन गर्मी नहीं है।	It's sunny today but it isn't warm.
5443	आज बहुत ज़्यादा गर्मी है।	It's terribly hot today.
5444	ये तो रोज़ की बात है।	It's the matter of every day.
5445	यह पहले जैसा ही है।	It's the same as before.
5446	अब उनकी बारी है।	It's their turn.
5447	यह उन लोगों का काम है हमारा नहीं।	It's their work not mine.
5448	यह मेरी दवा का समय हो गया।	It's time for my medicine.
5449	यह कुछ बड़ा करने का समय है।	It's time to do something big.
5450	यह घर जाने का समय है।	It's time to go home.
5451	सोने का समय हो गया।	It's time to go to bed.
5452	मेरा दवा लेने का समय हो गया है।	It's time to have my medicine

5453	अब जाने का समय है।	It's time to leave.
5454	यह बहुत बड़ा है।	It's too big.
5455	यह बहुत सस्ता है।	It's too cheap.
5456	यह बहुत महँगा है।	It's too expensive.
5457	बहुत देर हो चुकी है।	it's too late.
5458	यह बहुत छोटा है।	It's too small.
5459	यह बहुत कठिन है।	It's too tough.
5460	यह उचित नहीं है।	It's unfair.
5461	यह आप पर निर्भर करता है।	It's up to you.
5462	यह बहुत आवश्यक है।	It's urgent.
5463	यह उपयोगी है।	It's useful.
5464	तुमसे बहस करना ही बेकार है।	It's useless to argue with you.
5465	उसे समझाना बेकार है।	It's useless to explain him.
5466	वहां जाना बेकार है।	It's useless to go there.
5467	यह किसी काम का नहीं।	It's useless.
5468	यहाँ पर बहुत ठंड है।	It's very cold here.
5469	यह बहुत कीमती है।	It's very expensive.
5470	आज बहुत गर्मी है।	It's very hot today.
5471	यह बहुत महत्वपूर्ण है।	It's very important.
5472	यह आपकी मेहरबानी है।	It's very kind of you.
5473	बहुत हवा है।	It's very windy.
5474	यह काम कर रहा है।	It's working.
5475	यह गलत है।	It's wrong.
5476	यह तुम्हारी पसंद है।	It's your choice.
5477	हां, यही है।	Yes, it is.
5478	यह आपका कर्तव्य है।	It's your duty.
5479	यह आपकी बड़प्पन है।	It's your eminence.

5480	यह आपका भ्रम है।	It's your illusion.
5481	यह आपका जीवन है इसलिए इसे आप जैसे चाहें जियें।	It's your life so live it how you want.
5482	यह तुम्हारी गलती है।	It's your mistake.
5483	यह तुम्हारी परेशानी है मेरी नहीं।	It's your problem not mine.
5484	यह तुम्हारी जिम्मेदारी है मेरी नहीं।	It's your responsibility not mine.
5485	यह बहुत मज़ेदार है लेकिन थका देने वाला है।	It's a lot of fun but exhausting.
5486	यह तुम्हारा काम है।	It's your work.
5487	मैंने हमेशा आपकी बात सुनी है।	I've always listened to you.
5488	मैं हमेशा आपके साथ खड़ा हूँ।	I've always stood by you.
5489	मैं वहां गया था।	I've been there.
5490	मैं तुम्हारे लिए भोजन लाया हूँ।	I've brought food for you.
5491	मैं सिर्फ आपसे मिलने आया हूँ।	I've come just to see you.
5492	मैंने चाय पीना कम कर दिया है।	I've cut down on tea.
5493	मैंने डर के मारे ऐसा किया है।	I've done that out of fear.
5494	मेरे हाथ की नस चढ़ी हुई है।	I've got a cramp in my hand.
5495	मुझे कुछ चीजें करनी हैं।	I've got a few things to do.
5496	आज मुझे बहुत कुछ करना है।	I've got a lot to do today.
5497	मुझे हिचकी आ गयी है।	I've got hiccups.
5498	मुझे कुछ पता नहीं।	I've got no idea.
5499	मेरे हाथ पर खरोंचें आई हैं।	I've got scratches on my hand.
5500	मेरी आँखों में कुछ है।	I've got something into my eyes.
5501	मुझे अगले सप्ताह दो दिन की छुट्टी मिली है।	I've got two days off next week.
5502	बहुत हो गया तुम्हारा।	I've had enough of you.
5503	मैंने वह कहानी पहले भी सुनी है।	I've heard that story before.
5504	मैं अभी काम से आया हूँ।	I've just come from work.

5505	मैं अभी यहां आया हूँ।	I've just come here.
5506	मैं उसे 10 साल से जानता हूँ।	I've known her for 10 years.
5507	मेरी भूख ख़त्म हो गई है।	I've lost my appetite.
5508	मेरा फ़ोन खो गया है, मुझे वह कहीं नहीं मिल रहा है।	I've lost my phone, I can't find it anywhere.
5509	मैं उससे पहले भी एक बार मिल चुका हूँ।	I've met her once before.
5510	मैं कभी मुंबई नहीं गया।	I've never been to Mumbai.
5511	मैंने अपने जीवन में कभी किसी को नहीं मारा।	I've never hit anybody in my life.
5512	मुझे ऐसा पहले कभी नहीं लगा।	I've never seen that before.
5513	मुझे नहीं पता कि आज क्या हुआ होगा।	I've no idea what might have happened today.
5514	मैं उनसे सिर्फ एक बार मिला हूँ।	I've only met her once.
5515	मैंने तुझे अपने बेटे की तरह पाला है।	I've raised you like my own son.
5516	मैं पहुँच गया लेकिन यहाँ कोई नहीं है।	I've reached but nobody's here.
5517	मैंने ये कहीं देखा है।	I've seen it somewhere.
5518	मैंने उसे कहीं देखा है।	I've seen her/him somewhere.
5519	मैं इसे पहले ही देख चुका हूँ।	I've seen it already.
5520	मैंने इसे हर किसी को दिखागा है।	I've shown it to everybody.
5521	मैंने भगवान पर विश्वास करना शु कर दिया है।	I've started believing in God.
5522	मैं तुम्हें हज़ार बार बता चुका हूँ।	I've told you a thousand times.
5523	मैंने पहले ही बता दिया है, वह नहीं चलेगी।	I've told you already, she won't go.
5524	बस थोड़ा सा।	Just a bit.
5525	बस थोड़ा सा और।	Just a little more.
5526	बस इतना ही।	That's all.

5527	सिर्फ एक सेकण्ड।	Just a second.
5528	बस एक पल।	Just a moment.
5529	सिर्फ इसलिए कि...	Just because…
5530	बस अपनी सांसें थाम लो।	Just catch your breath.
5531	बस मज़े करो।	Just chill out.
5532	अभी आ रहा हूँ।	Just coming.
5533	जैसा कहा है वैसा करो।	Just do as you are told.
5534	सोने से पहले सारे बर्तन धो देना।	Just do the dishes before sleeping.
5535	बस मेरे लिए इतना कर दो।	Just do this much for me.
5536	बस उसे यहाँ ले आओ।	Just get him here.
5537	बस अभी लाया।	Just coming.
5538	बस मुझे एक मिनट दीजिए, ठीक है?	just give me a minute, okay?
5539	ज़रा सोचो।	Just imagine.
5540	बस देखते रहो।	Just keep watching.
5541	ऐसे ही।	Just like that.
5542	बस अपने दिल की सुनो।	Just listen to your heart.
5543	बस राजमा और चावल बनाओ।	Just make kidney beans and rice.
5544	बस चुपचाप मेरे पास खड़े रहो।	Just stay by my side silently.
5545	बस इसे चखो।	Just taste it.
5546	सोच के ही दिमाग खराब हो जाता है मेरा।	Just the thought of It upsets me.
5547	ज़रा सोचो।	Just think.
5548	केवल इस बार।	Just this once.
5549	बस पानी।	Just water.
5550	बस आप और मैं।	Just you and I.
5551	बस, खत्म करो इसे।	Just knock it off.

5552	राहुल का इस बार भी प्रोमोशन नहीं हुआ।	Rahul didn't get promoted even this year.
5553	कंगना को नौकरी से निकाल दिया गया।	Kangana was laid off from the job.
5554	तुम्हें नौकरी से निकला जाता है	You are fired.
5555	छींकते वक्त अपने मुँह पर रुमाल रखो।	Keep a hanky on your mouth while sneezing.
5556	पैसे का हिसाब रखें।	Keep a track of money.
5557	हिसाब रखा करो।	Keep accounts.
5558	उसपर नज़र रखना।	Keep an eye on him.
5559	शांति रखो!	Keep calm/quiet.
5560	दूरी बनाए रखो।	Keep distance.
5561	करते रहो।	Keep doing.
5562	खाते रहो।	Keep eating.
5563	अब से ध्यान रखें।	Keep in mind from now.
5564	संपर्क मे रहना।	Keep in touch.
5565	इसे आगे रखों।	Keep it ahead.
5566	इसे एक तरफ रख दो।	keep it aside.
5567	इसे नीचे रख।	Keep it down.
5568	इसे यहीं रखो।	Keep it here.
5569	इसे खुला रखें।	Keep it open.
5570	इसे वहां रखें।	Keep it there.
5571	इस बात को अपने तक ही रखना।	Keep it to yourself.
5572	इसे जारी रखें।	Keep it up.
5573	जहां चाहो इसे रख लो।	Keep it wherever you like.
5574	जहाँ भी रखना है रख दो।	Keep it wherever you want.
5575	मुझे सूचित करते रहो।	Keep me updated.
5576	चुप रहो।	Keep mum.

5577	बोलती बंद हो गयी क्या?	Has the cat caught your tongue?
5578	तुम सबसे हटके लग रही हो।	You are looking class apart.
5579	चप्पा चप्पा छान मारो।	Search every nook and corner.
5580	पंक्ति में मेरा स्थान बनाये रखें।	Keep my place in the line.
5581	वह रुक रुककर बोलता है।	He speaks intermittently.
5582	अपने जूते रैक में रखें।	Keep your shoes in the rack.
5583	चुप कर के सो जाओ।	Keep quiet and sleep.
5584	मुझे कुत्तो से डर लगता है।	I am scared of dogs.
5585	खड़े रहो।	Keep standing.
5586	मुझ पर लांछन मत लगाओ।	Don't cast aspersion on me.
5587	मैं तुमसे मिलने के लिए तड़प रहा हूँ।	I am longing for meeting you.
5588	हिसाब साफ़ रखें।	Keep the account clear.
5589	साईकल को स्टैंड पर रखो।	Keep the bicycle on the stand.
5590	बोतल को सीधा रखें।	Keep the bottle upright.
5591	कुर्सी अंदर रखो।	Keep the chair inside.
5592	कपड़ो को ठीक से रखो।	Keep the clothes properly.
5593	दरवाज़ा पूरा खोल दो।	Keep the door fully open.
5594	फ़ोन एक तरफ रख दो।	Put away the phone.
5595	पंखा चलते रहने दो।	Keep the fan on
5596	मैं नहीं जानता कि क्रिकेट कैसे खेला जाता है।	I don't know how to play cricket.
5597	रुको मैं भी आ रहा हूँ।	Hang on, I'm also coming.
5598	बाईं ओर रखें।	Keep to the left.
5599	दाईं ओर रहना।	Keep to the right.
5600	कोशिश करते रहो।	Keep trying.
5601	अपना काम जारी रखें।	Keep up your work.
5602	सीधे चलते रहो।	Keep walking straight.
5603	अपनी आँखें बंद रखो।	Keep your eyes closed.

5604	अपनी नज़रे नीचे रखो।	Keep your eyes down.
5605	अपनी आँखें खुली रखो।	Keep your eyes open.
5606	अपने खिलौने जगह पर रखो।	Keep your toys in place.
5607	अपने आप को शांत रखो।	Keep yourself calm.
5608	कोशिश करते रहो।	Keep trying.
5609	बच्चो को झूला झूलना पसंद है।	Kids love swinging.
5610	बच्चों को बुरी आदतें नहीं डालनी चाहिए।	Kids should not get into bad habits.
5611	दया करके मेरी मदद कीजिए।	Kindly help me.
5612	कृपया बैठ जाइये।	Kindly sit down.
5613	आटा गूंथ लो।	Knead the flour.
5614	मेरे सामने घुटने टेको।	Kneel before me.
5615	घुटनो पर बैठ जाओ।	Kneel down.
5616	दरवाज़ा खटखटाओ।	Knock the door.
5617	जो जी में आये करो।	Knock yourself out.
5618	मुझे लगता है उसने हमें देख लिया है।	I am having this feeling that he saw us.
5619	मैं जवाब लिए बिना नहीं जाऊंगा।	I am not leaving without an answer.
5620	मैं तुम लोगो जैसा नहीं हूँ।	I am not like you all.
5621	मैं उन्हें तकलीफ नहीं पहुँचाना चाहता था।	I did not want to hurt them.
5622	मुझे यह पता ही नहीं चला।	I didn't realize It.
5623	पता नहीं उसे क्या हो गया है।	I don’t know what has happened to him.
5624	मुझे इसके लिए बहुत से पैसे दिए गए थे।	I was given lots of money for that.
5625	मैं उसका भी इंतज़ाम कर लूँगा।	I will arrange for that too.

5626	संयम की कमी तुम्हारी सबसे बड़ी दुश्मन है।	Lack of patience is your biggest enemy.
5627	कल रात पुलिस को हाईवे के पास तीन लाशें मिली।	Last night, the police found three dead bodies.
5628	कल रात तुम्हारे पापा 1 बजे तक नहीं सो सके।	Last night, your father couldn't sleep until 1 am.
5629	पिछले साल उसे बहुत अच्छे अंक मिले थे।	Last year, he had got really good marks.
5630	दरवाजे की कुण्डी लगा दो।	Latch the door.
5631	खूब हंसो।	Laugh a lot.
5632	जितना हँसना है हँस लो।	Laugh as much as you want.
5633	चटाई बिछा दो।	Lay the mat.
5634	रात के खाने के लिए मेज बिछाएं।	Lay the table for dinner.
5635	थोड़ा आगे की तरफ झुको।	Lean slightly forward.
5636	ड्राइविंग सीखो।	Learn driving.
5637	गाड़ी चलाना सीख लो।	Learn how to drive a car.
5638	मन में याद करो।	Learn it in mind.
5639	बड़ो से बात करना सीखोþ	Learn to talk to elders .
5640	अंग्रेजी सीखना आसान है।	Learning English is easy.
5641	तुरंत निकलो।	Leave quickly.
5642	सब कुछ छोड़ दो।	Leave everything.
5643	उसे अकेला छोड़ दो।	Leave her alone.
5644	अभी निकलो।	Leave immediately.
5645	यह सब मुझ पर छोड़ दो।	Leave it all to me.
5646	इसे अब छोड़ दो।	Leave it now.
5647	इसे मेरे ऊपर छोड़ दो।	Leave it to me.
5648	मुझे अकेला छोड़ दो।	Leave me alone.
5649	मुझे मेरे हाल पर छोड़ दो।	Leave me in my own condition.

5650	दरवाज़ा थोड़ा खुला छोड़ दो।	Leave the door ajar.
5651	दरवाज़ा खुला छोड़ दो।	Leave the door open.
5652	बाकी सब किस्मत पर छोड़ दो।	Leave the rest to destiny.
5653	ऊपर का बटन खुला छोड़ दो।	Leave the top button undone.
5654	नहाना–धोना छोड़ दो, मैं सुबह कर दूँगा।	Leave the washing-up, I'll do it in the morning.
5655	इस विषय को छोड़ दें।	Leave this topic.
5656	पेड़ से पत्ते गिर रहे हैं।	Leaves are falling off the tree.
5657	कृपया मेरी मदद करो।	Lend me a hand, please.
5658	मुझे कुछ पैसे उधार दीजिये।	Lend me some money.
5659	जो हुआ सो हुआ, आगे से ध्यान रखना।	Let bygones be bygones, take care in the future.
5660	जो हो गया, सो हो गया।	Let bygones be bygones.
5661	सबको आने दो।	Let everyone come.
5662	मेरा हाथ छोड़ो।	Let go off my hand.
5663	जो हो रहा है, होने दो।	Let it happen whatever is going on.
5664	उसे वही करने दो जो वह चाहती है।	Let her do what she wants.
5665	उसे सुलझाने दो।	Let him arbitrate.
5666	पहले उसे आने दो।	Let him come first.
5667	उसको आने दो।	Let him come.
5668	पहले उसे कुछ खा लेने दो।	Let him eat something first.
5669	पहले उसे चले जाने दो यहाँ से।	Let him go from here first.
5670	उसे अंदर आने दो।	Let him in.
5671	उसे ये मत करने दो।	Let him not do this.
5672	उसे छोड़ दो।	Let him off.
5673	पहले उसे अपनी बात कह लेने दो।	Let him say first.
5674	कम से कम उसे बोलने तो दो।	Let him speak at least.

5675	उसे समय लेने दो।	Let him take time.
5676	अब रहने दो।	Let it be now.
5677	उसे वहीं रखा रहने दो।	Let it be there itself.
5678	रहने दो, तुम काम करो।	Let it be, you do your job.
5679	रहने दो, मैं खुद ही कर लूंगा।	Let it be, I'll do it myself.
5680	रहने दो, मैं संभाल लूंगा।	Let it be, I'll manage.
5681	इसे ठंडा होने दें।	Let it cool down.
5682	इसे सूखने दो।	Let it dry.
5683	मुझे पूछने दें।	Let me ask.
5684	मैं तुम्हारे लिए ये ले जाता हूँ।	Let me carry this for you.
5685	पहले मुझे पूरा करने दो।	Let me complete first.
5686	पहले मुझे करने दो।	Let me do it first.
5687	मुझे इसे तुरंत करने दीजिए।	Let me do it right away.
5688	मुझे यह करने दो।	Let me do this.
5689	मुझे वह करने दो जो मैं चाहता हूँ।	Let me do what I want.
5690	मुझे गाड़ी चलाने दो।	Let me drive.
5691	पहले मुझे कुछ खा लेने दो।	Let me eat something first.
5692	मुझे खोजने दें।	Let me find.
5693	जरा मैं तैयार हो लूँ।	Let me get ready.
5694	मुझे हाथ बढ़ाने दो।	Let me give you a hand.
5695	मुझे पहले जाने दो।	Let me go first.
5696	मुझे बाहर जाने दो।	Let me go out.
5697	मुझे एक नज़र देखने दो।	Let me have a look.
5698	मुझे एक लेने दो।	Let me have one.
5699	मुझे थोड़ा पानी पीने दो।	Let me have some water.
5700	जाने से पहले मुझे बता देना।	Let me know before going.
5701	जब आपकी बात पूरी हो जाए तो मुझे बताएं।	Let me know when you are done talking.

5702	मुझे शांति से जीने दो।	Let me live peacefully.
5703	मुझे दरवाज़ा खोलने दो!	Let me open the door!
5704	मुझे बाहर निकालो।	Let me take out.
5705	मुझे तुम्हारे सिर पर थोड़ा तेल लगाने दो।	Let me put some oil on your head.
5706	मुझे आराम करने दो।	Let me rest.
5707	पहले मुझे अपनी बात कह लेने दो।	Let me say my words first.
5708	मुझे यह कहने दो।	Let me say this.
5709	मुझे ढूंढने दो।	Let me search.
5710	पहले मुझे देखने दो।	Let me see first.
5711	मुझे देखने दो।	Let me see.
5712	मुझे गाने दो।	Let me sing.
5713	मुझे शांति से सोने दो।	Let me sleep in peace.
5714	मुझे चैन से सोने दो।	Let me sleep peacefully.
5715	पहले मुझे बोलने दो।	Let me speak first.
5716	मुझे बोलने दो।	Let me speak.
5717	मुझे रुकने दो।	Let me stay.
5718	मुझे देखने दो।	Let me take a look.
5719	पहले मुझे आराम कर लेने दो।	Let me have rest first.
5720	मुझे आराम करने दो।	Let me take rest.
5721	मुझे थोड़ा आराम करने दो।	Let me take some rest.
5722	मैं तुम्हे एक बात बताता हूँ।	Let me tell you one thing.
5723	मुझे इसके बारे में सोचने दें।	Let me think about it.
5724	पहले मुझे सोंचने दो।	Let me think first.
5725	मुझे ज़रा सोचने दो।	Let me think.
5726	मुझे शांति से फिल्म देखने दो।	Let me watch the movie peacefully.
5727	मुझे काम करने दो।	Let me work.

5728	मम्मी को सोने दो।	Let mummy sleep.
5729	पापा को काम करने दो।	Let papa work.
5730	रहने दो, रोहन।	Rohan, let it be.
5731	उसे चिल्लाने दो।	Let him shout.
5732	उसे रहने दो और यहाँ आओ।	Let that be and come here.
5733	समय बीत जाने दो।	Let the time pass.
5734	सच सामने आने दीजिए।	Let the truth be known.
5735	उन्हें बोलने दें।	Let them talk.
5736	उन्हें सोचने दो।	Let them think.
5737	हमे वह खरीदने दो।	Let us buy that.
5738	आइए कुछ सोचें।	Let us think of something.
5739	अपने जूतों को पूरी तरह सूखने दें।	Let your shoes dry completely.
5740	घर का समान खत्म हो गया है, हमें भरना होगा।	Let's go for some groceries, we need to stock up.
5741	चलो अंदर चलें और बात करें।	Let's go inside and talk.
5742	चलो बाहर घूमने चलते हैं।	Let's go outside.
5743	चलो कहीं और चलते हैं।	Let's go somewhere else.
5744	देर आये दुरुस्त आये।	Better late than never.
5745	चलो सिनेमा चलते हैं।	Let's go to the cinema.
5746	चलो एक गेम खेलते हैं।	Let's play a game.
5747	चलो मान लेते हैं कि उसने तुम्हें थप्पड़ मारा।	Let's assume, he slapped you.
5748	चलो मान लेते हैं।	Let's assume.
5749	चलो धूप सेंकें।	Let's bask in the sun.
5750	चलो प्रसाद खरीदते हैं।	Let's buy blessed food.
5751	आज का काम यहीं रोक देते हैं।	Let's call it a day.
5752	आओ मिलते हैं।	Let's catch up.
5753	चलो जश्न मनाएं।	let's celebrate.

5754	आइए इसकी जांच करें।	Let's check it.
5755	आओ घर की सफ़ाई करें।	Let's clean up the house.
5756	चलो मान लेते हैं कि, तुम वहाँ नहीं थे।	Let's consider, you weren't there.
5757	चलो नाचते हैं।	Let's dance.
5758	चलो घर को सजाते हैं।	Let's decorate the house.
5759	चलो इसे करें।	Let's do it.
5760	चलो एक काम करते हैं।	Let's do one thing.
5761	चलो आज बाहर खाना खाते हैं।	Let's eat out today.
5762	चलो कुछ खाते हैं।	Let's eat something.
5763	आइए जानें कि क्या गड़बड़ी है।	Let's find out what's wrong.
5764	चलो स्कूल के लिए तैयार होते हैं।	Let's get ready for the school.
5765	आएँ शु करें।	Let's get started.
5766	पहले एक दुसरे को जान लेते हैं।	Let's get to know each other.
5767	चलो चल कर देखते हैं।	Let's go and see.
5768	आइए कक्षा में वापस चलें।	Let's go back into the classroom.
5769	चलो कही और चलते हैं।	Let's go elsewhere.
5770	चलो तैरने चलें।	Let's go for a swim.
5771	चलो घर चलते हैं।	Let's go home.
5772	चलो अंदर जाएं।	Let's go inside.
5773	चलो बाहर घूमने चलते हैं।	Let's go outside.
5774	चलो कहीं और चलते हैं।	Let's go somewhere else.
5775	पहले एक दूसरे को जान लेते हैं।	Let's go to know each other.
5776	नानी के घर चलते हैं।	Let's go to nani's house.
5777	चलो खरीदारी करने चलते हैं।	Let's go to shop.
5778	चलो सोने जाते हैं।	Let's go to sleep.
5779	चलो समुद्र तट पर चलते हैं।	Let's go to the beach.
5780	आइए पेंटिंग्स लटकाएँ।	Let's hang the paintings.

5781	चलो मुकाबला करते हैं।	Let's have a competition.
5782	चलो पार्टी करते है।	Let's have a party.
5783	चलो चाय पीते हैं।	Let's have tea.
5784	पहले खाना खा लेते हैं।	Let's have food first
5785	चलो कुछ तो सोचते हैं।	Let's just think of something.
5786	चलो छोड़ो, मैं आ जाऊँगा।	Let's leave it, I will come.
5787	चलो छोड़ो, ये बताओ घर पे सब कैसे हैं?	Let's leave it, tell me how all are at home?
5788	चलो छोड़ो, फिर कभी चलेंगे।	Let's leave it, we will go some other time.
5789	आइए एक सूची बनाएं।	Let's make a list.
5790	कॉफी पर मिलते हैं।	Let’s meet over coffee.
5791	सुबह मिलते है।	Let's meet tomorrow.
5792	चलो, बहस नहीं करते हैं।	Let's not argue.
5793	आइए इसमें न पड़ें।	Let's not get into this.
5794	आइए वहीं से शु करें जहां हमने कल छोड़ा था।	Let's pick up where we left off yesterday.
5795	चलो अंताक्षरी खेलते हैं।	Let's play Antakshari.
5796	आओ ताश खेलें।	Let's play cards.
5797	चलो क्रिकेट खेलते हैं।	Let's play cricket.
5798	चलो खेलते हैं।	Let's play.
5799	आइए अंग्रेजी का अभ्यास करें।	Let's practice English.
5800	चलो मान लेते हैं कि तुम्हारे पास समय नहीं था।	Let's say that you didn't have time.
5801	चलो साझा करें।	Let's share.
5802	चलो थोड़ा और सो जाओ।	Let’s sleep a bit more.
5803	चलो यहीं रुकते हैं।	Let's stop here.
5804	मुंह मीठा कीजिए।	Let's sweeten your mouth.

5805	चलो बाद में बात करते हैं।	Let's talk later.
5806	चलिए तब तक बात करते हैं।	Let's talk till then.
5807	आइए उसे बताएं।	Let's tell her.
5808	चलो टहलें।	Let's walk.
5809	पत्र डाक से भेजा गया था।	Letter was sent by post.
5810	उसके सिर पर जूँ रेंग रही हैं।	Lice are crawling on her head.
5811	अपनी करवट लेकर लेट जाएं।	Lie down on your side.
5812	अपनी पीठ के बल लेटें।	Lie on your back.
5813	जीवन आसान नहीं है।	Life is not easy.
5814	जिंदगी बहुत कीमती है।	Life is so precious.
5815	जीवन वही है जो हम इसे बनाते हैं।	Life is what we make it.
5816	फिल्मों में जिंदगी बहुत अद्‌भुत दिखती है।	Life looks so wonderful in the movies.
5817	एक दीपक जलाएं।	Light a lamp.
5818	आग जलाओ।	Light the fire.
5819	काम का बोझ हल्का करें।	Lighten the work load.
5820	बिजली गिरी है।	Lightening has struck.
5821	हमेशा की तरह।	Like always.
5822	सुनो और दोहराओ।	Listen and repeat.
5823	जैसा मैं कहता हूँ वैसा सुनो।	Listen as I say.
5824	ध्यान से सुनो।	Listen carefully.
5825	सुनो, एक काम करो।	Listen, do one thing.
5826	मेरी बात सुनो।	Listen to me.
5827	जो तुम्हारा अध्यापक कहता है उसे सुनो।	Listen to what your teacher says.
5828	बहुत ध्यान से सुनो।	Listen very carefully.
5829	सुनों! ये क्या पहना हुआ है तुमने?	Listen! What is that you are wearing?

5830	सुनो, चखना है?	Listen, want a taste.
5831	मिलजुल कर रहें।	Live in harmony.
5832	अपने सपने को साकार करें।	live your dream.
5833	मैं तुम्हारे कपड़े भी धोउंगी।	I'll do your laundry too.
5834	मैं तुझे जेल भिजवा दूंगा!	I'll have you send to jail!
5835	मैं इस दुश्मनी को दोस्ती में बदल दूंगा।	I'll turn this enmity into friendship.
5836	जब आप जाओ तो दरवाज़ा बंद कर देना।	Lock the door when you leave.
5837	दरवाजा लॉक करें।	Lock the door.
5838	बहुत दिनों बाद दिखाई दिए।	Long time, no see.
5839	देखो, दरवाजे पर कौन है?	Look, who is at the door?
5840	मेरे सामान का ख्याल रखना।	Look after my luggage.
5841	फिर से देखो।	Look again.
5842	आस–पास देखो।	Look around.
5843	उसका नाटक देखो।	Look at her drama.
5844	मेरी तरफ देखो।	Look at me.
5845	बोर्ड की तरफ देखो।	Look at the board.
5846	बिल्ली को देखो।	look at the cat.
5847	वहां गंदगी देखो।	Look at the dirt there.
5848	समय देखो, साढ़े छह बज रहे हैं।	Look at the time, it's half past 6.
5849	समय देखो।	Look at the time.
5850	देखो उसने क्या किया है।	Look at what he has done.
5851	पार करने से पहले दोनों तरफ देख लें।	Look both ways before you cross over.
5852	उसके नखरे तो देखा।	Look her tantrums.
5853	ठीक से देखो यह तो होना ही चाहिए।	Look properly it must be there.

5854	इस तरफ देखो।	Look this way.
5855	देखो! क्या हुआ?	Look what happened?
5856	देखो! मुझे क्या मिला।	Look what I found.
5857	देखो! दरवाजे पर कौन है?	Look! who is at the door?
5858	देखना! मुझसे झगड़ा मत करो।	Look! Don't quarrel with me.
5859	देखो! वो आ गया।	Look! He has come.
5860	देखो, इसे मत टालो।	Look, don't put it off.
5861	देखो, मैं इस लफड़े में नहीं पड़ने वाला।	Look, I am not going to get into this mess.
5862	देखो, मुझे परेशान मत करो।	Look, don't bother me.
5863	देखो, मै सच बोल रहा था ना?	Look/See, I was telling the truth, wasn't I?
5864	देखो, तुम्हें बताना पड़ेगा।	Look/See, you will have to tell.
5865	सुंदर लग रही हो।	Looking lovely.
5866	लगता है तुम्हें मुझसे भी ज्यादा जल्दी है।	Looks like you are in greater hurry than me.
5867	थोड़ा ढीला करो।	Loose a little.
5868	अपनी टाई ढीली करो।	Loosen your tie.
5869	कृपया ज़ोर से बोलें।	Louder please.
5870	प्यार छुपाने से नहीं छुपता है।	Love can't be hidden by hiding It.
5871	प्यार को लिहाज़ की ज़रत नहीं होती।	Love doesn't require consideration.
5872	सबको प्यार करो जो तुम्हारी ज़िंदगी में आये।	Love everyone whoever comes in your life.
5873	खुद से प्यार करो।	Love yourself.
5874	आवाज़ नीची करो।	Lower your voice.
5875	किस्मत ने उनका खूब साथ दिया।	Luck favored him very much.
5876	महाराणा प्रताप एक बड़े योद्धा थे।	Maharana Pratap was a great warrior.

5877	उसे फ़ोन कर दो।	Make a call to him.
5878	एक निर्णय लो।	Make a decision.
5879	एक इच्छा करें।	Make a wish.
5880	नाश्ता बनो।	Make breakfast.
5881	उसे हँसाओ।	Make him laugh.
5882	उसकी बात करवा देना मुझसे।	Make him talk to me.
5883	इसे आसान बनाएं।	Make it easy.
5884	मेरी बात करवा देना उससे।	Make me talk to him.
5885	मुझे समझाओ।	Make me understand.
5886	मेरा बिस्तर लगा दो।	Make my bad.
5887	तैयारी करो।	Make preparations.
5888	और नुकीला करो।	Make sharper.
5889	ध्यान रखना कि मेरे पिता को पता न चले।	Make sure my father does not find out.
5890	बिस्तर लगा दो।	Make the bed.
5891	पहले अपनी पहचान बनाओ तब मुझसे बात करना।	Make your identity first and then talk to me.
5892	इसे अपना घर समझें।	Make yourself at home.
5893	पुरुष या महिला?	Male or female?
5894	बूँद–बूँद से तालाब भर जाता है।	Many a pickle makes a mickle.
5895	कई बार।	Many a time.
5896	यह दिन बार–बार आये।	Many many returns of the day.
5897	कई साल पहले।	Many years ago.
5898	लिख कर लेलो, उसके पास पैसे हैं।	Mark my word, he has money.
5899	लिख कर लेलो, वो मना कर देगा।	Mark my word, he will deny.
5900	लिख कर लेलो, वो नहीं आएगा।	Mark my word, he will not come.
5901	लिख कर लेलो, वो झूठ बोल रही है।	Mark my word, she is telling a lie.

5902	मेरी बात लिख लो।	Mark my words.
5903	बाज़ार आजकल मंदा है।	Market is dull these days.
5904	हो सकता है उसे पता चल गया हो।	He may have come to know.
5905	हो सकता है वो चला गया हो।	He might have gone.
5906	हो सकता है उसने ये बात कही ही ना हो।	He might not have said this thing.
5907	हो सकता है वो सो गया हो।	He may have slept.
5908	हो सकता है वो पागल हो।	He may be mad.
5909	हो सकता है उसे कोई और मिल गया हो।	May be she has got someone else.
5910	हो सकता है वो झूठ बोल रही हो।	She may be telling a lie.
5911	हो सकता है वो दोनो पहुंच गये हो।	They both may have reached.
5912	हो सकता है वो हमसे पहले पहुंच गये हो।	They may have reached before us.
5913	भगवान आपका भला करे।	May God bless you.
5914	भगवान आपको लम्बी उम्र दे।	May you live long.
5915	क्या मैं आपका साथ दूँ?	May I accompany you?
5916	क्या मैं पूछ सकता हूँ क्यों?	May I ask you why?
5917	क्या मैं आपकी कलम ले सकता हूँ?	May I borrow your pen?
5918	क्या मैं अपने पति को ला सकती हूँ?	May I bring my husband?
5919	क्या मैं अंदर आ सकता हूँ?	May I come in?
5920	क्या मैं वजह जान सकता हूँ?	May I know the reason?
5921	क्या मैं आपका नाम जान सकता हूँ?	May I know your name, please?
5922	क्या मैं यहाँ आराम कर सकता हूँ?	May I rest here?
5923	अब मैं कुछ बोलूं?	May I say something now?
5924	क्या मैं कृपया मेन्यू देख सकता हूँ?	May I see the menu please?
5925	क्या मैं यहाँ बैठ सकता हूँ?	May I sit here?

5926	क्या मैं आपके बगल में बैठ सकता हूँ?	May I sit next to you?
5927	क्या मैं तुमसे अकेले में बात कर सकता हूँ?	May I talk to you privately?
5928	क्या मैं इस पर प्रयास कर सकता हूँ?	May I try this on?
5929	क्या मैं आपका टेलीफोन उपयोग कर सकता हूँ?	May I use your telephone?
5930	हमारे रिश्ते पर किसी की बुरी नजर न पड़े!	May no one cast an evil eye on our relationship!
5931	मेरी उम्र भी तुम्हें लग जाये।	May you get my age.
5932	आपकी उम्र लम्बी हों।	May you live long.
5933	शायद वह आ रहा है।	He may be coming.
5934	शायद तुम सही हो।	You might be right.
5935	शायद तुम्हें नहीं पता।	Maybe you don't know.
5936	शायद आपने कोई सपना देखा हो।	You might have a dream.
5937	शायद कल तक।	Maybe, by tomorrow.
5938	मतलब तुम वहाँ नहीं जाओगे।	Means you will not go there.
5939	मीरा का एक बच्चा है।	Meera has a baby.
5940	मीरा हमेशा फोन के साथ खिलवाड़ करती रहती है।	Meera is always messing around with the phone.
5941	मीरा इन दिनों अपने मायके में हैं।	Meera is at her parental home these days.
5942	आज सुबह मीरा काफी खुश लग रही थीं।	Meera seemed quite happy this morning.
5943	मीरा सचमुच बहुत तनाव में थी।	Meera was really stressed out.
5944	जाने से पहले मुझसे मिलो।	Meet me before leaving.
5945	मुझसे अभी मिलो।	Meet me now.
5946	मुझसे कहीं मिलो।	Meet me somewhere.
5947	कल मुझसे मिलना।	Meet me tomorrow.

5948	इसे याद कर लो।	Memorize this.
5949	सुधर जाओ।	Mend your ways.
5950	मीरा को हाल ही में बच्चा हुआ है।	Mera had a baby recently.
5951	दूध खट्टा हो गया है।	Milk has turned sour.
5952	गर्मी में दूध जल्दी ख़राब हो जाता है।	Milk soon turns sour in summer.
5953	जबान संभाल के।	Mind your language.
5954	अपने काम से काम रखो।	Mind your own business.
5955	ध्यान से चलो'	Mind your steps.
5956	अपनी जुबान पर लगाम दो।	Mind your tongue.
5957	चमत्कार होते हैं।	Miracles happen.
5958	मोबाइल टेबल पर रखा हुआ है।	Mobile is kept on the table.
5959	माँ और पिताजी पहले ही खा चुके हैं।	Mom and dad have already eaten.
5960	माँ, मैं घर पर हूँ।	Mom, I am home.
5961	माँ, तुम सारा दिन काम करती रहती हो।	Mom, you keep on working all day.
5962	पैसा ही उसका भगवान बन गया।	Money became his God.
5963	पैसे से पैसा पैदा होता है।	Money begets money.
5964	दौलत से सब नहीं ख़रीदा जा सकता।	Money cannot buy everything.
5965	पैसे पेड़ पर नहीं उगते।	Money doesn't grow on trees.
5966	पैसे ने तुम्हारा दिमाग खराब कर दिया है।	Money has messed up your mind.
5967	पैसा तो हाथ का मैल है।	Money is just like dirt on your hands.
5968	पैसा ही सब कुछ नहीं है।	Money isn't everything.
5969	जरूरत से ज़्यादा।	More than enough.
5970	उस से भी अधिक।	More than that.
5971	माँ तुम्हें बुला रही है।	Mother is calling you.

5972	थोड़ा हटो।	Move a bit.
5973	कदम के साथ कदम मिला कर चलो।	Move along.
5974	एक तरफ हो जाओ।	Move aside.
5975	दूर हो जाओ मेरी नजरों से।	Move away from my sight.
5976	आगे बढ़ें।	Move forward.
5977	रास्ते से हटो।	Move from the way.
5978	मेरे रास्ते से हट जाओ।	Move out of my way.
5979	जल्दी हटो।	Move quickly.
5980	कृपया इस कुर्सी को हटाएँ।	Move this chair please.
5981	कृपया थोड़ा ऊपर बढ़ें।	Move up a bit, please.
5982	समय के साथ चलो।	Move with the time.
5983	अपना सिर नीचे ले जाएँ।	Move your head down.
5984	पहले से बहुत बेहतर।	Much better now.
5985	मम्मी ने मुझे उससे बात करने दी।	Mummy has let me talk to him.
5986	मम्मी हार गई।	Mummy lost.
5987	मेरा अलार्म नहीं बजा।	My alarm didn't go off.
5988	मेरा लेख कल के अखबार में प्रकाशित हुआ था।	My article was published in yesterday's newspaper.
5989	मेरा बस्ता किताबो से भरा हुआ है।	My bag is full of books.
5990	मेरा जन्मदिन नजदीक आ रहा है।	My birthday is approaching.
5991	मेरा जन्मदिन 15 मार्च को है।	My birthday is on 15th of March.
5992	मेरा जन्मदिन आने वाले शुक्रवार को है।	My birthday is on the upcoming Friday.
5993	मेरा जन्मदिन बीत गया।	My birthday passed.
5994	मेरे भाई की जुड़वाँ बेटियाँ हैं।	My brother has twin daughters.
5995	मेरा भाई किसी संत से कम नहीं है।	My brother is no less than a saint.
5996	मेरा भाई पढ़ाई कर रहा है।	My brother is studying.

5997	मेरे भाई ने मुझे थप्पड़ मारा।	My brother slapped me.
5998	मेरा सेल फ़ोन काम नहीं करता।	My cell phone doesn't work.
5999	मेरे कपड़े अभी इस्त्री नहीं हुए हैं।	My clothes are not ironed yet.
6000	मेरे कपड़े छोटे हो गए हैं।	My clothes are worn-out.
6001	मेरी सर्दी अभी तक ठीक नहीं हुई है।	My cold hasn't cleared up yet.
6002	मेरा ज़मीर मुझे इजाज़त नहीं देता।	My conscience doesn't allow me.
6003	मेरे पिताजी कई लोगों के बीच थे।	My dad was amongst many people.
6004	मेरा भी दिन आएगा।	My day will come as well.
6005	मेरा पूरा शरीर दर्द करता है।	My entire body hurts.
6006	मेरा पूरा शरीर अकड़ गया है।	My entire body is stiff.
6007	मेरी आँखों में जलन हो रही है।	My eyes are stinging.
6008	मेरी पलकें भारी हो रही हैं।	My eyelids are getting heavy.
6009	मेरी किस्मत तुम्हारे हाथ में है।	My fate is in your hand.
6010	मेरे पिता निर्णय ले सकते हैं।	My father can take decision.
6011	मेरे पिता मुझे बुद्धिमान मानते हैं।	My father considers me intelligent
6012	मेरे पिता ने मुझे रुपये दिए।	My father gave me rupees.
6013	गेरे पिता एक वकील हैं।	My father is a lawyer.
6014	मेरे पापा मुझे बहुत डांटते हैं।	My father scolds me a lot.
6015	मेरे पापा मुझसे गुस्सा नहीं थे।	My father was not angry with me.
6016	मेरे पापा 20 तारीख को आएंगे।	My father will come on the 20th.
6017	मुझे पापा ने डाँटा।	My father's scolded me.
6018	मेरा बुखार उतर गया है।	My fever is gone.
6019	मैं अब ठीक हो रहा हूँ।	I am recovering now.
6020	अब मैं बेहतर महसूस कर रहा हूँ।	I am feeling better now.
6021	मेरे दोस्त की एक कार दुर्घटना में मौत हो गयी।	My friend died in a car accident.

6022	मेरा लक्ष्य डॉक्टर बनने का है।	My goal is to become a doctor.
6023	मेरे निशाने हमेशा सटीक होते हैं।	My goals are always accurate.
6024	मेरे दादा जी कुछ ऊँचा सुनते हैं।	My grandfather is a little hard of hearing.
6025	कल मेरे दादा जी का दाह संस्कार हुआ।	It was my grandfather's cremation yesterday.
6026	मेरी दादी मेरे लिए स्वेटर बुन रही हैं।	My grandmother is knitting a sweater.
6027	मेरी दादी जी सौ साल से ऊपर की हैं।	My grandmother is over 100 years old.
6028	मेरे बाल झड़ रहे हैं।	My hair is falling out.
6029	मेरे बाल सीधे हैं।	My hair is straight.
6030	बाल उलझे हुए हैं।	My hair is tangled.
6031	मेरा हाथ टूट गया।	My hand got cracked.
6032	मेरे हाथ में चोट लगी।	My hand hurt.
6033	सर्दी के कारण मेरे हाथ–पैर जम रहे हैं।	My hands and feet are freezing due to cold.
6034	मेरे हाथ गंदे है।	My hands are dirty.
6035	मरे हाथ गीले हैं।	My hands are wet.
6036	मेरे हाथों में पसीना आ गया।	My hands are sweaty.
6037	मेरे हाथ सुन्न हो गये।	My hands went numb.
6038	मेरे सिर में पागलों की तरह खुजली हो रही है।	My head is itching like crazy.
6039	मेरा सिर घूम रहा है।	My head is spinning.
6040	मेरा सिर फट रहा है।	My head is splitting.
6041	मेरा सिर ठनक रहा है।	My head is throbbing.
6042	मेरी सेहत दिन ब दिन ख़राब होती जा रही है।	My health is deteriorating day by day.
6043	उसका एक पैर टूट गया है।	She has a broken leg.

6044	मेरा घर यहाँ से ज्यादा दूर नहीं है।	My home is not far away from here.
6045	वो कोने वाला घर मेरा है।	My house is that one on the corner.
6046	मेरा मकान किराए के लिए खाली है।	My house is to-let.
6047	मेरा काम बस आपको बताना था।	My job was just to tell you.
6048	मेरे जोड़ों में दर्द है।	My joints ache.
6049	मेरा बायां आँख फड़क रहा है।	My left eye is twitching.
6050	मेरे टांग में चोट लगी।	My leg hurt.
6051	मेरी टाँग टूट गयी है।	My leg is broken.
6052	मेरा पैर सूज गया है।	My leg is swollen.
6053	मेरे पैर दर्द कर रहे हैं।	My legs are aching.
6054	मेरे होंठ फट गए हैं।	My lips are chapped.
6055	मेरा छोटा भाई हर जगह मेरा पीछा करता है।	My younger brother follows me everywhere.
6056	मुझे अजीब लग रहा है।	My mind is reeling.
6057	मेरा मन बेचैन है।	My mind is restless.
6058	मेरा दिमाग बिल्कुल खाली हो गया।	My mind went absolutely blank.
6059	मेरे मोबाइल का चार्जर खो गया है।	My mobile charger has been lost.
6060	मेरी माँ ध्यान से गाडी चलाती हैं।	My mom drives carefully.
6061	मेरा मूड खराब हो गया है।	My mood is ruined.
6062	तुमने सबका मूड खराब कर दिया है।	You have ruined everyone's mood.
6063	ये मेरी माँ ने भेजा है।	My mother has sent this.
6064	मेरी माँ घर पर नहीं थी।	My mother was not at home.
6065	मेरी मम्मी मुझसे बहुत गुस्सा थी।	My mother was very angry with me.
6066	मेरा मुंह जल रहा है।	My mouth is burning.
6067	मेरा नाम रवि कुमार है।	My name is Ravi Kumar.

6068	मेरा माँ का नाम रिया शर्मा है।	My mother's name is Riya Sharma.
6069	मेरा पड़ोसी सीढ़ियों से गिर गया।	My neighbor fell of the stairs.
6070	मेरी नाक पूरी तरह भर गई है।	My nose is all stuffed up.
6071	मेरी नाक से खून बह रहा है।	My nose is bleeding.
6072	मेरी नाक बह रही है।	My nose is running.
6073	मेरा ऑफिस सड़क के किनारे है।	My office is along the street.
6074	मेरी हथेली सूज गई है।	My palm is swollen.
6075	मेरे माँ बाप अनपढ़ हैं।	My parents are illiterate.
6076	मेरे माता पिता बहुत अंधविश्वासी हैं।	My parents are very superstitious.
6077	मेरा पासपोर्ट हवाई अड्डे पर चोरी हो गया।	My passport got stolen at the airport.
6078	मेरी कलम की स्याही ख़त्म हो रही है।	My pen is running out of ink.
6079	मेरे फोन में चार्ज खत्म हो गया।	My phone battery died.
6080	मेरे फोन पर स्क्रैच पड़ गया है।	My phone has got a scratch.
6081	मेरा फ़ोन टूटा हुआ है।	My phone is broken.
6082	मेरा फ़ोन ख़राब है।	My phone is out of order.
6083	मेरा फ़ोन बज रहा है।	My phone is ringing.
6084	मेरा फोन चार्जिंग पर था।	My phone was on charging.
6085	मेरा फोन बंद था।	My phone was switched off.
6086	मेरे फ़ोन की स्क्रीन टूट गयी।	My phone's screen is cracked.
6087	यह मेरा सौभाग्य है।	It's my pleasure.
6088	मेरी भविष्यवाणी कभी ग़लत नहीं हो सकती।	My prediction can never be wrong.
6089	सुबह से मेरी दाई आँख फड़क रही है।	My right eye is flickering since morning.
6090	मेरी दाई आँख फड़क रही है।	My right eye is twitching .

6091	मेरे जूते घिस गए हैं।	My shoes are worn out.
6092	मेरे जूते खूब चलेंगे।	My shoes will last long.
6093	मेरी दुकान प्रतिदिन खुलती है।	My shop is open every day.
6094	मेरी नींद टूट गयी।	My sleep was disturbed.
6095	मेरा बेटा कल एक साल का हुआ।	My son turned one yesterday.
6096	मेरे पेट में दर्द होता है।	My stomach hurts.
6097	मेरा पेट आज खराब है।	My stomach is upset today.
6098	मेरा पेट खराब है।	My stomach is upset.
6099	मेरा तो हँसते हँसते पेट दुखने लगा।	My stomach started hurting while laughing.
6100	मेरा शक सही निकला।	My suspicion turned out right.
6101	गिरने से मेरी जांघ में चोट लग गयी।	My thigh got bruised from the fall.
6102	मेरे दांत में दर्द हो रहा है।	My tooth is aching.
6103	मेरी आवाज नहीं निकल रही थी।	My voice was choked.
6104	मेरी घड़ी चोरी हो गई है।	My watch has been stolen.
6105	मेरी घड़ी काम नहीं कर रही है।	My watch is not working.
6106	मेरा पूरा परिवार विदेश में रहता है।	My whole family lives abroad.
6107	मेरा घर हवाई अड्डे के पास है।	Near the airport.
6108	मेरा घर बैंक के पास है।	Near the bank.
6109	क्या उसे अपना परिचय देने की आवश्यकता है?	Does he need to introduce himself?
6110	क्या तुम्हें कुछ चाहिए?	Do you need something?
6111	मेरे साथ बुरा बर्ताव मत करो।	Don't treat me badly.
6112	अब तुम्हें जाने की जरूरत है।	You need to go now.
6113	नेहा दो दिन से कह रही है।	Neha has been saying for 2 days.
6114	नेहा चलते–चलते फिसल गई।	Neha slipped while walking.
6115	ना वो आया ना मैं गया।	Neither he came, nor I went.

6116	ना उसने कुछ कहा ना मैने कुछ कहा।	Neither he said anything nor did I.
6117	ना उसने कुछ बोला ना मैने कुछ बोला।	Neither he nor I spoke anything.
6118	ना तो मैं खुद खाऊँगा ना तुम्हें खानें दूंगा।	Neither I will eat myself nor let you eat.
6119	न ठंडा है, न गर्म है।	It's neither cold nor warm.
6120	तुम दोनों में से कोई जॉब के लायक नहीं है।	Neither of you is fit for the job.
6121	तुम दोनों में से कोई किसी भी काम के लायक नहीं है।	Neither of you is fit for anything.
6122	आप दोनों में से किसी को भी पैसा नहीं मिलेगा।	Neither of you will get money.
6123	ना तो तुम खुद करते हो ना मुझे करने देते हो।	You neither do it yourself nor let me.
6124	न खुद काम करते हो ना करने देते हो।	Neither you do the work yourself, nor let others do.
6125	ना तो खुद जाते हो ना जाने देते हो।	Neither you go yourself nor let me.
6126	ना तो खुद किसी से मिलते हो ना मुझे मिलने देते हो।	Neither you meet anyone yourself nor let me meet.
6127	ना तो खुद बोलते हो ना बोलने देते हो।	Neither you speak yourself nor let me speak.
6128	ऐसा कभी नहीं करना।	Never do it.
6129	कभी भी बासी रोटी न खाए।	Never eat stale bread.
6130	कभी भी नहीं!	Never ever!
6131	कभी मत भूलना।	Never forget.
6132	कभी हार मत मानो।	Never give up.
6133	कोई बात नहीं।	Never mind (or no problem).
6134	आग से कभी न खेलें।	Never play with fire.

6135	कभी एहसास ही नहीं हुआ।	Never realized.
6136	मुझे फिर कभी मत देखना।	Never see me again.
6137	अपना चेहरा दुबारा कभी मत दिखाना।	Never show your face again.
6138	दूसरों के बारे में कभी बुरा न बोलें।	Never speak ill of others.
6139	दोबारा कभी मुझसे इस लहजे में बात मत करना।	Never talk to me in this tone again.
6140	कभी नहीं लौटना।	Never return.
6141	आप के बगल में।	Next to you.
6142	आपसे मिलकर अच्छा लगा।	Nice to meet you.
6143	रात हो गयी है।	Night is over.
6144	रात बीत गई; बात गई।	Night passed; matter ended.
6145	मेरे दायी और निशा बेटी है।	Nisha is sitting immediate right to me.
6146	नहीं, मैं फ्री हूँ।	No, I am free.
6147	नहीं, तुम्हें देर नहीं हुई।	No, you are not late.
6148	कोई तुम्हारी जगह नहीं ले सकता।	Nobody can take your place.
6149	पीड़ित की बात किसी ने नहीं सुनी।	Nobody listened to the victim.
6150	नहीं यार, ऐसी कोई बात नहीं है।	No bro, It's nothing like that.
6151	अब और देरी स्वीकार्य नहीं होगी।	No further delay will be acceptable.
6152	सेवा करो, मेवा पाओ।	No gains without pains.
6153	कोई नाराज़गी नहीं।	No hard feelings.
6154	कोई अगर–मगर नहीं।	No ifs and buts.
6155	कोई बात नहीं बेटा।	No issues, son.
6156	कोई बात नहीं, पैसे बाद मे दे देना।	No issuse, give money later.
6157	कोई बात नहीं, मैं इसे बदल दूंगा।	No issues, I will change this.
6158	कोई बात नहीं, मैं खुद कर लूंगा।	No issues, I will do myself.
6159	कोई बात नहीं, मैं आपकी हेल्प कंगा।	No issues, I will help you.

6160	कोई बात नहीं, ठीक है।	No issues, it's okay.
6161	कोई बात नहीं, जाने दो उसे।	No issues, let him/her go.
6162	कोई बात नहीं, एक और लेलो।	No issues, take one more.
6163	कोई बात नहीं, फिर कभी चलेंगे।	No issues, we will go some other time.
6164	इससे कम नहीं चलेगा।	No less than this will do.
6165	चाहे जिंदगी में कैसी भी परेशानियां आ जायें।	No matter what problems come in life.
6166	चाहे वह कोई भी हो।	No matter who he is.
6167	नहीं मतलब नहीं।	No means no.
6168	आज के लिए और चॉकलेट नहीं।	No more chocolates for the day.
6169	अब इसके बारे में कोई बात नहीं करो।	No more discussion it about now.
6170	कुछ कहने की जरूरत नहीं।	No need to say anything.
6171	समय पर किसका बस चलता है।	No one can control time.
6172	मेरे भाग्य का फैसला मैं कर सकता हूँ और कोई नहीं।	No one can decide my fate but I.
6173	इससे कोई भी इनकार नहीं कर सकता।	No one can deny that.
6174	अब मेरे रास्ते में कोई नहीं आ सकता।	No one can get in my way now.
6175	किसी और को इस बारे में पता नहीं चलना चाहिए।	No one else should know about It.
6176	यह मुझे किसी ने नहीं दिया, यह मेरा है।	No one gave me this, it's mine.
6177	पूरे दिन किसी ने कुछ नहीं खाया।	No one has eaten the entire day.
6178	इस घर में दो साल से कोई नहीं रहता है।	No one has lived in this house for two years.
6179	दो–तीन साल से उसे किसी ने नहीं देखा।	No one has seen him for two-three years.

6180	यहाँ कोई तुम्हारी इज़्ज़त नहीं करता।	No one here respects you.
6181	आसपास कोई भी नहीं है।	No one is around.
6182	कल कोई भी कॉलेज नहीं आएगा।	No one is going to attend college tomorrow.
6183	यहां तो कोई नहीं दिख रहा।	No one is seen around.
6184	कोई नहीं जानता।	No one knows.
6185	कोई नहीं हिला।	No one moved.
6186	ऐसा कोई नहीं कहता।	No one says that.
6187	तब कोई कुछ नहीं बोल रहा था।	No one was saying anything then?
6188	कोई नहीं बचेगा!	No one will be spared.
6189	मुझसे बुरा कोई नहीं होगा।	No one will be worse than me.
6190	इसके बारे में किसी को पता नहीं चलेगा।	No one will learn about it.
6191	कोई भी इसे बर्दाश्त नहीं करेगा।	No one will tolerate this.
6192	अब से हम तुम्हारा लिए खाना पकाएंगे।	No onwards, we'll cook for you.
6193	कोई दिक्कत नहीं है।	No problem.
6194	धूम्रपान मना है।	Smoking is prohibited.
6195	आप की जितनी तारीफ की जाए उतनी कम है।	No words are enough to compliment you.
6196	कोई बात नहीं दोस्त।	No worries, mate.
6197	नही भाई, रवि साथ आये हैं।	No brother, Ravi has come along.
6198	नहीं, लेकिन मौसम बहुत अच्छा था।	No, but the weather was very nice.
6199	नहीं, अभी नहीं खाया।	No, haven't had it yet.
6200	नहीं, मैं नही हूँ।	No, I am not.
6201	नहीं, मैं अभी भी कार्यालय में हूँ।	No, I am still in the office.
6202	नहीं, मैं नहीं कर सकता।	No, I can't.

6203	नहीं, मुझे मौका नहीं मिला।	No, I didn't get chance to.
6204	नहीं, मैं नहीं जानता हूँ।	No, I don't.
6205	मेरी शाम को एक मुलाक़ात है।	No, I have a meeting in the evening.
6206	नहीं, मैं पहले ही ला चुका हूँ।	No, I have fetched it already.
6207	नहीं, मैंने अभी तक उसे नहीं बताया है।	No, I haven't told her yet.
6208	नहीं, मैं 10 बजे सोने चला गया।	No, I went to bed at 10.
6209	नहीं ऐसी बात नहीं है।	No, it's not like that.
6210	नहीं, यह मेरा नहीं है।	No, it's not mine.
6211	नहीं, आज मंगलवार है।	No, it's Tuesday today.
6212	अभी तक कोई नहीं।	No, not yet.
6213	नहीं, उसके पास समय नहीं था।	No, she didn't have time.
6214	नहीं, धन्यवाद।	No, thanks.
6215	नहीं, वे गैर–समान जुड़वां हैं।	No, they are non-identical twins.
6216	नहीं, तुम्हें जाने की जरूरत नहीं है।	No, you need not go.
6217	नहीं, बिल्कुल भी नहीं।	No, not at all.
6218	नहीं, बस ऐसे ही।	No, just like that.
6219	इतना अपमान कोई भी सहन नहीं कर सकता।	Nobody can bear such an insult.
6220	किसी ने नहीं पूछा।	Nobody asked.
6221	कोई भी मुझ पर विश्वास नहीं करता।	Nobody believes me.
6222	कोई नहीं आया।	Nobody came.
6223	कोई व्यक्ति इतना अपमान सहन नहीं कर सकता।	Nobody can bear such an insult.
6224	मेरे रहते कोई तुम्हें नुकसान नहीं पहुँचा सकता।	Nobody can harm you in my presence.
6225	मुझे कोई नहीं रोक सकता।	Nobody can stop me.
6226	कोई सुनना ही नहीं चाहता।	Nobody cares to listen.

6227	उससे लड़ने की हिम्मत किसी में नहीं।	Nobody dares to fight with him.
6228	वहाँ जाने की हिम्मत किसी में नहीं।	Nobody dares to go there.
6229	कोई नहीं आया।	Nobody has come.
6230	आसपास कोई नहीं है।	Nobody is around.
6231	यहाँ कोई नहीं है।	Nobody is here.
6232	कोई भी पूर्ण नहीं है।	Nobody is perfect.
6233	अभी वहां कोई नहीं है।	Nobody is there right now.
6234	झूठ बोलने वाले को कोई आदमी पसंद नहीं करता।	Nobody likes a man who tells a lie.
6235	पार्टी में किसी को मेरी याद नहीं आयी।	Nobody misses me at the party.
6236	किसी को मेरी परवाह नहीं है।	Nobody cares for me.
6237	वहाँ कोई नहीं जाना चाहता।	Nobody wants to go there.
6238	वहाँ उस बच्चे को बचाने वाला कोई नहीं था।	Nobody was there to rescue the child.
6239	उसका भी कोई नहीं था।	Nobody was his.
6240	हाँ में सर हिलाओ।	Nod your head in yes.
6241	इनमें से कोई भी पेन नहीं चल रहा है।	None of these pens work.
6242	हममे से कोई नहीं जा रहा उसके घर।	None of us are going to his house.
6243	ख्याल तो बुरा नहीं है।	Not a bad idea.
6244	एक टुकड़ा भी नहीं।	Not a bite.
6245	एक घूँट भी नहीं।	Not a sip.
6246	एक शब्द भी नहीं।	Not a word.
6247	सभी लोग लालची नहीं होते।	Not all people are greedy.
6248	कुछ भी तो नहीं।	Not anything.

6249	बिल्कुल नहीं, मैं कबाब में हड्डी नहीं बनना चाहता।	Not at all, I don't want to play gooseberry.
6250	बिल्कुल नहीं।	Not at all.
6251	थोड़ा सा भी नहीं।	Not even a bit.
6252	मेरे लिए नहीं।	Not for me.
6253	फिलहाल नहीं।	Not for time being.
6254	सिर्फ तुम ही नहीं, मैं भी उसे नहीं पटा सकता।	Not just you, even I can't entice her.
6255	अभी नहीं, बाद में।	Not now, later
6256	इतना ही नहीं, उसने मुझे मारा भी।	Not only this, he hit me as well.
6257	अभी तक तैयार नहीं है।	Not ready yet.
6258	आवश्यक नहीं।	Not required.
6259	इतना नहीं।	Not that much.
6260	बिलकुल भी नहीं।	Not at all.
6261	ये वाला नहीं।	Not this one.
6262	अब बताओ जो बताना है।	Tell what you want to.
6263	कुछ नहीं यार बैठा हुआ हूँ, बोलो।	Nothing buddy, I am sitting, speak.
6264	कुछ नहीं यार, आज मूड खराब है।	Nothing buddy, my mood is upset today.
6265	रातो रात कुछ नहीं किया जा सकता।	Nothing can be done over night.
6266	इससे बेहतर कुछ नहीं हो सकता।	Nothing could be better than this.
6267	और कुछ नहीं।	Nothing else.
6268	पूछने में कुछ नहीं जाता।	Nothing goes in asking.
6269	बात करने में कुछ नहीं जाता।	Nothing goes in talking.
6270	कोशिश करने मे कुछ नहीं जाता।	Nothing is wasted in trying.
6271	जो तुम लोग सोच रहे हो वैसा कुछ नहीं हुआ।	Nothing happened the way you all think.

6272	बोर्ड पर कुछ साफ़ दिखाई नहीं दे रहा।	Nothing is clearly visible on the board.
6273	कुछ भी असंभव नहीं है।	Nothing is impossible.
6274	कुछ भी गलत नहीं है।	Nothing is wrong.
6275	ऐसा कुछ नहीं है।	Nothing like that.
6276	ज्यादा कुछ नहीं।	Nothing much.
6277	कुछ नहीं चाहिए।	Nothing required.
6278	कुछ ख़ास नहीं।	Nothing special.
6279	सफलता जैसी कोई चीज नहीं।	Nothing succeeds like success.
6280	कोई ग़म नहीं।	Nothing to worry about.
6281	तुम्हें कुछ नहीं होगा, मैं हमेशा तुम्हारे साथ हूँ।	Nothing will happen to you, I'm always with you.
6282	कुछ नहीं होगा।	Nothing will happen.
6283	बच्चे अपना काम निकलवाना जानते हैं।	Children know how to get their work done.
6284	मेरा किसी और चीज़ में मन नहीं लगता।	I don't feel like doing anything else.
6285	अब इसमें 4 जोड़ें।	Now add 4 to it.
6286	अब तुम सब लोग जाकर छुप जाओ।	Now all of you go and hide.
6287	अब पूछो क्या पूछना है।	Now ask what you want to.
6288	अब नीचे उतरो।	Now get down.
6289	अब यहाँ से चले जाओ।	Now get out of here.
6290	अब मान जाओ।	Now give in.
6291	अब वह ज़्यादा भाव नहीं खाता है।	Now he doesn't act so pricey.
6292	वह अब पूरा गंजा हो गया है।	Now he has gone completely bald.
6293	अब जो करना है मुझे करना है।	Now I have to do what has to be done.
6294	अब मैं चुपचाप नहीं बैठूंगा।	Now I will not sit quietly.

6295	अब मुझे यह जॉब नहीं करनी पड़ेगी।	Now I won't have to do this job.
6296	अब मेरी बारी है।	Now it's my turn.
6297	अब बारी है रजिस्टर लेने की।	Now it's time to take the register.
6298	अब तुम्हारी बारी है।	Now it's your turn.
6299	अब मेरी बात बहुत ध्यान से सुनो।	Now listen to me very carefully.
6300	अभी, मतलब अभी।	Now means now.
6301	अब इसे 4 से गुणा करें।	Now multiply it by 4.
6302	अभी या बाद में?	Now or later?
6303	अब कहो क्या कहना है।	Now say what you want to.
6304	अब कुछ तो बोलो।	Now speak up something.
6305	अब बोलो भी।	Now speak up.
6306	अब बोलो जो बोलना है।	Now speak what you want to.
6307	अब वो बात बताओ।	Now tell me that thing.
6308	अब बताओ क्या बताना है।	Now tell what you want to.
6309	अब जो भी करना होगा पुलिस करेगी।	Now the police will do whatever needs to be done.
6310	अब मेरे पास एक ही रास्ता बचा है।	Now there is only one way left for me.
6311	अब मना क्यों कर रहे हो?	Now why are you refusing?
6312	अब उत्तर लिखें।	Now write the answer.
6313	अब तुम हद से ज्यादा बोल रहे हो।	Now you are speaking more than enough.
6314	अब तुम चैन की सांस ले सकते हो।	Now you can take a sigh of relief.
6315	अब तुम कोशिश करो।	Now you try.
6316	अब तुम्हारी बारी।	Now it’s your turn.
6317	अब मेरी बारी है।	Now it's my turn.
6318	अब मेरे सर के ऊपर मत मँडराओ।	Now do not hover over my head.
6319	अब, उसका भविष्य आपके हाथ में है।	Now her future is in your hand.

6320	अब उसका भविष्य दांव पर है।	Now her future is at stake.
6321	अब होने दो जो होगा।	Now let whatever happens.
6322	आजकल बिजली बार–बार चली जाती है।	Nowadays power goes off frequently.
6323	बिलकुल हाँ।	Of course, yes.
6324	भगवान को फूल चढ़ाएं।	Offer flowers to the deity.
6325	हाय भगवान्! मैंने दरवाज़ा खुला छोड़ दिया।	Oh God! I left the door open.
6326	हे भगवान! ये मुझसे क्या हो गया।	Oh God! What I have done.
6327	हे भगवान, फिर देर हो गयी।	Oh God, it's late again.
6328	हे भगवान, मुझे फिर देर हो गयी!	Oh my God, I'm late again!
6329	ओह! मैं तो बिल्कुल ही भूल गया।	Oh no! I completely forgot.
6330	ठीक है मैं अब फोन रखता हूँ।	Ok I hang up the phone now.
6331	ठीक है मैं दोहराता हूँ।	Ok I repeat.
6332	ठीक है, मैं तुम्हे वहां मिलता हूँ।	Ok then, I will see you there.
6333	ठीक है तुम जीते।	Ok you win.
6334	ठीक चलो चलते हैं।	OK, let's go.
6335	ठीक है, मैं तुम्हें याद दिलाऊंगा।	Ok, I'll remind you.
6336	ठीक है मैं तुम्हारा का।म करवा दूँगा।	Okay I will get your work done.
6337	पुरानी आदतें मुश्किल से छूटती हैं।	Old habits die hard.
6338	मेरे तीन गिनने पर तुम पलटना।	On the count of three turn around.
6339	बाईं तरफ।	On the left.
6340	दायीं तरफ।	On the right.
6341	इसी बहाने वो कमरे में घुस गया।	On this pretext he entered the room.
6342	इसी बहाने मैं तुमसे मिल भी लूँगा।	On this pretext I will meet you as well.
6343	इसी बहाने हम भी चाय पी लेंगे।	On this pretext we will also have tea.

6344	इसी बहाने हम एक दूसरे को जान लेंगे।	On this pretext we will get to know each other.
6345	इसी बहाने हम तुम्हारा घर भी देख लेंगें।	On this pretext we will see your home as well.
6346	किस से कहना है?	Whom to tell?
6347	महीने में एक बार।	Once a month.
6348	एक सप्ताह में एक बार।	Once a week.
6349	एक वर्ष में एक बार।	Once a year.
6350	एक बार फिर।	Once again.
6351	एक के बाद एक	One after another.
6352	एक दिन मैं तुम्हे वहाँ ले जाऊंगा।	One day I will take you there.
6353	एक दिन मैं जरू आऊंगा।	One day I will definitely come.
6354	तुम्हें एक दिन शर्मिंदा होना पड़ेगा।	One day you will have to be ashamed.
6355	उसका कोई अपना ही उसे मार देगा।	One of his own will kill him.
6356	मेरा एक दोस्त भी उसी कॉलेज में था।	One of my friends was also in the same college.
6357	गाड़ी चलाते वक़्त हमेशा सतर्क रहना चाहिए।	One should be alert while driving.
6358	इतराना तो कोई तुमसे सीखें।	One should learn flaunting from you.
6359	झूठी तसल्ली देना तो कोई तुमसे सीखें।	One should learn giving false comfort from you.
6360	एक बात तो पक्की है।	One thing is for sure.
6361	एक बात पक्की है।	One thing is sure.
6362	सिर्फ दिन बाकी हैं।	Only 2 days are left!
6363	केवल दो तीन लोगों से काम चलता था।	Only 2 or 3 people were there to serve.
6364	सिर्फ तुम्हारे लिए।	Only for you.

6365	सिर्फ मैं ही जानता हूँ कि कितनी मेहनत करनी पड़ती है।	Only I know how hard one has to work.
6366	बस इतना ही।	Only this much.
6367	दरवाजा खोलो।	Open the door.
6368	ढक्कन खोल दो।	Open the lid.
6369	खिड़कियां खोल दो।	Open the windows.
6370	अपनी पुस्तक पृष्ठ 20 पर खोलें।	Open your book to page 20.
6371	अपनी किताब खोलो।	Open your book.
6372	अपनी आँखें खोलो।	Open your eyes.
6373	अपना मुँह खोलो।	Open your mouth.
6374	मशीन चलाओ।	Operate the machine.
6375	वरना, मैं पहले आ सकता था।	Otherwise, I could have come earlier.
6376	वरना, मैं तुमसे पहले अपनी कलाई काट लूंगा।	Otherwise, I'll slit my wrist before you do.
6377	हमारी सेना दुश्मनो से हमारी रक्षा करते हैं।	Our army protects us from the enemy.
6378	हमारे बच्चे एक ही स्कूल में पढ़ते हैं।	Our children attend the same school.
6379	सफलता रंग लाई।	Our efforts paid off.
6380	हमारा रिश्ता ख़त्म हो गया है।	Our relationship is over.
6381	हमारा स्कूल 1 बजे ख़त्म हो गया है।	Our school finishes at 1.
6382	हमारी गली काफी चौड़ी है।	Our street is pretty wide.
6383	सही ढंग से रखना।	Put them in order.
6384	होटल के बाहर।	Outside the hotel.
6385	वहां पर।	Over there.
6386	सामान बाँध लो।	Pack the luggage.
6387	अपना सामान पैक करें।	Pack your bags.
6388	अपने नाखून काट लो।	Pair your nails.

6389	पूरे फर्श पर कागज़ बिखरे हुए हैं।	Papers are scattered all over the floor.
6390	अपने नाखून काट लो।	Trim your nails.
6391	मुझे नमक देना।	Pass me the salt.
6392	मुझे पानी का जग दे दो।	Pass me the water jug.
6393	खुद पर ध्यान दो।	Pay attention to yourself.
6394	ध्यान दे।	Pay attention.
6395	साइकिल को पैडल मारो।	Pedal the bicycle.
6396	सेब की छील दो।	Peel off the apple.
6397	आलू छील दो।	Peel off the potatoes.
6398	लोग घूर रहे हैं।	People are staring.
6399	लोग बदल जाते हैं।	People change.
6400	यहाँ दूर दूर से लोग आते हैं।	People come here from far and wide.
6401	सड़क हादसे में लोगों की मौत हो गई।	People died in a road accident.
6402	शायद, मुझे ऐसा नहीं कहना चाहिए था।	Perhaps, I shouldn't have said that.
6403	व्यक्तिगत प से मुझे लगता है।	Personally, I think….
6404	एक तारीख चुनो।	Pick a date.
6405	इसको उठाओ और कूड़ेदान में फेंको।	Pick it up and throw it in the dustbin.
6406	बर्तन उठाओ और ले जाओ।	Pick up the dishes and carry them away.
6407	फ़ोन उठाओ।	Pick up the phone.
6408	फावड़ा उठाओ और खेत में काम करो।	Pick up the spade and work in the field.
6409	इसे पर नमक लगा दो।	Spray some salt on it.
6410	सामान उठाओ।	Pick up the luggage.

6411	दरवाज़े को खुला रखने के लिए उसके नीचे एक कील लगा दें।	Place a nail under the door to keep it open.
6412	एक कटोरे के ऊपर मलमल रखें।	Place muslin over a bowl.
6413	शांति से काम लो।	Play it cool.
6414	कृपया सहमत हों।	Please agree.
6415	शांत हो जाओ।	Please keep quite.
6416	उत्तर दीजिये।	Please answer.
6417	कृप्या सड़क पार करते समय सावधान रहें।	Please be careful while crossing the road.
6418	कृपया बैठ जाएं।	Please be seated.
6419	मेरे लिए पानी लेकर आओ।	Please bring me a glass of water.
6420	मुझे फ़ोन करो।	Please call me.
6421	कृपया मेरी तस्वीर खींच करें।	Please click my picture.
6422	कृपया दरवाज़ा बंद करें।	Please close the door.
6423	कृपया मेरी किताबें समेट दो।	Please collect my books.
6424	पैसे गिन लीजिये।	Please count the money.
6425	कृपया जैसा मैं कहूँ वैसा करो।	Please do as I say.
6426	कृपया निराश न हो।	Please don't bc upset.
6427	कृपया मेरे जले पर नमक न छिड़के।	Please don't add insult to my injury.
6428	कृपया इस फॉर्म को भरें।	Please fill out this form.
6429	कृपया मुझे माफ़ करें।	Please forgive me.
6430	कृप्या अंदर आये।	Please get/come in.
6431	कृपया मुझे किसी तरह यहां से बाहर निकालें।	Please get me out of here somehow.
6432	कृपया मुझे एक और मौका दो।	Please give me one more chance.
6433	मुझे थोड़ा पानी दीजिये।	Please give me some water.
6434	कृपया मुझे कम्बल दे दीजिए।	Please give me the blanket.

6435	कृपया मेरे लिए ये कुर्सी पकड़ लो।	Please hold this chair for me.
6436	कृपया सहयोग करें।	Please cooperate.
6437	कृपया मेरा बिल बना दो।	Please make my bill.
6438	ज़रा एक तरफ हो जाओ।	Please move aside.
6439	कृपया दरवाज़ा खोलें।	Please open the door.
6440	ज़रा खिड़की खोल दीजिये।	Please open the window.
6441	कृपया इसे वहां रखें।	Please put it there.
6442	कृपया अपने जूते दूर रख दें।	Please put your shoes away.
6443	कृपया अपने जूते उतारो।	Please remove your shoes.
6444	कृपया दोहराये।	Please repeat.
6445	प्लीज मुझे उन गुंडों से बचा लीजिये।	Please save me from these hooligans.
6446	कृपया रजिस्टर में हस्ताक्षर कर दीजिए।	Please sign the register.
6447	कृपया बैठ जाओ।	Please sit down.
6448	कृपया शांति से बैठें।	Please sit quietly.
6449	कृपया भगवान के नाम पर हमें बख्श दें!	Please spare us in the name of God!
6450	कृपया धीरे बोलें।	Please speak softly.
6451	थोड़ी और देर रुको न।	Please stay for some more time.
6452	कृपया बैठे रहें।	Please stay seated.
6453	बोलने से पहले सोचा करो।	Please think before you speak.
6454	कृपया समझने की कोशिश करे।	Please try to understand.
6455	बात की गम्भीरता को समझो।	Please understand the gravity of the situation.
6456	समझा करो।	Please understand.
6457	कृपया ये गांठ खोल दीजिए।	Please untie this knot.
6458	कृपया मेरे वापस आने तक यहीं प्रतीक्षा करें।	Please wait here till I come back.

6459	कृपया अमित को उठा दो।	Please wake Amit up.
6460	कृपया अंदर आएं।	Please, come in.
6461	कृपया, बोर्ड पर आएं।	Please, come to the board.
6462	कृपया, उसके यहाँ आने तक इंतज़ार कीजिये।	Please, wait here until he comes.
6463	आपसे मिलकर खुशी हुई।	Pleased to meet you.
6464	जूतों को पॉलिश कर दो।	Polish the shows.
6465	प्रदूषण बढ़ गया है।	Pollution has increased.
6466	बेचारा रोहन! वह बहुत परेशान है।	Poor Rohan! He is very upset.
6467	काम को टाल दो।	Postpone the work.
6468	आलू अभी नरम नहीं हुआ है।	Potato is not soft yet.
6469	करत–करत अभ्यास से जड़मुती होत सुजान।	Practice makes a man perfect.
6470	ईश्वर से प्रार्थना करें।	Pray to God.
6471	परीक्षा के लिए अच्छे से तैयारी करें।	Prepare well for the exam.
6472	मेरे सिर को धीरे से दबाओ।	Press my head gently.
6473	प्लीज़ मेरे पैर दबाओ।	Press my legs, please
6474	मेरे पैर दबाओ।	Press my legs.
6475	अपने दाहिने हाथ से फ्लश दबाएं।	Press the flush with your right hand.
6476	पिछले साल के प्रश्न पत्र इतने मुश्किल नहीं थे।	Previous year question paper was not so tough.
6477	पिछले साल के प्रश्न पत्र बहुत मुश्किल थे।	Previous year question paper was so tough.
6478	प्रिया ने ये नहीं बोला था कि वो नहीं आएगी।	Priya didn't say that she wouldn't come.
6479	मुझसे वादा करो।	Promise me.
6480	मुझे गलत साबित करो।	Prove me wrong.

6481	अपनी बेकसुरी अदालत में साबित करना।	Prove your innocence in the court.
6482	अबकी बार और जोर से खींचना।	Pull a little harder this time.
6483	अपने आप को संभालो।	Pull yourself together.
6484	साँच को आंच क्या।	Pure gold does not fear the flame.
6485	इसे वापस रख दो।	Put it back
6486	इसे वापस कर दो।	Return it.
6487	रखो यहाँ और दफा हो जाओ यहाँ से!	Put it here and get lost!
6488	इसे कुर्सी पर रखो।	Put it on the chair.
6489	स्पीकर पर लगाओ।	Put it on the speaker.
6490	इसे मेज पर रखो।	Put it on the table.
6491	इसे बाहर रखें।	Put it out.
6492	जहां चाहो वहां रख दो।	Put it wherever you like.
6493	कपड़े पहन लोस	Put on the clothes.
6494	अपनी शर्ट पहन लो।	Put on your shirt.
6495	अपने जूते पहन लो।	Put on your shoes.
6496	आग बुझाओ।	Put out the fire.
6497	बच्चे के ऊपर कंबल डाल दें।	Put the blanket over the baby.
6498	किताबों को क्रम में लगा दो।	Put the books in order.
6499	किताबों को मेज़ पर रखो।	Put the books on the table
6500	कपड़ों को हैंगर पर लटकाओ।	Put the clothes on hangers.
6501	कपड़े सूखा दो।	Put the clothes to dry.
6502	चाकू नीचे रखो, तुम्हारा हाथ कट जाएगा।	Put the knife down, you'll cut your hand.
6503	मोबाइल को चार्ज पर लगाओ।	Put the mobile on charge.
6504	फोन साइलेंट पे डालो।	Put the phone on silent mode.

6505	फोन स्पीकर पर डालो।	Put the phone on speaker mode.
6506	बच्चे के ऊपर चादर डाल दें।	Put the sheet over the baby.
6507	चीजों को क्रम में रखें।	Put the things in order.
6508	कचरा बाहर रख दो।	Put the trash out.
6509	उन्हें सही ढंग से रखो।	Put them in correctly.
6510	इन किताबों को टेबल पर रख दो।	Put these books on the table.
6511	ध्यान से रखो इसे।	Put this carefully.
6512	अपनी किताबें बैग में रखो।	Put your books in the bag.
6513	बाहर जाने से पहले अपना स्वेटर पहन लें।	Put your sweater before going out.
6514	अपने कदम तेज़ करो।	Quicken your steps.
6515	उचित दाम बोलो भाई।	Quote a fair price, brother.
6516	अपने हाथ उठाओ।	Raise your hands.
6517	राजू रोने लगा।	Raju began to weep.
6518	राजू की चाकू घोंप कर मारा गया।	Raju was stabbed to death.
6519	राजू, वहाँ जाओ।	Raju, go there.
6520	राम हाँफने लगा।	Ram began to pant.
6521	राम बहुत देर बाद आया।	Ram came after a long.
6522	राम 4 बजे से घूम रहा है।	Ram has been walking since 4 o'clock.
6523	राम स्वार्थी हो रहा है।	Ram is being selfish.
6524	राम मुझे समझा रहा है।	Ram is making me understand.
6525	राम कंप्यूटर सीखता है।	Ram learns computer.
6526	राम को लिखने में थोड़ा–सा ही समय लगा।	Ram took a little time to write.
6527	रमन मेरा भाई है।	Raman is my brother.
6528	रमेश, यहाँ आओ।	Ramesh, come here.
6529	रतन ने सही निर्णय नहीं लिया।	Ratan didn't take the right decision.

6530	रवि, गाड़ी ध्यान से चलाओ।	Ravi, drive carefully.
6531	समय पर पहुँच जाना।	Reach on time.
6532	फिर से पढ़ो।	Read again.
6533	जोर से पढ़ें।	Read aloud.
6534	पढ़ो और पढ़ने दो।	Read and let read.
6535	इसे फिर से पढ़ो।	Read it again.
6536	चुपचाप पढ़ें।	Read silently.
6537	कुछ पढ़ रहे हो?	Are you reading something?
6538	कविता सुनाओ।	Recite the poem.
6539	मेरा पैसा वापस करें।	Refund my money.
6540	मेरे लौटने तक यहीं रहना।	Remain here till I return.
6541	बैठे रहो।	Remain seated.
6542	मुझे याद रखना।	Remember me.
6543	एक बात याद रखें।	Remember one thing.
6544	याद रखना।	Remember that.
6545	याद करो तुमने छत पर क्या कहा था।	Remember what you said on the roof.
6546	मुझे बाद में याद दिलाना।	Remind me later.
6547	मुझे इसकी याद दिलाओ?	Remind me of it?
6548	ब्रेड के किनारे हटा दो।	Remove the bread crusts.
6549	कढ़ाही को आंच पर से हटा लें।	Remove the pan from the heat.
6550	अपना मास्क हटाओ।	Remove your mask.
6551	मेरे बाद दोहराएँ।	Repeat after me.
6552	बार–बार दोहराओ।	Repeat again and again.
6553	इसे बदलो।	Replace it.
6554	यथाशीघ्र उत्तर दें।	Reply as soon as possible.
6555	मुझे सम्मान करो।	Respect me.
6556	बड़ो की इज़्ज़त करो।	Respect your elders.

6557	खुद का सम्मान करो।	Respect yourself.
6558	भरोसा रखो।	Rest assured.
6559	बाकी सब ठीक है।	Rest everything is fine.
6560	अपने सिर को तकिये पर रखें।	Rest your head on a pillow.
6561	बाकी आपकी मर्जी।	Rest is your wish.
6562	तुरंत वापस आओ।	Return at once.
6563	इसे कल तक लौटा देना।	Return it by tomorrow.
6564	बिल्कुल अभी।	Right away.
6565	कपड़े सीधे करो।	Rightward the clothes.
6566	उसे टेलीफोन करो।	Ring her up.
6567	अच्छे से कुल्ला कर लो।	Rinse your mouth properly.
6568	रिया और मैं अच्छे दोस्त हैं।	Riya and I are good friends.
6569	रिया को कहीं जाना है।	Riya has to go somewhere.
6570	रिया हमारे घर के पास ही रहती है।	Riya lives near our house.
6571	रिया को अक्सर बुखार हो जाता है।	Riya often gets fever.
6572	रिया सारा दिन सोती है और पूरी रात जागती है।	Riya sleeps all day and stays up all night.
6573	रिया आसपास नहीं दिख रही थी।	Riya was not seen around.
6574	रिया एक–दो दिन में आ जाएगी।	Riya will come in a day or two.
6575	रोहन और मीरा ने अलग होने का फैसला किया।	Rohan and Meera decided to split.
6576	रोहन के साथ–साथ उसका दोस्त भी निर्दोष है।	Rohan as well as his friend is innocent.
6577	रोहन मेरी मदद के लिए यहाँ आया था।	Rohan came here to help me.
6578	रोहन का किसी न किसी से झगड़ा होता रहता है।	Rohan gets into fight with someone.
6579	रोहन ने पहले कभी ऐसी गलती नहीं की।	Rohan has never made such mistake before.

6580	रोहन ने यह पार्सल तुम्हारे लिए भेजा है।	Rohan has sent this parcel for you.
6581	रोहन ने फ़ोन नहीं किया।	Rohan hasn't phoned.
6582	रोहन हमेशा लोगों की मदद के लिए तैयार रहता है।	Rohan is always ready to help people.
6583	रोहन दरवाज़े पर है।	Rohan is at the door.
6584	रोहन काफी अच्छा तैरता है।	Rohan swims well enough.
6585	रोहन वहाँ था, है ना?	Rohan was there, wasn't he?
6586	इस काम के लिए रोहन चलेगा।	Rohan will do for this work.
6587	मैं अपनी मां के लिए तरस रहा हूँ।	Rohan's mother is in the hospital.
6588	कमीज की बाहें मोड़ो।	Roll on your sleeves.
6589	रोटियां बेलो।	Roll the chapatis.
6590	अपने हाथ घुमाओ।	Roll your hands.
6591	अपनी आस्तीन को अपनी कोहनियों के ऊपर रोल करें।	Roll your sleeves above your elbows.
6592	अपनी हथेलियों को आपस में रगड़ो।	Rub your palms together.
6593	दौड़ कर ऊपर जाओ।	Rum up stairs.
6594	नमकीन भोजन खाने से प्यास लगती है।	Salty food makes one thirsty.
6595	कुछ भी बोलो।	Say anything.
6596	अलविदा कहो।	Say goodbye.
6597	बहन को बाए बोलो।	Say goodbye to your sister.
6598	मेरी तरफ से अंकल को नमस्ते कहो।	Say hi to uncle for me.
6599	संक्षेप में बोलो।	Say in brief.
6600	इसे फिर से कहिये।	Say it again.
6601	मेरे मुंह पर बोलो।	Say it to my face.
6602	कुछ बोलो।	Say something.
6603	उत्तर बताओ।	Tell me the answer.

6604	सेब की स्पेलिंग बताएं।	Say the spelling of apple.
6605	कोई कुछ भी कहे, मुझे कोई फर्क नहीं पड़ता।	Say what anyone will, I don't care.
6606	जो बोलना है बोलो।	Say whatever you want to say.
6607	जो कहना है जल्दी कहो।	Say what you have to say quickly.
6608	तुम्हें जो कहना है कहो।	Say what you want to say.
6609	कहो जो कहना है।	Say what you want to.
6610	कहो जो कहना था।	Say what you wanted to.
6611	जो बोलना है बोलो।	Say whatever you want to say.
6612	मेरी पीठ खुजाओ, मुझे खुजली हो रही है।	Scratch my back, I've got an itch.
6613	खुद ही देख लो।	See for yourself.
6614	उसे विदा करो।	See him off.
6615	देखो! कितना गन्दा हुआ पड़ा है।	See how dirty it is.
6616	थोड़ी देर में मुझसे मिलो।	See me in a while.
6617	मुझसे बाद में मिलो।	Scc me later.
6618	देख लो जो देखना है।	See what you want to.
6619	देख लो क्या देखना है।	See what you wanted to.
6620	देखो बाहर क्या हो रहा है?	See what's going on outside?
6621	फिर मिलते हैं।	See you again.
6622	बाद में मिलते हैं।	See you later.
6623	फिर मिलते हैं।	See you next time.
6624	रविवार मिलेंगे।	See you on Sunday.
6625	जल्द ही मिलते हैं।	See you soon.
6626	परसों मिलते हैं।	See you the day after tomorrow.
6627	कल मिलते हैं।	See you tomorrow.
6628	आपसे आज रात को मिलते हैं।	See you tonight.

6629	फिर मिलेंगे, अलविदा।	See you, bye.
6630	देखो, मना मत करना।	See, don't refuse.
6631	देखो, ये ज़ायज़ नहीं है।	See, this is not justified.
6632	देखिये, आपको बहुत मेहनत करनी होगी।	See, you've got to work very hard.
6633	देखो, मैं झूठ नहीं बोल रहा हूँ।	See/look, I am not telling a lie.
6634	देखो, मैं तुम्हारा दुश्मन नहीं हूँ।	See/look, I am not your enemy.
6635	देखो, बात ये है कि मेरा मूड नहीं है।	See/look, the thing is that I am in no mood.
6636	फिर कभी देख लेना।	See/watch some other time.
6637	अपने पिता को देखकर बच्चा खुश हो गया।	Seeing his father, the kid became happy.
6638	सीमा काम करने लगी।	Seema began to work.
6639	सीमा कल शाम तक दिल्ली पहुँच जाएगी।	Seema will reach Delhi by tomorrow evening.
6640	उसे अंदर भेजो।	Send him in.
6641	उसे मेरे पास भेजो।	Send him to me.
6642	अपनी लोकेशन भेजो।	Send me your location.
6643	किसी को भेजो।	Send someone.
6644	रात का खाना परोस दो मुझे भूख लगी है।	Serve the dinner I am hungry.
6645	खाना परोस दो।	Serve the food.
6646	इसे परोसें।	Serve this.
6647	अलार्म लगाओ और सो जाओ।	Set an alarm and go to sleep.
6648	पांच बजे का अलार्म लगा दो।	Set the alarm at five.
6649	अलार्म लगा दो।	Set the alarm.
6650	कृपया टेबल सेट करें।	Set the table please.
6651	टेबल लगा दो।	Set the table.
6652	समय निर्धारित करो।	Set the time.

6653	चीजों को सीधा करो।	Set things straight.
6654	अपना मूड ठीक करो।	Set your mood.
6655	बोत्तल को इस्तमाल करने से पहले अच्छे से हिला ले।	Shake the bottle well before using it.
6656	सर हिलाओ।	Shake your head.
6657	क्या मैं 6:30 बजे आ जाऊँ?	Shall I come at 630?
6658	अगर आप फ्री हों तो क्या मैं आपको कॉल करुँ?	Shall I give you a call if you are free?
6659	तो क्या मैं जाऊं?	Shall I go then?
6660	क्या मैं खोल दूं?	Shall I open?
6661	क्या मैं खाना परोस दूँ?	Shall I serve the food?
6662	क्या मैं इंतजार करुं या चला जाऊं?	Shall I wait or leave?
6663	क्या हम पैदल चलें या बस ले लें?	Shall we walk or get the bus?
6664	लानत है तुम पर।	Shame on you.
6665	आटे को छोटी–छोटी लोइयां बना लीजिए।	Shape the dough into small balls.
6666	अपनी पेंसिल को नुकीला करें।	Sharpen your pencil.
6667	वह हमेशा भाव दिखाती है।	She always acts pricey.
6668	वह हमेशा झूठ बोलती है।	She always lies.
6669	वह हमेशा अपने बारे में बात करती रहती हैं।	She always talks about herself.
6670	उसने मेरे लिए एक कार की व्यवस्था की।	She arranged a car for me.
6671	उसने मुझसे पूछा कि वह क्या कर रहा है।	She asked me what he is doing.
6672	वह सबकी चुगली करती है।	She backbites everyone.
6673	उसने गुस्से से दरवाजा बंद किया।	She banged on the door angrily.
6674	वह हँसने लगी।	She began to laugh.

6675	वह मासूम होने का नाटक करने लगती है।	She begins to pretend to be innocent.
6676	वह एक गरीब परिवार से है।	She belongs to a poor family.
6677	वह शरमा गई।	She blushed.
6678	वह जोर–जोर से रोने लगी।	She burst into tears.
6679	वह जोर से हंस पड़ी।	She burst out laughing.
6680	वह इतनी अच्छी अंग्रेजी नहीं बोल पाती।	She cannot speak English so well.
6681	वह गहरी सांस नहीं ले पाती।	She can't breathe deeply.
6682	वो बक–बक बहुत करती है।	She chatters a lot.
6683	वह कभी भी आ सकती थी।	She could arrive anytime.
6684	वह ऐसे रोई जैसे कि वह मर रही थी।	She cried as if she were dying.
6685	वह हताश है।	She is upset.
6686	यहां आकर उन्होंने अच्छा किया।	She did good by coming here.
6687	उसने यह सब स्वयं ही किया।	She did it all by herself.
6688	उसकी शक्ल उसकी माँ से नहीं मिलती है।	She does not take after her mother.
6689	ऐसा वह दिन में चार बार मंजन करती हैं।	She does this four times a day.
6690	उसकी किसी से नहीं बनती।	She doesn't get along with anyone.
6691	वह कुछ नहीं जानती।	She doesn't know anything.
6692	उसे मेरे साथ रहने में कोई हर्ज़ नहीं है।	She doesn't mind living with me.
6693	उन्हें कोई टेंशन लेने की जरूरत नहीं है।	She doesn't need to take any tension.
6694	वह ज़्यादा बात नहीं करती।	She doesn't talk much.
6695	उसने बैग मेज पर रख दिये।	She dumped the bags on the table.

6696	वो खाती बहुत है।	She eats a lot.
6697	उसे रोना आ रहा है।	She feels like crying.
6698	वह बीमार पड़ गई।	She fell ill.
6699	वो हर बात पर इतराती है।	She flaunts on every matter.
6700	वह आसानी से बीमार पड़ जाती है।	She gets sick easily.
6701	वह छोटी–छोटी बातों पर चिढ़ जाती है।	She gets irritated over small things.
6702	वो मुझसे पत्र लिखवाती है।	She makes me write letters.
6703	वह घबरा गयी।	She got nervous.
6704	वह सोच में पड़ गयी थी।	She had been lost in thought.
6705	मेरे घर से निकलने से पहले उसने मुझे फोन किया था।	She had called me before I left home.
6706	वह मेरे आने से पहले ही मर चुकी थी।	She had died before I came.
6707	उसने कुछ भी गलत नहीं किया था।	She had done nothing wrong.
6708	तब तक वह जा चुकी थी।	She had gone by then.
6709	जो उसने किया उसके लिए उसे मरना ही था।	She had to die for what she did.
6710	वह शायद ही कभी मुझसे बात करती है।	She hardly ever talks to me.
6711	उसके पैर में फोड़ा हो गया है।	She has a boil on her leg.
6712	उसे कुछ समस्याएँ हैं; तो, वह खुश नहीं है।	She has a few problems; so, she is not happy.
6713	वह पियानो का अभ्यास कर रही है।	She has been practicing the piano.
6714	उसकी याददाश्त बहुत कमजोर है।	Her memory is very weak.
6715	उसकी आंखें भूरी हैं।	She has brown eyes.
6716	वह घर चली गई है।	She has gone home.
6717	वह चली गयी।	She has gone.

6718	उसका व्यवहार अच्छा है।	She has good behaviour.
6719	उसके पास मोबाइल है, मेरे पास नहीं है।	She has got a mobile, I haven't got.
6720	उसे तेज़ सर्दी लग गई है।	She has got a streaming cold.
6721	उसने गलती की है।	She has mistaken.
6722	उसने खाना नहीं बनाया है।	She has not cooked food.
6723	उसने बहुत अभ्यास किया है।	She has practiced a lot.
6724	उसने मेरी जिंदगी बर्बाद कर दी है।	She has ruined my life.
6725	वह हद से ज्यादा बिगड़ गई है।	She has gone beyond her limits.
6726	उसने उसे मारा।	She hit him.
6727	उसने मेरा फोन रख दिया।	She hung up on me.
6728	वह रोज हम पर कूड़ा फेंकती है।	She hurls garbage on us daily.
6729	उसने मुझे पार्टी में नजरअंदाज कर दिया।	She ignored me at the party.
6730	वह अच्छे स्वभाव की महिला है।	She is a woman of good nature.
6731	वह आने वाली है।	She is about to come.
6732	वह एक विशेषज्ञ है।	She is an expert.
6733	वह मुझसे नाराज़ है।	She is angry with me.
6734	वह गंगा की तरह पवित्र है।	She is as pious as the Ganges.
6735	वह सोई हुई है।	She is asleep.
6736	वह सुंदर है।	She is beautiful.
6737	वो खाना पका रही है।	She is cooking.
6738	मैंने सोचा था वह जितना उससे कहीं अधिक बुद्धिमान है।	She is far more intelligent than I thought.
6739	उसे पढ़ाई का शौक है।	She is fond of studying.
6740	उसकी शादी हो रही है।	She is getting married.
6741	उसे भी मेरी तरह सिरदर्द है।	She has also got a headache like me.

6742	वह भैंस की तरह मोटी हो रही है।	She is growing fat like a buffalo.
6743	वह बीमार है।	She is ill.
6744	वह अच्छे मूड में हैं।	She is in a good mood.
6745	वह गंभीर हालत में है।	She is in a serious condition.
6746	वह मुझसे ईर्ष्या करती है।	She is jealous of me.
6747	वह तो बस तुम्हें चिढ़ा रही है।	She is just teasing you.
6748	वह एक अच्छे लड़के की तलाश में है।	She is looking for a suitable boy.
6749	वह मुझ पर गुस्सा है।	She is mad at me.
6750	वह मुझे बेवकूफ बना रही है।	She is making me fool.
6751	वह तुमसे भी ज्यादा खूबसूरत है।	She is more beautiful than you are.
6752	यह मेरी दूर की रिश्तेदार है।	She is my distant relative.
6753	वह मेरी सगी बहन है।	She is my whole sister.
6754	वह मेरी कोई दोस्त नहीं है।	She is no friend of mine.
6755	वह इस तरह की लड़की नहीं है।	She is not a girl of this sort.
6756	वह अपने पति की तरह दयालु नहीं है।	She is not so kind as her husband.
6757	वह इस बात से बिल्कुल भी खुश नहीं है।	She is not at all happy with this.
6758	वह अब यहां नहीं है।	She is not here now.
6759	वह ठीक नहीं हो रही है।	She is not recovering.
6760	वो कुछ कह तो नहीं रही ना?	She is not saying anything, is she?
6761	वह बात नहीं करना चाहती है।	She is not willing to talk.
6762	वह एकदम सही है।	She is perfect.
6763	वह गिटार बजा रही है।	She is playing a guitar.
6764	वह ठीक हो रही है।	She is recovering.
6765	वह बेशर्म है।	She is shameless.

6766	वह मुझसे थोड़ी लंबी है।	She is slightly taller than I am.
6767	वह चालाक है।	She is smart.
6768	वह छाया में खड़ी है।	She is standing in the shade.
6769	वह कपड़े सिल रही है।	She is stitching clothes.
6770	वह अंगड़ाई ले रही है।	She is stretching.
6771	वह सबमें सबसे बड़ी है।	She is the eldest of all.
6772	वह सबसे खूबसूरत है।	She is the most beautiful of all.
6773	वो नखरें कर रही है।	She is throwing tantrums
6774	वह पूरी तरह से मेरी दीवानी है।	She is totally crazy about me.
6775	वो मुझसे बहुत गुस्सा है।	She is very angry with me.
6776	वह बहुत अच्छी है।	She is very good.
6777	वह मेरा इंतज़ार कर रही है।	She is waiting for me.
6778	वह कपड़े धो रही है।	She is washing the clothes.
6779	उन्होंने सोने की अंगूठी पहनी हुई है।	She is wearing a gold ring.
6780	वह फूट–फूट कर रो रही है।	She is weeping bitterly.
6781	वह इस वक्त अपने ऑफिस में काम कर रही है।	She is working in her office at the moment.
6782	वह अभी तक यहां नहीं है।	She isn't here yet.
6783	वह खाना नहीं बना रही है है न?	She isn't making food, is she?
6784	वह मुझसे कम जानती है।	She knows me less than I do.
6785	वह तुम्हारे बारे में सब जानती है।	She knows everything about you.
6786	वह जानती है कि वह क्या कर रही है।	She knows what she is doing.
6787	वो हँसती बहुत है।	She laughs a lot.
6788	वो नौ बजे चली गयी।	She left at 9 am.
6789	वह कल जल्दी चली गयी थी।	She left early yesterday.
6790	उसने पिछले साल स्कूल छोड़ दिया।	She left the school last year.

6791	उसने मुझसे झूठ बोला।	She lied to me.
6792	वह अकेली रहती है।	She lives alone.
6793	वह तुम्हारे जैसी दिखती है।	She looks like you.
6794	उसने एक किताब खो दी।	She lost a book.
6795	उसने वादा किया था।	She made a promise
6796	उसने तो मुझे भावुक कर दिया।	She made me emotional.
6797	वह हर बात को मुद्दा बना देती है।	She makes issue of everything.
6798	वह आसपास ही होनी चाहिए।	She must be around.
6799	उसे मेरी ज़रुरत है।	She needs me.
6800	तुम्हारे जाने के बाद वो यहाँ कभी नहीं आयी थी।	She never came here after you had gone.
6801	वह अक्सर यहाँ आती है।	She often comes here.
6802	उसने उसकी प्रशंसा की।	She praised him.
6803	वह बार–बार बड़बड़ाती रहती है।	She keeps on mumbling.
6804	वह रोने का नाटक करती है।	She pretends to be crying.
6805	उल्टा वो रोने लगी।	She rather started crying.
6806	उसने उसी वक्त मना कर दिया।	She refused then and there.
6807	उसने मेरे साथ आने से मना कर दिया।	She refused to come with me.
6808	वह लौट गयी।	She returned.
6809	उसने मेरी जिंदगी बर्बाद कर दी।	She ruined my life.
6810	उसने मुझे देखा।	She saw me.
6811	उसने मुझे बेवजह डरा दिया।	She scared me unnecessarily.
6812	ऐसा लगता है कि उसे इस बारे में कुछ नहीं पता।	She seems to know nothing about it.
6813	उसने हमें ये किताबें लेने के लिए भेजा।	She sent us to get these books.
6814	वो शीशे के सामने बैठ गई।	She set down in front of mirror.

6815	उसे कोई नुकसान नहीं पहुंचना चाहिए।	She should not be harmed.
6816	उसने मुझे दिखाया।	She showed me.
6817	उसने ऐसे कंधे उचकाए जैसे उसे पता ही न हो।	She shrugged as if she didn't know.
6818	वह अपना अधिकतर समय पढ़ाई में बिताती है।	She spends much of her time studying.
6819	वह अपनी सारी कमाई खर्च कर देती है।	She spends the whole of her earning.
6820	वह कपड़ों पर फिजूलखर्ची करती है।	She splurges on clothes.
6821	जब वह घबरा जाती है तो हकलाने लगती है।	She stammers when she feels.
6822	वह हँसत–हँसते रोने लगी।	She started crying while laughing.
6823	वो बात–बात पर रोने लगती है।	She starts crying on every matter.
6824	वह छोटी छोटी बातों पर रोना शु कर देती है।	She starts crying over small things.
6825	वह अब भी तुमसे प्यार करती है।	She still loves you.
6826	वे जो कह रहे थे उसे सुनने के लिए उसने अपने कानों पर ज़ोर डाला।	She strained her ears to catch what they were saying.
6827	वह अच्छी तरह तैरती है।	She swims well.
6828	वो नखरें करती है।	She throws tantrums.
6829	उसने मुझसे भी पैसे लिए।	She took money from me as well.
6830	उसने तुमसे भी पैसे लिए?	Did she take money from you too?
6831	उसने मेरा खत फाड़ दिया।	She tore my letter.
6832	उसे मुझ पर भरोसा है।	She trusts me.
6833	वह तो सबकी माँ निकली।	She turned out be the mother of all.

6834	वो तो बहुत धोखेबाज निकली।	She turned out to be so cheater.
6835	उसके घने बाल हुआ करते थे।	She used to have thick hair.
6836	वो बोलती बहुत थी।	She used to speak a lot.
6837	वो बहुत नखरें दिखाया करती थी।	She used to throw a lot of tantrums.
6838	उसने कल रात दो बार उल्टी की।	She vomited twice last night.
6839	वह जाग रही थी।	She was awake.
6840	वह मुझे नज़रअंदाज़ कर रही थी।	She was ignoring me.
6841	वाकई, वो बहुत सुन्दर थी।	She was indeed very beautiful.
6842	वो लगातार मुझे देख रही थी।	She was looking at me continuously.
6843	वो बिल्कुल भी खुश नहीं थी।	She was not happy at all.
6844	वह आंसू बहा रही थी।	She was shedding tears.
6845	वह मेरी जासूसी कर रही थी।	She was spying on me.
6846	वह मेरे सामने खड़ी थी।	She was standing opposite me.
6847	वो मुझे नखरे दिखा रही थी।	She was throwing tantrums to me.
6848	वह बिलकुल वैसी नहीं थी जैसी मैंने अपेक्षा की थी।	She wasn't at all like I expected.
6849	वह चश्मा पहनती है।	She wears glasses.
6850	वह ऑफिस चली गयी, है न?	She went to the office, didn't she?
6851	वह कल फूट–फूट कर रोई थी।	She wept bitterly yesterday.
6852	वह किसी भी पल यहाँ आती ही होगी।	She will be here any minute.
6853	वह बहुत खुश होगी।	She will be very glad.
6854	वह वहां बहुत खुश रहेगी।	She will be very happy there.
6855	मेरे कॉल करने से पहले वह ऑफिस से निकल चुकी होगी।	She will have left the office before I call.

6856	वो किसी की बातों में नहीं आएगी।	She will not get into anyone's words.
6857	ज्यादा से ज्यादा वह मुझसे बात नहीं करेगी।	She will not talk to me at most.
6858	वह पक्का तुमसे बात नहीं करेगी।	She will not talk to you for sure.
6859	उसने हीरे का हार पहना था।	She wore a diamond necklace.
6860	उसने मेरा प्रस्ताव स्वीकार कर लिया।	She accepted my offer.
6861	वह जल्दी में चली गई।	She left in a hurry.
6862	उसे टेनिस खेलना पसंद है।	She likes playing tennis.
6863	वह पूरे दिन सोती रही।	She slept whole day.
6864	वह तेरी मदद कभी नहीं लेगी।	She'll never take a favor from you.
6865	वह सुंदर है।	She's pretty.
6866	इस कुत्ते को यहाँ से भगाओ।	Shoo the dog away from here.
6867	क्या मुझे उससे माफ़ी मांगनी चाहिए?	Should I apologize to him?
6868	क्या मुझे इसे यहाँ लाना चाहिए?	Should I bring it?
6869	क्या मैं साथ चलूं?	Should I come along?
6870	क्या मुझे इसका इंतजार करना चाहिए?	Should I wait for it?
6871	क्यों ना एक और खरीद लें?	Why don’t we buy one more?
6872	क्यों ना आज यहीं रुक जाएँ?	Why don't we stay here today?
6873	उसे दिखाओ कि एक महिला कितनी मजबूत हो सकती है!	Show him how strong a woman can be!
6874	मुझे दुबारा दिखाओ।	Show me again.
6875	मुझे दूसरा दिखाओ।	Show me another.
6876	मुझे दिखाओ कि यह कैसे किया गया।	Show me how it's done.
6877	मुझे दिखाओ कि यह कैसे करना है।	Show me how to do it.
6878	मुझे इससे सस्ता कुछ दिखाओ।	Show me something cheaper than this.

6879	वो वाला दिखाना।	Show me that one.
6880	मुझे वो दिखाओ।	Show me that.
6881	मुझे दिखाओ कि तुमने क्या खरीदा।	Show me what you bought.
6882	कुछ और दिखाओ।	Show something else.
6883	अपने हाथ दिखाओ।	Show your hands.
6884	दरवाजा बंद करो।	Shut the door.
6885	खाते वक्त अपना मुंह बंद रखो।	Shut the mouth while eating.
6886	खिड़कियों को ठीक से बंद कर देना।	Shut the windows properly.
6887	चुप रहो।	Shut up.
6888	अपना मुंह बंद करें।	Shut your mouth.
6889	बचपन से।	Since childhood.
6890	वह जबसे दिल्ली से आया हैं उसकी तबियत ठीक नहीं है।	Since he returned from Delhi, he is not keeping well.
6891	बहुत समय से।	Since long.
6892	सुबह से।	Since morning.
6893	तुम यहाँ कब से हो?	Since when have you been here?
6894	तुगने मुझे कब से नहीं देखा?	Since when have you not seen me?
6895	कब से तुमने उससे बात नहीं की?	Since when have you not talked to him?
6896	तुझे कबसे फर्क पड़ने लगा?	Since when is it making difference to you?
6897	एक गीत गाएं।	Sing a song.
6898	सर, मैं कह रहा था कि..	Sir, I was saying now that..
6899	सर, क्या मैं आपसे एक प्रश्न पूछ सकता हूँ?	Sir, may I ask you a question?
6900	सर, क्या मैं आगे बैठ सकता हूँ?	Sir, may I sit at the front?
6901	पलाथी मारकर बैठ जाओ।	Sit cross-legged.

6902	बैठ कर बातचीत करें, फिर फैसला करें।	Sit down and have a conversation, then decide.
6903	प्लीज, रोहन के बगल में बैठो।	Sit next to Rohan, please.
6904	बाइक पर बैठो।	Sit on the bike.
6905	स्कूटी पर बैठो।	Sit on the scooty.
6906	बाहर बेठो और दुसरो को खेलने दो।	Sit out and let the others play.
6907	ठीक से बेठिये।	Sit properly.
6908	चुपचाप बैठ जाओ।	Sit quietly.
6909	फर्श पर बैठो।	Sit on the floor.
6910	सीधे बैठो।	Sit upright.
6911	सीता काम करने लगी।	Sita began to work.
6912	सीता रोने ही वाली थी।	Sita was about to weep.
6913	सिया ने फोन किया था।	Siya had called.
6914	जल्दी सोयें और जल्दी उठें।	Sleep early and wake up early.
6915	आराम से सो जाओ।	Sleep tight.
6916	गति कम करो।	Slow down.
6917	छोटे बच्चे अपने बड़ो की नक़ल करते हैं।	Small children imitate their elders.
6918	कैमरे की ओर देखकर मुस्कुराएं।	Smile at the camera.
6919	अपने माल में छींकें।	Sneeze in your hankie.
6920	अपनी नाक सूँघ।	Sniff your nose.
6921	तो क्या बात सिर्फ पैसों की है?	So, is it only about money?
6922	मैं कुछ नहीं खाऊँगा तो फिर।	So, then I will not eat anything.
6923	तो फिर क्या सोचा तुमने?	So then what did you think?
6924	मैं क्या कँ तो फिर?	So, then what do I do?
6925	तो फिर जाओगे कब?	So, then when will you go?
6926	तुम भी आ जाओ तो फिर।	So, then you also come.

6927	तो हम आपके लिए एक तोहफा लेकर आये हैं।	So, we have brought a gift for you.
6928	तो क्या हुआ अगर तुम डॉक्टर नहीं हो।	So, what if you weren't a doctor.
6929	तो मुझे किसका पीछा करना चाहिए?	So, whom should I chase?
6930	तो, आपको घर कैसा लगा?	So, how do you like the house?
6931	तो, आप इन दिनों क्या कर रहे हैं?	So, what are you up to these days?
6932	तो आपने आज क्या किया?	So, what did you do today?
6933	तो क्या तुम मेरा अपमान करोगे?	So, will you insult me?
6934	तो आप मेरी तुलना उससे कर रहे हैं।	So, you are comparing me to her.
6935	कपड़ों में साबुन लगा दो।	Soap the clothes.
6936	कुछ भ्रम पैदा हो गया है।	Some confusion has arisen.
6937	कुछ मेहमान आए हैं, इसलिए मैं थोड़ा थक गया हूँ।	Some guests have come over, so I am little tired.
6938	कुछ लोग हमेशा अपने बारे में ही बात करते हैं।	Some people always talk about themselves.
6939	दाल में कुछ काला है।	Something is fishy.
6940	कुछ बार, अक्सर नहीं।	Sometimes, not often.
6941	कुछ पानी।	Some water.
6942	किसी ने मेरा पेन ले लिया।	Somebody has taken/stolen my pen.
6943	कोई आ रहा है। (जान पहचान वालो के लिए)	Somebody is coming.
6944	कोई आ रहा है। (अनजान लोगों के लिए)	Someone is coming.
6945	ऐन मौके पर वहाँ कोई आ गया।	Someone came there in the nick of time.
6946	कोई मेरे लिए ऐसा करता है।	Someone does that for me.
6947	कोई और खेल रहा है।	Someone else is playing.

6948	कोई और सो रहा है।	Someone else is sleeping.
6949	कोई पिछले एक हफ्ते से मेरा पीछा कर रहा है।	Someone has been following me.
6950	किसी ने मेरी जेब काट ली है।	Someone has picked my pocket.
6951	किसी ने मेरा पैसा चुरा लिया है।	Someone has stolen my money.
6952	दरवाजे पर कोई है।	Someone is at the door.
6953	कोई तुम्हें बुला रहा है।	Someone is calling you.
6954	कोई तो दोषी है, तुम या मैं।	Someone is to blame, either you or I.
6955	मस्का लगाना तो कोई तुमसें सीखें।	Someone should learn from you to butter up.
6956	बहानें बनाना तो कोई तुमसें सीखें।	Someone should learn from you to make excuses.
6957	बातें बनाना तो कोई तुमसें सीखें।	Someone should learn from you to make things.
6958	झूठ बोलना तो कोई तुमसें सीखें।	Someone should learn from you to tell a lie.
6959	किसी ने मेरा पर्स छीन लिया।	Someone snatched my purse.
6960	किसी ने मेरी किताब छीन ली।	Someone took my book away.
6961	कोई मुझे देख रहा था।	Someone was watching me.
6962	कुछ न कुछ होने वाला है।	Something is about to happen.
6963	कुछ गड़बड़ है ।	Something is fishy/wrong.
6964	कुछ कमी है।	Something is missing.
6965	कुछ तो जर हुआ है।	Something must have happened.
6966	कुछ खास!	Something special!
6967	कुछ ज़री काम आ गया था इसलिए मुझे जाना पड़ा।	Something urgent had come up; so I had to leave.
6968	कोई जरी बात आ गई है।	Something urgent has come up.
6969	उस दिन कुछ अजीब हुआ।	Something strange happened the other day.

6970	इसके दिमाग में कुछ तो चल रहा है।	Something's going on in his mind.
6971	कभी–कभी हमें झूठ भी बोलना पड़ता है।	Sometimes we have to speak a lie.
6972	कभी–कभी वह अपनी नोटबुक चेक नहीं करवाता।	Sometimes he doesn't get his notebook checked.
6973	कभी–कभी मुझे खुद से नफरत होती है।	Sometimes I hate myself.
6974	सोनू को जॉब से रिजाइन करने को बोला गया।	Sonu was asked to resign from his job.
6975	आज नहीं तो कल उसे इसका अहसास हो जायेगा।	Sooner or later, he will realize It.
6976	कभी न कभी।	Sooner or later.
6977	कष्ट के लिए माफ़ करें	Sorry for the inconvenience.
6978	क्षमा करें मुझे देर हो गई, मैं ट्रैफिक में फंस गया था।	Sorry I am late; I was caught in traffic.
6979	आपको परेशान करने के लिए माफी चाहता हूँ।	Sorry to bother you.
6980	सुनकर बहुत दुख हुआ।	Sorry to hear that.
6981	सॉरी! मैं तुम्हें इनसे मिलवाना भूल गया।	Sorry! I forgot to introduce you to them!
6982	माफ करना मुझे इसका ध्यान नहीं रहा।	Sorry, I wasn't mindful of It.
6983	माफ़ करें, मैं आपकी मदद नहीं कर सका।	Sorry, I could not help you.
6984	क्षमा करें, मैंने स्पष्ट प से नहीं सुना।	Sorry, I didn't hear clearly.
6985	क्षमा करें, हमारे पास एक भी नहीं है।	Sorry, we don't have any.
6986	किसी तरह इस मामले को सुलझाएं।	Sort out this matter somehow.
6987	सुनने में अच्छा लगा।	Sounds good.
6988	मेरे लिए भी थोड़ा समय निकालो।	Spare some time for me too.

6989	आग से चिनगारियाँ निकल रही हैं, पास मत जाओ।	Sparks are shooting out from the fire, don't go closer.
6990	थोड़ा ज़ोर से बोलो।	Speak a little louder.
6991	ज़ोर से बोलो।	Speak aloud.
6992	जैसा मैं कहता हूँ वैसा बोलो।	Speak as I say.
6993	तुम्हें जितना बोलना है बोल लो।	Speak as much as you want.
6994	साफ–साफ बोलो जो भी बोलना है।	Speak clearly whatever you have to.
6995	साफ़–साफ़ बोलो।	Speak clearly.
6996	खुलकर बोलो।	Speak frankly.
6997	ढंग से बोलो।	Speak properly.
6998	जोर से बोलो, मैं तुम्हें सुन नहीं सकता।	Speak louder, I can't hear you.
6999	और साफ़ बोलो।	Speak more clearly.
7000	और जोर से बोलो।	Speak more loudly.
7001	अब बोलो नहीं तो मैं फोन काट दूंगा।	Speak now or I'll disconnect.
7002	एक–एक करके बोलो।	Speak one by one.
7003	संक्षेप में बोलें।	Speak out briefly.
7004	तेजी से बोलो।	Speak quickly.
7005	सोच समझ कर बोलो।	Speak thoughtfully.
7006	और बोलो उससे।	Speak to him more
7007	मुझसे अंग्रेजी में बात करो।	Speak to me in English.
7008	तुम्हें जो बोलना है बोलो।	Speak what you want to speak.
7009	जो जायज़ है वो बोलो।	Speak which is justified.
7010	अपने दिल की बात कहो।	Speak your heart.
7011	अपने मन की बात।	Speak your mind.
7012	अपने नाम का उच्चारण करें।	Spell your name please.
7013	अपना गुस्सा थूक दो।	Spit out your anger.

7014	गलती पहचानें।	Spot the mistake.
7015	बैडशीट फैलाओ।	Spread the bed sheet.
7016	गरम मसाला पाउडर छिड़कें।	Sprinkle garam masala powder.
7017	आम से रस निचोड़ लें।	Squeeze the juice out of the mango.
7018	नींबू निचोड़ दो।	Squeeze the lemon.
7019	पैर जोर से मारो।	Stamp your feet.
7020	किनारे खड़े रहो।	Stand aside.
7021	लाइन में खड़े हो।	Stand in line.
7022	शांति से खड़े रहो।	Stand still and keep silent.
7023	सीधे खड़े रहो।	Stand still.
7024	वहाँ खड़े हो जाओ।	Stand there.
7025	स्थिर खड़े रहो। हिलना मत।	Stand still. Don't move.
7026	पढ़ना शु करो।	Start reading.
7027	कार स्टार्ट करो।	Start the car.
7028	थ्रोड़ी देर और रुकें।	Stay a little bit longer.
7029	थोड़ी देर रुको।	Stay a while.
7030	जब तक चाहो रहो।	Stay as long as you wish.
7031	मुझसे दूर रहोि	Stay away from me.
7032	मेरी चीज़ों से दूर रहो।	Stay away from my staff.
7033	गैस से दूर रहो।	Stay away from the gas.
7034	कक्षा के बाद पीछे रहना।	Stay behind after the class.
7035	आस–पास ही रहो।	Stay close by.
7036	ध्यान केंद्रित रखो।	Stay focused.
7037	खुश रहो।	Stay happy.
7038	मेरे वापस आने तक यहीं रुको।	Stay here till I get back.
7039	यहाँ रुको।	Stay here.
7040	कार में रहो।	Stay in the car.

7041	अपनी हद में रहो।	Stay in your limits
7042	अंदर रहो।	Stay inside.
7043	इससे दूर रहो।	Stay out of this.
7044	बस यही रहना।	Stay right there
7045	वहां रुको।	Stay there.
7046	बने रहें।	Stay tuned.
7047	मेरे साथ रहो।	Stay with me.
7048	उस लड़के के साथ ठहरो।	Stay with that boy.
7049	हमारे साथ रहिये।	Stay with us.
7050	इसे और बेहतर करो	Steno up your level.
7051	साइड हटो।	Step aside.
7052	अपनी जीभ बाहर निकालो।	Stick out your tongue.
7053	मुझे अभी भी नहीं पता।	Still, I don't know.
7054	लगातार चलाओ।	Stir constantly.
7055	बीच–बीच में चलाओ।	Stir occasionally.
7056	भाव खाना बंद करो।	Stop acting pricey.
7057	तंग करना बंद करो।	Stop annoying.
7058	मेरे साथ बहस करना बंद करो।	Stop arguing with me.
7059	बहस करना बंद करो।	Stop arguing.
7060	अभी के अभी रुक जाओ।	Stop at once.
7061	घुमा फिरा कर बात मत करो।	Stop beating around the bush.
7062	डींगे हकना बंद करो।	Stop boasting.
7063	बेवजह मुझे परेशान करना बंद करो।	Stop bothering me for no reason.
7064	ख्याली पुलाओ मत पकाओ।	Stop building castles in the air.
7065	मुझे इसके लिए डांटना बंद करो।	Stop scolding me for this.
7066	रोना बंद करो।	Stop crying.
7067	दिन में सपने देखना बंद करो।	Stop daydreaming.

7068	मुझे इन सब में घसीटना बंद करो।	Stop dragging me into these all.
7069	मेरी बुराइयाँ ढूढ़ना बंद करो।	Stop finding my evils.
7070	इतराना बंद करो।	Stop flaunting.
7071	मेरा पीछा करना बंद करो।	Stop following me.
7072	रोना–धोना बंद करो।	Stop fussing.
7073	मेरे रास्ते में आना बंद करो।	Stop getting in my way.
7074	झूठी तसल्ली मत दो।	Stop giving false comfort.
7075	कूदना बंद करो।	Stop jumping.
7076	मज़ाक मत करो।	Stop kidding.
7077	हंसना बंद करो।	Stop laughing.
7078	मुझे उपदेश देना बंद करो।	Stop lecturing me.
7079	झूठ बोलना बंद करो।	Stop lying (or stop telling a lie).
7080	शोर करना बंद करो।	Stop making a noise.
7081	उसका मजाक उड़ाना बंद करो।	Stop making fun of him.
7082	मेरा मजाक उड़ाना बंद करो।	Stop making fun of me.
7083	गड़बड़ करना बंद करो और मेरी बात सुनो।	Stop messing around and listen to me.
7084	मोबाइल पर गेम खेलना बंद करो।	Stop playing games on mobile.
7085	धूप मे खेलना बंद करो।	Stop playing in the sun.
7086	उपदेश देना बंद करो।	Stop preaching.
7087	ढोंग करना बंद कर दो।	Stop pretending now.
7088	यहीं रुकें।	Stop right here.
7089	पैसे के पीछे भागना बंद करो।	Stop running after money.
7090	खींचना बंद करो।	Stop scribbling.
7091	चिल्लाना बंद करो।	Stop shouting.
7092	सूँघना बंद करो; जाओ और अपनी नाक साफ करो।	Stop sniffing; go and blow your nose.
7093	खर्राटे लेना बंद करो।	Stop snoring.

7094	मुझे घूरना बंद करो।	Stop staring at me.
7095	कल्पना की पहुंच बनाना बंद करें।	Stop taking a reach of the imagination.
7096	बोलना बंद करो और खाना खाओ।	Stop talking and eat.
7097	बकवास करना बंद करो।	Stop talking nonsense.
7098	बाते करना बंद करो।	Stop talking.
7099	उसे चिढ़ाना बंद करो।	Stop teasing her.
7100	बस को रोको।	Stop the bus.
7101	कार रोको।	Stop the car.
7102	वहाँ रुको।	Stop there.
7103	उसके बारे में सोचना बंद करो।	Stop thinking about her.
7104	नखरें करना बंद करो।	Stop throwing tantrums.
7105	गुदगुदी करना बंद करो।	Stop tickling.
7106	अपना दिमाग चलाना बंद करो।	Stop using your brain.
7107	टीवी देखना बंद करो।	Stop watching TV.
7108	ठिनठिनाना बंद करो।	Stop whining.
7109	सिटी बजाना बंद करो।	Stop whistling.
7110	काम करना बंद करो।	Stop working.
7111	बकबक करना बंद करो।	Stop chattering.
7112	मुझ पर चिल्लाना बंद करो।	Stop yelling at me.
7113	चिल्लाना बंद करो।	Stop yelling.
7114	अपनी बक–बक बंद करो।	Stop your chatter.
7115	अपनी बकवास बंद करो।	Shut up.
7116	बोलना बंद करोस	Stopped talking.
7117	इसे सीधा करो।	Straighten it.
7118	मेरे साथ अजीब –अजीब सी चीजें होती रहती है।	Strange things keep happening to me.
7119	मौका देखकर चौका मारो।	Strike the iron when it is hot.

7120	यहां पढ़ो।	Study here.
7121	कितना शरारती दिमाग है तुम्हारा!	Such a mischievous mind you have got!
7122	इतना घमंड अच्छा नहीं है।	Such arrogance is not good.
7123	ऐसे लोग किसी के सगे नहीं होते।	Such people are not devoted to anyone.
7124	मेरा इरादा ऐसा बिल्कुल नहीं था।	Such was not my intention at all.
7125	अचानक मेरे पैर में ऐंठन हो गई।	Suddenly, I had a cramp in my leg.
7126	लड़के वाले रिश्ता लेकर आये हैं।	Suitors have come with the proposal.
7127	गर्मियां शु होने वाली है।	Summers are about to start.
7128	मान लीजिए, मैंने किया।	Suppose, I did.
7129	हाँ–हाँ, क्यों नहीं?	Sure, why not?
7130	मेरी कसम खाओ।	Swear to me.
7131	कसम खाओ कि तुम झूठ नहीं बोल रहे हो?	Swear to me that you are not lying.
7132	मेरी झूठी कसम मत खाओ।	Don't swear falsely on me.
7133	सफाई हो गई है।	Sweeping is done.
7134	इसे चालू करो।	Switch it on.
7135	लाइट बंद कर देना।	Switch off the lights please.
7136	एसी बंद कर दो।	Switch off the AC.
7137	पंखा बंद कर दो।	Switch off the fan.
7138	फ़ोन बंद करो।	Switch off the mobile.
7139	जाने से पहले पंखा चालू कर देना।	Switch on the fan before you leave.
7140	पंखा चला दो।	Switch on the fan.
7141	मशीन चालू करें।	Switch on the machine.
7142	कार्टून चैनल पर स्विच करें।	Switch to cartoon channel.
7143	नहा लो।	Take a bath.

7144	एक निवाला खा लो।	Take a bite.
7145	थोड़ा सा पानी लीजिए।	Take a little water.
7146	जोखिम में डालना।	Take a chance.
7147	वहाँ से रुमाल ले लो।	Take a hanky from there.
7148	एक शॉल लो और अपने आप को लपेट लो।	Take a shawl and wrap yourself up.
7149	नहा लो।	Take a shower.
7150	एक घूँट पी लो।	Take a sip.
7151	टहलें।	Take a walk.
7152	अगर तुम्हें पसंद हो तो सब ले लो।	Take all if you like.
7153	कोई भी ले लो।	Take anyone.
7154	जितनी चाहो ले लो।	Take as many as you want. (countable)
7155	जितना लेना है ले लो।	Take as much as you want. (uncountable)
7156	अपनी सेहत का ख्याल रखना।	Take care of your health.
7157	अपना ख्याल रखें।	Take care of yourself.
7158	मौका मत छोड़ो।	Don't leave the chance.
7159	ले जाओ इसे।	Take him away.
7160	जल्दी से उसे डॉक्टर के पास ले जाओ।	Take him to a doctor, quickly.
7161	यह सब ले लो।	Take it all.
7162	इसे दूर ले जाएँ।	Take it away.
7163	आराम से	Take it easy.
7164	इसे बाहर ले जाये।	Take it outside.
7165	मुझे भी साथ ले चलो।	Take me along too.
7166	मुझे साथ लेकर चलो।	Take me along.
7167	मुझे यहाँ से अभी के अभी ले जाओ।	Take me away from here right now.

7168	मुझे घर ले चलो।	Take me home.
7169	मुझे खरीदारी के लिए ले चलो।	Take me shopping.
7170	मुझे वहां ले चलो।	Take me there.
7171	मुझे कमरे में ले चलो।	Take me to the room.
7172	मुझे अपनी शरण में ले लो।	Take me to your shelter.
7173	मेरी सलाह लो।	Take my advice.
7174	चाहो तो मेरी कार ले लो।	Take my car if you want.
7175	कपड़े उतार दो।	Take off the clothes.
7176	अपने जूते बाहर उतारो।	Take off your shoes outside.
7177	अपने मुंह से पेंसिल बाहर निकालो।	Take out the pencil from your mouth.
7178	अपनी किताब निकालो।	Take out your book.
7179	राम को घुमाने ले जाओ।	Take Ram for a stroll.
7180	अच्छे से सोच विचार करके ही ये फैसला लेना।	Take the decision after thinking carefully.
7181	बर्तन सिंक में ले जाओ।	Take the dishes to the sink.
7182	सामान ले जाओ।	Take the things away.
7183	कचरा बाहर ले जाना।	Take the trash out.
7184	यह दवाई लो।	Take this medicine.
7185	ये जूता मोची के पास ले जाओ।	Take this shoe to the cobbler.
7186	जो लेना है जल्दी लो।	Take what you have to take quickly.
7187	ले लो क्या लेना है।	Take what you want to.
7188	अपना आसन ग्रहण करें।	Take your seat.
7189	अपना समय ले लो, कोई जल्दी नहीं है।	Take your time, there is no hurry.
7190	आराम से करो।	Take your time.
7191	ढंग से बात करो।	Talk in a manner.
7192	बाद में बात करते हैं।	Talk later.

7193	कुछ समझ वाली बात करो।	Talk some sense.
7194	और बात करो उससे।	Talk more to him.
7195	उससे बात करो।	Talk to him.
7196	मुझसे बात करो।	Talk to me.
7197	सोच समझकर बात करो मुझसे।	Talk to me thoughtfully.
7198	बाद में बात करते हैं।	Talk to you later.
7199	अपने पिता से बात करो।	Talk to your father.
7200	अपने दोस्तों से बात करो।	Talk to your friends.
7201	चाय ठंडी हो गई।	Tea has got cold.
7202	चाय ठंडी हो रही है।	Tea is getting cold.
7203	उसे तमीज सिखाओ।	Teach him manners.
7204	टीचर तुम्हे डाँटेगी।	Teacher will scold you.
7205	झूठ बोलना पाप है।	Telling a lie is a sin.
7206	फिर कभी बता देना उसे।	Tell him some other time.
7207	उसे मुंह बंद रखने के लिए कहो।	Tell him to shut up.
7208	मुझे अपने बारे मे बताओ।	Tell me about yourself.
7209	साफ–साफ बताओ मुझे।	Tell me clearly.
7210	बताओ कैसे करना है?	Tell me how to do?
7211	मुझे बताएँ सब कुशल तो है?	Tell me if everything is fine?
7212	मुझे और बताएँ।	Tell me more.
7213	मुझे एक बात बताओ।	Tell me one thing.
7214	मुझे अपने बारे में कुछ बताओ।	Tell me something about yourself.
7215	मुझे समय बताओ।	Tell me the time.
7216	मुझे सच बताओ।	Tell me the truth.
7217	क्या हुआ जवाब दो।	Tell me what happened.
7218	मुझे बताओ मुझे क्या लाना है।	Tell me what I need to bring.
7219	मुझे बताओ मैं क्या करूँ।	Tell me what should I do.

7220	क्या करना है मुझे बताओ।	Tell me what to do.
7221	मुझे बताइये आपको क्या चाहिए।	Tell me what you need.
7222	बताओ मुझे वह स्कूल कब जाता है।	Tell me when he comes to school.
7223	बताओ कब जाना है।	Tell me when to go.
7224	जब तैयार हो जाओ मुझे बता देना।	Tell me when you are ready.
7225	बताओ, कहाँ ढूँढू इसके लिए दुल्हन।	Tell me where I find a bride for him.
7226	बोलो कहाँ जाना है!	Tell me where to go!
7227	मुझे बताओ हम कहाँ जा रहे हैं?	Tell me where we are going.
7228	बताओ मुझे कि तुम इतना क्यों खेलते हो।	Tell me why you play so much.
7229	मुझे अपना पता बताओ।	Tell me your address.
7230	अपनी उम्र बताओ।	Tell me your age.
7231	मुझे अपनी समस्या बताओ।	Tell me your problem.
7232	मुझे बताओ, सब ठीक है।	Tell me, everything is ok.
7233	बोलो, मैं रस्ते में ही हूँ।	Tell me, I am on my way.
7234	राम से कहो कि यह टूट गया है।	Tell Ram that it's broken.
7235	बताओ जो बताना है।	Tell what you want to.
7236	बताओ जो बताना था।	Tell what you wanted to.
7237	मैं यह करने ही वाला था।	I was about to do it.
7238	दस लाख से एक मिलियन बनते हैं।	Ten lakhs make a million.
7239	दस मिनट पहले।	Ten minutes ago.
7240	सब कुछ के लिए धन्यवाद।	Thanks for everything.
7241	अच्छा हुआ तुम वहाँ आ गये।	Thank God you came there.
7242	अच्छा हुआ तुम मुझे वहीं मिल गये।	Thank God you met me there.
7243	अच्छा हुआ तुमने मुझे बता दिया।	Thank God you told me.
7244	आने के लिए धन्यवाद।	Thank you for coming.

7245	धन्यवाद महोदय।	Thank you, sir.
7246	ये तो शुक्र है उसने हाँ कह दिया।	Thankfully, he said yes.
7247	ये तो शुक्र है किसी को चोट नहीं लगी।	Thankfully, no one got hurt.
7248	ये तो शुक्र है वहाँ कोई नहीं था।	Thankfully, no one was there.
7249	ये तो शुक्र है तुम आ गए।	Thankfully, you came.
7250	बहुत–बहुत धन्यवाद।	Thanks a lot.
7251	मम्मी की मदद करने के लिए धन्यवाद।	Thanks for helping mummy.
7252	पढ़ने के लिए धन्यवाद।	Thanks for reading.
7253	आपकी सलाह के लिए धन्यवाद्।	Thanks for your advice.
7254	तारीफ़ करने के लिए आपका शुक्रिया।	Thanks for your compliment.
7255	उसे धन्यवाद।	Thanks to her.
7256	उसका दिखना बहुत ही बढ़िया है।	That looks great.
7257	वो ज़माना गुजर गया।	That age has gone by.
7258	वह समय नहीं हो सकता; मेरी घड़ी तेज़ होनी चाहिए।	That can't be the time; my watch must be fast.
7259	उस कम्पनी के मैनेजर ने वापस कॉल नहीं किया।	That company's manager never called back.
7260	पिछले साल वो परीक्षा नहीं हुई थी।	That exam wasn't conducted last year.
7261	ये आसान है।	That is easy.
7262	यह बहुत ज़यादा है।	That is too much.
7263	वही मैं सोंचू।	That is what I was thinking.
7264	तुम हमेशा यही कहते हो।	That is what you always say.
7265	वह पुराना लग रहा है।	That looks old.
7266	वो आदमी मुझे बहुत देर से घूर रहा है।	That man has been staring at me.
7267	वह फिल्म डरावनी थी।	That movie was scary.

7268	वो खबर तो झूठी निकली।	That news turned out to be fake.
7269	वह स्थान यहां से बहुत दूर है।	That place is far from here.
7270	वह स्थान पीछे छूट गया है।	That place is left behind.
7271	उस रेस्टोरेंट का खाना इतना अच्छा नहीं था।	That restaurant food was not so tasty.
7272	वह सबसे अच्छा है।	That's better than ever.
7273	आपकी बड़ी कृपया है।	That's so kind of you.
7274	कि उन्होंने आपके साथ कुछ नहीं किया है।	That they have not done anything to you.
7275	वह एक मजाक था, लेकिन आपने इसे गंभीरता से लिया।	That was a joke, but you took it seriously.
7276	वह मेरी गलती थी।	That was my mistake.
7277	मेरा यह इरादा बिलकुल नहीं था।	That was not my intention at all.
7278	ऐसे थोड़ी ना करना था।	That was not the way to do.
7279	वह आखिरी था।	That was the last one.
7280	वह विचित्र था।	That was weird.
7281	इससे हो जाएगा।	That will do.
7282	बड़ी खुशी का समाचार है।	That's good news.
7283	यही तो मैं सुनना चाहता था।	That's all I wanted to hear.
7284	बस इतना ही।	That's all.
7285	यह ठीक है।	That's alright.
7286	यह आश्चर्यजनक है।	That's amazing.
7287	बस बहुत हुआ।	That's enough.
7288	मेरा कहने का वो मतलब नहीं था।	That's not what I meant to say.
7289	ये हुई न बात।	That's the way.
7290	ये सच है।	That's true.
7291	यह एक तथ्य है।	That's a fact.
7292	यह बहुत बड़ी रकम है।	That's an awful lot of money.

7293	मेरे लिए इतना काफी है।	That's enough for me.
7294	बस काफी है।	That's enough.
7295	ये उचित है।	That's fair.
7296	यह तुम्हारे लिए ठीक रहेगा।	That's good for you
7297	वह उसकी किताब है।	That's her book.
7298	मैंने ऐसे ही तो इंग्लिश सीखी।	That's how I learnt English.
7299	यह सही नहीं है।	That's not right.
7300	वह पर्याप्त नहीं है।	That's not enough.
7301	वह आपकी कॉल नहीं है।	That's not your call.
7302	यह सही है।	That's right.
7303	वह मांग में है।	That's in demand.
7304	ये हुई न बात।	That's the spirit.
7305	मैं इसी तरह बोलता हूँ।	That's the way I speak.
7306	ये तरीका है।	That's the way.
7307	यानी वो आज भी नहीं आयेगा।	That means he will not come today as well.
7308	यानी ये मुझे करना पड़ेगा।	That means I will have to do this.
7309	यानी तुम मुझसे प्यार नहीं करते।	That means you don't love me.
7310	यानी तुम नहीं जाओगे।	That means you will not go.
7311	यह बहुत बुरा है।	That's too bad.
7312	इस लिए तो मैंने उसे पीटा।	That's why I beat him.
7313	इसीलिए तो मैं हूँ।	That's what I am here for.
7314	मैं तुम्हें यही तो समझा रहा हूँ।	That's what I am making you understand.
7315	मैं तो यही कह रहा हूँ।	That's what I am saying.
7316	मैं यही तो बोल रहा हूँ।	That's what I am speaking.
7317	मैं तुम्हें यही तो बता रहा हूँ।	That's what I am telling you.
7318	मैं यही तो सोच रहा हूँ।	That's what I am thinking.

7319	मैं तुम्हें यही तो समझाने की कोशिश रहा हूँ।	That's what I am trying to make you understand.
7320	तुम्हारी यही बात मुझे अच्छी नहीं लगती।	That's what I don't like about you.
7321	यही बात तो मैं कह रहा था।	That's what I was saying.
7322	कहते तो यही हैं।	That's what they say.
7323	आप हमेशा यही कहते हैं।	That's what you always say.
7324	आप इसी बारे में सोचते हैं।	That's what you think about.
7325	मैं वहीं तो जा रहा हूँ।	That's where I am going.
7326	इसीलिए तो मैं तुमसे पूछ रहा हूँ।	That's why I am asking you.
7327	इसीलिये तो मैं जा रहा हूँ।	That's why I am going.
7328	इसीलिए तो मैं अंग्रेजी सीख रहा हूँ।	That's why I am learning English.
7329	इसीलिए तो मैं यह बोल रहा हूँ।	That's why I am speaking this.
7330	इसीलिए तो मैने उसे पीटा।	That's why I beat him.
7331	वो तुम्हारा काम है उसका नहीं।	That's your job/work not his.
7332	वो तुम्हारा काम है मेरा नहीं।	That's your job/work not mine.
7333	ये हुई ना बात।	That's the spirit.
7334	AC काम नहीं कर रहा है।	The AC is not working.
7335	उत्तर मेरी जुबान पर है।	The answer is on the tip of my tongue.
7336	समारोह पर व्यवस्था अच्छी नहीं थी।	The arrangement was not good at the function.
7337	मुझे दिखाओ कि तुमने यह कितना किया है।	Show me how much you have done it.
7338	बच्चे के माथे पर चोट लगी है।	The baby has got an injury on his forehead.
7339	बच्चा रो रहा है।	The baby is crying.
7340	बच्चा का नया दाँत निकल रहा है।	Baby's new tooth is coming out.
7341	बच्चा लार टपका रहा है।	The baby is drooling.

7342	बैंक ने मेरे ऋण आवेदन को खारिज कर दिया।	The bank rejected my loan application.
7343	बाथम का दरवाजा अटक गया है।	The bathroom door is stuck.
7344	मधुमक्खियाँ भिनभिनाती हैं।	The bees hum.
7345	घंटी बज चुकी है; अब लिखना बंद करो।	The bell has rung; stop writing now.
7346	घंटी बजने वाली है; थोड़ी देर रुको।	The bell is about to go; wait a little while.
7347	पक्षी आकाश में उड़ रहे हैं।	The birds are flying in the sky.
7348	कंबल रस्सी से बंधे हुए थे।	The blankets were tied with a rope.
7349	बोर्ड ने परिणाम घोषित कर दिए हैं।	The board has declared the results.
7350	किताब हाथों हाथ बिक गयी।	The book sold like hot cakes.
7351	सौ बात की एक बात।	To cut a long story short.
7352	बस बिल्कुल भरी हुई है।	The bus is jam packed.
7353	आज बस लेट हो सकती है।	The bus might be late today.
7354	गाड़ी बीच सड़क में खराब हो गई।	The car broke down in middle of the road.
7355	कुर्सी टूटी हुई है।	The chair is broken.
7356	बच्चे शतरंज खेल रहे हैं।	The children are playing chess.
7357	बच्चे ऐसे लग रहे थे मानों वे थक गये हों।	The children seemed as if they were tired.
7358	बच्चे थके हुए लग रहे हैं।	The children seem tired.
7359	बच्चे स्कूल गए।	The children went to school.
7360	कपड़े अंदर बाहर लटक रहे हैं।	The clothes are hanging up inside out.
7361	बादल गरज रहे थे।	The clouds were thundering.
7362	कॉफी बहुत ज्यादा गर्म है।	The coffee is piping hot.
7363	ठंडी हवा से उसके होंठ फट गये हैं।	The cold wind has chapped her lips.

7364	मुकाबला बहुत कड़ा है।	The competition is very tough.
7365	बिजली की कीमत फिर बढ़ गई है।	The cost of electricity has risen again.
7366	बर्तन ठीक से साफ नहीं किये जाते।	The dishes are not cleaned properly.
7367	कुत्ते ने ज़मीं को कई देर तक सुंघा।	The dog sniffed the ground for a while.
7368	दरवाज़ा अंदर से बंद है।	The door is locked from the inside.
7369	बिजली अभी तक वापस नहीं आई है।	The electricity is not back on yet.
7370	जब मैं पढ़ रहा था तब लाइट चली गई।	The electricity went out while I was studying.
7371	सारा माल खत्म हो गया।	The entire goods were used up.
7372	पूरी दुनिया उसे जानती है।	The entire world knows him.
7373	परीक्षा चल रही है।	The examination is going on.
7374	परीक्षा दो दिन बाद होगी।	The examination will take place after two days.
7375	पंखा गर्म हवा दे रहा है।	The fan is blowing hot air.
7376	पंखा तेज़ चल रहा है।	The fan is running slow.
7377	पंखा बहुत धीरे चल रहा है।	The fan is so slow.
7378	पंखा बहुत ज्यादा आवाज कर रहा है।	The fan is too noisy.
7379	पंखा बहुत हिल रहा है।	The fan is too shaky.
7380	किसान बहुत समय से आंदोलन कर रहे हैं।	The farmers have been protesting for a long time.
7381	गलती तुम्हारी थी न कि मेरी।	The fault was yours not mine.
7382	रात का खाना अभी आ रहा है।	Dinner is coming right up.
7383	उसके पास जो कुछ खिलौने हैं, आप ले सकते हैं।	You can take the few toys that he has.
7384	पानीपत की पहली लड़ाई 1526 में लड़ी गयी थी।	The first battle of Panipat was fought in 1526.

7385	खाना पक रहा है।	The food is cooking.
7386	भोजन बहुत स्वादिष्ट है।	The food is delicious.
7387	सामने का दरवाज़ा खुला है।	The front door is open.
7388	मजे की बात तो ये है कि...	The funny thing is that…
7389	मजे की बात तो ये है कि उसे कुछ नहीं पता।	The funny thing is that he doesn't know anything.
7390	मजे की बात तो ये है कि वो पैसे लेना भूल गया।	The funny thing is that he forgot to take money.
7391	गैस खत्म हो गयी है।	The gas has finished.
7392	दूल्हे ने एक सेहरा पहना हुआ है।	The groom is wearing a diadem.
7393	घर बनाया जा रहा है।	The house is being built.
7394	घर का नवीनीकरण किया जा रहा है।	The house is being renovated.
7395	घर अब खाली है।	The house is empty now.
7396	घर को सफाई की जरूरत है।	The house needs cleaning.
7397	आसमान में पतंगें उड़ रही हैं।	The kites are flying in the sky.
7398	चाकू बहुत तेज़ है।	The knife is very sharp.
7399	बिजली चमक रही है।	It is lightning.
7400	मशीन खराब थी जब हमने इसे बेचीं।	The machine was in a bad shape when we sold It.
7401	रात के खाने के बाद आपको मिठाई नहीं मिलेगी।	You won't get sweets after dinner.
7402	असल मे बात ये है....	The main point is that…
7403	आम कच्चा है।	The mango is raw.
7404	मामला बिगड़ गया है।	The matter has become serious.
7405	मामला दब चुका है।	The matter hushed up.
7406	बात बहुत बिगड़ गयी।	The matter took a serious turn.
7407	ये दवाई कड़वी है।	The medicine tastes bitter.
7408	मीटिंग इसी सोमवार को हो सकती है।	The meeting may be held on this Monday.

7409	दूध उबल गया है।	The milk has boiled.
7410	दूध फट गया है।	The milk has curdled.
7411	दूध अभी नहीं उबला है।	The milk has not boiled yet.
7412	दूध खट्टा हो गया है।	The milk has turned sour.
7413	दूध उबल रहा है।	The milk is boiling over.
7414	दूध उबल सकता है।	The milk may boil over.
7415	दूध फ़ट गया।	The milk turned sour.
7416	महीना ख़त्म हो गया।	The month is over.
7417	मच्छर के काटने से मुझे बहुत खुजली होती है।	The mosquito bite gives me an awful itch.
7418	नया मोबाइल पुराने वाले से काफी हल्का है।	The new mobile is much lighter than the old one.
7419	दर्द लगातार बना रहता है।	The pain is constant.
7420	पेंट उखड़ गया था।	The paint had chipped off.
7421	डॉक्टर के आने से पहले मरीज मर चूका था।	The patient had died before the doctor came.
7422	रोगी दर्द से करहा रहा है।	The patient is groaning with pain.
7423	फोन बज रहा है।	The phone is ringing.
7424	पुलिस ने चोर को पकड़ लिया।	The police caught the thief.
7425	पुलिस ने चोर को गिरफ्तार कर लिया है।	The police have arrested the thief.
7426	पुलिस को आने में देर हो गयी।	The police were late in coming.
7427	आलू ज्यादा पक गये हैं।	The potatoes are overcooked.
7428	बिजली चली गयी है।	The power is out.
7429	कैदी ने अपने आप को फांसी लगा दी।	The prisoner hanged himself.
7430	झगड़ा सुलझ गया है।	The quarrel is settled.

7431	सुबह बारिश रुक गई थी।	The rain had stopped in the morning.
7432	सड़क बनाई जा रही है।	The road is being constructed.
7433	रास्ता साफ़ है, जल्दी आओ।	The road is clear, come quickly.
7434	सड़क मरम्मत के लिए बंद है।	The road is closed for repairing.
7435	सड़क ऊबड़–खाबड़ है।	The road is rugged.
7436	सड़क की मरम्मत चल रही है।	The road is under repairing.
7437	रास्ता बहुत खराब था।	The road was very bad.
7438	सड़कें कारों से खचाखच भरी हैं।	The roads are bursting with cars.
7439	कमरा पूरी तरह अस्त–व्यस्त है।	The room is a complete mess.
7440	कमरा इस तरफ है।	The room is this way.
7441	कमरा बहुत शोरगुल वाला है।	The room is very noisy.
7442	कमरे से धूम्रपान की गंध आ रही थी।	The room smelled of smoking.
7443	म साफ नहीं थे।	The room was not clean.
7444	हमेशा की तरह।	The same as usual.
7445	कल स्कूल बंद रहेगा।	The school will remain close tomorrow.
7446	आज दुकान बंद है।	The shop is closed today.
7447	दुकानें आज खुली नहीं है।	The shops are not open today.
7448	सिंक हमेशा धुलाई से भरा रहता है।	The sink is always full of washing-up.
7449	आज आसमान साफ़ है।	The sky is clear today.
7450	आज आसमान में केवल बादल छाये हुए हैं।	The sky is only cloudy today.
7451	आसमान में बादल छाए हुए हैं।	The sky is overcast.
7452	आसमान में बादल छाए हुए हैं, बारिश हो सकती है।	The sky is overcast, it may rain.
7453	साँप ने सिर उठाया और फुंफकार मारी।	The snake lifted his head and hissed.

7454	अप्रैल तक बर्फबारी बंद हो जाएगी।	The snow will have stopped by April.
7455	इस समाज में हर तरह के लोग हैं।	The society has people from all backgrounds.
7456	जितनी जल्दी हो, उतना अच्छा।	The sooner, the better.
7457	गली में पानी भरा है।	The street is water logged.
7458	इस बिल्डिंग का ढांचा बढ़िया है।	The structure of this building is good.
7459	सूर्य अस्त नहीं हुआ है।	The sun has not set.
7460	सूरज उगने वाला है।	The sun is about to rise.
7461	सूरज पूर्व में उगता है।	The sun rises in the east.
7462	सूर्य पश्चिम में अस्त होता है।	The sun sets in the west.
7463	हैरानी की बात तो ये है कि....	The surprising thing is that…
7464	मिठाई बासी थी इसलिए मैंने फेंक दी।	The sweets were stale so I threw them.
7465	मैं तुम्हारे लिए दूध लाऊंगा।	I'll get milk for you.
7466	मेज टूटी है।	The table is broken.
7467	चाय ने मेरी जीभ जला दी।	The tea burnt my tongue.
7468	चाय ठंडी हो रही है।	The tea is getting cold.
7469	चाय बहुत गर्म है।	The tea is piping hot.
7470	चाय बहुत ज्यादा गर्म है।	The tea is very hot.
7471	टीचर ने हमें होमवर्क दिया।	The teacher gave us homework.
7472	टीचर ने उसे दण्डित किया।	The teacher punished him.
7473	चोर मेरी बाइक लेकर भाग गया।	The thief ran away with my bike.
7474	चोर जेवर और 50 हजार कैश लेकर भाग गए।	The thief ran away with jewelry and 50 thousand cash.
7475	चोर अँधेरे में गायब हो गया।	The thief vanished in the darkness.
7476	बात ये है कि उन्हें नौकरी मिल गई है।	The thing is that he has got the job.

7477	पेंसिल की नोक टूट गई।	The tip of the pencil broke.
7478	ट्रेन तीन घंटे देरी से पहुंची।	The train arrived late by three hours.
7479	मेरे स्टेशन पहुँचने से पहले ही ट्रेन जा चुकी थी।	The train had gone before I reached the station.
7480	ट्रेन एक घंटे लेट है।	The train is late by an hour.
7481	ट्रेन देर से चल रही है।	The train is running late.
7482	ट्रेन आने वाली है।	The train is yet to come.
7483	रेल पटरी पर दौड़ती है।	The train runs on the tracks.
7484	कचरा भरा हुआ है।	The trash is full.
7485	इलाज चल रहा है।	The treatment is going on.
7486	पेड़ पर फूल आये हैं।	The tree has blossomed.
7487	परेशान होने वाली बात तो ये है कि...	The troublesome thing is that…
7488	सच हमेशा कड़वा होता है।	The truth is always bitter.
7489	सच तो यह है कि मैं रवीना से प्यार करता हूँ।	The truth is that I love Raveena.
7490	टीवी काम नहीं कर रहा है।	The TV is not working.
7491	टायर में हवा कम है।	The tire has gone down.
7492	आवाज गूँज रही है।	The voice is echoing.
7493	दीवार की पपड़ी निकल रही है।	The wall is flaking.
7494	पानी उबल गया है।	The water has boiled away.
7495	पानी अब उबल रहा है।	The water is boiling now.
7496	यह गंदा पानी है।	The water is contaminated
7497	मौसम बादलो वाला हो रहा है।	The weather is getting cloudy.
7498	शादी सिर्फ पांच दिन दूर है।	The wedding is only five days away.
7499	हवा ने तुम्हारे बाल ख़राब कर दिये हैं।	The wind has messed your hair.
7500	बड़ी तेज़ हवा चल रही है।	The wind is blowing heavily.

7501	आज हवा बंद है।	It's not windy today.
7502	हवा बंद है।	The wind is still.
7503	हवा ने मेरे बालों को उलझा दिया।	The wind tangled my hair up.
7504	काम जहां का है वहीं करना चाहिए।	The work should be done where it belongs.
7505	कर्मचारी हड़ताल पर चले गये हैं।	The workers have gone on strike.
7506	चिंता करने बाली बात तो ये है कि....	The worrying thing is that…
7507	उनकी कार खराब हो गई।	Their car broke down.
7508	उनका नुकसान हमारा लाभ है।	Their loss is our gain.
7509	फिर बाद मे मत कहना कि मुझे नहीं पता।	Then don't say later that I don't know.
7510	फिर बाद मे मत कहना कि मैं भी जाऊँगा।	Then don't say later that I will also go.
7511	फिर बाद मे मत कहना कि तुमने बताया नहीं।	Then don't say later that you didn't tell.
7512	तब तो हम सच में मरने वाले हैं।	Then we are really going to die.
7513	फिर हम खेलेंगे।	Then we will play.
7514	तो फिर 5 मिनट और क्यों सोओगे?	Then, why will you sleep for 5 more minutes?
7515	यहाँ कई लोग है।	There are many people here.
7516	पता लगाने के और भी रास्ते हैं।	There are other ways of finding out.
7517	यहां कुछ पागल लोग भी हैं।	There are some crazy people here too.
7518	इस फूल में कांटे भी हैं।	There are thorns too in this.
7519	मेरी जिंदगी में बहुत उतार चढ़ाव आए।	There has been lot of ups and down in my life.
7520	कोई तो रास्ता होगा।	There has to be a solution.
7521	उनके घर चोरी हो गयी।	Their house got robbed.

7522	छत से मकड़ी का जाला लटक रहा है।	There is a cobweb hanging from the e ceiling.
7523	दीवार पर मकड़ी के जाले लगे हुए हैं।	There is a cobweb lining on the wall.
7524	दीवार में दरार आ गयी है।	There is a crack in the wall.
7525	तुम्हारी शर्ट में छेद है।	There is a hole in your shirt.
7526	हर चीज की एक हद होती है।	There is a limit of everything.
7527	मजाक की भी एक हद होती है।	There is a limit of joke too.
7528	झूठ बोलने की भी एक हद होती है।	There is a limit of lying too.
7529	बोलने की भी एक हद होती है।	There is a limit of speaking too.
7530	बर्दाश्त करने की भी एक हद होती है।	There is a limit of tolerating too.
7531	हर बात की एक हद होती है।	There is a limit to everything.
7532	सुधार की गुंजाइश हमेशा रहती है।	There is always a room for improvement.
7533	बहुत सारी सफ़ाई करनी है।	There is a lot of cleaning to be done.
7534	यहाँ बहुत धूल उड़ रही है।	There is a lot of dust flying here.
7535	हवा में एक ठंडक है।	There is a nip in the air.
7536	वहां मेरे नाम पर एक कमरा बुक है।	There is a room booked in my name.
7537	जलने की बदबू आ रही है।	There is a smell of burning.
7538	हर बात का एक वक़्त होता है।	There is a time for everything.
7539	बहुत कम उम्मीद है।	There is a very little chance.
7540	इस करी में नमक बहुत ज्यादा है।	There is far too much salt in this curry.
7541	प्राइवेट नौकरी में भी बहुत भेदभाव होता है।	There is great prejudice in private jobs as well.
7542	सब्जी में नमक कम है।	There is less salt in the vegetable.
7543	कोई भरोसा नहीं है।	There is no assurance.

7544	कोल्ड ड्रिंक तो है नहीं, पानी से चलेगा क्या?	There is no cold drink, will the water do?
7545	व्यवहार का कोई इलाज नहीं है।	There is no cure of behavior.
7546	हमारी गली में कोई बिजली का खंभा नहीं है।	There is no electricity pole in our street.
7547	पूछने में कोई बुराई नहीं है।	There is no harm in asking.
7548	इसे करने से कोई नुकसान नहीं है।	There is no harm in doing this.
7549	वहाँ जाने मे कोई हर्ज नहीं है।	There is no harm in going there.
7550	उसकी कामयाबी का राज़ किसी से छुपा हुआ नहीं है।	There is no hidden secret behind his success.
7551	कोई जरूरत नहीं है उसे बुलाने की।	There is no need to call him.
7552	कोई जरूरत नहीं है वहां जाने की।	There is no need to go there.
7553	जाने की जरूरत नहीं है।	There is no need to go.
7554	ये भी कोई कहने की बात है।	There is no need to mention It.
7555	अब दिखावा करने की कोई जरुरत नहीं है।	There is no need to pretend now.
7556	मेरे सामने बकवास करने की कोई जरूरत नहीं है।	There is no need to talk nonsense in front of me.
7557	बकवास करने की कोई जरूरत नहीं है।	There is no need to talk nonsense.
7558	कोई जरूरत नहीं है उससे बात करने की।	There is no need to talk to him.
7559	फ़िक्र करने की कोई ज़रुरत नहीं है।	There is no need to worry.
7560	उसके जैसा कोई नहीं है।	There is no one like him.
7561	कोई नहीं है।	There is no one.
7562	कोई विकल्प नहीं है, करना ही पड़ेगा।	There is no option, it will have to do.
7563	और कोई रास्ता नहीं।	There is no other way.
7564	इस व्यवसाय में कोई खतरा नहीं है।	There is no risk in this business.

7565	शक की कोई गुंजाइश नहीं है।	There is no room for doubt.
7566	ऐसा कोई गुलाब नहीं है जिसमें काँटे न हों।	There is no rose that has no thorns.
7567	प्यार जैसी कोई चीज़ नहीं होती।	There is no such thing as love.
7568	ऐसा कोई शब्द नहीं होता।	There is no such word.
7569	ऐसे कोई शब्द नहीं है।	There are no such words.
7570	इसमें कोई टूथपेस्ट नहीं है।	There is no toothpaste in it.
7571	कमरे में कोई नहीं है।	There is nobody in the room.
7572	अंदर कोई नहीं है।	There is nobody inside.
7573	इसमें किसी का दोष नहीं है।	There is nobody's fault in this.
7574	खाने को कुछ नहीं है।	There is not anything to eat.
7575	दराज में कुछ भी नहीं है।	There is nothing in the drawer.
7576	ऐसा कुछ भी नहीं है जो मैनें तुमसे छुपाया हो।	There is nothing like that I have hidden from you.
7577	ऐसा कुछ भी नहीं है जो मैं तुम्हें बताऊँ।	There is nothing like that I tell you.
7578	ऐसा कुछ भी नहीं है जैसा तुम सोच रहे हो।	There is nothing like that you are thinking.
7579	ऐसा कुछ नहीं है।	There is nothing of that sort.
7580	कोई खास बात नहीं है।	There is nothing special.
7581	वहां देखने को कुछ भी नहीं है।	There is nothing to see.
7582	घबराने की कोई बात नहीं है।	There is nothing to worry.
7583	इसमें कुछ गलत नहीं है।	There is nothing wrong in it.
7584	वहां 8 में से सिर्फ 1 छात्र है।	There is only 1 student out of 8.
7585	बात करने के लिए बहुत कुछ है।	There is so much to talk about.
7586	बहुत सारा काम है! मैं क्या कर सकता हूँ?	There is so much work! What can I do?
7587	आपके चेहरे पर कुछ लगा हुआ है।	There is something on your face.

7588	तुमसे कोई मिलने आया है।	There is someone here to see you.
7589	मेरी पीठ पर कुछ रेंग रहा है।	There is something crawling on my
7590	दाल में कुछ काला है।	There is something fishy.
7591	तुम्हारे दिल में कुछ तो है।	There is something in your heart.
7592	कुछ/कोई तो बात है जो वो कहना चाहता है।	There is something that he wants to say.
7593	कुछ/कोई तो बात है जो तुम छिपा रहे हो।	There is something that you are hiding.
7594	कुछ/कोई तो बात है जो तुम बता नहीं रहे हो।	There is something that you are not telling.
7595	कुछ/कोई तो बात है जो तुम इतने मुस्कुरा रहे हो।	There is something that you are smiling so much.
7596	अभी भी टाइम है, आ जाओ।	There is still time, come.
7597	अभी भी टाइम है, कुछ कर लो।	There is still time, do something.
7598	अभी भी टाइम है, खा लो कुछ।	There is still time, eat something.
7599	अभी भी टाइम है, भर दो फॉर्म।	There is still time, fill the form.
7600	अभी भी समय है, सुधर जाओ।	There is still time, mend your ways.
7601	अभी भी टाइम है, मान जाओ मेरी बात।	There is still time, obey me.
7602	अभी भी टाइम है, रोक लो उसे।	There is still time, stop him.
7603	अभी भी टाइम है, सच बता दो मुझे।	There is still time, tell me the truth.
7604	कुछ नया करने में बहुत रोमांच होता है।	There is so much adventure in doing something new.
7605	दुनिया में बहुत ज्यादा बुराई है।	There is too much evil in the world.
7606	इसमें कोई संदेह नहीं है।	There isn't any doubt in this.
7607	जंगल में एक राजा रहता था।	There lived a king in jungle.

7608	मेरे पिताजी वहां रहते थे।	There lived my dad.
7609	आज रात को कोई पार्टी हो सकती है।	There might be a party tonight.
7610	कुछ मुद्दे हो सकते हैं।	There might be some issues.
7611	कुछ तो होंगे ही, कैंची से काटकर खोल दिए।	There must be some, cut open with scissors.
7612	इस दुनिया में अभी भी कुछ शराफत है।	There still some decency in this world.
7613	बाथम में एक कॉकरोच था।	There was a cockroach in the bathroom.
7614	ट्रेन में बहुत भीड़ थी।	There was a great rush in the train.
7615	आज सड़क पर भारी ट्रैफिक था।	There was a heavy traffic on the road today.
7616	आज थोड़ा ट्रैफिक था।	There was a little traffic today.
7617	शॉर्ट सर्किट हुआ था।	There was a short circuit.
7618	पानी के लिए हाहाकार मचा हुआ था।	There was an outcry for water.
7619	उस पर रौनक थी।	There was luster on her was.
7620	शादी में कोई कमी नहीं थी।	There was no shortcoming in the marriage.
7621	वहाँ दूर दूर तक कोई नहीं था।	There was nobody far and wide there.
7622	पार्टी में खाने के लिए बहुत कुछ था।	There was plenty of food to eat in the party.
7623	ट्रेन में भीड़ थी।	There was rush in the train.
7624	आज बहुत काम था।	There was so much work today.
7625	कुछ/कोई तो बात थी जो तुम कहना चाहते थे।	There was something that you wanted to say.
7626	वहां कुछ था।	There was something.
7627	कोई रास्ता नहीं था।	There wasn't a way out.
7628	वहाँ एक राजा गया।	A king went there.

7629	बस में कम लोग थे।	There were a few people on the bus.
7630	टोकरी में कई सेब सड़े हुए थे।	There were many rotten apples in the basket.
7631	बहुत कम लोग थे।	There were very few people.
7632	रोहन की मां अस्पताल में हैं।	There will be a lot of people.
7633	कल समय नहीं मिलेगा।	There will not be any time tomorrow.
7634	इसलिए मैं तुम्हे पसंद नहीं करता।	Therefore I do not like you.
7635	इस साल भी कोई बारिश नहीं होगी।	There'll be no rain this year too.
7636	यहाँ पास में ही एक रेस्तरां है।	There's a restaurant near here.
7637	बहुत कुछ है जो मैं तुमसे कहना चाहता हूँ।	There's much more that I want to say.
7638	कोई नुक्सान नहीं है।	There's no harm.
7639	अमित का कुछ पता नहीं चल रहा है।	There's no trace of Amit.
7640	वहाँ बहुत समय है।	There's plenty of time.
7641	आपसे कोई मिलने आया है।	There's someone here to see you.
7642	वहाँ कोई दरवाजा है।	There's someone at the door.
7643	एक बात है जो तुझे नहीं पता।	There's something you don’t know.
7644	अभी भी दुनिया में कुछ शराफत बाकी है।	There's still some decency left in this world.
7645	ये किताबे मेरी हैं।	These are my books.
7646	मेरे लिए ये अपमानजनक शब्द हैं।	These are offensive words for me.
7647	ये खुशी के आंसू हैं।	These are tears of happiness.
7648	मुझे नींद आ रही है।	I am feeling sleepy.
7649	ये बच्चे मुझे पागल कर रहे हैं।	These children are driving me mad.
7650	ये बच्चे हर समय गड़बड़ करते रहते हैं।	These children mess around all the time.

7651	ये बच्चे मुझे मेरे बचपन की याद दिलाते हैं।	These children remind me of my childhood.
7652	ये बच्चें चिल्लाते बहुत हैं।	These children shout a lot.
7653	ये कपड़े ज्यादा दिन टिकने वाले नहीं हैं।	These clothes are not going to stay long.
7654	ये लोफ़र अंदर नहीं आने चाहिए।	These loafers shouldn't come inside.
7655	ये आम वैसे नहीं हैं जैसे मैंने कल खरीदे थे।	These mangoes are not such as I bought yesterday.
7656	बहुत सारे लोग होंगे।	There will be a lot of people.
7657	ये लोग किसी के सगे नहीं हैं।	These people are not loyal to anyone.
7658	ये चीजें देहाती लगती हैं।	These things look rustic.
7659	ये सब्जियाँ सड़ चुकी हैं।	These vegetables are rotten.
7660	उन सबने एक दुसरे के खिलाफ सबूत दिए।	They all gave evidence against one another.
7661	मुझे देखकर वे सब खी–खी करके हंसने लगे।	They all started giggling after seeing me.
7662	वे हमेशा इस बात पर बहस करते रहते हैं।	They always argue on this matter.
7663	वे एक नई इमारत बना रहे हैं।	They are constructing a new building.
7664	वे मुझसे मिलने आ रहे हैं।	They are going to visit me.
7665	उन्हें देर हो गई है।	They are late.
7666	वे मुझ पर हंस रहे हैं।	They are laughing at me.
7667	वे मेरे करीबी दोस्त हैं।	They are my close friends.
7668	वे मेरे करीबी रिश्तेदार हैं।	They are my close relatives.
7669	वे मेरे दूर के रिश्तेदार हैं।	They are my distant relatives.
7670	वे कोई ऐसे–वैसे लोग नहीं हैं।	They are not just ordinary people.

7671	वे ईमानदार और स्पष्टवादी व्यक्ति नहीं हैं।	They are not straight shooters.
7672	वे प्रवेश परीक्षा की तैयारी कर रहे हैं।	They are preparing for the entrance exam.
7673	वे तुम्हारे लिये जाल बिछा रहे हैं।	They are setting a trap for you.
7674	वे एक ही हैं।	They are the same.
7675	वे बहुत व्यस्त हैं।	They are very busy.
7676	वे धनवान हैं।	They are wealthy.
7677	वे कल आये।	They arrived yesterday.
7678	वे पहुँच गए।	They arrived.
7679	उन्होंने मुझे पीटा।	They beat me up.
7680	उन्होंने मुझे लाठी से पीटा।	They beat me with a stick.
7681	उन्होंने मुझसे दोस्ती कर ली।	They befriended me.
7682	वे लोग दौड़ने लगे।	They began to run.
7683	उन्होंने उसे आम चुराते हुए पकड़ लिया।	They caught him stealing mangoes.
7684	उन्होंने एक दूसरे को धोखा दिया।	They cheated each other.
7685	उन्होंने मुझे चुना।	They chose me.
7686	उन्होंने पिछले हफ्ते सारा माल भेज दिया।	They consigned all the order last week.
7687	उन्होंने जवाब नहीं दिया।	They didn't answer.
7688	उन्होंने उतना नहीं किया जितना उन्होंने कहा था कि वे करेंगे।	They didn't do as much as they said they would.
7689	वे स्कूल जाते नहीं हैं।	They do not go to the school.
7690	उनमें धैर्य नहीं है।	They don’t have patience.
7691	वे मुझे वह नहीं करने देते जो मैं चाहता हूँ।	They don’t let me do what I want.
7692	वे मुझे नहीं समझते।	They don’t understand me.
7693	उनकी पिछले हफ्ते शादी हो गयी।	They got married last week.

7694	उन्होंने अभी तक फ़ोन नहीं किया है।	They haven’t phoned yet.
7695	वे सभी घर चले गये हैं।	They have all gone home.
7696	वो आ चुके हैं।	They have come.
7697	वे स्कूल गए हैं।	They have gone to school.
7698	उनके पास ज्यादा पैसा नहीं है।	They haven't got much money.
7699	वे अभी तक उनसे नहीं मिले हैं।	They haven't met her yet.
7700	उन्होंने शव को पानी में फेंक दिया।	They threw the dead body in water.
7701	उन्होंने बुरे वक़्त में मेरी सहायता की थी।	They helped me in my bad times.
7702	वे लोग देखते के देखते रह गए।	They kept watching.
7703	ये बात उन्हें पहले से ही पता थी।	They knew this already.
7704	उन्हें क्रिकेट खेलना पसंद है।	They like playing cricket.
7705	उन्होंने मुझे बलि का बकरा बना दिया	They made me the scapegoat.
7706	उन्होंने कहा कि समय घाव भर देता है।	They said that time heals the wounds.
7707	वह दिखने नहीं चाहिए।	They should not be seen.
7708	उन्होंने फोन पर बात की।	They spoke over the phone.
7709	वे एक ही स्कूल में पढ़ते हैं।	They study in the same school.
7710	वे आमतौर पर पांच बजे उठ जाते हैं।	They usually get up at 5 o'clock.
7711	वे मुझे खेलने नहीं देंगे।	They will not let me play.
7712	वे मुझे पढ़ने नहीं देंगे।	They will not let me study.
7713	वे हम पर ताना नहीं मारेंगे।	They will not taunt us.
7714	उन्होंने टिकट बेचे।	They sold the tickets.
7715	अगले सप्ताह उनकी शादी है।	They're getting married next week.
7716	हालात दिन पर दिन बिगड़ते जा रहे हैं।	Things are deteriorating day by day.

7717	सब ठीक हो रहा है।	Things are getting better.
7718	इसके बारे में सोचो।	Think about it.
7719	मेरे बारे मैं सोचो।	Think about me.
7720	अपने करियर के बारे में सोचें।	Think about your career.
7721	अपने बारे में सोचो।	Think about yourself.
7722	जाने से पहले दोबारा सोच लो।	Think again before you go.
7723	फिर सोच लो।	Think again.
7724	बोलने से पहले सोचो।	Think before you speak.
7725	ठंडे दिमाग से सोचो।	Think calmly.
7726	पहले सोचें।	Think first.
7727	सोंच के बताओ मुझे।	Think over it and tell me.
7728	1 से 20 के बीच की किसीं संख्या के बारे में सोचें।	Think of a number between 1 to 20.
7729	इस पर इस तरीके से विचार करें।	Think of it this way.
7730	इस पर विचार करो।	Think over it.
7731	दो बार सोंचें।	Think twice.
7732	तुम्हें जो सोचना है सोचो।	Think what you want to think.
7733	जो भी सोचना है सोचो।	Think whatever you want.
7734	इस हद तक सोचना आपके लिए ठीक नहीं है।	Thinking is such an extent is not good for you.
7735	तुम्हारे बारे में सोच रहा हूँ, और क्या?	Thinking of you, what else?
7736	ये सेब सड़ा हुआ है।	This apple is rotten.
7737	ये बैग बहुत भारी है।	This bag is very heavy.
7738	यह बैटरी ख़त्म हो गई है।	This battery is dead.
7739	यह बैटरी ख़राब है।	This battery is defective.
7740	यह पुस्तक मेरी है।	This book is mine.
7741	यह बक्सा बड़ा भारी है।	This box is very heavy.
7742	यह लड़का बहुत ज्यादा है।	This boy is too much.

7743	ये टूटा हुआ दिल मेरा है।	This broken heart is mine.
7744	यह कपड़ा घटिया क्वालिटी का है।	This cloth is of inferior quality.
7745	ये रंग आप पर बहुत सूट करता है।	This color really suits you.
7746	इस हलवाई की मिठाई अच्छी नहीं है।	This confectioner's sweet is not good.
7747	यह तानाशाही नहीं चलेगी।	This dictatorship will not last.
7748	यह काम नहीं करता।	This doesn't work.
7749	यह आपको शोभा नहीं देता।	This doesn't suit you.
7750	यह कुत्ता तुम्हारा पीछा करते हुए यहां तक आया।	This dog has come here following you.
7751	ये ड्रेस तो बहुत महंगा है।	This dress is too expensive.
7752	इस पेय में कोई अल्कोहल नहीं है।	This drink does not contain any alcohol.
7753	ये पंखा किसी काम का नहीं है।	This fan is useless.
7754	ये लड़ाई उसके और मेरे बीच है।	This fight is between him and me.
7755	यह मेरे एक दोस्त के लिए॰	This is for a friend of mine.
7756	यह फल 10 रुपये किलो बिक रहा है।	This fruit is selling at Rs 10 a kg.
7757	दोस्तों के बीच में यह चलता रहता है।	This goes on between friends.
7758	यह तो होना ही था।	This had to happen.
7759	पीढ़ियों से यही प्रथा चली आ रही है।	This has been the custom for generations.
7760	ये तो होना ही है।	This has to happen.
7761	यह अस्पताल चौबीस घंटे खुला रहता है।	This hospital remains open twenty-four hours.
7762	यह पुराना है।	This is old.
7763	यह एक बुरा तरीका है।	This is a bad way.
7764	ये बहुत विचित्र स्थिति है।	This is a bizarre situation.

7765	यह एक सूखा कुआँ है।	This is a dry well.
7766	यह सुनी सुनाई बात है।	This is a hearsay.
7767	हद हो गयी।	This is a limit.
7768	यह एक पहेली है।	This is a riddle.
7769	बड़ा ही वाहियाद सुझाव है।	This is a ridiculous suggestion.
7770	यह एक अफवाह है।	This is a rumor.
7771	यह एक तेज़ चाकू है।	This is a sharp knife.
7772	यह सरासर समय की बर्बादी है।	This is a sheer waste of time.
7773	यह पाप है।	This is a sin.
7774	ये हुआ बराबर का सौदा।	This is a square deal.
7775	यह एक जूठा गिलास है।	This is a used glass.
7776	ये सब उसकी गलती है।	This is all his fault.
7777	ये सब मेरी गलती है।	This is all my fault.
7778	ये सब उन लोगों की गलती है।	This is all their fault.
7779	ये सब तुम्हारी गलती है।	This is all your fault.
7780	गे पागलपन है।	This is crazy.
7781	यह खाली है, मुझे भरा हुआ दे दो।	This is empty, give me a filled one.
7782	इतना बहुत है।	This is enough (or it is sufficient).
7783	यह तुम्हारे लिए है।	This is for you.
7784	यह मेरी ओर से है।	This is from me.
7785	यह तो सचमुच अच्छी खबर है।	This is indeed good news.
7786	ये मेरी आखरी चेतावनी है तुम्हें।	This is my final warning to you.
7787	यह मेरी पत्नी है।	This is my wife.
7788	मज़ाक करने का ये कोई वक़्त नहीं है।	This is not the time to joke.
7789	यह कोई मज़ाक नहीं है।	This is not a joke.

7790	ये फायदे का सौदा नहीं है।	This is not a profitable deal.
7791	ये बिल्कुल अच्छा नहीं है।	This is not good at all.
7792	ये उसका नहीं है।	This is not his.
7793	ऐसा करने का यह तरीका नहीं है।	This is not the way to do it.
7794	ऐसे थोड़ी ना करते हैं।	This is not the way to do.
7795	ऐसे थोड़ी ना खाते हैं इसे।	This is not the way to eat this.
7796	ऐसे थोड़ी ना खाते हैं।	This is not the way to eat.
7797	ऐसे थोड़ी ना कहते हैं।	This is not the way to say.
7798	यह पढ़ाई का तरीका नहीं है।	This is not the way to study.
7799	ये कोई तरीका नहीं है बात करने का।	This is not the way to talk.
7800	यह तुम्हारा नहीं है।	This is not yours.
7801	ये सिर्फ अफवाह है।	This is only hearsay.
7802	यह जीवन का हिस्सा है।	This is part of life.
7803	यह साफ पानी है।	This is pure water.
7804	ये कुछ और है।	This is something else.
7805	यह लखनऊ का सबसे अच्छा होटल है।	This is the best hotel of Lucknow.
7806	यही वह किताब है जो मुझे चाहिए।	This is the book I want.
7807	यह पहली बार है।	This is the first time.
7808	ये तो बेशर्मी की हद है।	This is the height of shamelessness.
7809	यही घर है जहाँ मैं रहता हूँ।	This is the house that I live in.
7810	ये तो सोने पे सुहागा है।	This is the icing on the cake.
7811	यह मेरा अब तक का सबसे महंगा बैग है।	This is the most expensive bag I've ever had.
7812	यह मेरी जैसी ही किताब है।	This is the same book as mine.
7813	यह वेसा ही पेन है जैसा मैंने तुम्हे दिया था।	This is the same pen as I gave you.

7814	इस बात की नगर मैं चर्चा है।	This is the talk of the town.
7815	ये बहुत महंगा है।	This is too expensive.
7816	ये ही तो वो चाहता था।	This is what he wanted.
7817	ये ही तो मै पता लगाने की कोशिश कर रहा था।	This is what I am trying to find out.
7818	मुझे तुमसे यही उम्मीद थी।	This is what I expected from you.
7819	ये ही तो मैं सुनना चाहता था।	This is what I wanted to listen.
7820	ये ही तो मैं बोलना चाहता था।	This is what I wanted to speak.
7821	ये ही तो मैंने उसे कहा था।	This is what I wanted to tell.
7822	मुझे यही चाहिए था।	This is what I wanted.
7823	ये ही तो मैं कर रहा था।	This is what I was doing.
7824	ये ही तो मैं बोल रहा था।	This is what I was speaking.
7825	ये ही तो मैं बता रहा था।	This is what I was telling.
7826	ये ही तो मैं सोच रहा था।	This is what I was thinking.
7827	ये ही तो मैं बोलने की कोशिश कर रहा था।	This is what I was trying to speak.
7828	ये ही तो मैं तुम्हें बताने की कोशिश कर रहा था।	This is what I was trying to tell you.
7829	ये ही तो वो कह रही थी।	This is what she is saying.
7830	यहीं हम रहते हैं।	This is where we live.
7831	यह गलत है।	This is wrong.
7832	यह तुम्हारा आखिरी मौका है।	This is your final chance.
7833	ये तुम्हारा भ्रम है।	This is your illusion.
7834	यह एक बड़ी समस्या है।	This is a huge problem.
7835	यह तुम्हारा हिस्सा है।	This is your share.
7836	ये धरती पिछले पचास साल से बंजर पड़ी है।	This land has been barren for last 50 years.
7837	यह आम सड़ा हुआ है।	This mango is rotten.

7838	ये मुलाक़ात मेरे लिए बहुत जरी है।	This meeting is very important for me.
7839	यह गलती दुबारा नहीं होनी चाहिए।	This mistake should not be happen again.
7840	यह मोबाइल मेरा है।	This mobile is mine.
7841	ये पैसा वसूल फिल्म थी।	This movie was worth watching.
7842	ये फिल्म खूब चलेगी।	This movie will last long.
7843	यह फिल्म मुझे सबसे ज्यादा पसंद है।	I like this movie most.
7844	ये मेरे लिए बेहतर है।	This one is better for me.
7845	यह वाली उससे अच्छी है।	This one is better than that.
7846	यह वाला मेरा है।	This one is mine.
7847	यह वाला या वह वाला?	This one or that one?
7848	ये दर्द अब सहन नहीं होता।	This pain is intolerable now.
7849	यह कलम सही काम नहीं कर रही है।	This pen is not working properly.
7850	यह फोन बहुत तेज़ी से बिक रहा है।	This phone is selling like hot cakes.
7851	ये जगह मनहूस है।	This place is jinxed.
7852	ये जगह उसे लखनऊ की याद दिलाती है।	This place reminds him of Lucknow.
7853	यह जगह मुझे मेरे गाँव कि याद दिलाता है।	This place reminds me of my village.
7854	यह बात तो हुई ही नहीं थी।	This point was not touched.
7855	ये तालाब उथला है।	This pond is shallow.
7856	यह समस्या हल हो चुकी होगी।	This problem will have been solved.
7857	ये सवाल मेरी समझ से परे है।	This question is beyond my understanding.
7858	यह अंगूठी सोने की बनी है।	This ring is made of Gold.
7859	इस सड़क ने हमारी यात्रा छोटी कर दी।	This road shortened our journey.

7860	यह कमरा अस्त–व्यस्त है।	This room is a mess.
7861	इस कमरे की प्रतिदिन सफ़ाई की जाती है।	This room is cleaned daily.
7862	इस शर्ट को धोने की जरूरत है।	This shirt needs washing.
7863	यह शर्ट आपको सूट करता है।	This shirt suits you.
7864	यह कमीज खूब चलेगी।	This shirt will long last.
7865	यह दुकान चौबीस घंटे खुली रहती है।	This shop remains open twenty-four hours.
7866	इससे बहुत बदबू आती है।	This smells bad.
7867	ये जगह तुम्हारी पढाई के लिए एकदम सही है।	This space is perfect for your studies.
7868	ये चाय बहुत गर्म है।	This tea is too hot.
7869	ये बात दूर–दूर तक फैल रही है।	This thing is spreading far and wide.
7870	इस बार उससे साफ साफ पूछ लेना।	Ask him clearly this time.
7871	यह दावत मुझ पर है।	This treat is on me.
7872	यह जल जूठा है।	This water was defile.
7873	ये रास्ता बंद है।	This way is blocked.
7874	ये कुआ बहुत गहरा है।	This well is too deep.
7875	इससे जोखिम कम हो जाएगा।	This will lessen the risk.
7876	ऐसा दोबारा नहीं होगा।	This will not happen again.
7877	इसमें सिर्फ एक मिनट लगेगा।	This will take hardly one minute.
7878	यह खिड़की बंद नहीं होगी। यह जाम हो गई है।	This window won't shut; it's jammed.
7879	ये यहाँ नहीं चलेगा।	This won't work here.
7880	यह काम मेरे लायक नहीं हैं।	This work is not suitable for me.
7881	यह काम थका देगा।	This work will make you tired.
7882	इस साल फसल अच्छी हुई है।	This year produced a good harvest.

7883	इस साल हमें सैलरी में बढ़िया उछाल मिला।	We got good hike in our salary this year.
7884	इस साल कई छात्र कॉलेज छोड़ रहे हैं।	Many students are leaving college this year.
7885	इसमें किसी का हित नहीं होगा।	This/It will benefit none.
7886	वो दिन चले गए।	Those days are gone.
7887	वो आदमी अंग्रेजी बोल रहे हैं।	Those men are speaking English.
7888	वो दिन थे!	Those were the days!
7889	हालाँकि वह गरीब थी, फिर भी वह खुश थी।	Though she was poor, she was happy.
7890	सुई में धागा दाल दो।	Thread the needle.
7891	जहाँ चाहो इसे फेंक दो।	Throw it wherever you like.
7892	कचरा कूड़ेदान में डालो।	Throw the sweeping in the dustbin.
7893	रिश्ता होना।	Tie a knot.
7894	अपने जूते का फीता बांधो।	Tie your shoelaces.
7895	ये सभी पेंच अच्छे से कस दो।	Tighten all these bolts properly.
7896	इसे कसो।	Tighten it.
7897	आज तक किसी ने शिकायत नहीं की।	Till date nobody has complained.
7898	समय और ज्वार किसी का इंतज़ार नहीं करते।	Time and tide wait for none.
7899	समय सब बदल देता है।	Time changes everything.
7900	वक्त सब कुछ भुला देता है।	Time is a great healer.
7901	समय पूरा हुआ।	Time is up.
7902	समय बहुत खराब है।	Time is very unfavorable.
7903	वक्त निकल गया।	Time passed.
7904	समय सबको ठीक कर देता है।	Time sets everyone right.
7905	समय किसी का इंतजार नहीं करता।	Time waits for none.

7906	समय के साथ सब ठीक हो जायेगा।	Time will change everything.
7907	समय सबको बताएगा।	Time will tell everybody.
7908	समय ख़त्म हो रहा है।	Time's running out.
7909	जैसे को तैसा।	Tit for tat.
7910	ईमानदारी से कहूँ तो।	To be honest.
7911	सच कहूँ तो मैं बहुत खुश हूँ।	To be honest I am very happy.
7912	पैसे कमाने के लिए।	To earn money.
7913	वहाँ जाना जरी है।	To go there is necessary.
7914	अंग्रेजी बोलना आसान है।	To speak English is easy.
7915	आज पैसे मैं दूंगा।	Today I will pay.
7916	आज छुट्टी है।	Today is holiday.
7917	आज मेरा नौकरी का पहला दिन है।	Today is my first day at the job.
7918	आज मेरी छुट्टी नहीं है।	Today is not my holiday.
7919	आज हमें देर हो गयी।	Today, we are late.
7920	आज हम बहुत व्यस्त हैं।	Today, we are very busy.
7921	आज तो तुमने सारी हदें पार कर दीं।	Today, you have crossed all the limits.
7922	आज उसका सच्चा स्वप सामने आ गया है।	Today, he has come out in his true colors.
7923	आज उसने मेरे ऊपर हाथ उठाया।	Today, he raised his hands on me.
7924	आज मैं तुम्हारे सामने कह रहा हूँ।	Today, I am saying this to your face.
7925	आज बार–बार बिजली जा रही है।	Today, the power is going out again and again.
7926	आज का मौसम सुहावना है।	Today's weather is pleasant.
7927	टमाटर बहुत स्वादिष्ट है।	Tomatoes are appetizing.
7928	कल तो छुट्टी है।	Tomorrow is a holiday.
7929	कल मेरी छुट्टी है।	Tomorrow is my day off.

7930	कल मेरा सत्रहवाँ जन्मदिन है।	Tomorrow is my seventeenth birthday.
7931	कल मेरे रिश्तेदार घर आने वाले हैं।	Tomorrow my relatives are coming over my home.
7932	कल हम स्कूल में झंडा फहराएंगे।	Tomorrow we will host the flag at school.
7933	आज रात हम बाहर खाना खायेंगे।	We will dine out tonight.
7934	नजर न लगे।	Touchwood.
7935	इलाज शु हो गया है।	Treatment has begun.
7936	परेशानियां अनंत हैं।	Troubles are endless.
7937	अपनी दिल की बात सुनो।	Trust your heart.
7938	सच कड़वा होता है।	Truth is bitter.
7939	एक बार आजमाओ।	Try at once.
7940	अब इसे आजमाओ।	Try it now.
7941	वहां समय से पहुँचने की कोशिश करना।	Try to be there on time.
7942	वहां जाकर देखो।	Try to go there.
7943	मुझसे बात करने की कोशिश तो करो।	Try to talk to her
7944	समझने की कोशिश करो।	Try to understand.
7945	अपनी शर्ट अंदर करो।	Tuck your shirt in.
7946	पीछे घूमो।	Turn around.
7947	पंखा बंद कर दो।	Turn off the fan.
7948	इसे बंद करें।	Turn it off.
7949	इसे चालू करें।	Turn it on.
7950	अगले क्रॉसिंग पर बाएँ मुड़ें।	Turn left at the next crossing.
7951	नल बंद कर दो।	Turn off the tap.
7952	टीवी बंद करो और बिस्तर पर जाओ।	Turn off the TV and get into bed.

7953	टीवी बंद करो; मैं इसे नहीं देख रहा हूँ।	Turn off the TV; I'm not watching it.
7954	पंखा चलाओ।	Turn on the fan.
7955	नल खोल दो।	Turn on the tap.
7956	पलट कर दोनों तरफ से तल लें।	Turnover and fry both sides.
7957	दाएं मुड़ो।	Turn right.
7958	पेज पलटो।	Turn the page.
7959	आवाज़ कम करें।	Turn the volume down.
7960	आवाज बढ़ा दो।	Turn the volume up.
7961	मेरी ओर मुड़ो।	Turn towards me.
7962	पंखा तेज कर दो।	Turn up the fan.
7963	अपनी चप्पलें सीधी कर लो।	Turn your slippers right side up.
7964	उसकी शर्ट के दो बटन खुले हुए हैं।	Two buttons on his shirt are undone.
7965	कल रात दो कैदी जेल से फरार हो गए।	Two prisoners absconded from
7966	दो सप्ताह पहले।	Two weeks ago.
7967	आखिरकार सच सबके सामने आ ही जाएगा।	Ultimately, the truth will come out.
7968	दरवाज़ा खोलो।	Opcn the door.
7969	अपनी शर्ट के बटन खोलो।	Unbutton your shirt.
7970	अपनी मुट्ठी खोलो।	Unclench your fist.
7971	उन शब्दों को रेखांकित करें जो आप मुझसे पूछना चाहते हैं।	Underscore the words you want to ask me.
7972	मुझे समझो।	Understand me.
7973	समझ आया?	Understood?
7974	अपनी शर्ट के बटन खोलो।	Undo the buttons of your shirt.
7975	गाँठ खोलो।	Undo the knot.
7976	ताला खोलो।	Undo the lock.

7977	अपनी जैकेट की ज़िप खोलो।	Undo the zip of your jacket.
7978	अपनी पैंट की ज़िप खोलो।	Undo the zip of your pants.
7979	चेन खोलो।	Undo the zip.
7980	बटन खोलो।	Undo your button.
7981	अपनी सीट बेल्ट खोलो।	Undo your seat belt.
7982	अपनी शर्ट खोलो।	Undo your shirt.
7983	दरवाजा खोलें।	Unlock the door.
7984	सामान खोल दो।	Unpack the luggage.
7985	गांठ खोलो।	Untie the knot.
7986	अपने जूते के फीते खोलो।	Untie your shoelaces.
7987	कुछ खुराफात कर रहे हो?	Are you up to something?
7988	अपने दिमाग का उपयोग करो।	Use your brain.
7989	दिमाग से काम लो।	Use your mind.
7990	कमरा खाली करो।	Vacate the room.
7991	बहुत दिलचस्प।	Very interesting.
7992	एक मिनट रुको।	Wait a minute
7993	थोड़ी देर इंतज़ार करो।	Wait a moment.
7994	रुको और देखो क्या होता है!	Wait and see what happens!
7995	थोड़ी देर को।	Wait for a while.
7996	मेरा इंतज़ार करना।	Wait for me.
7997	थोड़ी देर इंतजार करो।	Wait for a while.
7998	अपनी बारी का इंतज़ार करें।	Wait for your turn.
7999	लाइन मे इंतज़ार करो।	Wait in line.
8000	कृपया बाहर इंतज़ार करो।	Wait outside please.
8001	घर के बाहर रुको।	Wait outside the house.
8002	5 बजे तक इंतजार करो।	Wait till 5.
8003	यहां इंतज़ार कर रहा हूँ।	I am waiting here.

8004	मुझे जगा देना।	Wake me up.
8005	उन्हें जगाओ।	Wake them up.
8006	मेरे आगे चलो।	Walk ahead of me.
8007	सावधानी से चलो, कहीं फिसल न जाओ।	Walk carefully lest you should slip.
8008	ध्यान से चलो।	Walk carefully.
8009	और धीरे चलो।	Walk more slowly.
8010	ठीक से चलो।	Walk properly.
8011	धीरे चलो।	Walk slowly.
8012	मुझे पिटवाना चाहते हो?	Want to get me beaten?
8013	मुझे मरवाना चाहते हो?	Want to get me killed?
8014	अलमारी को दीमक लग गई है।	Wardrobe has got termite.
8015	क्या वो तुमसे बहस कर रहा था?	Was he arguing with you?
8016	क्या वो वहाँ नहीं था जब हम बात कर रहे थे?	Was he not there when we were discussing?
8017	क्या उसे आपकी शादी में नहीं बुलाया गया था?	Was he not invited at your wedding?
8018	क्या मैं गलत था?	Was I wrong?
8019	मेरी कमीज़ धो दो।	Wash my shirt.
8020	उन्हें दोबारा धो लें।	Wash them again.
8021	अपना चेहरा धो लो।	Wash your face.
8022	अपना हाथ धो लो।	Wash your hand.
8023	अपने हाथ बार–बार धोएं।	Wash your hands frequently.
8024	अपने हाथ अच्छे से धो लो।	Wash your hands properly.
8025	अपने हाथ साबुन और पानी से धोएं।	Wash your hands with soap and water.
8026	अपने हाथ धो लो। खाना तैयार है।	Wash your hands. The food is ready.
8027	देखो और सीखो।	Watch and learn.

8028	ध्यान से देखें।	Watch carefully.
8029	देख के।	Watch closely.
8030	ज्यादा देर तक टीवी देखना अच्छा नहीं है।	Watching TV for too long is not good.
8031	पानी गुनगुना हो गया है।	Water has turned lukewarm.
8032	पानी गर्म है, जाकर नहा लो।	Water is warm now, you go and take a bath.
8033	बय करो।	Wave good-bye.
8034	हम परिवार में चार लोग हैं।	We are a family of four.
8035	हम सब तुम्हारे साथ हैं।	We all are with you.
8036	हम सबकी नजर आप पर है।	We all have eyes on you.
8037	हम लोग सब समझते हैं।	We all understand.
8038	हम जो चाहते थे वह हमें पहले ही मिल चुका है।	We already got what we wanted.
8039	हम सभी जुड़े हुए है।	We are all connected.
8040	हम पहले ही देर हो चुकी है।	We are already late.
8041	हमें कहीं और भेजा जा रहा है।	We are being sent somewhere else.
8042	हम दिवाली मना रहे है।	We are celebrating Diwali.
8043	हम यह मैच हारने वाले हैं।	We are going to lose this match.
8044	हम लोग कोचिंग जा रहे हैं।	We are going to coaching.
8045	हम अपनी नानी के घर जा रहा हैं।	We are going to our granny's house .
8046	हम कल रात्रि भोज पर कुछ मेहमानों को बुला रहे हैं।	We are having some guests to dinner tomorrow.
8047	हम लाचार हैं।	We are helpless.
8048	हम जल्दी में हैं।	We are in a hurry.
8049	हमें देर हो गई है।	We are late.
8050	हम 15 मिनट में निकल रहे हैं।	We are leaving in 15 minutes.

8051	हम करीब–करीब एक ही उम्र के हैं।	We are more or less at the same age.
8052	हम कायर नहीं हैं।	We are not cowards.
8053	हम कहीं नहीं जा रहे हैं।	We are not going anywhere.
8054	हम एक दूसरे से बात नहीं करते।	We are not on talking terms with each other.
8055	हमारी बोलचाल बंद है।	We are not on talking terms.
8056	हम भी कोई ऐसे–वैसे नहीं हैं।	We are not riff-raff.
8057	हम पार्टी कर रहे हैं।	We are partying.
8058	हम बहुत जल्दी आ गए।	We are too early.
8059	हम दुबारा फंस गए है।	We have been trapped again.
8060	हम सही मौके का इंतजार कर रहे हैं।	We are waiting for the right opportunity.
8061	हम टहल रहे है।	We are walking.
8062	हम उतना नहीं कमा रहे है जितना तुम सोंच रहे हो।	We aren't earning as much as you think.
8063	हम सही सलामत पहूंच गये।	We arrived safe and sound.
8064	हम दोनों की लड़ाई हो गयी।	We both had a fight.
8065	हम भारतीय खाना खा सकते हैं।	We can eat Indian food.
8066	हम राम से गाना गवा सकते हैं।	We can make Ram sing the song.
8067	हम सम्पर्क में रह सकते हैं।	We can stay in contact.
8068	हम मदद के लिए उस पर निर्भर नहीं रह सकते।	We can't depend on him for help.
8069	हम वहाँ नहीं पहुँच सकते।	We can't reach there.
8070	हमने जीत का जश्न मनाया।	We celebrated his victory.
8071	हमने जहाज़ से जाना का चुनाव किया।	We chose to go by plane.
8072	हम आपसे नहीं जुड़ सके।	We couldn't connect with you.
8073	हमने तैरने का फैसला किया।	We decided to swim.

8074	हमने फैसला किया था कि हम यह दुबारा नहीं करेंगे।	We decided we wouldn't do it again.
8075	हमें पता भी नहीं चला।	We did not even know.
8076	हम शादी के सालगिरह पर कहीं नहीं गए।	We didn't go anywhere on our marriage anniversary.
8077	हमलोग वहाँ नहीं गए थे।	We didn't go there.
8078	हमारी ज्यादा नहीं बनती।	We do not get along well.
8079	हमें एक दूसरे का नाम भी नहीं पता।	We don't even know each other's names.
8080	और कोई चारा नहीं है।	We don't have a choice.
8081	हमारे पास पूरा दिन नहीं है।	We don't have all day.
8082	हमारे पास यह सुविधा नहीं है।	We don't have this facility.
8083	हम नहीं जानते कि हम कहाँ हैं।	We don't know where we are.
8084	हमे किसी चीज़ की कमी नहीं है।	We don't lack at anything.
8085	हमारी तूतू–मैंमैं हो गयी।	We exchanged hot words.
8086	हमें हर महीने की 7 तारीख को सैलरी मिलता है।	We get salary on the 7th of every month.
8087	ये सब हमको विरासत के प में मिला है।	We got all this as a legacy.
8088	हम पकड़े गए।	We got caught.
8089	हमें समय रहते पता चल गया।	We got to know in time.
8090	हमारी काफी देर तक बातचीत हुई।	We had a long talk.
8091	हमने बहुत मजे किये।	We had a lot of fun.
8092	हमने पिछले रविवार को एक पार्टी की थी।	We had a party last Sunday.
8093	हमारी एक बहस हुई थी।	We had an argument.
8094	हम जन्मदिन पर आये थे।	We had come at a birthday.
8095	हम आपको नोटिस देने आये थे।	We had come to give you a notice.

8096	हमारे पास कुछ था।	We had something.
8097	हमने साथ में बहुत मजा किया।	We had so fun together.
8098	हमारे पास थोड़ा समय है।	We have a little time.
8099	हम आपको पहले ही माफ कर चुके हैं।	We have already forgiven you.
8100	हमें गांव बुलाया गया है।	We have been called to the village.
8101	हम बचपन से दोस्त हैं।	We have been friends since childhood.
8102	हमारी शादी को 15 साल हो गए हैं।	We have been married for 15 years.
8103	हम वर्षों से एक साथ हैं।	We have been together for years.
8104	हम एक–दूसरे को तब से जानते हैं जब हम छह साल के थे।	We have known each other since we were six.
8105	हम रास्ता भूल गए।	We have lost our way.
8106	हमारी उनसे कोई जान पहचान नहीं है।	We have no contact with them.
8107	हम राम को बिलकुल भी नहीं जानते।	We have no idea who Ram is.
8108	हमारे पास और कोई रास्ता नहीं है।	We have no other option.
8109	हमने कुछ भी गलत नहीं किया।	We have not done anything wrong.
8110	हम दोपहर एक बजे अपना लंच करते हैं।	We have our lunch at 1 pm.
8111	हमारे पास बहुत समय है।	We have plenty of time.
8112	हमने एक नया घर ख़रीदा है।	We have purchased a new house.
8113	हमारे पास कुछ है।	We have something.
8114	हमें खर्च में कटौती करनी होगी।	We have to cut back on spending.
8115	सुबह हमें जल्दी उठना है।	We have to get up early in the morning.
8116	हमारे पास बहुत कम समय है।	We have very little time.

8117	हमने तुरंत उसकी मदद की।	We helped him at once.
8118	हम एक दूसरे को जानते हैं।	We know each other.
8119	हम तुम्हारी हालत जानते हैं।	We know your situation.
8120	हम हर दिन नई चीजें सीखते हैं।	We learn new things every day.
8121	हम पिछले साल मिले थे।	We met last year.
8122	हमें पैसे देने पड़ सकते हैं।	We might have to give money.
8123	हमे इस पल का जश्न मनाना चाहिए।	We must celebrate this moment.
8124	हमे इंग्लिश जरुर सीखनी चाहिए।	We must learn English.
8125	हमे समाज में सभ्य लोगो की जरूरत है।	We need sensible people in our society.
8126	हमारी इस विषय में कभी बात नहीं हुई।	We never touched this point.
8127	हम अक्सर अपने आप को धोखा देते हैं।	We often deceive ourselves.
8128	कल समारोह में हमारा शानदार स्वागत हुआ।	We received a splendid welcome.
8129	हमने ऊपर से नीचे तक घर की तलाशी ली।	We searched the house from top to bottom.
8130	हमें अपने काम से काम रखना चाहिए।	We should mind our own work.
8131	हमें किसी पर दबाव नहीं डालना चाहिए।	We should not force anybody.
8132	हमें दूसरो की बातों में नहीं आना चाहिए।	We should not get into other's words.
8133	हमें किसी को झूठी तसल्ली नहीं देना चाहिए।	We should not give false comfort to anyone.
8134	हमें उसे जाने नहीं देना चाहिए था।	We should not have let her go.
8135	हमे हर बात को मजाक में नहीं लेना चाहिए।	We should not take everything as a joke.

8136	हमे ये शादी टाल देनी चाहिए।	We should postpone the wedding.
8137	हमें अंग्रेजी में बात करनी चाहिए।	We should talk in English.
8138	हमें अपना कीमती समय बर्बाद नहीं करना चाहिए।	We shouldn't waste our precious time.
8139	हम किसी तरह वहां पहुंचे।	We somehow reached there.
8140	हमने लगातार फोन पर बात की।	We talk over the phone continuously.
8141	हमने उसे बदमाश समझा।	We thought him a rascal.
8142	हमने सोचा हम वहाँ जाएंगे।	We thought we would go there.
8143	हम भी मजबूर हैं।	We too are compelled.
8144	हमें कंप्यूटर सीखने में 3 महीने लगे।	We took 3 months to learn computer.
8145	हमने एक फिल्म देखी।	We watched a movie.
8146	हम कल पार्टी में गए।	We went to the party yesterday.
8147	हम पर पीछे से हमला किया गया।	We were attacked from behind.
8148	हम पार्टी में मजा कर रहे थे।	We were having fun at the party.
8149	हम पेज नंबर 37 पर थे।	We were on page number 37.
8150	हम भीगे हुए थे या थके हुए थे।	We were wet or tired.
8151	हम एक दूसरे के साथ हमेशा रहेंगे।	We will always be with each other.
8152	हम तुम्हारे टुकड़े–टुकड़े कर देंगे।	We will break you in pieces.
8153	यदि स्थिति उत्पन्न हुई तो हम उससे निपट लेंगे।	We will deal with that if the situation arises.
8154	हम उनको धूल चटा देंगे।	We will flatten them.
8155	हम सेंट्रल पार्क में इक्कट्ठा होंगे।	We will gather at the central park.
8156	फिर कभी चलेंगे।	We will go some other time.
8157	एक बार पापा आ जायें फिर हम मॉल जाएंगे।	We will go to the mall once papa comes.

8158	हम कल बाज़ार जायेंगे।	We will go to the market tomorrow.
8159	हम एक साथ जाएंगे।	We will go together.
8160	रात को हम बचा हुआ खाना खाएंगे।	We will have leftovers for dinner tonight.
8161	हम बारिश होने से पहले घर पहुँच चुके होंगे।	We will have reached home before it rains.
8162	हमे दोबारा आना पड़ेगा ना?	We will have to come again, won't we?
8163	हमे इसी से काम चलाना होगा।	We will have to work with it anyway.
8164	अगर हम यहां रहेंगे तो हमें भूखा रहना पड़ेगा।	We will have to starve if we stay here.
8165	हम टैक्सी कर लेंगे।	We will hire a taxi.
8166	हम फिर कभी मिलेंगे।	We will meet some other time.
8167	हम अन्याय नहीं सहेंगे।	We will not bear injustice.
8168	हमें उसको बुलाना तो नहीं पड़ेगा ना?	We will not have to invite him, will we?
8169	हम तमाशा नहीं बनाएंगे।	We will not make a scene.
8170	हम तो जीतेंगे ही।	We will obviously win.
8171	हम उसका विरोध करेंगे।	We will oppose him.
8172	हम 5 मिनट में घर पहुंच जायेंगे।	We will reach home within 5 minutes.
8173	हम समय पर पहुँच जायेगे।	We will reach in time.
8174	हम वहाँ समय से पहले पहुँच जायेंगे।	We will reach there before time.
8175	हम इस बारे मे फिर कभी बात करेंगे।	We will talk about this some other time.
8176	अबतक तो हम पहुंच गये होते।	We would have reached by now.
8177	हम झूठ बोलने के बजाय मरना पसंद करेंगे।	We would rather die than tell a lie.
8178	अपनी सुरक्षा के लिए हेलमेट पहनो।	Wear a helmet for your safety.

8179	परफ्यूम लगाओ।	Wear perfume.
8180	साड़ी पहन लो।	Wear saree.
8181	जो पहना है जल्दी पहनो।	Wear what you have to were quickly.
8182	अपने बाल ढीले पहनें।	Wear your hair loose.
8183	अपनी चप्पलें पहनो।	Wear your slippers.
8184	बिरादरी में हमारी नाक कट जाएगी।	We'll be disgraced in the society.
8185	हम और बड़े खतरे में होंगे।	We'll be in more grave danger.
8186	शाबाश! आप अपने स्थान पर वापस जा सकते हैं।	Well done! You may go back to your place.
8187	ठीक है, इसे जारी रखो।	Well, keep it up.
8188	हम पता कर लेंगे।	We'll find out.
8189	हमें जाना होगा।	We'll have to go.
8190	हम आज कुछ स्थानों का दौरा करेंगे।	We'll visit a few places today.
8191	खैर, उसने पढ़ाई शु कर दी है।	Well, he has started studying.
8192	बस गुप्ता जी का इंतज़ार है।	We're just waiting for Mr.Gupta.
8193	हमारे पास समय की कमी है।	We're at crunch-time
8194	क्या तुम कल छुट्टी पर थे?	Were you on leave yesterday?
8195	क्या आप कल यहाँ उपस्थित नहीं थे?	Were you not present here yesterday?
8196	क्या। तुम मुझसे कुछ कह रहे थे?	Were you saying something to me?
8197	क्या आप कुछ कह रहे थे?	Were you saying something?
8198	क्या आप मेरे बारे में सोच रहे थें?	Were you thinking about me?
8199	क्या आपको ऐसा करने के लिए कहा गया था?	Were you told to do so?
8200	आज आप क्या कर रहे हैं?	What are you doing today?
8201	क्या मुसीबत है!	What a trouble!
8202	क्या खुशबू है!	What a fragrance!

8203	कितनी गड़बड़ है!	What a mess!
8204	क्या बकवास है!	What a nonsense!
8205	वह कैसा व्यक्ति है!	What a person he is!
8206	कितने दुख की बात है!	What a pity!
8207	जान में जान आई!	What a relief!
8208	कितनी शर्म की बात है!	What a shame!
8209	तुम कितने बेवकूफ इंसान हो!	What a silly person you are!
8210	कैसी किस्मत है!	What a stroke of luck!
8211	उसने मेरे बारे में क्या क्या कहा?	What all did he say about me?
8212	तुमने पिछले रविवार को क्या–क्या किया?	What all did you do last Sunday?
8213	आज तुमने क्या–क्या किया?	What all did you do today?
8214	आपने कल क्या–क्या किया?	What all did you do yesterday?
8215	आज तुमने क्या क्या खाया?	What all did you eat today?
8216	तुम उसके बारे में क्या क्या जानते हो?	What all do you know about him?
8217	उसके पास क्या–क्या है?	What all does he have?
8218	उसके साथ क्या–क्या हुआ?	What all happened with him?
8219	मैं किसके समान हूँ?	What am I like?
8220	सरकारी नौकरी के क्या लाभ हैं?	What are the advantages of a government job?
8221	ये उपकरण किस लिए हैं?	What are these tools for?
8222	तुम अकेले क्या कर रहे हो?	What are you doing alone?
8223	तुम यहाँ क्या कर रही हो?	What are you doing here?
8224	आप आजकल क्या कर रहे हैं?	What are you doing nowadays?
8225	तुम आज क्या कर रहे हो?	What are you doing today?
8226	आप कल रात क्या कर रहे हैं?	What are you doing tomorrow night?
8227	तुम क्या कर रहे हो?	What are you doing?

8228	तुम क्या खा रहे हैं?	What are you eating?
8229	तुम इसका क्या करने वाले हो?	What are you going to do with this?
8230	तुम मुझसे क्या छुपा रहे हो?	What are you hiding from me?
8231	तुम इधर उधर क्या देख रहे हो?	What are you looking around?
8232	तुम कहाँ देख रहे हो?	What are you looking at?
8233	तुम क्या ढूंढ रहे हो?	What are you looking for?
8234	तुम क्या बड़बड़ा रहे हो?	What are you mumbling?
8235	आप किस बारे में बड़बड़ा रहे हैं?	What are you murmuring about?
8236	क्या खेल रहे हो?	What are you playing?
8237	तुम क्या पढ रहे हो?	What are you reading?
8238	आप क्या कह रहे हैं?	What are you saying?
8239	तुम किस बारे में बात कर रहे हो?	What are you talking about.
8240	तुम्हें किस बात की टेंशन है?	What are you tensed about?
8241	आप किस बारे में सोच रहे हैं?	What are you thinking about?
8242	तुग आगने आप को समझ क्या रहे हो?	What are you thinking of yourself?
8243	तुम क्या सोच रहे हो?	What are you thinking?
8244	तुम मेरे क्या लगते हो?	What are you to me?
8245	तुम क्या कर रहे हो?	What are you up to?
8246	तुम क्यूँ चिंतित हो ?	What are you worried about?
8247	तुम क्या लिख रहे हो?	What are you writing?
8248	पैसों का क्या हुआ?	What became of the money?
8249	आपने कौन सी किताबें खरीदीं?	What books did you buy?
8250	यहाँ कैसे आना हुआ?	What brings you here?
8251	आज आपको बाज़ार में क्या लाया है?	What brings you in the market today?
8252	वो यहाँ क्या करने आया था?	What brought him here?

8253	तुम वहाँ क्या करने गये थे?	What brought you there?
8254	तुम उसके घर क्या करने गये थे?	What brought you to his house?
8255	मैं आपके लिए क्या कर सकता हूँ?	What can I do for you?
8256	आप क्या सुझाव दे सकते हो?	What can you recommend?
8257	अगली कक्षा कौन सी है?	Which is the next class?
8258	वह कार किस रंग की है?	Of which color is that car?
8259	तुम क्या कर सकते हो; दो कोड़ी के आदमी।	What could you do – a man of little worth.
8260	आप किस तारीख को आ रहे हैं?	What date are you coming on?
8261	उसने क्या किया?	What did he do?
8262	उसने तुमसे क्या कहा?	What did he say to you?
8263	क्या कहा उसने?	What did he say?
8264	टीचर ने क्या कहा?	What did the teacher say?
8265	उन्होंनें क्या कहा?	What did they say?
8266	तुमने क्या मांगा?	What did you ask for?
8267	आपने क्या खरीदा?	What did you buy?
8268	तो तुमने क्या किया?	What did you do then?
8269	आपने कल क्या किया?	What did you do yesterday?
8270	आपने क्या सपना देखा था?	What did you dream about?
8271	तुमने क्या खाया?	What did you eat?
8272	आपने डिनर में क्या खाया?	What did you have for dinner?
8273	तुमने अभी क्या कहा मुझे?	What did you just say to me?
8274	आज तुमने क्या सीखा?	What did you learn today?
8275	तुमने क्या खोया?	What did you lose?
8276	तुमने मुझसे क्या कहा?	What did you say to me?
8277	क्या कहा तुमने?	What did you say?
8278	तुमने क्या देखा?	What did you see?

8279	अपनी ड्रेस पर क्या गिरा लिया तुमने?	What did you spill on your dress?
8280	तुमने उसे क्या बताया?	What did you tell her?
8281	तुम्हारे पिता ने क्या कहा?	What did your father say?
8282	तुम्हारी मैम ने क्या कहा?	What did your ma'am say?
8283	उससे क्या फर्क पड़ता है?	What difference does it make?
8284	आज कौन कौन से पकवान बने हैं?	What dishes are cooked today?
8285	मैं इससे ज़्यादा और क्या करूँ?	What do I do more than this?
8286	मैं क्या करूँ?	What do I do?
8287	मैं इससे ज़्यादा और क्या बोलूँ?	What do I speak more than this?
8288	मैं उसे क्या बताऊं?	What do I tell her?
8289	चोरी करके लोगों को क्या मिलता है?	What do people get by stealing?
8290	इसको अंग्रेजी में क्या कहते हैं?	What do we call it in English?
8291	वे लोग तुम्हें घर पर क्या बुलाते हैं?	What do they call you at home?
8292	आप इससे क्या निष्कर्ष निकालते हैं?	What do you conclude from that?
8293	आप पूरे दिन घर पर क्या करते हैं?	What do you do at home all day?
8294	तुम क्या करते हो?	What do you do?
8295	तुम्हारे पास क्या है?	What do you have?
8296	आपको क्या पसंद है?	What do you like?
8297	तुम्हारे कहने का क्या मतलब है?	What do you mean to say?
8298	आपका क्या मतलब है?	What do you mean?
8299	तुम्हे क्या चाहिए?	What do you need?
8300	आपके पास क्या नहीं है?	What do you not have?
8301	तुम्हारा क्या सुझाव है?	What do you suggest?
8302	तुम अपने आप को समझते क्या हो?	What do you think of yourself?
8303	तुम्हे क्या लगता है?	What do you think?
8304	तुम क्या पूछना चाहते हो?	What do you want to ask?

8305	तुम जीवन में क्या बनना चाहते हो?	What do you want to be in life?
8306	आप क्या बनना चाहते हैं?	What do you want to be?
8307	क्या करना चाहते हो?	What do you want to do?
8308	आप क्या खाना चाहते हो?	What do you want to eat?
8309	आप मुझसे किस बारे में बात करना चाहते हैं?	What do you want to talk to me about?
8310	तुम क्या चाहते हो?	What do you want?
8311	वो अपने आप को समझता क्या है?	What does he think of himself?
8312	मेरे साथ ही ऐसा क्यों होता है?	What does it happen only to me?
8313	इसका मतलब क्या है?	What does it mean?
8314	मम्मी टीवी पर क्या देखती है?	What does mummy watch on TV?
8315	इस शब्द का क्या मतलब है?	What does this word mean?
8316	तुम्हारे पास क्या नहीं है?	What do you not have?
8317	और क्या कह सकते हैं?	What else can I say?
8318	और मैं क्या करता?	What else could I do?
8319	और क्या करता तो फिर?	What else could I do then?
8320	और मैं क्या कहता?	What else could I say?
8321	और मैं क्या पहनता?	What else could I wear?
8322	आपको यह विचार किसने दिया?	Who gave you this idea?
8323	आपको जन्मदिन पर क्या गिफ्ट चाहिए?	What gift do you want for your birthday?
8324	पूछने में क्या जाता है?	What goes in asking?
8325	सुनने में क्या जाता है?	What goes in listening?
8326	हाँ कहने के में क्या जाता है?	What goes in saying yes?
8327	कहने में क्या जाता है?	What goes in saying?
8328	देखने में क्या जाता है?	What goes in seeing?
8329	बोलने में क्या जाता है?	What goes in speaking?

8330	उससे बात करने में क्या जाता है?	What goes in talking to him?
8331	कोशिश करने में क्या जाता है?	What goes in trying?
8332	तुमने सोने से पहले क्या खाया था?	What had you eaten before you slept?
8333	क्या हुआ?	What happened?
8334	मेरे जाने के बाद क्या हुआ?	What happened after I had left?
8335	आज स्कूल में क्या हुआ?	What happened at school today?
8336	आगे क्या हुआ?	What happened next?
8337	ऐसा क्या हो गया जो....?	What happened if…?
8338	ऐसा क्या हो गया कि वो बिना बताए चला गया?	What happened that he went without telling?
8339	ऐसा क्या हो गया कि वो गुस्सा होकर चली गई?	What happened that she went after being angry?
8340	ऐसा क्या हो गया कि तुम मुझसे बात नहीं कर रहे?	What happened that you are not talking to me?
8341	ऐसा क्या हो गया कि तुमने मना कर दिया?	What happened that you denied?
8342	ऐसा क्या हुआ कि तुमने खाना नहीं खाया?	What happened that you didn't eat/take/have food?
8343	ऐसा क्या हो गया कि तुम्हें वहां जाना पड़ा?	What happened that you had to go there?
8344	ऐसा क्या हो गया जो तुम नहीं बताओगे?	What happened that you will not tell?
8345	उसे क्या हुआ?	What happened to her?
8346	आपको क्या हुआ?	What happened to you?
8347	आज क्या हुआ?	What happened today?
8348	क्या हुआ? चिल्ला क्यों रहे हो?	What happened? Why are you screaming?
8349	क्या हुआ? बड़े परेशान लग रहे हो।	What happened? You are looking very upset.

8350	क्या हुआ? आज तुम काम पर नहीं गए।	What happened? You didn't go to work today.
8351	क्या हुआ? तुम कुछ बोल क्यों नहीं रहे?	What happened? Why are you not speaking anything?
8352	क्या हुआ?	What happened?
8353	अब यहाँ क्या करने आई हो?	What has brought you here now?
8354	क्या नहीं सिखाया गया?	What has not been taught?
8355	मैंने क्या किया है?	What have I done?
8356	मुझे डरने की क्या ज़रत है?	What have I to fear about?
8357	तुम सुबह से यहाँ क्या कर रहे हो?	What have you been doing here since morning?
8358	तुम यहाँ किस लिये आये हो?	What have you come here for?
8359	आपने क्या किया है?	What have you done?
8360	तुमने मुझे समझ क्या रखा है?	What have you got me thinking?
8361	आपने क्या बनाया?	What have you made?
8362	तुमने अपने बारे में क्या सोचा है?	What have you thought about yourself?
8363	तुमने क्या सोचा है?	What have you thought?
8364	आपने यहाँ क्या लिखा है?	What have you written here?
8365	वह क्या करेगा?	What will he do?
8366	मैंने तुम्हारे साथ क्या किया?	What did I do to you?
8367	मुझे बास्केटबॉल खेलना सबसे ज्यादा पसंद है।	What I like most is playing basketball.
8368	मैं ये कह रहा था कि....	What I meant is…
8369	मैंने जो कहा उससे उनके गर को ठेस पहुंची।	What I said has hurt his pride.
8370	अगर उसने तुमसे झूठ बोला तो?	What if he tells you a lie?
8371	यदि मैं आपकी सहायता न करूँ तो क्या होगा?	What if I don't help you?

8372	अगर मैं पकड़ा गया तो क्या होगा?	What if I get caught?
8373	अगर इसे कुछ हो जाता तो?	What if something had happened to him?
8374	अगर ट्रेन लेट हो गई तो क्या होगा?	What if the train is late?
8375	अगर वे मना कर दें तो क्या होगा?	What if they refuse?
8376	अगर तू वापस नहीं आया तो?	What if you don't come back?
8377	अगर तुम्हे रुपये मिल गए तो?	What if you get rupees?
8378	यदि आपने अपना सारा पैसा खो दिया तो क्या होगा?	What if you lost all your money?
8379	यह सब क्या है?	What is all this?
8380	तुम वहाँ क्या करने जा रहे हो?	What is bringing you there?
8381	आपके मन में क्या चल रहा है?	What is going on in your mind?
8382	क्या चल रहा है?	What is going on?
8383	वह क्या कर रहा है?	What is he doing?
8384	वह आपका क्या लगता है?	What is he to you?
8385	इसमें उराका क्या कसूर है?	What is his fault in it?
8386	हमारे सामने उसकी औकात क्या है?	What is his status in front of us?
8387	इसमें उसका क्या कसूर है?	What is his/her fault in it?
8388	तुम्हारे मन में क्या है?	What is in your mind?
8389	यह किस बारे में है?	What is it about?
8390	इसे क्या कहते हैं?	What is it called?
8391	अब ये क्या है?	What is it now?
8392	यह क्या है?	What is it?
8393	अब चर्चा के लिए बचा ही क्या है?	What is left to discuss now?
8394	इसमें मेरा क्या कसूर है?	What is my fault in this?
8395	हमारा क्या है?	What is ours?
8396	इस चीज की कीमत क्या है?	What is the price of this thing?
8397	वो क्या है?	What is that?

8398	वह लड़का क्या कर रहा है?	What is that boy doing?
8399	तुम्हे इससे क्या?	What does this have to do with you?
8400	एरिया कोड क्या है?	What is the area code?
8401	कितने का है ये?	What is the cost of it?
8402	आज कौन सी तारीख़ है?	What is the date today?
8403	आज की ताज़ा खबर क्या है?	What is the latest news today?
8404	क्या बात है?	What is the matter?
8405	इस घर का क्या रहस्य है?	What is the mystery behind this house?
8406	जरूरत क्या है?	What is the need?
8407	क्या जरूरत है सबको बुलाने की?	What is the need to call everyone?
8408	क्या जरूरत है उसे फोन करने की?	What is the need to call him up?
8409	क्या जरूरत है वहां जाने की?	What is the need to go there?
8410	क्या जरूरत है उसे बताने की?	What is the need to tell him?
8411	युद्ध में मारे जाने की क्या संभावना है?	What is the possibility of being killed in the war?
8412	क्या कीमत है?	What is the price?
8413	क्या कारण है?	What is the reason?
8414	आज तुम्हारे लेट आने का क्या कारण है?	What is the reason of coming late?
8415	तुम्हारी कामयाबी के पीछे क्या राज़ है?	What is the secret behind your success?
8416	नाश्ते का समय क्या है?	What is the time for breakfast?
8417	समय क्या हुआ है?	What is the time?
8418	ऐसे पैसे का क्या फायदा?	What is the use of such money?
8419	दुनिया क्या कहेगी?	What is the world going to say?
8420	इसमें पूछने वाली क्या बात है?	What is there to ask?

8421	इसमें उदास होने वाली क्या बात है?	What is there to be upset?
8422	इसमें हंसने की क्या बात है?	What is there to laugh?
8423	वहाँ क्या है?	What is there?
8424	वे किस बात पर सहमत नहीं थे?	What is that they didn't agree on?
8425	यह बाल्टी में क्या तैर रहा है?	What is this floating in the bucket?
8426	ये गंवार यहाँ क्या कर रहा है?	What is this yokel doing here?
8427	यह क्या है?	What is this?
8428	आपका पता क्या है?	What is your address?
8429	इसमें तुम्हारा क्या कसूर है?	What is your fault in it?
8430	तुम्हारा इरादा क्या है?	What is your intention?
8431	तुम्हारा क्या नाम है?	What is your name?
8432	इस बारे में तुम्हारी क्या सोच है?	What is your opinion on this?
8433	तुम्हारी समस्या क्या है?	What is your problem?
8434	आप क्या काम करते हो ?	What is your profession?
8435	तुम्हारी क्या हैसियत है मेरे सामने?	What is your status in front of me?
8436	आपकी टीचर का क्या नाम है?	What is your teacher's name?
8437	ये किस तरह का मजाक है?	What kind of joke is this?
8438	तुम किस तरह के आदमी हो?	What kind of man are you?
8439	आपको किस तरह का संगीत पसंद है?	What kind of music do you like?
8440	ये किस तरह का सवाल है?	What kind of question is this?
8441	आपको क्या अंक मिला?	What mark did you get?
8442	यह क्या नया हंगामा हैं?	What new fuss is this?
8443	क्या बकवास कर रहे हो तुम?	What nonsense are you talking?
8444	क्या बेहूदगी है!	What nonsense!
8445	ये क्या बकवास है?	What nonsense is this?

8446	कार्यक्रम के लिए तुम्हारी क्या योजनाएं हैं?	What plans do you have for the event?
8447	क्या अनाप–शनाप बक रहे हो?	What rubbish are you talking?
8448	आप किस स्कूल में पढ़ते हैं?	What school do you study in?
8449	क्या कँ मैं?	What shall I do?
8450	क्या बनाऊं उनके लिए?	What should I cook for them?
8451	अब मैं क्या कं?	What should I do now?
8452	इसका मैं क्या कँ?	What should I do with this?
8453	मुझे क्या करना चाहिए?	What should I do?
8454	मुझे क्या खाना चाहिए?	What should I eat?
8455	हमें उसका क्या नाम रखना चाहिए?	What should we name him?
8456	वह किस प्रकार का व्यक्ति है!	What sort of person he is!
8457	ये क्या बतमिजी है!	What the hell!
8458	क्या बकवास कह रहे हो तुम?	What rubbish are you saying?
8459	कौन सी बात?	Which thing?
8460	वे किस समय आ रहे हैं?	What time are they arriving?
8461	आप किस समय पहूँचे?	What time did you arrive?
8462	आप कितने बजे उठता है?	What time do you wake up?
8463	कितने बजे अँधेरा हो जाता है?	What time does it get dark?
8464	किस समय शु होता है?	What time does it start?
8465	आपका कॉलेज कितने बजे शु होता है?	What time does your college start?
8466	आपका स्कूल कितने बजे ख़त्म होता है?	What time does your school finish?
8467	ये वक़्त क्या है?	What time is it?
8468	रिया कितने बजे आ रही है?	What time is Riya arriving?
8469	आप वहां कितने बजे होंगे?	What time will you be there?
8470	क्या पूछना है?	What to ask?

8471	बाजार से क्या लाना है?	What to bring from the market?
8472	क्या लाना है?	What to bring?
8473	आगे क्या करना है?	What to do next?
8474	इसका क्या करें?	What to do with this?
8475	क्या करें?	What to do?
8476	क्या पीना है?	What to drink?
8477	क्या पढना है?	What to read?
8478	क्या कहना है?	What to say?
8479	क्या दिखाना है?	What to show?
8480	क्या पहने?	What to wear?
8481	आपको इतनी देर क्यों हुई?	What took you so long?
8482	तुम वहाँ क्या करने जा रहे थे?	What was bringing you there?
8483	वो क्या था?	What was that?
8484	जरूरत क्या थी?	What was the need?
8485	अकेले में ले जाने की क्या जरुरत थी?	What was the need to be taken alone?
8486	क्या जरूरत थी उसे फोन करने की?	What was the need to call him up?
8487	बात को बढ़ाने की क्या आवश्यकता थी?	What was the need to create the scene?
8488	क्या जरूरत थी वहां जाने की?	What was the need to go there?
8489	क्या जरूरत थी बोलने की?	What was the need to speak?
8490	अकेले जाने की क्या जरूरत थी?	What was the need to go alone?
8491	क्या जरूरत थी उसे बताने की?	What was the need to tell him?
8492	आपकी हार के पीछे क्या कारण था?	What was the reason behind your defeat?
8493	आपके पिताजी कल क्या कह रहे थें?	What was your father saying yesterday?
8494	तुम उस कमरे में क्या कर रहे थे?	What were you doing in that room?

8495	जब उसका खून हुआ तब तुम क्या कर रहे थे?	What were you doing when he was murdered?
8496	तुम क्या कर रहे थे?	What were you doing?
8497	उसके लिए पैसे से ज्यादा ज़री क्या होगा?	What will be more important for her than money?
8498	तुम्हारा क्या होगा?	What will happen to you?
8499	हम वहाँ क्या करने जायेंगे?	What will bring us there?
8500	तुम वहाँ क्या करने जाओगे?	What will bring you there?
8501	ज्यादा से ज्यादा क्या होगा?	What will happen at most?
8502	ऐसा करने से क्या होगा?	What will happen by doing so/ this?
8503	वह इसके बाद क्या करेगा?	What will he do after this?
8504	ऐसा करने से उसको क्या मिलेगा?	What will he get by doing so/ this?
8505	लोग हमारे बारे में क्या सोचेंगे?	What will people think about us?
8506	लोग क्या सोचेंगे?	What will people think?
8507	तुम बैग का क्या करोगी?	What will you do with a bag?
8508	ऐसा करने से तुमको क्या मिलेगा?	What will you get by doing so/ this?
8509	यहाँ से जाने का क्या लोगे तुम?	What will you take to go from here?
8510	चुप रहने का क्या लोगे तुम?	What will you take to keep quiet?
8511	तुम दोनों क्या खाओगे?	What will you both eat?
8512	इससे मुझे क्या लाभ होगा?	What would I benefit from this?
8513	मैं तुम्हारे बिना क्या करूँगा?	What would I do without you?
8514	क्या बताता मैं उसे?	What would l have told him?
8515	आप क्या पीना चाहेंगे?	What would you like to drink?
8516	क्या खाओगे?	What will you eat?
8517	आप क्या खाना चाहते हैं?	What would you like to eat?

8518	आप नाश्ते में क्या खाना चाहेंगे?	What would you like to have in breakfast?
8519	मैंने उसका क्या बिगड़ा है?	What wrong have I done to him?
8520	मैंने तुम्हारा क्या बिगाड़ा है?	What wrong have I done to you?
8521	क्या कहते हो तुम?	What do you say?
8522	चाहे जो हो जाये।	Whatever happens.
8523	जो भी है।	Whatever it is.
8524	कुछ भी करो।	Whatever you do.
8525	जो कुछ भी तुम्हारे पास है वह मेरा है।	Whatever you have is mine.
8526	आपने जो भी कहा वो ग़लत है।	Whatever you said is wrong.
8527	कुछ भी कहो, उसने मेहनत बहुत की है।	Whatever you say, he has worked hard.
8528	कुछ भी कहो, वो बहुत अच्छा इंसान है।	Whatever you say, he is very good person.
8529	कुछ भी कहो, उसने कभी मना नहीं किया।	Whatever you say, he never denied/refused.
8530	कुछ भी कहो, तो था बहुत सीधा।	Whatever you say, he was very innocent.
8531	कुछ भी कहो, वो है बहुत सुंदर।	Whatever you say, she is very beautiful.
8532	कुछ भी कहो, वो प्यार बहुत करती है मुझसे।	Whatever you say, she loves me a lot.
8533	कुछ भी कहो, वो कभी झूठ नहीं बोलती।	Whatever you say, she never tells a lie.
8534	आप कुछ भी कहें, हमने खूब एन्जॉय किया।	Whatever you say, we enjoyed a lot.
8535	कुछ भी कहो, तुम हो बहुत तेज।	Whatever you say, you are very clever.
8536	जो भी कहो।	Whatever you say.
8537	इसका क्या मतलब है?	What does it mean?

8538	आप क्या खा रहे हैं?	What's eating you?
8539	क्या चल रहा है?	What's going on?
8540	क्या होने जा रहा है?	What's going to happen?
8541	क्या हो रहा है?	What's happening?
8542	क्या हाल है?	What's up?
8543	इसमें क्या है?	What's in it?
8544	तुम्हारे मन में क्या है?	What's in your mind?
8545	उसमे ऐसा क्या खास है?	What's so special in her?
8546	इसमें ऐसा क्या खास है?	What's so special in it?
8547	वह क्या है?	What's that?
8548	तिथि क्या है?	What's the date?
8549	ऐसा करने में क्या हर्ज है?	What's the harm in doing so?
8550	जाने में हर्ज क्या है?	What's the harm in going?
8551	हर्ज क्या है?	What's the harm?
8552	पेपर का उच्चतम संभावित स्कोर क्या है?	What's the highest possible score of the paper?
8553	जल्दी क्या है? बैठो जरा।	What's the hurry? Sit down for a while.
8554	इतनी जल्दी क्या है?	What's the hurry?
8555	क्या बात है?	What's the matter?
8556	इतना उतावला होने वाली क्या बात है?	What's the point of being so impatient?
8557	जल्दी क्या है?	What's the rush?
8558	तापमान क्या है?	What's the temperature?
8559	सच क्या है?	What's the truth?
8560	इसमें पूछने वाली क्या बात है?	What's there to ask?
8561	इसमें रोने वाली क्या बात है?	What's there to cry?
8562	इसमे बुरा मानने वाली क्या बात है?	What's there to mind?

8563	इसमें चिल्लाने वाली क्या बात है?	What's there to shout in it?
8564	इसमें शर्म की क्या बात है?	What's there to shy?
8565	आज दिनांक क्या है?	What's today 's date?
8566	आजकल क्या चल रहा है?	What's up these days?
8567	उसमें बुराई क्या है?	What's wrong in that?
8568	थोड़ी सी मौज–मस्ती करने में क्या बुराई है?	What's wrong with having a bit of fun?
8569	इस घर को क्या हो गया है?	What's wrong with this house?
8570	क्या हुआ तुम्हें?	What's wrong with you?
8571	क्या हो गया?	What's wrong?
8572	आपका पसंदीदा भोजन क्या है?	What's your favorite food?
8573	आपका पता क्या है?	What's your address?
8574	आपका उससे क्या लेना–देना?	What's your business with him?
8575	आपका ई–मेल पता क्या है?	What's your email address?
8576	आपके अंग्रेजी शिक्षक कैसे हैं?	What's your English teacher like?
8577	आपकी पसंदीदा फिल्म कौनसी है?	What's your favorite movie?
8578	तुम्हें क्या बेचैनी है?	What worries you?
8579	आपका अंतिम नाम क्या है?	What's your last name?
8580	तुम्हारा मोबाइल नंबर की है?	What's your mobile number?
8581	आपका फोन नंबर क्या है?	What's your phone number?
8582	आपकी क्या योजना है?	What's your plan?
8583	आपकी स्थिति क्या है?	What's your status?
8584	आप कब वापस आ रहे हैं?	When are you coming back?
8585	आप कब छोड़ रहे हैं?	When are you leaving?
8586	उसने ऐसा कब कहा?	When did he say that?
8587	मैने उसे कब गाली दी?	When did I abuse him?
8588	मैंने कब कहा?	When did I say?

8589	भारत कब गणतंत्र बना?	When did India become republic?
8590	यह कब हुआ?	When did it happen?
8591	रिया कब चली गई?	When did Riya go away?
8592	हादसा कब हुआ?	When did the mishap occur?
8593	कब की बात है ये?	When did this happen?
8594	आप उससे कब मिले?	When did you meet her?
8595	तुम कब आये?	When did you come?
8596	तुम्हारी शादी कब हुई?	When did you get married?
8597	आप कब उठे थे?	When did you get up?
8598	तुम कब गए थे?	When did you leave?
8599	आपको इसकी सबसे अधिक आवश्यकता कब होती है?	When do you need it most?
8600	आप कब काम शु करते है?	When do you start work?
8601	आप कब उठते हैं?	When do you wake up?
8602	यह कब बंद होता है?	When does it close?
8603	बैंक कब खुलता है?	When does the bank open?
8604	बस कब आती है?	When does the bus arrive?
8605	बस कब छूटती है?	When does the bus leave?
8606	जब पापा अच्छे मूड में होंगे तो बात कंगा।	When father is in a good mood, I'll talk.
8607	वे लोग कब गए हैं?	When have they gone?
8608	जब वह आएगा तो मुझे फोन कर देगा।	When he comes, he will give me a call.
8609	जब मैंने पूछा तो उसने मुझे इस पर घटिया बहाने दिए।	When I ask, he gave me lame excuses on it.
8610	जब मैं वहां पहुंचा तो बारिश हो रही थी।	When I reached there, it was raining.

8611	जब मैंने उसे देखा तब वह टीवी देख रहा था।	When I saw him, he was watching TV.
8612	जब मैं पढ़ाता हूँ तो वह गुमसुम–सा लगता है।	When I teach, he seems absent-minded.
8613	ट्रेन कब आ रही है?	When is the train coming?
8614	आपका जन्मदिन कब है?	When is your birthday?
8615	तुम्हारी परीक्षा कब है?	When is your exam?
8616	जब माँ आसपास होती है तो मेरे लिए चीजें आसान हो जाती हैं।	When mom is around, things become easy for me.
8617	हम दोबारा कब मिलेंगे?	When shall we meet again?
8618	जब डिलेवरी बॉय आया तब घर पर कोई नहीं था।	When the delivery boy came, nobody was at home.
8619	वे कब आ रहे हैं?	When are they coming?
8620	वे कब शादी कर रहे हैं?	When are they getting married?
8621	वह कब वापस आएगा?	When will he be back?
8622	मैं कब ठीक हो जाउंगा?	When will I be fine?
8623	मैं तुम्हारे पास कब आऊंगा?	When will I come to you?
8624	यह कब तक तैयार हो जाएगा?	When will it be ready?
8625	मेरे अलावा यहां कोई नहीं है।	When will she be back from her in-laws' home?
8626	समारोह कब शु होगा?	When will the function begin?
8627	अगली ट्रेन कब आयेगी?	When will the next train come?
8628	काम कब ख़त्म होगा?	When will the work be finished?
8629	आप पढ़ाई कब शु करेंगे?	When will you begin studying?
8630	आप कब आओगें?	When will you come?
8631	तुम पैसे कब लोटाओगे?	When will you pay back the money?
8632	तुम कब पहुँचोगे?	When will you reach?
8633	आप कब जा रहे हैं?	When you are going?

8634	जब देखो तब वह मोबाईल मे घुसा रहता है।	Whenever I see, he remains engrossed in his mobile.
8635	जब देखो तब वह मेरा मजाक उड़ाता रहता है।	Whenever I see, he keeps on making fun of me.
8636	जब देखो तब वह मुझे घूरता रहता है।	Whenever I see, he keeps on staring at me.
8637	जब देखो तब वह सोती रहती है।	Whenever I see, she keeps on sleeping.
8638	जब देखो तब तुम बहाने बनाते रहते हो।	Whenever I see, you keep on making excuses.
8639	जब देखो तब तुम मुझपर चिल्लाते रहते हो।	Whenever I see, you keep on shouting at me.
8640	जब देखो तुम सोते रहते हो।	Whenever it is seen, you keep sleeping.
8641	वह जब भी आती है तो एक दोस्त लेकर आती है।	Whenever she comes, she brings a friend.
8642	बच्चा कब आने वाला है?	When's the baby due?
8643	वह कहाँ–कहाँ जाता है?	Where all does he go?
8644	मेरी चाभियां खो गयी है।	Where are my keys?
8645	क्या किसी ने मेरी चाबियाँ देखी हैं	Has anyone seen my keys?
8646	मेरे धुले हुए कपडे कहा हैं?	Where are my washed clothes?
8647	बाकी के तीन कहाँ है?	Where are the remaining three?
8648	उनमें सब कहां हैं?	Where are the rest of them?
8649	कैंची कहाँ हैं?	Where are the scissors?
8650	हम कहाँ जा रहे हैं?	Where are we going?
8651	आप कहाँ से आ रहे है?	Where are you coming from?
8652	तुम कहाँ से हो?	Where are you from?
8653	आप छुट्टियों के लिए कहाँ जा रहे हैं?	Where are you going for the holidays?
8654	तुम कहाँ जा रहे हो?	Where are you going?

8655	तुम्हारा जीवन किधर की ओर जा रहा है?	Where are you heading to?
8656	तुम कहा खोए हुए हो?	Where are you lost?
8657	तुम अभी कहां हो	Where are you now?
8658	तुम यहाँ कहाँ पर ठहरे हो?	Where are you putting up here?
8659	आप कहां पर ठहरे हो?	Where are you putting up?
8660	कहाँ भागे जा रहे हो?	Where are you running to?
8661	तुम कहाँ ठहरे हुए हो?	Where are you staying?
8662	तुम उसे कहाँ ले जा रहे हो?	Where are you taking him?
8663	तुम मुझे कहाँ ले जा रहे हो?	Where are you taking me?
8664	आप कहां हैं?	Where are you?
8665	आपकी चप्पलें कहाँ है?	Where are your slippers?
8666	मैं टिकट कहाँ से खरीद सकता हूँ?	Where can I buy tickets?
8667	मुझे पतलून कहाँ मिल सकती है?	Where can I find trousers?
8668	मुझे टैक्सी कहाँ मिल सकती है?	Where can I get a taxi?
8669	यह कहां से आया था?	Where did it come from?
8670	यह कहां हुआ?	Where did it happen?
8671	कहाँ चोट लगी?	Where did it hurt?
8672	आप दोनों के बीच ये दुश्मनी कहां से आ गई?	Where did this enmity between you two come from?
8673	यह पैसे कहाँ से आये?	Where did this money come from?
8674	तुम कहाँ से आये हो?	Where did you come from?
8675	कहाँ से मिला यह तुमको?	Where did you get it from?
8676	आपको यह कहां मिला?	Where did you get this?
8677	तुम कल कहाँ गए थे?	Where did you go yesterday?
8678	आप कहाँ चले गए थे?	Where did you go?
8679	तुम कहाँ गायब थे?	Where were you misisng?

8680	आपने मेरा पर्स कहां रखा था?	Where did you keep my wallet?
8681	ये कहाँ से उठाया?	Where did you pick it from?
8682	ये कहाँ से आया?	Where did it come from?
8683	आपने इसे कहाँ डाल दिया था?	Where did you put it?
8684	मुझे कहाँ जाना है?	Where do I have to go?
8685	मैं कहां से शु कं?	Where do I start?
8686	आपको ऐसे विचार कहां से मिलते हैं?	Where do you get such ideas?
8687	तुम कहाँ रहते हैं?	Where do you live?
8688	आप कहाँ काम करते हो?	Where do you work?
8689	वह कहाँ रहता है?	Where does he live?
8690	कहां दर्द हो रहा है?	Where does it hurt?
8691	राकेश कहाँ रहता है?	Where does Rakesh live?
8692	यह बस कहाँ जाती है?	Where does this bus go?
8693	आपकी पत्नी कहाँ काम करती है?	Where does your wife work?
8694	और मैं कहाँ जाता?	Where else could I go?
8695	और कहाँ जाता तो फिर?	Where else could I go then?
8696	तुम इतने दिनों से कहाँ थे?	Where had you been since so many days?
8697	वह कहाँ गया है?	Where has he gone?
8698	रोहन कहाँ गया?	Where has Rohan gone?
8699	कहाँ चली गई?	Where has she gone?
8700	मेरी चाबियाँ कहाँ गयीं?	Where have my keys gone?
8701	वे लोग कहाँ गए हैं?	Where have they gone?
8702	तुम कहाँ से आए हो?	Where have you come from?
8703	तुमने पैसे कहाँ छुपाये हैं?	Where have you hidden the money?
8704	दिल्ली में कहाँ?	Where in Delhi?
8705	आप मुझसे कहां मिल सकते हैं?	Where can you meet me?

8706	वह अभी कहाँ है?	Where is he right now?
8707	वह कहाँ है?	Where is he?
8708	मेरी शर्ट कहां है?	Where is my shirt?
8709	राहुल पार्टी कहाँ दे रहा है?	Where is Rahul giving party?
8710	रोहन कहाँ है?	Where is Rohan?
8711	हवाई अड्डा कहां है?	Where is the airport?
8712	बाथम कहां है?	Where is the bathroom?
8713	दुल्हन कहाँ है?	Where is the bride?
8714	चाबी का गुच्छा कहाँ है?	Where is the bunch of keys?
8715	बस स्टैंड कहां है?	Where is the bus stand?
8716	बस स्टेशन कहाँ है?	Where is the bus station?
8717	कलम की टोपी कहाँ है?	Where is the cap of the pen?
8718	लाइट स्विच कहाँ है?	Where is the light switch?
8719	पैसे कहां है?	Where is the money?
8720	टूथपेस्ट कहाँ है?	Where is the toothpaste?
8721	टी–शर्ट कहाँ है?	Where is the t-shirt?
8722	आपका निवास स्थान कहाँ है?	Where is your residence?
8723	तुम्हारा ध्यान किधर है?	Where is your attention?
8724	आपकी गुड़िया कहाँ है?	Where is your doll?
8725	अपके पिता कहाँ हैं?	Where is your father?
8726	आपका दोस्त कहाँ है?	Where is your friend?
8727	आपका घर कहाँ है?	Where is your home?
8728	तुम्हारा ऑफिस कहाँ पर है?	Where is your office?
8729	आपका हस्ताक्षरित आवेदन कहाँ है?	Where is your signed application?
8730	तुम्हारी फटी कमीज़ कहाँ है?	Where is your torn shirt?
8731	आपकी घड़ी कहाँ है?	Where is your watch?
8732	हम कहाँ मिलेंगे?	Where shall we meet?

8733	कहाँ जाना है?	Where to go?
8734	सुबह की सैर के लिए कहां जाएं?	Where to go for morning walk?
8735	झाड़ियाँ कहाँ फेंकें?	Where to throw the sweepings?
8736	तुम सारी रात कहाँ थे?	Where were you all night?
8737	इतने दिनो से कहाँ थी?	Where were you all these days?
8738	तुम अब तक कहां थे?	Where were you all this while?
8739	तुम कल दोपहर को कहां थे?	Where were you yesterday afternoon?
8740	कल तुम कहाँ थे?	Where were you yesterday?
8741	तुम कहाँ थे?	Where were you?
8742	आप कहाँ जाएँगे?	Where will you go?
8743	आप मुझसे कहां मिलना चाहेंगे?	Where would you like to meet me?
8744	निकटतम अस्पताल कहाँ है?	Where's the closest hospital?
8745	निकटतम डाकघर कहाँ है?	Where's the nearest post office?
8746	पार्टी कहाँ आयोजित की जा रही है?	Where's the party being held?
8747	मैं जहाँ भी देखता हूँ, तुम ही दिखती हो।	Wherever I see, it's you.
8748	तुम जहां भी जाओगे, मैं साथ जाऊंगा।	Wherever you go, I will go with you.
8749	चाहे तुम रुको या न रुको, मैं रुकूंगा।	Whether you stay or not, I will.
8750	आपको आइसक्रीम का कौन सा फ्लेवर पसंद है?	Which all ice-cream flavors do you like?
8751	आप किस अध्याय पर हमारा परीक्षण करने जा रहे हैं?	Which chapter are you going to test us on?
8752	तुम किस शहर से हो?	Which city are you from?
8753	तुम किस शहर में हो?	Which city are you in?
8754	आपने किस डॉक्टर को दिखाया?	Which doctor did you see?
8755	आप कौन सी फ्लाइट से आए हैं?	Which flight did you come in?

8756	वह किस अस्पताल में है?	Which hospital is she in?
8757	कौन–सा बेहतर है?	Which one is better?
8758	कौन–सा मेरा है?	Which one is mine?
8759	यहां सबसे अच्छा होटल कौन सा है?	Which is the best hotel here?
8760	कौन–सी कार तुम्हारी है? लाल वाली या नीली वाली?	Which is your car, the red one or the blue one?
8761	आपका पसंदीदा कार्टून कौन सा है?	Which is your favorite cartoon?
8762	आपकी पसंदीदा सब्जी कौन सी है?	Which is your favorite vegetable?
8763	किस गलतफहमी में जी रहे हो तुम?	Which misconception are you living in?
8764	आपको कौन–सा चाहिए?	Which one do you want?
8765	कौन–सा एक सस्ता है?	Which one is cheaper?
8766	कौन सबसे अच्छा है?	Which one is the best?
8767	आप कौन–सी वाली खरीदना पसंद करेंगे?	Which one would you like to buy?
8768	तुमने कोन–सा परफ्यूम लगाया है ?	Which perfume are you wearing?
8769	मुझे कौन–सी सड़क अपनानी चाहिए?	Which road should I take?
8770	आपका घर किस तरफ है?	Which side is your house?
8771	कल का मैच कौन–सी टीम ने जीता?	Which team won yesterday's match?
8772	कौन–सा लेना है?	Which one to take?
8773	बाथम किस तरफ है?	Which way is the bathroom?
8774	जो भी आप चाहें।	Whichever you want.
8775	किताब पढ़ते–पढ़ते मैं सो गया।	While reading book, I fall asleep.
8776	आजकल एहसान कौन मानता है।	Who accepts the favour nowadays?
8777	आज कौन–कौन अनुपस्थित हैं?	Who all are absent today?

8778	तुम्हारे दोस्त कौन कौन से है?	Who all are your friends?
8779	तुम्हें किसने हराया?	Who all defeated you?
8780	कौन–कौन जाते हैं?	Who all go?
8781	हम किस–किस को आमंत्रित करें?	Who all shall we invite?
8782	तुम्हारे साथ कौन कौन थे?	Who all were with you?
8783	कौन–कौन मुझसे बात करना चाहेगा?	Who all would like to talk to me?
8784	मैं तुम्हारा क्या लगता हूँ?	Who am I to you?
8785	वे सभी लोग कौन हैं?	Who are all those people?
8786	कौन हो तुम और तुम्हे मेरा नंबर कैसे मिला?	Who are you and how did you get my number?
8787	किसे फ़ोन कर रहे हो?	Who are you calling?
8788	अब तुम्हे किसका इंतिज़ार है?	Who are you expecting now?
8789	तुम किसे ढूँढ रहे हो?	Who are you looking for?
8790	तुम किसको ढूँढ रहे हो?	Who are you searching for?
8791	तुम किसे घूर रहे हो?	Who are you staring at?
8792	तुम किसकी बात कर रहे हो?	Who are you talking about?
8793	किसको याद कर रही हो?	Who are you thinking about?
8794	तुम कौन होते हो मुझे समझाने वाले?	Who are you to make me understand?
8795	तुम मेरे कौन हो?	Who are you to me?
8796	तुम होते कौन हो मुझे आदेश देने वाले?	Who are you to order me?
8797	आप कौन होते हैं ऐसा कहने वाले?	Who are you to say so?
8798	आप किस का इंतजार कर रहे हैं?	Who are you waiting for?
8799	तुम कौन हो?	Who are you?
8800	आपसे किसने पूछा?	Who asked you?
8801	इसे किसने तोड़ा?	Who broke it?
8802	पहले कौन आया?	Who came first?

8803	होनी को कौन टाल सकता है।	Who can change the destiny?
8804	मुझे कौन बता सकता है कि आज कौन सा दिन है?	Who can tell me what day it is today?
8805	कौन बता सकता है कि आगे क्या होगा?	Who can tell what happens next?
8806	किसे पड़ी है/किसे चिंता है!	Who cares!
8807	इसकी परवाह कौन करता है?	Who cares about it?
8808	इतनी रात को कौन हो सकता है?	Who could be there so late?
8809	यह कौन हो सकता है।	Who could it be?
8810	रोगी को किसने अच्छा किया?	Who cured the patient?
8811	किसने नृत्य किया?	Who danced?
8812	यह किसने किया?	Who did it?
8813	आप किसके साथ लंच करते हैं?	Who do you lunch with?
8814	आपको क्या लगता है कौन जीतेगा?	Who do you think will win?
8815	तुम समझते क्या हो अपने आप को?	Who do you think you are?
8816	आपको किससे मिलना है?	Whom do you want to meet?
8817	आप किसके लिए काम करते हैं?	Who do you work for?
8818	कौन पसंद नहीं है?	Who does not like?
8819	यह कौन करता है?	Who does this?
8820	कौन क्या करता है?	Who does what?
8821	फिर किसे बुलाऊ?	Who else can I call?
8822	तुम्हारे साथ और कौन–कौन जा रहा है?	Who else is going with you?
8823	तुम्हारे साथ और कौन रहता है?	Who else lives with you?
8824	तुम्हारे साथ और कौन गया था?	Who else went with you?
8825	आपको मेरा नंबर किसने दिया?	Who gave you my number?
8826	तुम्हें यह टॉफी किसने दी?	Who gave you this candy?
8827	यह तुम्हें किसने दिया?	Who gave you this?

8828	पहले कौन जाता है?	Who goes first?
8829	कौन कहाँ जाता है?	Who goes where?
8830	ये बेवकूफो की तरह हॉर्न कौन बजा रहा है?	Who has been honking like idiots?
8831	मेरा मोबाइल किसके पास है?	Who has got my mobile?
8832	पैसा किसके पास है?	Who has money?
8833	कल किसने देखा है!	Who has seen tomorrow!
8834	उसे किसने भेजा है?	Who has sent him?
8835	कौन सोया है?	Who has slept?
8836	पैसे किसके पास है?	Who has the money?
8837	तुम्हारी मदद किसने की?	Who helped you?
8838	किसने किसको मारा?	Who hit whom?
8839	मैं तुम्हारा क्या लगता हूँ।	Who am I to you?
8840	तुम्हारे पीछे कौन है?	Who is behind you?
8841	तुम्हारे साथ कौन जा रहा है?	Who is going with you?
8842	वह आपके लिए कौन है?	Who is he to you?
8843	यहाँ का प्रभारी कौन है?	Who is in charge here?
8844	घर में कौन है?	Who is in the house?
8845	यह किसके लिए है?	Who is it for?
8846	कौन हँस रहा है?	Who is laughing?
8847	जो मेरा नहीं, वो किसी और का नहीं!	Which is not mine is not anyone else's!
8848	दूसरे से बड़ा कौन है?	Who is older than the other?
8849	गिटार कौन बजा रहा है?	Who is playing the guitar?
8850	वह किसके साथ जा रही है?	Who is she going with?
8851	वह कौन है?	Who is she?
8852	कौन बोल रहा है?	Who is speaking?
8853	कौन पढ़ा रहा है?	Who is teaching?

8854	वह आदमी कौन है?	Who is that fellow?
8855	कौन है वो?	Who is that?
8856	वहाँ कौन है?	Who is there?
8857	यह कौन है?	Who is this?
8858	यह गुंडा कौन है?	Who is this rogue?
8859	किसका दोष है?	Who is to blame?
8860	इसे मुझसे बेहतर कौन जानता है?	Who knows it better than me?
8861	नल किसने खुला छोड़ा?	Who left the tap open?
8862	उसे किसने धक्का दिया?	Who pushed him?
8863	मुझे धक्का किसने दिया?	Who pushed me?
8864	कौन कहता है तुम पागल हो?	Who says that you are mad?
8865	कौन कहता है तुम खूबसूरत नहीं हो?	Who says you are not beautiful?
8866	कक्षा में तुम्हारे साथ कौन बैठता है?	Who sits beside you in the class?
8867	तुम्हें यह किसने सिखाया?	Who taught you that?
8868	तुम होते कौन हो?	Who the hell are you?
8869	ये कचरा यहाँ किसने फेंका?	Who threw this trash here?
8870	आपको वह कहानी किसने सुनाई?	Who told you that story?
8871	तुम्हे किसने बताया ?	Who told you?
8872	मेरा मोबाइल किसने लिया?	Who took my mobile?
8873	वह कौन ले गया?	Who took that?
8874	उससे कौन मिलना चाहता है?	Who wants to meet him?
8875	मुझसे कौन मिलना चाहता है?	Who wants to meet me?
8876	तुम्हारे साथ वह लड़की कौन थी?	Who was the girl with you?
8877	कौन चिल्ला रहा था?	Who was yelling?
8878	आपके शिक्षक कौन थे?	Who was your teacher?
8879	वे किससे बात कर रहे थे?	Who were they talking to?
8880	आप इतनी देर तक किससे बात कर रहे थे?	Who were you talking to for so long?

8881	दिल्ली कौन जायगा?	Who will go to Delhi?
8882	कौन जाएगा?	Who will go?
8883	तुम्हारे घर की देखभाल कौन करेगा?	Who will look after your house?
8884	मुझसे कौन शादी करेगा?	Who will marry me?
8885	आज झाड़ू कौन लगाएगा?	Who will sweep today?
8886	आप किससे बात करना चाहते हो?	Who would you like to speak?
8887	यह कविता किसने लिखी है?	Who wrote this poem?
8888	जो औरत पर हाथ उठाता है वो नामर्द है।	Whoever hits a woman is impotent.
8889	जिसने भी उसे रोकने की कोशिश की वह मारा गया।	Whoever tried to stop her was killed.
8890	मैं भी किससे कह रहा हूँ!	Whom am I even telling!
8891	तुम किसके साथ जा रहे हो?	Whom are you going with?
8892	तुम किसकी बात कर रहे हो?	Whom are you talking about?
8893	तुम किससे बात कर रही हो?	Whom are you talking to?
8894	तुम किसका इंतजार कर रहे हो?	Whom are you waiting for?
8895	तुम किसके साथ हो?	Whom are you with?
8896	उसने किससे शादी की?	Whom did he marry?
8897	तुमने मेरी बैग किसको दिया?	Whom did you give my bag to?
8898	मैं किससे पूछूं?	Whom do I ask?
8899	मैं किसके लिए जीऊं?	Whom do I live for?
8900	तुम सबसे ज्यादा किस्से प्यार करती हो?	Whom do you love most?
8901	तुम किससे प्यार करते हो?	Whom do you love?
8902	आप किससे मिलना चाहते हैं?	Whom do you want to meet?
8903	और किसके साथ जाता तो फिर?	Who else could I go with then?
8904	और किससे कहता तो फिर?	Who else could I say then?
8905	उसे किसके साथ भेजा गया?	With whom was he sent?

8906	दरवाज़े पर कौन है?	Who's at the door?
8907	कौन बुला रहा है?	Who's calling?
8908	वहां पर वो आदमी कौन है?	Who's that man over there?
8909	यह पुस्तकें किस की हैं?	Whose books are these?
8910	वह किसकी कार चलाती है?	Whose car does she drive?
8911	यह गाड़ी किसकी है?	Whose car is this?
8912	ये किसका फैसला है?	Whose decision is this?
8913	ये किसकी योजना थी?	Whose idea was this?
8914	वह कौन जा रहा है?	Whose is going there?
8915	वो घर किसका है?	Whose is that house?
8916	यह किसका है?	Who owns it? Or Whose is this?
8917	यह किसका मोबाइल है?	Whose mobile is this?
8918	ये कलम किसका है?	Whose pen is this?
8919	तुम किसकी तरफ हो?	Whose side are you on?
8920	अब किसकी बारी है?	Whose turn is it now?
8921	अब किसको बुलाएँ?	Whom to call now?
8922	सारी बुरी चीजें मेरे साथ ही क्यों होती हैं?	Why all the bad things happen with me?
8923	मैं यह क्यों कर रहा हूँ?	Why am I doing this?
8924	मैं इतना भूलक्कड़ क्यों हूँ?	Why am I so oblivious?
8925	लोग ऐसे क्यों होते हैं?	Why are people like this?
8926	उल्लू की तरह क्यों घूर रहे हो?	Why are you staring like an owl?
8927	हमें बेवजह वहां क्यों भेजा जाता है?	Why are we unnecessarily sent there?
8928	तुम उसे गाली क्यों दे रहे हो?	Why are you abusing him?
8929	ज़्यादा होशियार क्यों बन रहे हो ?	Why are you acting over smart?
8930	आप आग में घी क्यों डाल रहे हैं?	Why are you adding fuel to the fire?

8931	जले पर नमक क्यों छिड़क रहे हो?	Why are you rubbing salt in the wound?
8932	तुम डरते क्यों हो?	Why are you afraid?
8933	तुम मेरे पीछे क्यों पड़े हो?	Why are you after me.
8934	तुम हमेशा चिल्लाते क्यों हो?	Why are you always shouting?
8935	तुम मुझसे गुस्सा क्यों हो?	Why are you angry with me?
8936	तुम गुस्सा क्यों हो?	Why are you angry?
8937	आप जवाब क्यों नहीं दे रहे हैं?	Why are you answering?
8938	बहस क्यों कर रहे हो ?	Why are you arguing?
8939	तुम मुझसे क्यों पूँछ रहे हो?	Why are you asking me?
8940	तुम ऐसा क्यों पूछ रहे हैं?	Why are you asking so?
8941	आप यह क्यों पूछ रहे हैं?	Why are you asking this?
8942	तुम क्यों पूँछ रहे हो?	Why are you asking?
8943	घुमा फिरा कर बात क्यों कर रहे हो?	Why are you beating around the bush?
8944	जानकर भी अनजान क्यों बन रहे हो?	Why have you become ignorant despite being aware?
8945	सबकुछ जानकर भी अनजान क्यों बन रहे हो?	Why have you become ignorant despite knowing everything?
8946	आप प–फोन खरीदने पर क्यों तुले हैं?	Why are you bent on buying I-phone?
8947	तुम मुझे दोष क्यों दे रहे हो?	Why are you blaming me?
8948	तुम मुझसे शरमा क्यों रहे हो?	Why are you blushing of me?
8949	तुम क्यों शर्मा रही हो?	Why are you blushing?
8950	परेशान क्यों कर रहे हो?	Why are you bothering me?
8951	तुम रवि को क्यों बुला रहे हो?	Why are you calling Ravi?
8952	तुम कमरे से बाहर क्यों आ रहे हो?	Why are you coming out of the room?
8953	तुम निराश क्यों हो?	Why are you disappointed?
8954	पागलपंती क्यों कर रहे हो?	Why are you doing crazy stuff?

8955	उसको इसमें क्यों घसीट रहे हो?	Why are you dragging him into it?
8956	मुझे इसमें क्यों घसीट रहे हो?	Why are you dragging me into it?
8957	इतरा क्यों रहे हो?	Why are you flaunting?
8958	तुम मुझ पर गुस्सा क्यों हो रहे हो?	Why are you getting angry on me?
8959	तुम्हें मिर्ची क्यों लग रही है ?	Why are you getting jealous?
8960	तुझे इतना गुस्सा क्यों आ रहा है?	Why are you getting so angry?
8961	झूठी तसल्ली क्यों दे रहे हो?	Why are you giving cold comfort?
8962	ज्यादा भाव क्यों दे रही हो उसे?	Why are you giving much importance to him?
8963	मेरे मना करने के बावजूद तुम वहाँ क्यों जा रहे हो?	Why are you going there despite my denial?
8964	मना करने के बाद भी तुम वहाँ क्यों जा रहे हो?	Why are you going there even after refusing?
8965	तुम क्यों बड़बड़ा रहे हो?	Why are you grumbling?
8966	तुम अपना चेहरा इस तरह क्यों पकड़े हुए हो?	Why are you holding your face like that'?
8967	तुम जल्दी मे क्यों हो?	Why are you in a hurry?
8968	तुम अपना ब्लड प्रेशर क्यों बढ़ा रहे हो?	Why are you increasing you blood prcssurc?
8969	तुम मुझसे क्यों जलते हो?	Why are you jealous of me?
8970	तुम क्यों मेरे साथ मजाक कर रहे हो?	Why are you joking/kidding with me?
8971	आज तुम देर से क्यों आये?	Why are you late today?
8972	तुम्हे देर क्यों हुई?	Why are you late?
8973	तुम लंगड़ाकर क्यों चल रहे हो?	Why are you limping?
8974	तुम उसे ऐसे क्यों देख रहे हो?	Why are you looking at her like this?

8975	तुम इतने उदास क्यों दिख रहे हो?	Why are you looking so sad?
8976	तुम क्यों लेटे हो?	Why are you lying down?
8977	झूठ क्यों बोल रहे हो ?	Why are you lying?
8978	उसका मजाक क्यो उड़ा रहे हो?	Why are you making fun of him?
8979	तुम जल्दबाजी क्यों कर रहे हो?	Why are you in a hurry?
8980	तुम जाने की जल्दी क्यों कर रहे हो?	Why are you making haste to go?
8981	तुम उसे बहका क्यों रहे हो?	Why are you misleading/ misguiding him?
8982	तुम इतनी किच–किच क्यों कर रही हो?	Why are you quarreling so much?
8983	तुम क्यों बेकार में परेशान हो रहे हो?	Why are you needlessly tensed?
8984	तुम घबराए हुए क्यों हो?	Why are you nervous?
8985	तुम हमारे साथ क्यों नहीं आ रहे हैं?	Why are you not coming with us?
8986	तुम खाना क्यों नहीं खा रहे हो?	Why are you not eating?
8987	तुम हांफ क्यों रहे हो?	Why are you panting?
8988	तुम उदास क्यों हो?	Why are you sad?
8989	तुम बेवजह क्यों चिल्ला रहे हो?	Why are you shouting for no reason?
8990	तुम चुप क्यों हो?	Why are you silent?
8991	चुपचाप क्यों बैठे हो?	Why are you sitting quietly?
8992	तुम ऐसे क्यों मुस्कुरा रहे हो?	Why are you smiling like that?
8993	तुम क्यों छींक रहे हो?	Why are you sneezing?
8994	तुम इतने दुखी क्यों हो?	Why are you so gloomy?
8995	तुम इतने गैरजिम्मेदार क्यों हो?	Why are you so irresponsible?
8996	आज तुम इतनी देर से क्यों आये?	Why are you so late today?
8997	तुम इतने कन्जूस क्यों हो?	Why are you so miser?
8998	तुम इतने घबराये हुए क्यों हो?	Why are you so nervous?

8999	तुम इतने चिढ़े हुए क्यों हो?	Why are you so peeved?
9000	तुम इतने चिड़चिड़े क्यों हो?	Why are you so short tempered?
9001	तुम इतने बेचैन क्यों हो?	Why are you so restless?
9002	तुम ऐसे क्यों हो?	Why are you like this?
9003	तुम धूप में क्यों खड़े हो?	Why are you standing in the sunshine?
9004	तुम खड़े क्यों हो?	Why are you standing?
9005	तुम मुझे इस तरह से क्यों घूर रहे हो?	Why are you staring at me like this?
9006	तुम्हें इतना पसीना क्यों आ रहा है?	Why are you sweating so much?
9007	तुम मेरे लिए परेशानी क्यों मोल ले रहे हो?	Why are you taking trouble for me?
9008	उल्टा क्यों बोल रहे हो?	Why are you talking back?
9009	लड़की की आवाज में क्यों बात कर रहा है?	Why are you speaking in a girl's voice?
9010	तुम बकवास क्यों कर रहे हो?	Why are you talking nonsense?
9011	तुग नखरें क्यों दिखा/कर रहे हो?	Why are you throwing tantrums?
9012	तुम खामखा ज़िद्द क्यों कर रहे हो?	Why are you unnecessarily insisting?
9013	तुम उदास क्यूँ हो?	Why are you upset?
9014	तुम रवामरवा अपना दिमाग क्यों चला रहे हो?	Why are you using your brain unnecessarily?
9015	तुम उल्टा क्यों चल रहे हो?	Why are you walking backwards?
9016	तुम क्यों चिंतित हो?	Why are you worried?
9017	आप उसके बारे में क्यों चिंतित हैं?	Why are you worried about him?
9018	तुम नाक क्यों सिकोड़ रहे हो?	Why are you wrinkling your nose?
9019	तुम्हारे हाथ इतने क्यों कांप रहे हैं?	Why are your hands trembling so much?
9020	तुम क्लास में क्यों नहीं हो?	Why are you not in the class?

9021	तुम बाहर क्यों नहीं जा रहे हो?	Why are you not going out?
9022	तुम अभी तक तैयार क्यों नहीं हुए?	Why are you not ready yet?
9023	मेरी वजह से क्यों?	Why because of me?
9024	शुभ काम में देरी क्यों?	Why to delay something auspicious?
9025	तुमने झूठ क्यों बोला?	Why did you lie?
9026	दिव्या मैडम आज कॉलेज क्यों नहीं आईं?	Why did Divya ma'am not come to college today?
9027	उसने आत्महत्या क्यों की?	Why did he commit suicide?
9028	उसे क्यों बुरा लगा?	Why did he feel bad?
9029	वह वहां क्यों गया?	Why did he go there?
9030	उसने तुम्हें थप्पड़ क्यों मारा?	Why did he slap you?
9031	तुमने मुझे फोन क्यों नहीं किया?	Why did you not call me?
9032	तुमने मुझे पहले क्यों नहीं बताया?	Why did you not tell me earlier?
9033	तुम मुझे आज तक क्यों नहीं बताया?	Why did you not tell till today?
9034	तुमने मुझे जगह क्यों नहीं?	Why did you not wake me up
9035	तुमने इसे वैसे क्यों नहीं पहना?	Why did you not wear it like that ?
9036	वह घर क्यों गई?	Why did she go home?
9037	पुलिस घर पे क्यों आयी थी?	Why did the cops come home?
9038	तुम मुझे यहाँ क्यों लाये?	Why did you bring me here?
9039	तुम मुझे क्यों फोन किया था?	Why did you call me?
9040	तुम इतनी जल्दी वापस क्यों आ गये?	Why did you come back soon?
9041	तुमने ऐसा काम क्यों किया?	Why did you do such a thing?
9042	तुमने उसके साथ ऐसा क्यों किया?	Why did you do this to him?
9043	तुम्हें क्यों बुरा लगा?	Why did you feel bad ?
9044	तुम अपने वादे से क्यों मुकर गए?	Why did you go back on your words?
9045	तुम वह क्यों गए?	Why did you go there?

9046	आप कल रात इतनी जल्दी क्यों सो गए?	Why did you go to bed so early last night?
9047	तुमने टांग क्यों अढ़ाई?	Why did you interfere?
9048	तुमने उसे जाने क्यों दिया?	Why did you let her go?
9049	तुमने उसे अन्दर क्यों आने दिया?	Why did you let him in?
9050	तुमने कभी भी मुझे कॉल क्यों नहीं किया?	Why did you never call me?
9051	तुमने मुझे फोन क्यों नहीं किया?	Why did you not call me?
9052	तुमने मुझे जगाया क्यों नहीं?	Why did you not wake me up?
9053	आपने यह प्रश्न यहाँ क्यों उठाया?	Why did you raise this question here?
9054	तुमने मना क्यों किया?	Why did you refuse?
9055	तुमने ऐसा क्यों कहा?	Why did you say so?
9056	तुमने ये क्यों कहा?	Why did you say that?
9057	क्यों खुद को कष्ट दिया?	Why did you trouble yourself?
9058	तुमने उससे माफी क्यों नहीं मांगी?	Why didn't you apologize to her?
9059	तुम कल क्यों नही आये?	Why did you not come yesterday?
9060	आप बस में क्यों नहीं चढ़े?	Why you not get on the bus?
9061	जब तुमने मुझे देखा तो बात करना बंद क्यों नहीं किया?	Why did you not stop talking when you saw me?
9062	तुमने मुझे क्यों नहीं बताया?	Why did you not tell me?
9063	मैं तुम्हारी बात क्यों मानूँ?	Why do I obey you?
9064	मैं तुम्हें क्यों बताऊँ?	Why do I tell you?
9065	तुम हमेशा अमित का बचाव क्यों करते हो?	Why do you always defend Amit?
9066	तुम छोटी–छोटी बातों पर बहस क्यों करते हो?	Why do you argue over small things?
9067	तुम क्यों पूछ रहे हो?	Why do you ask?

9068	तुम इतना क्यों शरमाते हो?	Why do you blush so much?
9069	आपको इसकी परवाह क्यों है कि किसी की उम्र क्या है?	Why do you care what someone's age is?
9070	तुम ज्यादा बक–बक क्यों करते हो?	Why do you chatter a lot?
9071	आप मेरी बात क्यों काटते हैं?	Why do you contradict me?
9072	तुम उसके चक्कर में पड़ते ही क्यों हो?	Why do you even depend/rely on him?
9073	तुम्हें ऐसा क्यों लगता है?	Why do you feel so?
9074	अब तुम्हें खेद क्यों हो रहा है?	Why do you feel sorry now?
9075	तुम बेवजह क्यों गुस्सा हो जाते हो?	Why do you get angry for no reason?
9076	तुम बात–बात पर गुस्सा क्यों हो जाते हो?	Why do you get angry on every single matter?
9077	तुम छोटी–छोटी बातों पर गुस्सा क्यों हो जाते हो?	Why do you get angry over small things?
9078	तुम उसकी बातों में क्यों आ जाते हो?	Why do you get into his/her words?
9079	तुम मुझे क्यों ताना मारते रहते हो?	Why do you keep taunting me?
9080	तुम जल्दबाजी क्यों करते हो?	Why do you make haste?
9081	इतने पैसे क्यों चाहिए तुम्हे?	Why do you need so much money?
9082	तुम हर बात को हँस कर क्यों टाल देते हो?	Why do you put off everything by laughing?
9083	तुम बेवजह क्यों चिल्लाते हो?	Why do you scream for no reason?
9084	तुम हर बात को मज़ाक में क्यों ले लेते हो?	Why do you take everything as a joke?
9085	आप इतना समय क्यों लेते हैं?	Why do you take so long?
9086	तुम्हे ऐसा क्यूँ लगता है?	Why do you think so?
9087	तुम इतना क्यों सोंचते हो?	Why do you think so much?

9088	तुम क्यों सोचते हो की मैं ऐसा कुछ करूँगा?	Why do you think that I would do such things?
9089	तुम इतना टीवी क्यों देखते हो?	Why do you watch TV so much?
9090	वह मुझे क्यों मारना चाहता है?	Why does he want to kill me?
9091	ऐसा मेरे साथ ही क्यों होता है?	Why does it happen only with me?
9092	हम बाहर क्यों नहीं जाते?	Why don't we go out?
9093	आप हमसे मिलने क्यों नहीं आते?	Why don't you come visit us?
9094	तुम खुद क्यों नहीं पता लगा लेते?	Why don't you find out yourself?
9095	तेरी समझ में क्यों नहीं आ रहा?	Why don't you get It?
9096	तुम उसे सच क्यों नहीं बता देते?	Why don't you just tell him truth?
9097	आप उन्हें वहां क्यों नहीं रखते?	Why don't you keep them there?
9098	तुम लोग बारी बारी से कोशिश क्यूँ नहीं करते?	Why don't you people take turns in trying?
9099	तुम चुपचाप क्यों नहीं बैठते?	Why don't you sit quietly?
9100	आप सबके साथ एक जैसा व्यवहार क्यों नहीं करते?	Why don't you treat one and all alike?
9101	तुम मुझे क्यों नहीं समझते?	Why don't you understand me?
9102	आप समझते क्यों नहीं?	Why don't you understand?
9103	तुम जाते क्यों नहीं ?	Why don't you leave?
9104	तुम सुनते क्यों नहीं हो?	Why don't you listen?
9105	तुम मेरी बात क्यों नहीं मानते?	Why don't you listen to me?
9106	वह अभी तक आया क्यों नहीं?	Why has he not returned yet?
9107	तुम यहाँ क्यों आए हो?	Why have you come here?
9108	तुमने ऐसा क्यों किया है?	Why have you done so?
9109	खाना क्यों नहीं खत्म किया अभी तक?	Why have you not finished your food yet?
9110	तुमने उसे अभी तक क्यों नहीं बताया?	Why have you not told him yet?

9111	आपके बाल गीले क्यों हैं?	Why is your hair wet?
9112	दोपहर के भोजन तक क्यों नहीं रुकते?	Why don't you stay till lunch?
9113	मुझे उसे क्यों रोकना चाहिए?	Why should I stop him?
9114	मैं क्यूँ ना करूँ?	Why shouldn't I?
9115	इतनी जल्दी क्यों?	Why so early?
9116	अब मुझसे कैसी नाराज़गी?	Why is there resentment with me?
9117	ये रोहन अभी तक क्यों नहीं आया?	Why has this Rohan not arrived yet?
9118	मुझे दुर्घटना के बारे में क्यों नहीं बताया गया?	Why was I not told about the accident?
9119	तुम फ़ोन क्यों नहीं उठा रहे थे?	Why were you not picking up the phone?
9120	तुम मेरी कॉल क्यों नहीं उठा रहे थे?	Why were you not taking my calls?
9121	अब कोई क्यों आएगा?	Why will anyone come now?
9122	मुझे क्यों बुरा लगेगा?	Why will I feel bad?
9123	मुझे क्यों मिर्ची लगेगी?	Why will I get jealous?
9124	वहाँ क्या करने जाओगे?	Why will you go there?
9125	यह क्यों नहीं चलेगा?	Why will it not do?
9126	तुम उसे रखने के लिए इतने बेताब क्यों हो?	Why are you so desperate for keeping it?
9127	क्यों क्या हुआ?	Why, what happened?
9128	इसमें इतना समय क्यों लग रहा है?	Why is it taking so long?
9129	क्या वह कभी सुधारेगा?	Will he ever mend his ways?
9130	क्या वह ठीक हो जायेगा?	Will he get well?
9131	क्या मुझे उत्तर मिलेगा?	Will I get the answer?
9132	क्या ये मुझे खुद करना पड़ेगा?	Will I have to do this myself?

9133	अगर मैं रविवार को आपके पैसे चुका दूं तो क्या ऐसा होगा?	Will it do if I repay your money on Sunday?
9134	क्या इसमें बहुत लंबा समय लगेगा?	Will it take very long?
9135	मैं सीख लूंगा।	I'll learn.
9136	क्या मेरे सपने सच होंगे?	Will my dreams come true?
9137	क्या राजू वहां बैठेगा?	Will Raju sit there?
9138	क्या रोहन वहाँ होगा?	Will Rohan be there?
9139	क्या वह मेरा शादी का प्रस्ताव स्वीकार करेगी?	Will she accept my marriage?
9140	क्या ये जुगाड़ काम करेगा?	Will this makeshift work?
9141	क्या आप तैयार होंगे?	Will you be ready?
9142	क्या आप वहाँ होगें?	Will you be there?
9143	क्या तुम मेरा सूटकेस ले जाओगे?	Will you carry my suitcase?
9144	क्या तुम मेरे साथ आओगे?	Will you come along with me?
9145	क्या तुम साथ आओगे?	Will you come along?
9146	क्या तुम अंदर आओगे?	Will you come in?
9147	चया तुम कल मेरे साथ बाजार चलोगे?	Will you come to the market with me tomorrow?
9148	क्या आप आज रात पार्टी में आएंगे?	Will you come to the party tonight?
9149	क्या आप मेरे साथ नाचोगे?	Will you dance with me?
9150	क्या आप मुझ पर एक एहसान करोगे?	Will you do me a favour?
9151	एक काम करोगे?	Will you do one thing?
9152	क्या आप कभी समय पर पहुंचेंगे?	Will you ever be on time?
9153	क्या आप मुझे क्षमा करेंगे?	Will you excuse me?
9154	तुम पैदल चलोगी या रिक्शा से?	Will you go by rickshaw or on foot?
9155	क्या आप आज जाओगे?	Will you go today?

9156	क्या आप मेरा मार्गदर्शन करेंगे?	Will you guide me?
9157	क्या आप एक प्याली चाय पियेंगे?	Will you have a cup of tea?
9158	क्या आप थोडा खिसकेंगे?	Will you move a bit?
9159	क्या तुम कल से नहीं आओगे?	Will you not come from tomorrow?
9160	क्या तुम मेरे घर नहीं चलोगे?	Will you not come to my house?
9161	क्या तुम अपनी किस्मत नहीं आजमाओगे?	Will you not try your fortune?
9162	क्या तुम मुझे याद दिलाओगे?	Will you remind me?
9163	क्या तुम शादी के लिए एक ड्रेस चुनोगे?	Will you select a dress for the marriage?
9164	क्या तुम चुप रहोगे?	Will you shut up?
9165	क्या तुम मेरे साथ 2 मिनट बैठोगे?	Will you sit with me for 2 minutes?
9166	क्या आप धीरे बोलेंगे?	Will you speak slowly.
9167	क्या तुम मुझे पार्टी में साथ ले जाओगे?	Will you take me along to the party?
9168	क्या तुम मुझे घर ले जाओगे?	Will you take me home?
9169	क्या अब आप दोनों झगड़ना बंद कर देंगे?	Will both of you stop quarrelling now?
9170	क्या तुम मुझे जगाओगे?	Will you wake me up?
9171	क्या तुम ढंग से काम करोगे या नहीं?	Will you work in a proper manner or not?
9172	कृपया, खिड़की नीचे कर दीजिए।	Wind the window down, please.
9173	कृपया, खिड़की ऊपर कर दीजिए।	Roll up the window, please.
9174	जल्दी से खत्म करो।	Wind up quickly.
9175	सर्दी आ रही है।	Winter has kicked in.
9176	सर्दियाँ आने वाली हैं।	Winter is around the corner
9177	स्लेट को साफ करें और सब कुछ फिर से शु करें।	Wipe the slate clean and start all over again.

9178	अपनी ठुड्डी से थूक पोंछो।	Wipe the spit off your chin.
9179	अपने हाथों को तौलिए से पोंछ लें।	Wipe your hands with the towel.
9180	अपने हाथ पोंछो।	Wipe your hands.
9181	अपने आँसू पूछ लो।	Wipe your tears.
9182	मुझे शुभकामनाएँ दें।	Wish me luck.
9183	तुम किसके साथ रहते हैं?	With whom do you live?
9184	तुम किसके साथ आये हो?	With whom have you come?
9185	आप वहां किसके साथ थे?	With whom were you there?
9186	बिना समय बर्बाद किये।	Without wasting time.
9187	औरतों का अंदर जाना मना है।	Women are not allowed to go inside.
9188	तुम्हारे पैसो में से यह नहीं काटूंगा क्या?	Will I not take it out of your money?
9189	क्या तुम फ्रेश नहीं होओगे?	Will you not get freshen up?
9190	क्या तुम नहीं जाओगे?	Will you not go?
9191	क्या तुम शादी में नहीं रुकोगे?	Will you not stay for the wedding?
9192	काम तो एक बहाना है।	Work is just an excuse.
9193	दिल लगाकर काम करो।	Work whole heartedly.
9194	क्या कोई चाय लेना पसंद करेगा?	Would anyone like to have tea?
9195	क्या यह संभव होगा?	Would it be possible?
9196	क्या वे हमसे सहमत होंगे?	Would they agree with us?
9197	क्या आप मेरा एक काम कर दोगे?	Would you do me a favour?
9198	क्या आप कृपया मुझे कश्मीरी गेट छोड़ देंगे?	Would you drop me at Kashmiri Gate, please?
9199	कृपया क्या आप मुझे रसीद देंगे?	Would you give me the receipt, please?
9200	तुम एक कप कॉफी लेना पसंद करोगे?	Would you like a cup of coffee?

9201	क्या आप कुछ कैक चाहेंगे?	Would you like some cake?
9202	क्या आप अधिक लेना चाहेंगे?	Would you like some more?
9203	आप कुछ पानी चाहते हैं?	Would you like some water?
9204	क्या तुम्हे खाने में कुछ चाहिए?	Would you like something to eat?
9205	आप चाय लेना पसंद करेंगे या कॉफी?	Would you like tea or coffee?
9206	क्या आप धूम्रपान करना चाहेंगे?	Would you like to smoke?
9207	क्या आप कृपया मेरी मदद करेंगे?	Would you please lend me a hand?
9208	क्या आप थोड़ा धीरे बोलेंगे?	Would you please speak slowly?
9209	क्या आप जरा खड़े हो जाएंगे?	Would you please stand up?
9210	बहुत खूब! कितनी बढ़िया बात है!	Wow! What a great thing!
9211	इसे उपहार की तरह लपेटें।	Wrap it like a present.
9212	इसे अलग से लपेटें।	Wrap it separately.
9213	अपनी उँगलियाँ हिलाओ।	Wriggle your fingers.
9214	पहले इसे मरोड़ दो।	Wring it out first.
9215	तौलिये को निचोड़ें।	Wring out the towel.
9216	तौलिए को सूखने डाल दो।	Dry out the towel.
9217	जैसा मैं कहता हूँ वैसा लिखो।	Write as I say.
9218	लिख लो।	Write down.
9219	तेजी से लिखें।	Write fast.
9220	संक्षेप में लिखो।	Write in brief.
9221	इसे लिख लो॰	Write it down.
9222	ध्यान से लिखें।	Write carefully.
9223	साफ–साफ लिखो।	Write legibly.
9224	हर दूसरी पंक्ति पर लिखें।	Write on every other line.
9225	लाइन पर लिखें।	Write on the line.

9226	धीरे–धीरे लिखें।	Write slowly.
9227	पेन से नहीं पेंसिल से लिखें।	Write with a pencil not with a pen.
9228	कलम से लिखो।	Write with pen.
9229	हाँ, यह एक बात हो सकती है।	Yeah, that could be a thing.
9230	हाँ, थोड़ी सी।	Yes, a little.
9231	हाँ, मैं हूँ।	Yes, I am.
9232	हाँ, कृपया करो।	Yes, please do.
9233	हां, मैं आपको सुन सकता हूँ।	Yes, I can hear you.
9234	हां, मुझे यह मिल गया है।	Yes, I have found it.
9235	हाँ, हर तरह से।	Yes, By all means.
9236	हाँ, कुछ बार।	Yes, few times.
9237	हाँ, चार बार।	Yes, four time.
9238	हाँ, उसने किया।	Yes, he did.
9239	हाँ, मैं सहमत हूँ।	Yes, I agree.
9240	हाँ, रास्ते में सुरेश मिला था।	Yes, I bumped into Suresh on the way home.
9241	हाँ, मैं तुम्हे सुन सकता हूँ।	Yes, I can hear you.
9242	हां, मेरे पास सिगरेट थी।	Yes, I had a cigarette.
9243	हाँ, मैं कई बार गया हूँ।	Yes, I have been there many times.
9244	हाँ, मुझे पता है।	Yes, I know.
9245	हाँ, बहुत देर हो चुकी है।	Yes, it's very late.
9246	हां, मैंने इसे पूरा कर लिया है।	Yes, I've finished it.
9247	हाँ, मैंने इसे तीन बार पढ़ा है।	Yes, I've read it thrice.
9248	हाँ, बहुत बार।	Yes, many times.
9249	हाँ, सच में गुस्सा है।	Yes, really angry.
9250	हां, हमने किया है।	Yes, we have done.
9251	हाँ, क्यों नहीं!	Yes, why not!

9252	कल मेरी टीचर ने मेरी तारीफ़ की।	Yesterday my teacher praised me.
9253	आपने हमारे लिए इतना कुछ किया।	You have done such a big favour to us.
9254	तुम तो बड़ी अच्छी ऐक्टिंग कर लेते हो।	You act really well.
9255	तुम सभी मुझे ब्लैकमेल करने की कोशिश कर रहे हैं।	You all are trying to blackmail me.
9256	तुमने तो मुझे डरा ही दिया था।	You almost startled me.
9257	तुम हमेशा मेरे साथ बहस करते हो।	You always argue with me.
9258	तुम हमेशा घुमा फिरा कर बात करते हो।	You always beat around the bush.
9259	तुम हमेशा मुझे परेशान करते हो।	You always bother me.
9260	तुम हमेशा मुसीबत खड़ी करते हो।	You always cause trouble.
9261	तुम हमेशा खुरापाती काम करते हो।	You always do mischievous work.
9262	तुम हमेशा इतराते हो।	You always flaunt.
9263	तुम हमेशा झूठी तसल्ली देते हो।	You always give false comfort.
9264	तुम हमेशा बहकाते रहते हो।	You always keep misleading/ misguiding.
9265	तुम हमेशा मेरा मजाक उड़ाते हो।	You always make fun of me.
9266	आप हमेशा एक ही गलती करते हैं।	You always make the same mistake.
9267	आप मुझे हमेशा डांटते हो।	You always scold me.
9268	तुम हमेशा उल्टा बोलते हो।	You always talk back.
9269	तुम हमेशा नखरें करती/दिखाती हो।	You always throw tantrums.
9270	तुम हमेशा मुझे अनसुना कर देते हो।	You always tune me out.
9271	आप और मैं हमेशा दोस्त रहेंगे।	You and I will be friends forever.
9272	तुम जोकर लग रहे हो।	You appear to be a joker.
9273	तुम पैदाइशी झूठे हो।	You are a born liar.

9274	तुम ढोंगी हो।	You are a hypocrite.
9275	तुम झूठे हो।	You are a liar.
9276	तुम हरामखोर हो।	You are a rascal.
9277	तुम चुगलखोर हो	You are a gossip monker.
9278	तुम उसकी हाँ में हाँ मिलाते हो।	You are a such a yes man.
9279	आप बहुत समझदार बच्चे हो।	You are a very smart kid.
9280	तुम्हे धूम्रपान की लत है।	You are addicted to smoking.
9281	तुम्हें बस मैं हीं मिलता हूँ।	You are always after me.
9282	तुम जब देखो कुछ न कुछ उल्टे काम करते रहते हो।	you are always up to some mischief.
9283	तुम एक बत्तमीज़ लड़के हो।	You are an insolent boy.
9284	झूठा कहीं का।	You are an utter lier.
9285	तुम फालतू में गुस्सा कर रहे हो।	You are angry for nothing.
9286	तुम अपने भाई से नाराज़ हो, है ना?	You are angry with your brother, aren't you?
9287	तुम बदल गए हो।	You have changed.
9288	तुम्हें कितनी फ़िक्र है मेरी!	You are concerned about me.
9289	तुम मेरी नकल कर रहे हो।	You are copying me.
9290	तुम कायर हो।	You are coward.
9291	तुम अपनी हद पार कर रहे हो।	You are crossing your limit.
9292	तुम दिन में सपने देख रहे हो।	You are daydreaming.
9293	तुम बेवजह मुझपर शक कर रही हो।	You are doubting me unnecessarily.
9294	तुम शराबी हो।	You are a drunkard.
9295	तुम उससे भी गएगुजरे हो।	You are even worse than he is.
9296	तुम मेरे लिए सबकुछ हो।	You are everything for me.
9297	तुम उस्ताद हो।	You are an expert.
9298	तुम खामखा लड़ रहे हो?	You are fighting for no reason?

9299	बहुत इतरा रहे हो तुम।	You are flaunting too much.
9300	तुम्हें मिठाई खाने से मना किया गया हैं।	You are forbidden to eat sweets.
9301	आप भाग्यशाली हैं।	You are fortunate.
9302	तुम दिन प्रतिदिन लंबे होते जा रहे हो।	You are getting taller day by day.
9303	तुम बेवजह परेशान हो रहे हो।	You are getting upset unnecessarily.
9304	झूठी तसल्ली तो नहीं दे रहे हो ना।	You are giving false comfort, aren't you?
9305	आप हमें मुसीबत में डालने वाले हैं।	You are going to get us in trouble.
9306	तुम बहुत खूबसूरत हो।	You are gorgeous.
9307	तुम्हारा बाहर निकलना बंद।	You are grounded.
9308	तुम जल्दबाजी कर रहे हो?	You are hurrying?
9309	तुम बहुत बत्तमीज़ हो।	You are ill mannered.
9310	तुम वाकई बहुत चालक हो।	You are indeed very clever.
9311	तुम मनहूस हो।	You are jinxed.
9312	आप मजाक कर रहे हैं।	You are joking.
9313	तुम तो कहीं और ही ख्याल में खोए हुए हो	You are just zoned out.
9314	आप फिर से देर से आए है।	You are late again.
9315	आप एक घण्टा लेट हो गए हैं।	You are late by an hour.
9316	तुम आधा घंटा लेट हो।	You are late by half an hour.
9317	तुम मुझ पर हँस रहे हो।	You are laughing at me.
9318	आपकी तलाशी ली जा सकती है।	You are liable to be searched.
9319	तुम पार्टी की जान हो।	You are the life and soul of the party.
9320	तुम गलतफहमी में जी रहे हो।	You are living in misconception.

9321	तुम आज कुछ निराश लग रहे हो।	You are looking a bit upset today.
9322	तुम खोए हुई दिख रही हो।	You look lost.
9323	आप भाग्यशाली हैं।	You are lucky.
9324	तुम गलती कर रहे हैं।	You are making a mistake.
9325	तुम मुझे दुखी कर रहे हो।	You are making me sad.
9326	तुम एक के बाद एक गलतियाँ कर रहे हो।	You are making mistakes one after another.
9327	तुम मेरा मानसिक उत्पीड़न कर रहे हो।	You are mentally harassing me.
9328	तुम मेरे हो।	You are mine.
9329	आप उसे मध्यमार्गी बना रहे हैं।	You are misguiding him.
9330	तुम बहुत ज्यादा नाजुक हो।	You are much too delicate.
9331	आप मेरी उम्र के हो।	You are my age.
9332	तुम मेरे पक्के दोस्त हो।	You are my best friend.
9333	तुम मेरे करीबी दोस्त हो।	You are my bosom friend.
9334	तुम मेरा पहला और एकमात्र प्यार हो।	You are my first and only love.
9335	तुम मेरी आखिरी उम्मीद हो।	You are my last hope.
9336	तुम मेरी ज़िंदगी हो।	You are my life.
9337	तुम मेरे हमनाम हो।	You are my namesake.
9338	तुम मेरा सच्चा प्यार हो।	You are my platonic love.
9339	तुम पहले जैसे नहीं रहे।	You are no longer as before.
9340	तुम इतनी सीधी नहीं हो जितनी लगती हो।	You are not so innocent as you look.
9341	तुम मुझ पर कोई एहसान नहीं कर रहे हो।	You are not doing any favour on me.
9342	आप घर पर नहीं हैं।	You are not home.
9343	ऐसा करने के लिए तुम्हारी उम्र अभी नहीं है।	You are not old enough to do this.

9344	तुम्हारा कोई भरोसा नहीं।	You are not reliable.
9345	तुम अपनी बात के पक्के नहीं हो।	You are not true to your word.
9346	आप भरोसेमंद नहीं हैं।	You are not trustworthy.
9347	तुमने स्वेटर नहीं पहना है।	You are not wearing a sweater.
9348	तुम किसी काम के नहीं हो।	You are not worth a penny.
9349	तुम सिर्फ और सिर्फ एक धोकेबाज़ हो।	You are nothing but a cheater.
9350	अब आप बाहर हैं।	You are out now.
9351	तुम यह मुंहफट हो।	You are outspoken.
9352	आप झगड़ालू हैं।	You are quarrelsome.
9353	त्रुम अपने बारे मैं बिलकुल लापरवाह हो।	You are quite careless about yourself.
9354	तुम सच में एक मेहनती इंसान हो।	You are really a diligent person.
9355	तुम सच में मूर्ख हो।	You are really a fool.
9356	आप एक कंकाल में तब्दील हो गए हैं।	You are reduced to a skeleton.
9357	सारी परेशनी की जड़ तुम्ह ही हो।	You are responsible for all problems.
9358	उसके ज़िम्मेदार तुम हो।	You are responsible for that.
9359	आप अखबार पर बैठे हैं।	You are sitting on a newspaper.
9360	तुम उससे ज्यादा होशियार हो।	You are smarter than him.
9361	तुम बहुत घमंडी हो।	You are so arrogant.
9362	तुम बहुत सुस्त हो!	You are so dull!
9363	आप बहुत जल्दी में हैं।	You are so early.
9364	तुम बहुत भाग्यशाली हो।	You are so fortunate.
9365	तुम कितने बेरहम हो।	You are so heartless.
9366	आप तो बिलकुल भोले हैं।	You are so innocent.
9367	तुम बहुत आलसी हो।	You are so lazy.

9368	आप बहुत भाग्यशाली हैं।	You are so lucky.
9369	आप कितने अच्छे हैं।	You are so nice to me.
9370	तुम कितने अच्छे हो?	You are so nice.
9371	तुम बहुत प्यारी हो।	You are so pretty.
9372	तुम बहुत स्वार्थी हो।	You are so selfish.
9373	आप बहुत प्यारे हैं।	You are so sweet.
9374	आप काफी हद तक सही कह रहे हैं।	You are speaking right to a great extent.
9375	आप अब भी ईमानदार हैं।	You are still honest.
9376	तुम जिद्दी हो।	You are stubborn.
9377	तुम बहुत अच्छे इंसान हो।	You are such a nice person.
9378	आप मुझे गलत समझ रहे हैं।	You are taking me wrong.
9379	आप बहुत अधिक समय ले रहे हैं।	You are taking too long.
9380	ये सब तुम हमें अब बता रहे हो।	You are telling us all this now.
9381	तुम मेरी आंख का तारा हो।	You are the apple of my eye.
9382	आप सबसे अच्छे हैं।	You are the best.
9383	तुम मेरे लिए बने हो।	You are the one for me.
9384	मेरे दिमाग में केवल आप ही हैं।	You are the only one on my mind.
9385	तुग डरपोक हो।	You are timid/coward.
9386	तुम मेरे दायीं ओर हो।	You are to the right of me.
9387	तुम बहुत भोले हो।	You are too innocent.
9388	तुम तो अति करते हो।	You are too much.
9389	आप बेवजह यहाँ बैठे हैं।	You are unnecessarily sitting here.
9390	तुम तो बिल्कुल गधे हो।	You are an utter donkey.
9391	तुम तो बिल्कुल झूठे हो।	You are an utter liar.
9392	तुम तो बिल्कुल पागल हो।	You are utterly mad.
9393	तुम तो बिल्कुल बेवकूफ हो।	You are utterly stupid/silly.

9394	आप बहुत गन्दे हो।	You are very bad.
9395	तुम मेरे बहुत करीबी हो।	You are very close to me.
9396	तुम बहुत मजाकिया हो।	You are very funny.
9397	आप बहुत अच्छे हो।	You are very good.
9398	तुम बड़े पत्थर दिल इंसान हो।	You are a very cold-hearted person.
9399	तुम बड़े खुरापाती इंसान हो।	You are very mischievous person.
9400	तुम बहुत झगरालू हो।	You are very quarrelsome.
9401	तुम तो बड़े ही लीचड़ आदमी हो।	You are very sluggish.
9402	आप बहुत समझदार बच्चे हो।	You are very smart kids.
9403	आप बहुत बातूनी हैं।	You are very talkative.
9404	आप मेरा समय बर्बाद कर रहे हैं।	You are wasting my time.
9405	तुमने शर्ट उलटी पहनी हुई है।	You are wearing the shirt inside out.
9406	आपका स्वागत है।	You are welcome.
9407	तुम बिना बात के परेशान हो रहे हो।	You are worrying unnecessarily.
9408	तुम बहुत बेकार हो।	You are worthless.
9409	तुम गलत हो।	You are wrong.
9410	तुम बहुत बहस करते हो।	You argue a lot.
9411	तुम बहुत ज्यादा सवाल पूछते हो।	you ask too many questions.
9412	तुम मोटे हो गए हो।	You became fat.
9413	तुम रोने लगते हो।	You begin to weep.
9414	तुमने मुझे धोखा दिया।	You betrayed/cheated on me.
9415	तुम कान खोल कर सुन लो।	You better listen with open ears.
9416	तुम शरमाते बहुत हो।	You blush a lot.
9417	तुम अपनी चलाते हो।	Your boss around.
9418	आप दोनों एक जैसे दिखते हैं।	You both look alike.
9419	तुमने मुझे परेशान कर दिया।	You bothered me.

9420	तुमने मेरा दिल तोड़ दिया।	You broke my heart.
9421	तुमने मेरा भरोसा तोड़ा है।	You broke my trust.
9422	तुमने उसे उसके मुँह पर मूर्ख कहा!	You called him a fool to his face!
9423	ऐन मौके पर तुमने मुझे बुला लिया।	You called me in the nick of time.
9424	आप तो फर्स्ट आ गए दूध पीने में।	You came first in drinking milk.
9425	तुम यहाँ सुकून की तलाश में आये थे।	You came here in quest of peace.
9426	आप यहाँ उसके बिना आ गए और वह गुस्सा हो गई।	You came here without her and she got angry.
9427	आज भी तुम देर से आये।	You came late even today.
9428	जब भी आपको जरूरत हो आप मदद मांग सकते हैं।	You can ask for help whenever you need it.
9429	आप मुझे कभी भी फ़ोन कर सकते हैं।	You can call me anytime.
9430	तुम मुझ पर भरोसा कर सकते हो।	You can count on me.
9431	तुम उसे हरा सकते हो।	You can defeat him.
9432	आग इसे स्वयं कर सकते हैं।	You can do it on your own.
9433	आप यह कर सकते हैं।	You can do it.
9434	तुम घर जा सकते हैं।	You can go home.
9435	अब तुग जा राकते हो।	You can go now.
9436	मेरे पास कार नहीं है, लेकिन मेरे भाई के पास है।	You can go to play with her; but just this once.
9437	तुम अपना काम ख़त्म करके जा सकते हो।	You can go when you have finished your work.
9438	तुम मेरी मोटरसाइकिल गिरवी रख सकते हो।	You can have my motorcycle as collateral.
9439	तुम अंग्रेजी सीख सकते हो।	You can learn English.
9440	जब भी आपका मन हो आप जा सकते हैं।	You can leave whenever you feel like.

9441	तुम्हारी नौकरी जा सकती है।	You can lose the job.
9442	आप जहां भी जाएं, अपनी छाप छोड़ सकते हैं।	You can make an impression wherever you go.
9443	तुम मुझसे कभी छुटकारा नहीं पा सकते।	You can never get rid of me.
9444	तुम मुझ पर भरोसा कर सकते हो।	You can rely on me.
9445	तुम दौड़ सकता हो।	You can run.
9446	तुम जहां चाहें वहां बैठ सकते हो।	You can sit wherever you want.
9447	मेरे पास जो कुछ भी है, उसमें से तुम कुछ ले सकते हो।	You can take some of whatever I have.
9448	आप इसे ले सकते हैं।	You can take this one.
9449	खाना खाने के बाद तुम टीवी देख सकते हो।	You can watch TV after having food.
9450	तुम मुझे हरा नहीं सकते।	You can't beat me.
9451	आप इससे बच नहीं सकते।	You can't escape from this.
9452	तुम सच को झुठला नहीं सकते।	You can't falsify the truth.
9453	आप हमेशा वैसा नहीं कर सकते जैसा आप चाहते हैं।	You can't always do as you please.
9454	आप इससे इनकार नहीं कर सकते।	You can't deny it.
9455	तुम इतनी आसानी से नहीं मर सकते!	You can't die so easily!
9456	आप बच नहीं सकते।	You can't escape.
9457	तुम मुझसे दूर नहीं जा सकते।	You can't go away from me.
9458	तुम मुझ से कुछ नहीं छुपा सकते।	You can't hide anything from me.
9459	तुम मुझे इस तरह बेइज़्ज़त नहीं कर सकते।	You can't humiliate me like this.
9460	इसे पूरा किये बिना आप नहीं जा सकते।	You can't leave without completing it.
9461	तुम राम से मुझे नहीं पिटवा सकते।	You can't make Ram beat me.
9462	मुझे नहीं बहका सकते तुम।	You can't misguide/mislead me.

9463	आप हर किसी को खुश नहीं कर सकते।	You can't please everyone.
9464	तुम्हें और कुछ नहीं दिखाई देता।	You can't see anything else.
9465	तुम यहाँ नहीं बैठ सकते; यह किसी और की सीट है।	You can't sit here; this is someone else's seat.
9466	तुम मेरे ख़िलाफ़ खड़े नहीं हो सकते।	You can't stand against me.
9467	आप उसे बहस में नहीं जीत सकते।	You can't win him in an argument.
9468	तुम्हें उसकी बहुत परवाह है।	You care so much about her.
9469	तुम बहुत बक–बक करते हो।	You chatter a lot.
9470	तुम फिर कभी आना।	You come some other time.
9471	तुम ये खुद भी कर सकते थे।	You could do it yourself.
9472	तुम्हारे पास एक घर हो सकता था।	You could have a house.
9473	तुम्हें पीटा जा सकता था।	You could have been beaten.
9474	तुम ऑफिस के फ़ोन से कॉल कर सकते थे।	You could have called from the office phone.
9475	तुम मुझे फोन कर सकते थे।	You could have phone me.
9476	आप किसी को भेज सकते थे।	You could have sent someone.
9477	तुम रोते बहुत हो।	You cry a lot.
9478	तुम काफी अच्छा नाच लेते हो।	You dance well enough.
9479	तुम इसी लायक हो।	You deserve it.
9480	तुम इसी के लायक हो।	You deserve this only.
9481	तुमने अच्छा काम किया।	You did a good job.
9482	तुमने बहुत अच्छा किया।	You did great.
9483	तुमने यह किया।	You did it.
9484	तुमने मेरे सवाल का जवाब नहीं दिया।	You did not answer my question.
9485	तुमने किसी को बताया तो नहीं ना?	You did not tell anyone, did you?
9486	तुमने यह सही किया।	You did the right thing.

9487	तुमने बहुत अच्छा किया।	You did very well.
9488	आपने मुझे शुभकामना देने के लिए फोन नहीं किया।	You didn't call to wish me.
9489	तुमने मुझे बताया नहीं।	You didn't tell me.
9490	तुम कुछ भी करो।	You do anything.
9491	तुम हमारी दोस्ती के लायक नहीं हैं।	You don't deserve our friendship.
9492	आप उसके कर्मों पर पर्दा मत डालिए।	You don't draw a veil over his deeds.
9493	तुम तो मेरी नफरत के लायक भी नहीं हो	You don't even deserve my hate.
9494	तुम कुछ नहीं जानते।	You don't know anything.
9495	तुम जानते नहीं कि मैं किस तरह का आदमी हूँ।	You don't know what sort of man I am.
9496	आप मेरी बात नहीं मानते हैं।	You don't listen to me.
9497	तुम रट हुए अच्छे नहीं लगते।	You don't look good when you cry.
9498	तुम्हे अब इसकी और ज़रुरत नहीं है।	You don't need it any more.
9499	आपको इसके लिए माफ़ी मांगने की ज़रत नहीं है।	You don't need to apologize for that.
9500	आपको जल्दी करने की जरूरत नहीं है।	You don't need to hurry.
9501	तुम्हे सफाई देने की जरुरत नहीं है।	You don't need to justify.
9502	तुम्हे चिल्लाने की जरुरत नहीं है। मैं बहरा नहीं हूँ।	You don't need to shout. I'm not deaf.
9503	तुम चिंता मत करो।	Don't worry.
9504	तुम्हें मेरी कोई परवाह नहीं।	You don't care about me
9505	तुम मेरे साथ मजाक मत किया करो।	You don't joke/kid with me.
9506	आप मेरी बात नहीं मानते।	You don't listen to me.
9507	तुम हिम्मत मत हारना।	You don't lose your courage.

9508	तुम्हें टेंशन लेने की जरूरत नहीं है।	You don't need to take tension.
9509	तुम्हें कुछ बताने की जरूरत नहीं है।	You don't need to tell anything.
9510	तुम हर बात को मजाक में मत लिया करो।	You don't take everything as a joke.
9511	तुम ज्यादा टेंशन मत लिया करो।	You don't take too much tension.
9512	तुम बहुत चाय पीते हो।	You drink a lot of tea.
9513	तुम गिर जाओगे।	You will fall down.
9514	तुम इतराते बहुत हो।	You flaunt a lot.
9515	तुम मेरे पीछे पीछे यहाँ भी आ गए।	You have followed me here as well.
9516	आप कार की चाबियाँ भूल गए।	You have forgotten the car keys.
9517	तुम जा कर उसे बुला लो।	You go and call him.
9518	तुम जाओ और कपड़े धोओ।	You go and do the laundry.
9519	आप बहुत देर से बिस्तर पर जाते हैं।	You go to bed very late.
9520	तुम खुद ही चले जाओ।	You go yourself.
9521	तुम जाओ मैं नहीं आ रहा।	You go, I'm not coming.
9522	आप पहले जाएं।	You go first.
9523	मेरा ध्यान तुम पर है।	You have got my attention.
9524	तुम मेरी वजह से बच गए।	You have been saved because of me.
9525	तुम लोग मुझे चैन से मरने भी नहीं दे रहे।	You guys are not even letting me die in peace.
9526	तुम्हारे पास मोबाइल था, मेरे पास नहीं है।	You had a mobile, I don't have it.
9527	तुम्हारा एक्सीडेंट हो गया था इसलिए हम तुम्हें यहाँ ले आये।	You had an accident; that is why we brought you here.
9528	आपने शब्द गलत लिखा था।	You had misspelt the word.
9529	आपने हमारे बैंक से 2 लाख का लोन लिया था।	You had taken a loan of 2 lakh rupees from our bank.

9530	आपकी याददाश्त अच्छी है।	You have a good memory.
9531	तुम्हें शक करने की आदत है।	You have a habit of doubting.
9532	तुम्हारी माँ का खत आया है।	You have a letter from your mother.
9533	तुम तो अभी से हिम्मत हार गये।	You have already lost your courage.
9534	तुम बहुत पतले हो गए हो।	You have become so thin.
9535	तुम बहुत शरारती हो गये हो।	You have become very naughty.
9536	तुम बहुत झगरालू हो गई हो अब।	You have become very quarrelsome now.
9537	तुम बहुत कमजोर हो गये हो।	You have become very weak.
9538	तुम सुबह से बकवास कर रहे हो।	You have been talking nonsense since morning.
9539	आप इतनी देर से टीवी देख रहे हैं।	You have been watching TV for so long.
9540	तुम बहुत बदल गए हो।	You have changed a lot.
9541	तुम्हारी छोटी सोच है।	You have cheap mentality
9542	तुमने सारी हदें पार कर दी।	You have crossed all the limits.
9543	तुमने तो हद पार कर दी।	You have crossed your limit.
9544	तुमने बहुत बढिया काम किया है।	You have done a great job.
9545	तुमने अपना रुमाल गिरा दिए है।	You have dropped your hanky.
9546	थोड़ा–थोड़ा करके तुमने सारा खत्म कर दिया।	You have finished all little by little.
9547	तुम पागल हो गई हो।	You have gone mad.
9548	तुम्हें हिचकी लग गयी है।	You have got hiccups.
9549	तुम्हें जूँ हो गई हैं।	You have got lice.
9550	आपने अपनी शर्ट अंदर से बाहर तक पहन रखी है।	You have worn your shirt inside out.
9551	तुम्हे शराब की लत लग गयी है।	You are addicted to alcohol.
9552	तुमने मेरी बहुत मदद की है।	You have helped me a lot.

9553	तुम्हारे इरादे ठीक नहीं हैं।	You have ill intentions.
9554	तुमने तो सब गड़बड़ कर दिया।	You have made mess of everything.
9555	आपके पास बहुत सारे जूते हैं।	You have many shoes.
9556	तुमने गलत समझ लिया।	You have misunderstood.
9557	तुम्हें पता नहीं है कि मैं तुम्हारे साथ क्या कर सकता हूँ।	You have no idea what I can do to you.
9558	तुम्हारा कोई जवाब नहीं।	You have no match.
9559	तुम्हें जानवरों के लिए दया नहीं है।	You have no pity for animals.
9560	तुमने बहुत प्रगति की है।	You have progressed a lot.
9561	तुम सुबह से ही मुझे बदनाम कर रहे हो।	You have defaming me since morning.
9562	तुम्हारे पास बोलने के लिए कुछ है।	You have something to say.
9563	तुमने तो मेरे दिल की बात कह दी।	You have spoken out my heart.
9564	आपने इसे फिर से शु कर दिया है!	You have started again with this!
9565	तुम बहुत बक–बक करने लगे हो।	You have started chattering a lot.
9566	तुम बहुत इतराने लगे हो।	You have started flaunting a lot.
9567	तुम बहुत चिल्लाने लगे हो।	You have started shouting a lot.
9568	तुम बहुत बोलने लगे हो।	You have started speaking a lot.
9569	तुम हद से ज्यादा बोलने लगे हो।	You have started speaking more than enough.
9570	तुम बहुत झूठ बोलने लगे हो।	You have started telling a lie a lot.
9571	आपको आना पड़ेगा।	You have to come.
9572	आपको इन सभी वाक्यों का अभ्यास करना है।	You have to practice all these sentences.
9573	तुम्हें अपने कर्म का फल भुगतना है।	You have to reap the fruit of your deed.
9574	बहुत खुराफाती दिमाग है तुम्हारा।	You have a very mischievous mind.

9575	आपका पूरा जीवन आपके सामने पड़ा है।	You have your whole life ahead of you.
9576	तुमने काफी समय से कुछ नहीं खाया हुआ।	You haven't eaten anything for a long time.
9577	आप बिल्कुल नहीं बदले हैं।	You haven't changed at all.
9578	तुमने मुझपर कोई एहसान नहीं किया है।	You haven't done any favour on me.
9579	तुमने काफी समय से कुछ नहीं खाया हुआ।	You haven't eaten anything for a long time.
9580	तुम्हें रत्ती भर भी शर्म नहीं है।	You haven't got an iota of shame.
9581	तुमने उसकी बेज्जती की।	You humiliated her.
9582	तुम उसे छूट देती हो।	You indulge him.
9583	आप बस अपना काम करें और उन्हें अपना काम करने दें।	You just do your job and let them do there.
9584	आप बस अपना काम करें।	You just do your job.
9585	आप बस अपना काम करते रहें।	You just keep on doing your job.
9586	तुम बस अपने काम से काम रखो।	You just mind your own business/work.
9587	तुम बस अपनी हद्द में रहो।	You just stay within your limits.
9588	तुम सीखते रहो।	You keep learning.
9589	तुम मुझसे पूछते रहे।	You kept asking me.
9590	तुमने मुझे धोखे में रखा।	You kept me in dark.
9591	तुम अच्छे से जानते हो वह क्या कहेगा।	You know well enough what he will say.
9592	तुम इसे मुझ पर छोड़ दो।	You leave it to me.
9593	तुम रहने दो, मैं चला जाऊँगा।	You leave it, I will go.
9594	तुम रहने दो, मैं उससे बात कर लूँगा।	You leave it, I will talk to him.
9595	तुम रहने दो, कोई और कर देगा इसे।	You leave it, someone else will do this.

9596	आपने कंटेनर खुला छोड़ दिया।	You left the container open.
9597	तुम रहने दो, मैंने उसे बता दिया।	You let it be, I have told her.
9598	तुमने मेरी नाक कटवा दी।	You let me down.
9599	आपको आइसक्रीम ज्यादा पसंद है या चॉकलेट?	Do you like ice-cream more or a chocolate?
9600	क्या आप कुछ पूछना चाहते हैं?	Is there anything you want to ask?
9601	आप सभ्य दिखते हैं।	You look civilized.
9602	तुम अच्छे लगते हो।	You look good.
9603	तुम मेरी बहन लगती हो।	You look like my sister.
9604	तुम थके हुए लग रहे हो, नहीं हो?	You look tired, don't you?
9605	आप अपनी माँ से बहुत प्यार करते थे।	You loved your mother dearly.
9606	तुमने मुझसे पंगा लेकर गलती की।	You made a mistake by messing with me.
9607	आपने मुझे देर करवा दी।	You made me delay.
9608	तुमने मुझे फाइल भुलवा दी।	You made me forget the file.
9609	तुमने मुझे हंसा दिया।	You made me laugh.
9610	आपने मेरा दिन बना दिया।	You made my day.
9611	तुम जहाँ भी जाते हो छा जाते हो।	You make an impression, wherever you go.
9612	आप जीवन को जीने लायक बनाते हैं।	You make life worth living.
9613	आप उम्र लंबी हो।	You may live long.
9614	आप चाहें तो कोशिश कर सकते हैं।	You may try if you want to.
9615	तुम मेरे लिए बहुत मायने रखते हो।	You mean a lot to me.
9616	तुम मेरे लिए कोई मायने नहीं रखते।	You mean nothing to me.
9617	तुमने उसे गलत समझा।	You misunderstood him.
9618	तुमने मुझे गलत समझ लिया।	You misunderstood me.

9619	तुम मजाक कर रहे हो।	You must be kidding.
9620	आप सोच रहे होंगे कि ये कैसे लोग हैं।	You must be thinking what kind of people they are.
9621	तुम्हें अब जाकर सो जाना चाहिए।	You must go and sleep now.
9622	तुम्हें जर जाना चाहिए।	You must go.
9623	आपने इसे घर पर ही छोड़ दिया होगा।	You must have left it at home.
9624	थोड़ा बहुत तुम्हें भी सोचना चाहिए था।	You must have thought a little bit.
9625	तुम्हें स्वयं कपड़े पहनना सीखना होगा।	You must learn to dress yourself.
9626	तुम अब जाओ नहीं तो तुम्हारी फ्लाइट छूट जाएगी।	You must leave now or you'll miss the flight.
9627	आपको क्लास में बात नहीं करनी चाहिए।	You must not talk in the class.
9628	आपको ये जर देखना चाहिए।	You must see this.
9629	आप भी थक गए होंगे।	you must be tired too.
9630	तुम्हें थोड़ी बहुत अभ्यास की जरूरत है।	You need a little bit practice.
9631	तुम्हें मेरी चिंता करने की जरूरत नहीं है।	You need not worry about me.
9632	आपको शांत रहने की जरूरत है।	You need to remain calm.
9633	परीक्षा पास करने के लिए आपको कड़ी मेहनत करने की जरूरत है।	You need to work hard to pass the exam.
9634	तुम्हें भी पैसों की जरूरत थी।	You needed money too.
9635	तुम्हें कल आने की जरूरत नहीं है।	You needn't come tomorrow.
9636	तुम्हें निराश होने की जरूरत नहीं है।	You needn't despair.
9637	तुम अपनी गलती कभी नहीं मानते हो।	You never admit/accept your mistake.

9638	तुम मुझे चौकाने से कभी बाज़ नहीं आते।	You never cease to amaze me.
9639	तुम कभी अपना दिमाग नहीं चलाते।	You never use your brain.
9640	आप केवल अपने बारे में सोचें।	You only think of yourself.
9641	आप जरूरत से ज्यादा सोचते हैं।	You overthink.
9642	तुमने मुझे फिर से गलत साबित कर दिया।	You proved me wrong again.
9643	तुमने मुझे दुविधा में डाल दिया।	You put me into dilemma.
9644	तुम सच में इस इनाम के हक़दार हो।	You really deserve this award.
9645	तुम्हे सच में याद नहीं है कि पैसे कहाँ है?	Do you really not remember where the money is?
9646	तुम हर बार मना कर देते हो।	You refuse every time.
9647	तुमने मुझे बहुत दिनों बाद याद किया।	You remembered me after a long time.
9648	आपने मुझे किसी की याद दिला दी।	You reminded me of somebody.
9649	आप कुछ कहो।	You say something.
9650	तुमने मुझे डरा दिया।	You scared me.
9651	तुमने उसे बुलाकर गलती की।	You screwed up to call him.
9652	तुमने गड़बड़ कर दी।	You screwed up.
9653	तुम कुछ परेशान दिखाई दे रहे हो।	You seem a bit disturbed.
9654	तुम थके हुए लग रहे हैं।	You seem to be tired.
9655	लगता है इस बारे में तुम्हे बहुत कुछ पता है।	You seem to know a lot about it.
9656	ऐसा लगता है तुम बहुत अच्छे से जानते हो उसे।	You seem to know her very well.
9657	लगता है कि आप उसे पसंद करते हैं।	You seem to like her.
9658	तुम परोसो, मैं एक मिनट में आता हूँ।	You serve, I'll come in a minute.
9659	तुम्हें शर्म आनी चाहिए।	You should be ashamed.

9660	तुम्हें सबक सिखाया जाना चाहिए।	You should be taught a lesson.
9661	तुम्हे मेरे साथ होना चाहिए।	You should be with me.
9662	तुम्हें अपनी गलती मान लेनी चाहिए।	You should confess your fault.
9663	आपको चीनी का सेवन कम करना चाहिए।	You should cut down on sugar.
9664	तुम्हें ये आदत छोड़ देनी चाहिए।	You should give up this habit.
9665	आपको पहले बिस्तर पर जल्दी जाना चाहिए।	You should go to bed earlier.
9666	आपको मुझे उसी वक्त फोन करना चाहिए था।	You should have called me right then.
9667	तुम्हें भी आना चाहिए था।	You should have come too.
9668	ये तुम्हें बहुत पहले कर लेना चाहिए था।	You should have done it much earlier.
9669	तुम्हें सोच समझकर जाना चाहिए था वहाँ।	You should have gone there thoughtfully.
9670	तुम्हें सब्र रखना चाहिए था।	You should have had patience.
9671	तुम्हें ये बात अपने तक ही रखनी चाहिए थी।	You should have kept it up to yourself.
9672	तुम्हें मुझसे बात करवा देनी चाहिए थी उसकी।	You should have made him talk to me.
9673	तुम्हें किसी और से शादी करनी चाहिए थी।	You should have married someone else.
9674	तुम्हें सब्र रखना चाहिए।	You should keep patience.
9675	तुम्हें उसी समय उसके सामने कह देना चाहिए था।	You should have said to his face at the same time.
9676	तुम्हें उससे दूर रहना चाहिए था।	You should have stayed away from him.
9677	तुम्हें उससे ढंग से बात करनी चाहिए थी।	You should have talked to her in a manner.
9678	तुम्हें मुझसे बात कर लेनी चाहिए थी।	You should have talked to me.

9679	तुम्हे ये पहले सोचना चाहिए था।	You should have thought about it earlier.
9680	तुम्हें मुझे बताना चाहिए था।	You should have told me.
9681	आपको मुझे पहले ही बताना चाहिए था।	You should have told me earlier.
9682	तुम्हे सच बता देना चाहिए था।	You should have told the truth.
9683	तुम्हें अब जाना चाहिए।	You should leave now.
9684	आपको पहला कदम उठाना चाहिए।	You should make the first move.
9685	आपको ऐसा नहीं करना चाहिए।	You should not do that.
9686	तुम्हें वहाँ नहीं जाना चाहिए था।	You should not have gone there.
9687	तुम्हे अपने से बड़ो की इज़्ज़त करनी चाहिए।	You should respect your elders.
9688	आपको समय पर दवा लेनी चाहिए।	You should take medicine on time.
9689	आपको मुझे धन्यवाद देना चाहिए।	You should thank me.
9690	आपको बोलने से पहले सोचना चाहिए।	You should think before you speak.
9691	आपको मुझे बताना चाहिए था कि हमारा टूथपेस्ट ख़त्म हो गया है।	You should have told me that we had run out of toothpaste.
9692	तुम्हें इतना नहीं खाना चाहिए।	You shouldn't eat so much.
9693	तुम्हें अपनी हद पार नहीं करनी चाहिए थी।	You shouldn't have crossed your limit.
9694	तुम्हें अपना दिमाग़ नहीं चलाना चाहिए था।	You shouldn't have used your brain.
9695	तुम्हे मुझपे चिल्लाना नहीं चाहिए था।	You shouldn't have yelled at me.
9696	आपको इतना टीवी नहीं देखना चाहिए।	You shouldn't watch TV so much.
9697	तुम्हें उसे कुछ सिखाना चाहिए था।	You should've taught him something.
9698	तुम इस पर बैठो।	You sit on this one.

9699	तुम बोलते बहुत हो।	You speak a lot.
9700	तुम अंग्रेजी बहुत अच्छी बोल लेते हो।	You speak English very well.
9701	तुम बहुत तेज बोलते हो।	You speak too loudly.
9702	आप बहुत अच्छा बोलते हैं।	You speak very well.
9703	तुमने मेरे मुंह की बात छीन ली।	You stole the words out of my mouth.
9704	तुमने मेरे मन की बात कह दी।	You spoke out of mind.
9705	आपने इसे शु किया और आप ही ख़त्म करेंगे।	You started it and you will finish.
9706	तुमने मुझे डरा ही दिया।	You startled me.
9707	आपने शुरु किया।	You started.
9708	तुम घर पर रहो और काम करो।	You stay at home and do the chores.
9709	तुम उससे दूर रहो।	You stay away from him/her.
9710	तुम मेरे पास मत आना।	You don't come near me.
9711	तुम यहीं रुको, मैं अभी आता हूँ।	You stay here, I'll be right back.
9712	आप इससे दूर रहें।	You stay out of this.
9713	तुम क्या कर रहे हो?	You still don't believe.
9714	आपके पास अभी भी समय है, अपने तरीके सुधार लें।	You still have time, mend your ways.
9715	तुम्हारे पास अभी भी समय है।	You still have time.
9716	तुमने मेरा काम तमाम कर दिया।	You screwed my work.
9717	आपने मुझे हैरान कर दिया।	You surprised me.
9718	तुम खामखा शक करते हो।	You suspect unnecessarily.
9719	आप सबकुछ बिल्कुल साफ साफ पढातें हैं।	You teach everything very clearly.
9720	तुम मुझे कुछ सीखा दो।	You teach me something.
9721	तुम झूठ बहुत बोलते हो।	You tell a lot of lie.
9722	तुम सोचते बहुत हो, जल्दी करो।	You think a lot, do fast.

9723	तुम बहुत नखरें करते हो।	You throw a lot of tantrums.
9724	तुमने खामखा उसे बता दिया।	You told him for no reason.
9725	तुमने बहुत देर कर दी।	You took a long time.
9726	तुम मुझे बहुत परेशान करते हो।	You trouble me a lot.
9727	तुम बागी बन गए हो।	You turned a traitor.
9728	तुम तो बड़े चालू निकले।	You turned out to be so clever.
9729	तुम तो बड़े छुपे स्तम निकले।	You turned out to be so hidden gem/dark horse.
9730	तुम तो बड़ी झूठी निकली।	You turned out to be such a liar.
9731	तुम तो बड़े मतलवी निकले।	You turned out to be so selfish.
9732	तुम तो कुछ और ही निकले।	You turned out to be something else.
9733	तुम हर बात पर अपना दिमाग चलाते हो।	You use your brain on every matter.
9734	अपने दिमाग का इस्तेमाल करो।	You use your brain.
9735	तुम मुझे बहुत परेशान किया करते थे।	You used to bother me a lot.
9736	तुम यहाँ से चलते बनो।	You walk away from here.
9737	तुम भी अंदर आना चाहते हो।	You want to come in too.
9738	तुम हीरो बनना चाहते थे।	You wanted to be a hero.
9739	तुम बहुत टीवी देखते हो।	You watch TV a lot.
9740	आपका वजन लगभग 60 किलो है।	Your weight is around 60 kilos.
9741	तुम भी तो वहीं थी।	You were also there.
9742	तुम सोये हुए थे।	You were asleep.
9743	तुम गलती पर थे, इसलिए तुम्हें सज़ा मिली।	You were at fault, that's why you were punished.
9744	आपका इंतजार किया जा रहा था।	You were being waited.
9745	कल तो तुम बहुत इतरा रहे थे।	You were flaunting too much yesterday.
9746	तुम जोर जोर से खर्राटे ले रहे थे।	You were snoring loudly.

9747	तुम मरोगे नहीं, सड़ोगे।	You will not die, you will rot.
9748	तुम्हें थप्पड़ मारा जाएगा।	You will be slapped.
9749	तुम्हें पता चल जायेगा।	You will come to know.
9750	तुम कुछ नहीं करोगे।	You will do nothing.
9751	तुम गिर जाओगे।	You will fall down.
9752	तुम्हें बहुत बुरा लगेगा।	You will feel so bad.
9753	हर सही जवाब के लिए तुम्हे दो नंबर मिलेंगे।	You will get 2 marks for each correct answer.
9754	आप एक–दूसरे को बेहतर तरीके से जान पाएंगे।	You will get to know each other better.
9755	तुम भीग जाओगे।	You will get wet.
9756	तुम हँसते–हँसते पागल हो जाओगे।	You will go crazy while laughing.
9757	तुम्हें मेरी ओर से एक उपहार मिलेगा।	You will have a gift from me.
9758	तुम्हें अपनी गलती माननी पड़ेगी।	You will have to admit/accept your mistake.
9759	तुम्हें मेरे साथ आना होगा।	You will have to come with me.
9760	तुम्हे अपने खून का नमूना देना होगा।	You will have to give your blood
9761	तुम्हें सब कुछ संभालना पड़ेगा।	You will have to handle everything.
9762	आपको मेरी बात सुननी पड़ेगी।	You will have to listen to me.
9763	तुम्हें लगातार अभ्यास करना पड़ेगा।	You will have to practice continuously.
9764	तुम्हे इसके लिए पछताना पड़ेगा	You will have to repent for this.
9765	आपको हमेशा पढाना होगा।	You will have to teach forever.
9766	आपको घण्टो इंतज़ार करना होगा।	You will have to wait for hours.
9767	तुम्हारी बस छूट जाएगी।	You will miss the bus.
9768	आप कभी भी उसकी आँखों में नहीं देख पाएँगे।	You will never be able to look her in the eyes.
9769	तुम कभी नहीं बदलोगे।	You will never change.

9770	दोबारा तो नहीं पूछोगे ना?	You will not ask again, will you?
9771	परेशान तो नहीं करोगे ना?	You will not bother me, will you?
9772	रोओगे तो नहीं ना?	You will not cry, will you?
9773	मना तो नहीं करोगे ना?	You will not deny, will you?
9774	तुम ऐसा कुछ नहीं करोगे।	You will not do anything like that.
9775	एक पैसा नहीं मिलेगा तुमको।	You will not get even a single penny.
9776	अब तुम्हें माफ़ी नहीं मांगनी पड़ेगी।	You will not have to apologize anymore.
9777	तुम्हें कुछ नहीं करना पड़ेगा।	You will not have to do anything.
9778	तुम्हें नहीं करना पड़ेगा।	You will not have to do.
9779	मुझे अकेला छोड़कर तो नहीं जाओगे ना?	You will not leave me alone, will you?
9780	गड़बड़ तो नहीं करोगे ना?	You will not mess up, will you?
9781	देखोगें तो नहीं ना?	You will not see, will you?
9782	कुछ बोलोगे तो नहीं ना?	You will not speak anything, will you?
9783	किसीको बताओगे तो नहीं ना?	You will not tell anyone, will you?
9784	तुम तो जीतेंगे ही।	You will obviously win.
9785	तुम बाद मे पछताओगे।	You will regret later.
9786	तुम्हारी उंगली दरवाजे में आ जायेगी।	You will slam your finger in the door.
9787	तुम उसे बिगाड़ दोगे।	You will spoil him.
9788	तुम उसकी बातों में फंस जाओगे।	You will stuck in his talks.
9789	थोड़ा–थोड़ा करके सब समझ जाओगे।	You will understand everything little by little.
9790	तुमने मुझे जगा दिया।	You woke me up.

9791	तुमने मुझे जीत लिया।	You won me over.
9792	तुम नहीं सुधरोगे।	You won't change.
9793	ये तुमसे नहीं हो पायेगा।	You won't be able to do it.
9794	तुम चैन से सो नहीं पाओगे।	You won't be able to sleep in peace.
9795	इससे अच्छा मौका आपको नहीं मिलेगा।	You won't find a better chance.
9796	ये आपको इतनी आसानी से नहीं मिलेगा।	You won't get it so easily.
9797	आप नहीं समझेंगे।	You won't understand.
9798	तुम सारी रात सोते रहे होंगे।	You would have been sleeping all night.
9799	अबतक तो तुम चले गये होते।	You would have gone by now.
9800	अपना सर्वश्रेष्ठ करो।	Do your best.
9801	आपका स्वागत है।	You are welcome.
9802	तुम खुश लग रहे हो।	You look happy.
9803	बेहतर होगा कि आप उसे परेशान न करें।	You'd better not annoy him.
9804	बेहतर होगा कि आप तुरंत टीवी बंद कर दें।	You'd better switch off the TV right away.
9805	आप अगली बार बेहतर प्रदर्शन करेंगे।	You'll do better next time.
9806	तुम बुरी तरह पिटोगे।	You'll get beaten up badly.
9807	तुम खो जाओगे।	You'll get lost.
9808	तुम्हें परिणाम भुगतने होंगे।	You'll have to face the consequences.
9809	जब तेरे साथ ऐसा होगा तब तुझे पता चलेगा।	You'll realize when it happens with you.
9810	आपका स्नेह मेरे दिल को छू गया।	Your affection touched my heart.
9811	तुम्हारा गुस्सा करना रोज़ की बात है।	Your anger is an everyday occurrence.

8	तुम अध्यापक कैसे बने?	How did you become a teacher?
9	फर्श पर झाड़ू लगाओ।	Sweep the floor.
80	फर्श पर पोछा लगाओ।	Mop the floor.
881	हमें और पेड़ लगाने चाहिए।	We should plant more trees.
9882	तुम्हे अब ये बंद करना ही है।	You must stop it now.
9883	क्या तुम उससे मिलना चाहोगे?	Would you like to meet her?
9884	मैं शायद तुमसे कल मिलूं।	I might see you tomorrow.
9885	मैं ये नहीं खरीद सकता।	I cannot buy it.
9886	समय हो गया है की तुम अंग्रेजी सीखना शुरू कर दो।	It's high time you started learning English.
9887	तुम्हें बच्चो पर नहीं चिल्लाना चाहिए।	You should not yell at the children.
9888	मैं खुद को साबित करूँगा।	I will prove myself.
9889	तुम मुझ पर भरोसा क्यों नहीं करते?	Why don't you trust me?
9890	मैं किसी पर भी भरोसा नहीं कर सकता।	I can't trust anyone.
9891	तुम मुझे नज़रअंदाज़ नहीं कर सकते।	You can't ignore me.
9892	ये बेहूदा है।	This is ridiculous.
9893	ये साधारण नहीं है।	This is not normal.
9894	वह गाय का दूध निकाल रहा है।	He was milking the cow.
9895	मैं पौधों में पानी दे रहा हूँ।	I am watering the plants.
9896	वह मुझे जाने नहीं दे रहा है।	He is not letting me go.
9897	मैं तुमसे कभी बात नहीं करूँगा।	I will never talk to you.
9898	वह अंग्रेजी सीख रहा है।	He is learning English.
9899	वह मेरी तरफ देख रही है।	She is looking at me.
9900	मुझे पर चिल्लाओ मत।	Don't shout at me.
9901	दोबारा ऐसा कभी मत करना।	Don't ever do this again.
9902	मुझे आस पास की जगह दिखाओ।	Show me around.

9812	आपका गुस्सा जायज है।	Your anger is justified.
9813	आप इंसान हैं तो इंसान की तरह व्यवहार करें।	You are a human, so behave like a human.
9814	आपका अहंकार आपको बर्बाद कर देगा।	Your arrogance will ruin you.
9815	आपकी कार ने मुझ पर कीचड़ उछाला।	Your car splashed mud on me.
9816	आपका बच्चा बहुत मेहनती है।	Your child is very hard working.
9817	तुम्हारी कंपनी उसकी कंपनी का मुकाबला नहीं कर सकती।	Your company can't compete his company.
9818	ऑफिस में तुम्हारा आचरण अच्छा नहीं है।	Your conduct is not good in the office.
9819	रेणुका आपकी बेटी बिल्कुल भी नहीं लगती।	Renuka doesn't look like your daughter.
9820	आपका कर्ज़ बढ़ रहा है।	Your debt is increasing.
9821	तुम्हारे कुत्ते की पूँछ बहुत लम्बी है।	Your dog has a very long tail.
9822	तुम्हारा चेहरा मुझे किसी की याद दिलाता है।	Your face reminds me of someone.
9823	तुम्हारे पापा तुम्हारे लिए परेशान हैं।	Your father is anxious about you.
9824	तुम्हारे पिता बूढ़े हो रहे हैं।	Your father is getting old.
9825	आपके पिता फोन पर है।	Your father is on the phone.
9826	तुम्हारे पैरों से गन्दी बदबू आ रही है।	Your feet are stinking.
9827	आपकी उंगलियां सूजी हुई दिखती हैं।	Your fingers look swollen.
9828	तुम्हारा माथा जल रहा है।	Your forehead is burning.
9829	तुम्हारा अंदाज़ा एकदम सही था।	Your guess was accurate.
9830	आपकी मेहनत रंग लाई।	Your hard work paid off.
9831	आपकी मेहनत रंग लाएगी।	Your hard work will bear fruits
9832	आपका घर बहुत अच्छा है।	Your house is very nice.

9833	तुम्हारे बच्चे ने मेरा जीना हराम कर दिया।	Your kid made me difficult to live.
9834	आपका तरीका ग़लत था।	Your method was wrong.
9835	तुम्हारे मुँह से बदबू आ रही है।	Your mouth stinks.
9836	तुम्हारी नाक बह रही है।	Your nose is running.
9837	आपके मनमानी नहीं चलेगी।	Your own ways will not be acceptable.
9838	तुम्हारी पेंट ढीली है।	Your pants are loose.
9839	तुम्हारे माता–पिता ने तुम्हे अच्छे संस्कार दिए हैं।	Your parents have given you good manners.
9840	आपकी पेंसिल तेज़ नहीं है।	Your pencil is not sharp.
9841	तुम्हारा फ़ोन बज रहा है।	Your phone is ringing.
9842	आपका फ़ोन भी बंद है।	Your phone is switched off as well.
9843	तुम्हारा आज की मीटिंग में रहना बहुत जरी है।	Your presence is imperative in today's meeting.
9844	तुम्हारा कमरा बहुत अँधेरा है।	Your room is very dark.
9845	अब आपका रहस्य खुल गया है।	Your secret is out now.
9846	तुम्हारी कमीज़ फटी हुई है।	Your shirt is torn.
9847	आपकी शर्ट खुल गयी है।	Your shirt is undone.
9848	आपके जूते का फीता ढीला हो गया है।	Your shoelace has loosened.
9849	आपके जूतों के फीते फिर से खुल गए हैं।	Your shoelaces are untied again.
9850	तुम्हारे जूते बिल्कुल गंदे हैं।	Your shoes are all muddy.
9851	तुम्हारे मोज़ों से बदबू आ रही है।	Your socks are stinking.
9852	आपका बेटा क्लास के दौरान ज्यादा ध्यान नहीं देता।	Your son doesn't pay much attention during the class.
9853	आपका बेटा कक्षा में बहुत अच्छा कर रहा है।	Your son is doing really well in the class.

9854	आपका बेटा सचमुच चंचल है।	Your son
9855	तुम्हारी मनमानी हमेशा नहीं चलेगी।	Your tantru accepted
9856	आपकी सोच बहुत बढ़िया है।	Your thinking
9857	आपकी टीशर्ट अंदर बाहर है।	Your t-shirt is in
9858	आपका पेट निकल रहा है।	Your tummy is bu
9859	आपकी बारी।	Your turn.
9860	तुम्हारी आवाज़ कट रही है।	Your voice is breaking
9861	तुम्हारी बीवी बहुत झगड़ालू है।	Your wife is very quarrelso
9862	आपका हुकुम सिर आंखों पर।	Your wish is my command
9863	आपका काम कबीले तारीफ है।	Your work is praiseworthy.
9864	तुम्हारे घाव से खून निकल रहा है।	Your wound is bleeding.
9865	तुम कमाल हो।	You're awesome.
9866	तुम इन दिनों सच में अजीब व्यव्हार कर रही हो!	You're behaving really weird these days!
9867	तुम खोई–खोई सी लग रही हो।	You're looking lost.
9868	तुम बहुत जिद्दी हो।	You're so stubborn.
9869	तुम अभी भी यही हो?	You're still here?
9870	तुम्हारी नाक बह रही है।	Yours nose is running
9871	सही वक़्त पे आये हो।	You've come at the right time.
9872	तुमने खानदान का नाम डूबा दिया!	You've disgraced the family name!
9873	आपने यह बहुत जल्दी कर लिया।	You've done it so quickly.
9874	तुम समय रहते आ गए वरना बहुत देर हो जाती।	You've come in time otherwise it would have been too late.
9875	युवराज ने वर्ल्ड कप में छह छक्के लगाए।	Yuvraj hit six sixes in the world cup.
9876	तुम्हें कुछ नहीं हो सकता।	Nothing can happen to you.
9877	तुम अध्यापक क्यों बने?	Why did you become a teacher?

9903	क्या हम कल मिल सकते हैं?	Can we meet tomorrow?
9904	तुम मुझे हरा नहीं सकते।	You cannot defeat me.
9905	वहां कौन–कौन आमंत्रित था?	Who all were invited there?
9906	तुम दफ्तर कब–कब जाते हो?	How often do you go to the office?
9907	क्या आज बारिश होगी?	Will it rain today?
9908	तुम उससे बात क्यों करती हो?	Why do you talk to him?
9909	मैं तुमसे मिलना नहीं चाहता हूँ।	I don't want to meet you.
9910	मुझे तुम्हारी सलाह की जरुरत नहीं है।	I don't need your advice.
9911	वह किसी से बात नहीं करती।	She doesn't talk to anyone.
9912	मैं जंगल के बीच से आ रहा हूँ।	I am coming through the woods.
9913	वह मुझसे ऐसे बात करता है जैसे की वो मेरा बाप हो।	He talks to me as if he were my father.
9914	मैं अंग्रेजी बोलना चाहता हूँ।	I want to learn English.
9915	मैं अंग्रेजी पढ़ाता हूँ।	I teach English.
9916	वह एक कारखाने में काम करता है।	He works in a factory.
9917	वह अब कहाँ जाएगा।	Where will he go now?
9918	मैं घर पर ही रहूँगा।	I will stay at home.
9919	क्या तुमने उपहार खरीद लिया है?	Havc you bought the gift?
9920	उसको तैरना नहीं आता।	She doesn't know how to swim.
9921	मुझे अंग्रेजी बोलना नहीं आता।	I don't know how to speak English.
9922	मेरा हाथ छोड़ दो।	Let go of my hand.
9923	मेरा हाथ पकड़ लो।	Hold my hand.
9924	क्या तुम्हें मैं याद नहीं हूँ?	Don't you remember me?
9925	क्या वह तुम्हें प्रताड़ित करता है?	Does he torture you?

9926	मेरे पास तुम्हें देने के लिए कुछ नहीं है।	I have nothing to offer you.
9927	वह मुझ पर भरोसा नहीं करता।	He doesn't trust me.
9928	क्या तुमने ये जान बूझकर किया था?	Did you do it deliberately?
9929	तुम्हें धूम्रपान छोड़ना ही है।	You must quit smoking.
9930	अब तुम बच नहीं सकते।	You can't escape now.
9931	तुम्हें नौकरी पर रखा जाता है।	You are hired.
9932	मैं स्कूल नहीं जाऊंगा।	I will not go to school.
9933	मेरे होते हुए तुम यहाँ नहीं आ सकते।	On my watch, you cannot come here.
9934	किसके कहने पर तुमने मुझसे झूठ बोला।	At whose behest you lied to me.
9935	मैं पैसे वापस कर दूंगा।	I will return the money tomorrow.
9936	मेरे दो भाई–बहन हैं।	I have two siblings.
9937	मैं अकेलापन महसूस कर रहा हूँ।	I am feeling lonely.
9938	हम टीवी देख रहे हैं।	We are watching TV.
9939	तुम जो चाहे वो कर सकते हो।	You can do whatever you want.
9940	उसने मुझे फ़ोन नहीं किया।	She did not call me.
9941	मेरा इरादा तुम्हें चोट पहुँचाने का नहीं था।	I did not intend to harm you.
9942	तुम्हारे पास कितने पैसे बचे हुए हैं?	How much money is left with you?
9943	वह इधर उधर कूदता रहता है।	He keeps jumping around.
9944	मैंने अभी तक इस बारे में सोचा नहीं है।	I have not thought about it yet.
9945	तुम्हें ये जल्दी सिखने की जरुरत है।	You need to learn it fast.
9946	मैं तुम्हें कब कॉल कर सकता हूँ।	When can I call you?
9947	मुझे अब भी थोड़ा और समय चाहिए।	I still need some more time.
9948	क्या मैं सोफे पर बैठ सकता हूँ?	Can I sit on the couch?

9949	तुम्हारा भविष्य बहुत उज्जवल है।	You have a bright future.
9950	मैं अब ये बर्दाश्त नहीं कर सकता।	I cannot bear it now.
9951	आज से मैं रोज़ पढूंगा।	Today onwards I will study everyday.
9952	वह अभी भी सो रहा है।	He is still sleeping.
9953	हमने यहाँ बहुत कुछ सीखा है।	We have learnt a lot here.
9954	आप अपने कामों में कामयाब हों।	May you succeed in your endeavours.
9955	मैंने यह फिल्म देखी है।	I have watched this movie.
9956	उसने एक नया पर्स ख़रीदा है।	She has bought a new purse.
9957	वह कक्षा में ध्यान नहीं देता।	He does not pay attention in the class.
9958	मैं वापस नहीं आऊंगा।	I will not return.
9959	तुम्हें अच्छी नौकरी मिलेगी।	You will get a good job.
9960	मैंने कपडे धो लिए हैं।	I have done the laundry.
9961	उसने कुछ नहीं ख़रीदा।	She did not buy anything.
9962	मुझे हल्का–हल्का याद है।	I vaguely remember.
9963	अच्छा होगा तुम यहाँ से चले जाओ।	You had better go from here.
9964	अच्छा होगा अब तुम ज्यादा न बोलो।	You had better not speak much.
9965	अच्छा होगा वह अपना मुँह बंद रखे।	He had better keep his mouth shut.
9966	शायद आज बारिश हो सकती है।	It might rain today.
9967	वे शायद ही आज स्कूल आएंगे।	They might come to school.
9968	तुम शायद ही उसे हरा सकते हो।	You might defeat him.
9969	तुम्हें मुझे सूचित करना चाहिए था।	You should have informed me.
9970	तुम पक्का 30 वर्ष के ऊपर के हो।	You must be above 30 years old.
9971	उसने मेरी मदद की।	He helped me.
9972	मेरे पीछे से कोई आया था क्या?	Did anybody come in my absence?

9973	काम खत्म हो गया क्या?	Is this work finished?
9974	उसकी बातो में मत आना।	Don’t take him at his words.
9975	मैं सीढ़ी से गिर गया।	I fell down the stairs.
9976	बीच में मत बोलो।	Don't speak in between.
9977	वो खाने में बहुत नखरे करता है।	He is a picky eater.
9978	उसने ऐसा नहीं कहा।	He did not say so.
9979	यह मनहूस है।	He is jinxed.
9980	वे मुझ पर हँस रहे थे।	They were laughing at me.
9981	आप बहुत मज़ाकिया हो।	You are so funny.
9982	ये तुम्हारे लिए अच्छा रहेगा।	It will be better for you.
9983	मुझे गुस्सा आ रहा है।	I am getting angry.
9984	वह मुझे गुस्सा दिलाता है।	He makes me angry.
9985	तुम मेरे सब कुछ हो।	You are everything to me.
9986	तुम छुपे रुस्तम हो।	You are a dark horse.
9987	अपने मुझे हैरान कर दिया।	You amazed me.
9988	मुझे थोड़ी राहत दो।	Give me a break.
9989	मैं बस स्टैंड के पास हूँ।	I am near the bus stand.
9990	चलो बस से उतर जाते हैं।	Let's get off the bus.
9991	रेलगाड़ी आ गयी है।	The train has arrived.
9992	मैंने बार बार कोशिश की।	I tried again and again.
9993	क्या तुमने काम खत्म किया?	Did you finish the job?
9994	कुत्तो से सावधान रहो!	Beware of the dogs!
9995	उसके पास बहुत पैसा है।	He got a lot of money.
9996	मुझे भालुओ से डर लगता है।	I am afraid of bears.
9997	उसको तैराकी का शोक है।	He is fond of swimming.
9998	आसमान सितारों से भरा है।	The sky is full of stars.
9999	मैं कल सारी रात नहीं सो पाया।	I couldn't sleep last night.